人力资源规划与工作分析

主　编 ◎ 张宝生
副主编 ◎ 牟向阳　姜红梅　牟以诺　郭可欣　黄鹤

中国财经出版传媒集团
经济科学出版社
Economic Science Press
·北京·

图书在版编目（CIP）数据

人力资源规划与工作分析 / 张宝生主编；牟向阳等
副主编 . -- 北京：经济科学出版社，2025.5. -- ISBN
978 - 7 - 5218 - 6971 - 2

Ⅰ. F243

中国国家版本馆 CIP 数据核字第 20255LK188 号

责任编辑：周国强
责任校对：齐　杰
责任印制：张佳裕

人力资源规划与工作分析

RENLI ZIYUAN GUIHUA YU GONGZUO FENXI

主　编　张宝生
副主编　牟向阳　姜红梅　牟以诺
郭可欣　黄　鹤

经济科学出版社出版、发行　新华书店经销
社址：北京市海淀区阜成路甲 28 号　邮编：100142
总编部电话：010 - 88191217　发行部电话：010 - 88191522
网址：www. esp. com. cn
电子邮箱：esp@ esp. com. cn
天猫网店：经济科学出版社旗舰店
网址：http：//jjkxcbs. tmall. com
北京季蜂印刷有限公司印装
787 × 1092　16 开　19.75 印张　500000 字
2025 年 5 月第 1 版　2025 年 5 月第 1 次印刷
ISBN 978 - 7 - 5218 - 6971 - 2　定价：78.00 元
（图书出现印装问题，本社负责调换。电话：010 - 88191545）
（版权所有　侵权必究　打击盗版　举报热线：010 - 88191661
QQ：2242791300　营销中心电话：010 - 88191537
电子邮箱：dbts@ esp. com. cn）

前　　言

　　本教材由上篇人力资源规划和下篇工作分析两个部分组成。上篇主要内容包括人力资源环境分析、人力资源战略的制定、人力资源供给和需求预测、人力资源规划方案的制定，以及人力资源战略与规划的评价和控制等方面。下篇主要内容为现代工作分析技术及其操作方法，具体包括工作分析的理论概述、方法与技术操作，以及如何把工作分析运用于组织管理实践等方面。通过本教材的学习，可以分析企业人力资源管理环境，制定人力资源管理战略，进行人力资源供给和需求预测，制订人力资源规划方案，掌握人力资源战略与规划的评价与控制方法；可以了解工作分析的基本理论和技术工具、掌握工作分析技术工具的概念、掌握工作分析主要技术工具的运用技巧和关键控制点。

　　本书由张宝生担任主编，由牟向阳、姜红梅、牟以诺、郭可欣、黄鹤担任副主编。具体编写分工如下：张宝生编写第 1、第 4 和第 8 章，牟向阳编写第 2、第 3 和第 5 章，姜红梅编写第 9、第 10 和第 13 章、牟以诺编写第 6 和第 7 章，郭可欣编写第 11 和第 14 章，黄鹤编写第 12 章。

　　教材目标读者为高等院校人力资源管理专业本科生、研究生，以及企事业单位人力资源管理工作者。

　　本书在编写时参阅、借鉴了大量国内外公共部门人力资源管理的教材、专著和其他研究成果，在此表示感谢。本书不足之处恳请各位读者批评指正，我们将继续修改完善。

目　录

上篇　人力资源规划

下篇　工作分析

上篇
人力资源规划

| 第1章 | 人力资源规划概述

龙涤公司的人力资源规划

龙涤公司是一家中等规模日化产品生产企业，公司业务一直发展很好，呈现高利润、高增长的发展趋势，销售量逐年上升，有一定发展潜力，但在人力资源管理上却存在一些问题。

一方面，公司各部门的工作很少有"规划"，每个员工的工作都没有明确的分工，全凭各人的技能和兴趣完成。人力资源部门员工的专业素质和能力不足，很多人是由普通员工转任，缺乏专业背景和经验。人力资源部门对公司的战略规划了解甚少，决策也很难对公司的战略方针产生影响。这导致公司内部管理混乱，员工职责不清，工作效率低下，员工满意度和绩效水平不高。

另一方面，每到销售旺季，公司就会大批招聘销售人员；一旦到了销售淡季，公司又会大量裁减销售人员。这种人员配置方式不仅浪费了招聘和培训成本，还影响了员工的稳定性和工作积极性。同时，由于销售人员对公司的产品和服务了解不够深入，也影响了销售效果和客户满意度。近年来，公司常为人员空缺所困惑，特别是经理层次人员的空缺常使公司陷入被动的局面。

如果龙涤公司能够重视并加强人力资源规划，那么这些问题就有可能得到解决。为此，公司努力提升人力资源从业人员的素质和能力，加强与其他部门的沟通和交流。首先由四名人力资源部门的管理人员负责收集和分析目前公司对生产部、市场与销售部、财务部、人力资源部四个职能部门的管理人员和专业人员的需求情况，以及劳动力市场的供给情况，根据公司的战略目标和业务需求预测各职能部门内部可能出现的关键职位空缺数量，明确各部门的职责和分工。通过对人力资源的合理规划，公司的招聘、培训、员工职业生涯计划与发展等各项业务得到改进，更好地配置和培养员工，节约了人力成本，激发员工的潜力，提高员工绩效和满意度，公司的整体绩效和竞争力得到了提升。

综上所述，人力资源规划对于企业的长期发展至关重要。它可以帮助企业预测人力资源需求和分析供给，避免人力资源短缺或过剩；可以提高员工绩效和满意度；可以降低招聘和培训成本；可以促进组织发展；还可以帮助企业适应环境的变化，提高组织的应变能力和竞争力。因此，企业应该重视并加强人力资源规划工作。

学习目标

1. 掌握人力资源规划的概念、特点、分类和原则
2. 掌握人力资源规划的原则和影响因素
3. 掌握人力资源规划的步骤和编制流程
4. 了解数字经济时代的人力资源规划

1.1　人力资源规划的概念和特点

1.1.1　人力资源规划的概念

人力资源规划（human resource planning，HRP），是指组织为达成自身经营目标，结合组织内外部环境及当前形势变化，制订未来时期人力资源发展计划。组织采用科学的方法，对公司未来人力资源供求关系进行详细分析预测，制订企业人力资源供需平衡计划，以及相应的政策与措施，以确保组织人力资源可在规定时间及岗位上实现资源合理配置，提升组织效能并高效激励员工的过程。

具体来说，人力资源规划是组织根据自身内、外部环境变化，通过预测组织人力资源供求关系，从而达到平衡，本质就是为满足不同类型的员工需求而制定的一种辅助规划。广义上包括人力资源战略规划与具体的计划实施相统一。

传统人事管理是管理者的事情，强调事件发生后进行管理，突出强调"照章办事"，管理形式带有一定的强制性，往往忽视了员工的需求。而现代人力资源管理，通过提前进行战略及人力资源规划，按照供求关系采取措施，以此保证供需平衡，激励员工的工作动机和热情，满足员工需求，在管理方面做到以人为本。

人力资源规划被视为人力资源管理工作的首要要求，是企业人事行动的指引和纲领。同时，它具备前瞻性和引领性的特点，为实现人与其他资源的最佳配置，注重事前和过程中的激励与开发，以达到最佳的人力资源管理效果。

人力资源规划可以从不同的角度来理解。从广泛的角度来看，人力资源规划是根据组织的发展战略、目标以及内外部环境的变化，预测未来组织任务和环境的需求，并通过这一过程提供人力资源支持，其功能相当于人力资源战略，是企业竞争战略中不可或缺的一部分。而从更具体的角度来看，人力资源规划专指企业的人员规划，通过科学预测和分析组织在变化环境中的人力资源需求和供给，制定相应的

政策和措施，确保在特定时间和岗位上获取所需的人力资源数量和质量。

人力资源规划可以根据时间的不同分为中长期计划和年度短期计划。制定人力资源规划的核心目的是确保企业在发展过程中，能够满足整体战略需求，通过优化人力资源的配置，提升整体效率，降低成本，并实现企业目标与员工个人发展之间的有效匹配。人力资源规划示意如图 1 - 1 所示。

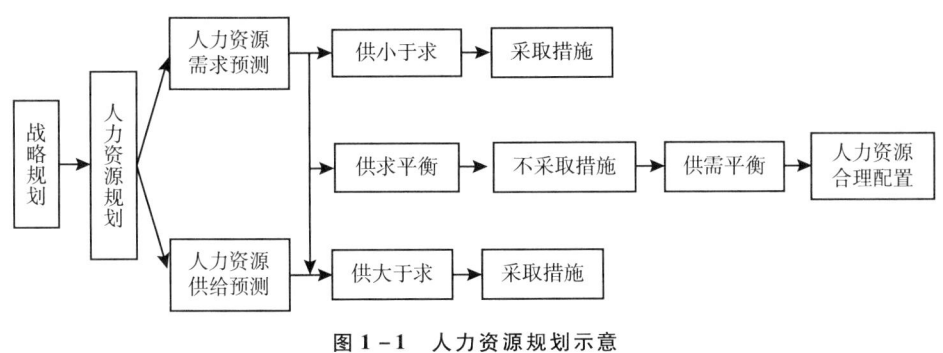

图 1 - 1　人力资源规划示意

1.1.2　人力资源规划的重要性

1. 确保企业适应内外部环境变化。

人力资源规划有助于企业适应市场环境变化及竞争形势，有助于引入新技术，在必要时及时调整自身组织结构。现代企业所处的环境实时变化，在组织内部环境中，新技术的开发和利用、作业方式、生产与营销模式的变化等都将对组织人员的结构与数量带来新的需求。在组织外部环境中，人口规模的变化、教育程度的提高、社会及经济的发展、法律法规的颁布等也直接影响到组织对人员的需求。企业可以通过人力资源规划更好地把握未来不确定的经营环境，适应内外环境的变化，及时调整人力资源的构成，保持竞争优势。

2. 支持和服务组织战略。

组织的发展和战略规划的实现需要人才来支撑。在内外部环境的影响下，人力资源规划通过科学的预测方法，为组织所需的人力资源数量、质量和结构提供依据，从而提高人力资源对组织战略的支撑能力和业务发展的服务能力。

3. 确保企业控制人力资源成本。

人力资源成本与效益可通过人力资源规划进行检验与度量，避免企业管理活动中因人力资源浪费而导致人工成本过高。人力资源规划可以通过拟订方案预算组织人数，及时调整组织人员架构，有效控制人力资源成本。

4. 确保员工积极工作。

在企业战略执行过程中，人力资源规划是一项非常重要的工作。大多数企业制订了一套专属于自身的发展和保持竞争优势的策略，在有初步目标后，更重要的就是需要人员执行任务。企业需要通过规划构建系统，合理地安排各组织人员数量，通过岗位设计、补充人员、教育培训和薪资激励等方法，提高员工满意度和忠诚度，增强团队的凝聚力。

5. 实现人力资源管理规范化。

当前市场经济快速发展，规范化的人力资源管理制度已经成为必需的措施。只有通过制定各种规范的管理制度，才能有效地实现人力资源管理的标准化和高效化。建立合理、高效、可操作的管理制度，使管理职责分工明确，人力资源管理者的工作流程顺畅，显得尤为重要。

1.1.3 人力资源规划的特点

1. 战略性。

从全局看，人力资源规划是企业战略部署与管理发展的重要组成部分。一方面，通过对人力资源规划进行整体布局，来激活员工动力、推动企业全面发展。另一方面，企业根据内外部环境变化，结合当前政策及发展趋势，对内部人力资源进行重新规划、战略布局。

2. 系统性。

人力资源规划涉及企业经营的各个方面，是一个紧密联系的复杂系统。系统性的特点要求人力资源部门要能够统筹全局，综合分析，提出科学的规划思路，要从各个层面、各个维度考察企业在全面管理中的人力资源管理。企业在制定人力资源规划时要进行多维度预测，将不同层次人力资源的发展与社会、经济、科技的发展更好地结合。

3. 实用性。

无论是长期规划还是短期规划，人力资源规划始终强调方案的实用性。人力资源规划要满足不同组织各自发展战略的客观需要。通过对不同层次员工的供求关系进行分析，来实现对人才的培养与激励。通过可行方案，能够引导不同层次人力资源朝着更好的方向发展，推动企业发展。

4. 动态性。

企业对于人力资源的需求在不断变化。如果组织的战略目标发生改变，人力资源规划也要随之变化。在制定相关人力资源规划时，要根据不同时期内外部环境变化、科学技术进步、经济发展情况、员工能力变化及对新政策的接受程度进行实时动态调整。从经济角度来看，人力资源的发展需要比经济发展更快一些，要充分考虑到人力资源规划的动态性，确保不同层次人力资源的供需平衡向着最优化方向调整。

5. 超前性。

规划的性质本身就决定了它的超前性，人力资源规划也是这样一种超前性规划。它为企业将来的人力资源管理活动指明了方向，提供了指导。人力资源规划需要预测发展趋势，在外部变化到来之前，判断可能出现的各种情况并作出应变的对策。

1.2　人力资源规划的分类和原则

1.2.1　人力资源规划的分类

1.2.1.1　按规划的范围分类

1. 总体人力资源规划。

总体人力资源规划是人力资源规划的基础，主要包括对规划期内人力资源管理的总目标、总政策、总预算和实施过程的整体安排。

2. 部门人力资源规划。

企业内部按照各部门职能分工，由各部门组织预测人力资源的需求和供给，制定相应的政策和措施，从而使部门人力资源供需平衡。

1.2.1.2　按规划的期限分类

1. 中长期规划。

中期规划一般为 1~5 年，长期规划在 5~10 年，甚至更长时间。

2. 短期规划。

一年及以内，一般按照年度编制。

企业的规划期限没有统一标准，都要根据自身产品、技术、市场环境等内外部因素进行动态规划。长期和短期也是相对的概念，没有绝对的时间限制，随着数字化时代的到来，以及市场竞争的加剧，规划的时间周期在逐渐缩短。

1.2.1.3　按规划的内容分类

1. 战略规划。

企业根据自身战略发展目标，对人力资源进行政策制定、策略规划。战略规划是各种人力资源规划的核心，实施过程中要注意规划的动态性及稳定性。

2. 组织规划。

组织规划是在总体战略规划基础上，细分各部门，对各部门进行信息采集与处理，经慎重调查构思后，进行组织机构设计。并根据效果反馈，及时对组织架构进行调整。

3. 制度规划。

制度规划是人力资源规划圆满实现的基础保障，包括人力资源管理制度、员工薪酬激励制度、定员制度等。

4. 费用规划。

费用规划是对企业人工成本、全部活动周期资金支出的计划。费用规划是在企业人力资源规划目标基础上，对活动项目进行费用预算、核算、结算，以此保证相关管理活动得以正常进行。费用规划与人力资源规划相辅相成，企业人力资源规划无法脱离费用规划单独运行。

1.2.2　人力资源规划的原则

人力资源规划的原则是企业在制定和实施人力资源规划时应遵循的指导思想。为使人力资源规划具有科学性、合理性和有效性，制定人力资源规划时，应遵循以下原则。

1. 战略优先原则。

人力资源规划应与组织战略目标一致，使人力资源需求与组织发展方向相匹配，确保企业的人力资源规划能够支持其长期战略目标，推动企业持续发展。

2. 统筹全面原则。

人力资源规划应统筹考虑组织整体，平衡各部门和岗位的人力资源需求，通过整体优化人力资源配置，提高企业运营效率。

3. 绩效提升原则。

人力资源规划应以提升员工绩效为重点，通过优化人力资源配置，设计先进的培训和激励机制，激发员工的潜能，提高员工绩效，增强企业竞争力。

4. 员工成长原则。

人力资源规划应公平对待所有员工，避免歧视和偏见，营造公平、公正的企业氛围，提高员工的工作满意度和忠诚度。关注员工职业生涯发展，提供充足的培训和晋升机会，提高员工的工作积极性和创造力，让员工与企业共同成长。

5. 成本控制原则。

人力资源规划应合理控制人力资源成本，通过优化人力资源成本，提高人力资源使用效率，提升企业的经济效益和市场竞争力。

6. 合规合法原则。

人力资源规划必须符合国家法律法规，维护企业的法律形象和声誉，保障员工的合法权益，避免劳动争议。

1.3　人力资源规划的影响因素

人力资源规划要将企业的愿景、目标与策略有机结合，从企业战略目标出发，结合内外部环境变化对自身发展经营状况进行系统分析预测，分析并制订相应计划，完善企业人力资源管理制度，不断推进企业自身革新，动态制定适用于各时期企业发展的人力资源规划制度。这一过程受到多种因素的影响，这些因素可以大致分为外部环境因素、内部环境因素，以及人力资源管理活动因素等。企业在制定决策时，要充分结合内外部环境变化。企业需要应对可能发生的各种环境变化，有针对性地作出相适应的人力资源规划。

1.3.1　外部环境因素

外部环境因素可用 PEST 分析方法，PEST 分析是对组织所处宏观环境的分析，包括政治（politics）、经济（economy）、社会（society）和技术（technology）四个方面，从总体上帮助企业把握其面临的机遇和挑战，并评价这些因素对企业人力资源规划制定的影响。

1. 政治与法律因素。

政府的政策法规会对企业的人力资源规划产生影响，如劳动法、社会保障法、税法等。组织需要密切关注这些政策法规的变化，以确保其人力资源策略符合法律法规的要求。

2. 经济因素。

经济环境的波动会直接影响企业的人力资源需求，如经济增长率、通货膨胀率、失业率等。在经济繁荣时期，企业可能需要扩大招聘规模以满足业务需求；而在经济衰退时期，企业则可能需要缩减人员开支以应对市场压力。

3. 社会文化因素。

社会文化环境和人口结构的变化会影响企业的人力资源规划，如价值观念、道德观念、教育水平，以及人口数量、年龄分布、性别比例等。例如，随着人们对工作生活平衡的追求，企业可能需要更多地关注员工的福利和职业发展问题；随着人口老龄化的加剧，企业可能需要更多地关注退休员工的替代和年轻员工的培养问题。

4. 技术因素。

科技的发展改变了企业的人力资源需求结构，特别是数字化、数智化技术时代，一些传统岗位可能会逐渐被取代甚至淘汰，同时具备时代特征的技能和知识要求的岗位会兴起。

1.3.2　内部环境因素

1. 发展战略和目标。

企业的发展战略和经营目标是决定人力资源规划的基础。战略目标是对企业经营给予一个具体定位，一般分为短期目标和长期目标。短期目标一般根据市场竞争、人员变动与技术发展等趋势进行变更，企业在变化中不断更新自身发展优势，明确定位，达到高效发展。长期目标一般不会变动，但完成时间会随着短期目标的达成而缩短或延长。企业需要根据其战略方向来预测未来的人力资源需求，并制订相应的招聘、培训、绩效管理等计划。

人力资源规划拟定时要利于企业战略目标的实现。可按照企业整体发展进行人力资源规划，也可以根据单个部门职能进行规划。无论是哪一种，在规划过程中，都要以实现企业战略目标为宗旨，这样才能确保人力资源规划的实用性。

2. 企业文化和价值观。

企业文化和价值观是影响员工行为和企业氛围的关键因素。企业需要通过塑造积极向上的企业文化和价值观来吸引和留住人才，同时确保员工的行为与企业目标保持一致。人力资源规划需要保障员工的合理诉求，员工的诉求得到满足后，才更有利于企业发展目标的实现。

3. 组织结构和管理层理念。

企业的组织结构和管理层理念会影响人力资源规划。扁平化的组织结构可能需要更多的复合型人才来支持；而注重创新和变革的管理层则可能更倾向于招聘具有创新精神和创造力的员工。

4. 企业生产技术水平。

企业的生产技术水平与人力资源管理制度存在密切联系。随着技术的进步，企业可能需要更多地关注员工的技能培训和职业发展问题，以确保员工能够适应新的技术要求。

5. 企业财务状况。

企业的财务状况直接关系到人力资源规划的定位和实施。企业需要根据其财务状况来制订合理的人力资源预算和计划，以确保人力资源规划的有效实施。

1.3.3　人力资源管理活动因素

1. 人才储备因素。

人力资源规划要保障人力资源需求，人才储备直接与企业长远发展挂钩，只有人才满足企业发展规划后，通过对人才进行培训、选拔、考核，优中选优，才能确保人才满足企业需求。企业人力资源管理部门只有深刻认识到人才的重要性，才能根据人员基本条件及专业素质进行部门建设及分工，引领人力资源管理长期发展。

2. 管理人员能力因素。

中高层管理人员需要具备强大的凝聚力与执行力，他们不仅是项目的直接负责人，也是企业战略目标的制定者，所选方案能否顺利实施，更多取决于管理人员的个人能力。这里的个人能力不仅取决于对战略的把握程度，也取决于对团队的奉献程度、沟通能力。

3. 人力资源政策因素。

人力资源政策因素会影响人力资源规划，是人力资源管理的基础保障，包括人才选拔、人员流动、人才激励政策等。好的政策能够激发员工的工作积极性，并提高自身创造力。企业通过增加员工薪酬及福利待遇，能够有效提升员工的幸福感，让员工感受到自己在团队中的价值，并愿意为之长期奋斗。

综上所述，人力资源规划的影响因素是多方面的，企业需要综合考虑内外部环境以及人力资源管理活动的各种因素来制定合理的人力资源规划。同时，企业还需要密切关注这些影响因素的变化，及时调整人力资源规划以适应新的市场环境和企业发展需求。

1.4　人力资源规划的步骤和编制流程

1.4.1　人力资源规划的步骤

人力资源规划的过程一般分为以下几个步骤：组织目标与战略制定分析、收集人力资源信息、人员预测、人力资源供需匹配、评估人力资源规划、整改修正人力资源规划。人力资源规划从企业视角出发，结合内外部环境变化分析自身发展方向、制定战略目标，收集大量数据信息，预测所需员工的数量与能力，实现供需平衡。形成既定方案后，评估人力资源规划效果，并对不足之处加以整改完善，形成一套可行的人力资源规划方案。

人力资源规划在企业管理中扮演着至关重要的角色，其过程通常包括五个环节：信息的收集、现状的分析、未来供需的预测、实施方案的制订以及后续的评估与控制。这些步骤相互衔接，确保规划的有效性和可执行性。具体步骤如表 1－1 所示。

表 1－1　　　　　　　　　　　　　人力资源规划步骤

步骤	内容
收集信息	收集整理与人力资源相关的数据和资料，包括员工数量、技能水平、绩效评估、薪酬福利、员工满意度调查结果等，以全面了解现有人力资源情况
现状分析	评估当前人力资源的配置和使用情况，分析现有人员的能力和绩效，识别出人力资源方面的优势和短板，发现可能存在的问题和挑战
供需预测	基于企业战略规划和市场变化，预测未来的人力资源需求和供给情况，考虑到业务增长、人员流动、技术进步等因素，制定合理的供需平衡方案
制订并实施方案	根据供需预测结果，制订详细的人力资源规划实施方案，涵盖招聘计划、培训与发展计划、岗位调整和员工调配、薪酬激励策略等，确保方案的可行性和操作性
评估与控制	在人力资源规划实施过程中，进行定期评估和监控，评估实施效果，发现问题及时调整和优化，确保规划目标的实现，并为未来规划提供反馈和改进建议

1. 信息收集。

人力资源规划的前提是确定组织目标和发展方向，分析企业经营目标和战略需求，确保人力资源对实现企业战略和经营目标的支持。企业需要收集战略规划、内部经营状况和内外部的资源情况，以及与人力资源管理相关的信息。与人力资源相关的数据和资料包括员工数量、技能水平、绩效评估、薪酬福利、员工满意度调查结果等，以全面了解现有人力资源情况。而企业的战略规划则需要包含市场、产品、技术和扩张等经营管理层面的全部规划。这些信息需要全面、真实、有效地收集。

2. 现状分析。

对所有收集到的信息材料进行整理分析。在信息收集的基础上，需要对当前人力资源的配置和使用情况进行评估，分析现有人员的能力与绩效，识别出人力资源的优势与不足，发现潜在的问题与挑战。现状分析涵盖了对需求和供给的全面考察。特别是在供给分析方面，应当首先关注内部供给，深入了解组织内部的资源状况，然后再扩展到外部供给，以确保分析的全面性和准确性。

3. 供需预测。

需要基于企业的战略规划和市场变化，全面预测未来的人力资源需求和供给情况。这个过程需要综合运用定量和定性的方法，考虑业务增长、人员流动、技术进步等多种因素，制订合理的供需平衡方案。为确保预测的准确性，企业首先需要对当前的人力资源情况进行详细盘点，涵盖数量、质量、能力、层次、结构和离职率等方面，并在掌握现有资源存量的基础上，对未来的增量情况进行预测。

4. 制订并实施方案。

需要根据前期的分析和预测结果，制订出详细的实施计划。这个计划应包括招聘、培训与发展、岗位调整、员工调配以及薪酬激励策略等方面，确保方案具有可行性和操作性。在编制人力资源计划时，必须兼顾企业的短期需求和长期发展，既要实现现有人力资源的最大价值，也要为员工的长期成长创造机会。

5. 评估与控制。

在规划实施过程中，要定期对实施效果进行评估和监控，以及时发现并解决出现的问题，确保规划目标的顺利实现。由于内外部环境的变化、公司战略的调整以及规划本身的不足，人力资源规划在执行中可能会遇到一些不适宜的情况，因此人力资源部门需要根据实际情况及时修改和优化策略，并为未来的规划提供反馈和改进建议。

1.4.2　编制人力资源规划报告的流程

1. 制订职务编写计划。

企业应依据自身的发展规划，分析职务分析报告的内容，制订详细的职务编写计划，具体描述组织架构、职务设置、职位描述和任职要求。这有助于企业规划未来的职务规模和模式，并进一步优化管理架构。

2. 制订人员盘点计划。

根据企业的发展规划和人力资源盘点报告，制订人员盘点计划，详细记录各职位的人员数量、变动情况和空缺岗位。这有助于描述未来的人员配置情况，并为企业的决策提供数据支持。

3. 预测人员需求。

根据职务编制计划和人员配置计划，使用合适的方法预测未来的人员需求。需求预测应详细列出所需职务、人员数量和到岗时间，最好以表格形式呈现，以便于清晰表达。

4. 确定人员供给计划。

这是应对人员需求的策略性计划，主要包括人员供给方式、内部和外部流动策略、招聘途径和实施计划。通过分析历史数据、组织结构、人员流动和录用情况，可以预测未来某一时间点的人员供给情况。

5. 制订培训计划。

为了提升现有员工的技能水平以适应企业发展的需求，必须制订培训计划。培训计划应包括培训政策、需求分析、内容设计、形式安排和效果评估等方面。

6. 制订人力资源政策调整计划。

明确说明人力资源政策调整的原因、步骤和范围，涉及招聘政策、绩效管理、薪酬福利、激励措施、职业发展和员工管理等各方面的调整。

7. 编制人力资源部门的费用预算。

预算应涵盖招聘费用、培训费用和员工福利费用等各项支出。

8. 进行关键任务的风险分析及应对策略。

在人力资源管理过程中，企业可能面临因招聘失败或新政策引起的员工不满等风险。通过风险识别、评估、控制等一系列措施，预防和管理风险，确保企业的正常运营并避免重大损失。

1.4.3　人力资源规划编制的内容

在战略规划层面，人力资源规划主要涉及对企业内外部环境因素的分析，对未来企业总需求中人力资源需求的预测，对企业内部人力资源数量、结构、类别、能力的长期调整的估计等。在具体职能计划层面，人力资源规划包括预测人力资源的需求和供给，并根据企业人力资源的原则和政策制订具体的行动计划，包括但不限于以下子计划。

1. 人力资源招聘规划。

人力资源招聘规划最重要的是保证招聘的人才符合企业战略和人力资源战略的要求，并能通过素质和能力模型进行标准化。外部人才招聘计划可以根据组织内外部环境的变化和组织的发展战略来制定。除了面试考察应聘者，最重要的是通过对比绩效考核指标、权重、战略布局的变化，找到人力资源市场人事招聘的风向标。

2. 人力资源配置规划。

组织内部的人才配置与调动规划旨在根据环境变化和发展战略，有序安排人员在内部流动，确保未来岗位有合适的内部候选人。而退休与辞退规划则是有计划地让符合退休条件的员工和不再适合的人员离开公司。在这一过程中，首先要识别组织内的人才缺口，同时准备好人员的退休和辞退安排。人力资源配置规划应在人才选拔、晋升路径和机制设计上，与公司的战略和招聘标准保持紧密一致。

3. 人力资源培训规划。

人力资源培训规划是指组织根据内外部环境变化和组织发展战略，如战略变化、绩效差距、存在问题、政策诉求、新需求等，引导员工职业发展方向所带来的培训和发展需求。这期间最重要的是培养和扶持重点业务和核心人才。

4. 人力资源激励规划。

人力资源激励规划是指根据组织内外部环境变化和组织发展战略，对绩效考核方式、指标体系与权重、考核管理办法等进行重新规划，通过绩效考评设计，保障关键岗位、核心人才得到肯定和赞许，并与企业战略、人力资源战略导向高度一致，在保障员工队伍稳定的前提下，对关键岗位核心人才一定要激励到位，制定薪酬激励政策规划，通过薪酬福利释放出最佳留人策略，做好核心人才的激励与留用。

5. 人力资源职业生涯规划。

人力资源职业生涯规划的目的是使员工的成长与企业的发展需求相一致，实现企业和员工的共赢。

　　归根结底，人才的招聘、选拔、晋升、培训、考核、薪酬福利始终要与企业战略、人力资源战略相统一，让几大板块形成合力，共同支撑、助力企业战略的发展，实现人尽其才的共赢。

1.5　数字经济时代的人力资源规划

　　在数字经济时代，人力资源规划面临着前所未有的挑战与机遇。

1.5.1　数字经济时代人力资源规划面临的挑战

　　1. 数字技术驱动人力资源规划变革。

　　云计算、大数据、人工智能等技术的快速发展，为人力资源规划提供了更为精准和高效的数据支持。这些技术能够帮助企业收集、分析和利用大量的员工数据，从而制定出更加科学、合理的人力资源规划策略。

　　（1）人力资源规划数据化发展。人力资源规划过程中的各项数据（如招聘信息、员工个人信息、薪资和福利数据等）进行数字化存储和管理。通过数据分析，企业可以更准确地了解员工的需求和市场趋势，从而制定出更为精准的人力资源规划策略。

　　（2）人力资源规划智能化发展。人工智能技术可以对人力资源数据进行分析和预测。如智能招聘系统可以通过分析求职者的简历和面试表现，预测其未来在工作中的表现；智能化的绩效管理系统可以根据员工的工作数据，实时评估其工作表现，并提供个性化的职业发展建议。

　　（3）人力资源管理网络化发展。人力资源规划过程中的各个环节和部门的数据连接起来，可以形成一个整体的网络管理平台，使不同人力资源管理活动之间的信息流动更加便捷和高效，提高管理效率。

　　2. 数字技术引发人力资源市场需求变化。

　　数字技术会引起企业内外部环境的变化，企业需要在适应快速变化的技术环境中达成战略目标。传统的人力资源规划模式注重员工的稳定性和长期性，但在数字经济时代，企业对人才的需求变得更加多样化，灵活用工成为了一种新的趋势，企业需要提供更为灵活和多样的人力资源规划方案。数字化技术也增加了企业员工的工作压力，企业需要更加注重员工的个性化需求，通过培训等形式让员工掌握好数字化技能。

　　3. 信息和数据安全成为企业风险防范的重点。

　　数据维护和隐私保护是数字化时代人力资源规划需要重视的问题。数字技术大量普及后，信息安全成为企业防范的重点。企业需要结合自身战略目标对员工信息及项目数据进行存档，防止数据泄露与滥用，要求员工对所处理数据及信息严格保密。企业还应出台相关制度，建立完善的数据管理制度和隐私保护机制，确保数据的安全性和合规性。

4．数字技术对组织文化和组织结构形成冲击。

传统的组织注重稳定性和规范性，数字化时代要求组织具备更加开放、包容和创新的文化氛围。企业需要积极推动组织文化的转变，鼓励员工接受和适应数字化时代的工作方式。在数字化转型过程中，各部门之间的协同变得尤为重要。企业需要建立完善的跨部门协同与共享机制，促进部门之间的沟通和合作，以提高组织整体效能。

1.5.2　数字经济时代人力资源规划的策略

1．建立数字化人力资源管理平台。

数字技术是实现企业战略目标的助推器，企业要营造数字化工作环境，通过数字技术对现有人力资源管理进行数据收集整合、智能分析，并针对存在的问题进行规划。企业要在健全信息技术基础设施的前提下，建立一套内部的信息管理系统，利用云计算、大数据、人工智能等技术，通过建立统一的数字化人力资源管理平台和人才综合信息库，对内部人力资源进行统一管理，对收集的数据进行保存开发与利用，实现人力资源管理的信息化、智能化，提高管理效率和质量。

2．加强数字化人才引进和培养。

随着数字技术的发展对员工数字能力提出新要求，企业要加大对数字化人才的引进和培养力度，提供个性化的培训和发展机会，提高员工的数字化技能和知识水平。企业应注重员工的职业发展和培养，设立数字化培训专项基金，创新员工培养方式，加强数字技术、信息技术应用、数据安全等方面的培训力度，帮助员工适应数字化工作环境；通过与高校合作进行外部培训、举办内部培训、建立导师制度、开展虚拟情境式互动等方式进行相关数字化训练。针对培训内容，企业应对员工进行系统性评估，强化培训互动性和反馈性。企业要通过绩效考核和晋升机会等方式激励员工积极参与数字化转型，吸引和留住优秀的数字化人才。

3．建立包容的员工关系管理制度。

为更好地适应数字经济时代的发展，企业需要培养一种创新、自由、包容的企业文化。首先，加强与员工的沟通交流，了解员工需求，让员工能够主动了解组织未来规划，在轻松的工作氛围下更能增加员工对企业的归属感。其次，通过提供弹性工作时间、远程办公等方式满足员工的工作需求；打造舒适的办公环境、提供个性化的福利待遇等来提升员工的工作满意度。最后，通过定期召开员工大会、设立意见箱、开展员工满意度调查等方式，收集员工的意见和建议，及时解决员工关切的问题。

4．建立灵活和敏捷的组织结构。

数字经济时代的人力资源规划需要不断创新和完善管理机制，积极应对各种挑战并抓住机遇，根据企业的实际情况和员工的需求，革新组织结构，制订灵活多样的人力资源规划方案。组织结构对企业能否适应外部市场变化具有重要意义。现代企业的组织架构要具有更强的弹性与反应能力，从而增强企业的市场竞争能力。企业要结合数字技术从传统的组织架构转向更灵活的柔性、网状、扁平式的结构，突破企业内部各部门之间的隔阂，提高企业的整体敏捷性与创造力。

5. 以战略为主导制定人力资源规划。

企业战略规划与人力资源管理规划相辅相成，人力资源规划是企业总体规划得以完整实施的基本保障。企业应根据自身实力及内外部人力资源现状合理进行人才招募、员工培训、部门建设并制定相应管理制度，使人力资源管理规范化。通过培训提高人力资源管理人员对内外部环境变化的敏感程度及预判能力。根据内外部环境变化，准确预测未来组织人力资源情况，保证人力资源供需平衡。在政策实施过程中，如果遇到问题，及时修正拟定新规划，对已有规划进行大胆创新，确保实现企业战略目标和可持续发展。

本 章 习 题

一、名词解释

人力资源规划　人力资源规划原则　PEST 分析

二、简答题

1. 简述人力资源规划的特点。
2. 简述人力资源规划的重要性。
3. 简述人力资源规划的分类。
4. 简述人力资源规划的步骤。
5. 简述编制人力资源规划报告的流程。
6. 简述人力资源规划编制的内容。

三、论述题

1. 论述如何进行人力资源规划。
2. 论述数字经济时代人力资源规划面临的挑战和应对策略。

四、案例分析

数字化浪潮下科创企业的人才战略革新实践

在创新之城深圳的核心产业园区内，锐腾科技作为智能驾驶解决方案领域的独角兽企业，正面临全球化布局与产品矩阵迭代的双重战略压力。在第三季度全球高管闭门会上，总裁陆延舟向管理团队发出警示："我们的海外研发中心即将覆盖欧洲，第三代自动驾驶平台也进入量产倒计时。现在需要评估的是，现有组织能力能否支撑未来三年的指数级增长？"这一战略考问直接推动了"星火计划"特别行动组的诞生。该小组由三位跨领域高管牵头：分管组织发展的高级副总裁沈曼青、首席数据科学家程启明以及全球市场洞察官唐骁。他们被赋予的任务是：构建动态化人力资源战略模型，精准匹配企业 2030 战略路线图。

"星火计划"特别行动组调取了近五年员工职业生涯数据，包括员工流动记录、绩效评估报告等历史数据，做了离职诱因分析、高潜人才流失追踪、员工能力图谱绘制等方面的工作；同时，与企业外部的领域专家、科研机构科研人员、人力资源公司、猎头公司、行业竞争对手的高级管理人员和人力资源总监进行深度交流，搜集第一手资料与行业见解。在此基础上，副总裁沈曼青建立了组织人才梯队健康度评估体系，对企业人力资源状况进行了综合测评，明确了优势和短板。市场洞察官唐骁进行了市场人才供需状况及行业发展趋势预测，重点考虑了技术代际跃迁速度对岗位能力要求的突变影响、"AI + 汽车电子"等复合背景跨界人才市场供给等方面，判断领域专家的稀缺度，生动描绘与深刻洞察智能驾驶领域的未来人才供需趋势。数据科学家程启明基于海量历史数据，进行了企业多维数据融合与人才趋势推演，构建了人员流动精准预测模型。

"星火计划"特别行动组出色地完成了这份人力资源发展预测报告，绘制了一幅未来五年的人力资源发展蓝图。在年度战略发布会上，该方案获得了董事会全票通过，更获得了全体员工的认可，成为人才战略的共同愿景。基于这份报告，锐腾科技在员工队伍的合理扩容、技能结构的优化布局、人才引进的精准定位、培养体系的全面升级等方面制定了具体措施。包括与国际前沿自动驾驶实验室建立人才联合培养渠道，培养自有人才；基于项目制以灵活方式建立"企业核心团队＋项目柔性人才"的混合式组织架构，实现"技术大牛"弹性入职；给予技术人才"影子股票"参与分红等形式，提升员工组织忠诚度等。锐腾科技通过以上手段建立适应复杂竞争的人力资源管理体系。

未来，在方案实施过程中将引入动态调整机制，每年根据企业内外部环境条件和技术发展路径进行适当调整，以确保战略弹性，成为"工业 4.0"时代组织转型标杆。数字化、智能化时代，新技术与组织战略共振，传统人力资源规划将进化为驱动商业变革的超级引擎。

思考：

1. 该公司在进行人力资源内部供给预测时，可以采取哪些方法？

2. 当预测到企业人力资源在未来的几年内可能发生短缺时，可以采取哪些措施解决人力资源供不应求的问题？

第 2 章 人力资源信息的收集和处理

戴尔是怎样降低人力资源管理成本的

在 21 世纪初期，电脑行业遭受了重大打击。为了保持其全球领先个人电脑制造商的地位，戴尔公司在 2001 年第一季度将每台电脑的平均售价下调了约 300 美元，导致公司利润率从 21% 降至 18%。尽管戴尔的毛利率低于主要竞争对手 IBM 和惠普，但其净利润却显著高于二者。这一成就主要归功于戴尔模式直接面向客户，从而大幅削减了成本。

戴尔公司采取裁员措施以压缩人力成本，并由人力资源部门制定详尽制度，确定离职员工并妥善处理相关细节。人力资源部门为此制定了一套详尽的制度，以确定哪些员工应当离开，并有效处理了裁员过程中的各种细节。被裁员工能够提前获得两个月的工资、年度奖金和离职补偿，确保了他们的生活稳定。此外，这些员工还获得了重新就业的咨询和相关福利，帮助他们更快地找到新工作。通过这些周到的安排，戴尔公司成功地精简了人员，显著节约了人力成本。

作为一家 IT 企业，戴尔充分利用内联网，采用先进的技术手段管理人力资源。公司内联网上的管理者工具箱包含了 30 种自动化的网络应用程序，这些工具使管理者能够轻松高效地承担部分人力资源管理工作，而这些工作过去只能由人力资源部门完成，且成本高昂。员工也可以通过内联网查询人力资源信息、管理自己的 401（K）计划、监控各类明细单，这些过去需要亲自前往人力资源部门办理的事情，现在只需点击鼠标即可完成。通过有效利用内联网和电子技术，戴尔简化了人力资源部门的繁杂工作，大幅降低了管理成本。

传统的人力资源部门通常根据工作内容划分为招聘、培训、薪酬、考核等几个部分，每个部分都有专门的人员负责。这些人员不仅要处理具体工作，还要根据公司战略做出决策。戴尔公司摒弃了这种旧的组织结构，将人力资源管理部门分为人力资源"运营"部门和人力资源"管理"部门。人力资源"运营"部门主要负责福利、薪酬、劳资关系等日常事务性工作，直接与员工接触，很少与其他部门负责人交流。这些工作虽然繁杂，但可以通过例行程序、制度和方法来完成，戴尔通过集中的呼叫中心来协调这类人力资源管理职能。人力资源"管理"部门则主要负责招聘、培训等工作，其专员需要向事业部的副总裁和人力资源副总裁汇报，并以顾问身份参与事业部会议，为事业部制定专门的人力资源战略，并从人力资源角度帮助事业部实现战略。这种划分方式不仅提高了效率，还精简了专门从事人力资源工作的人员。

戴尔公司，以其低成本商业模式闻名，正致力于从各个层面削减开支。人力资源战略作为公司战略的关键组成部分和必要支持，必须以低成本领先为导向，以配合公司整体发展。如何将这一战略思想转化为实际可行的措施，是解决问题的核心，也是戴尔公司努力的方向。

资料来源：宋联可，杨东涛．高效人力资源管理案例：MBA 提升捷径 ［M］．北京：中国经济出版社，2009。

学习目标

1. 掌握人力资源信息的内涵、作用、特征和分类
2. 掌握人力资源指标体系的设计原则和分类
3. 了解人力资源信息收集的方法和步骤
4. 了解人力资源信息处理的步骤和方法
5. 了解人力资源系统的主要用途

2.1　人力资源信息

2.1.1　信息与人力资源信息

1. 信息。

数据是反映客观事物属性的抽象记录，数据经过加工处理之后就成为可理解的信息。信息是用文字、数据或信号等形式表示的相关内容的总称，通过传递和处理，来表现客观事物的特征、相互关系及其运动变化。信息是对客观世界各种事物变化和特征的描述，反映了客观事物之间相互作用和联系，是客观事物经过感知、认识后的具体体现。人类活动时刻伴随着信息的获取、传播与利用。

2. 人力资源信息。

人力资源信息是与人力资源管理密切相关的信息，反映了人力资源队伍及其活动的特征和运行规律。人力资源管理工作的开展是以掌握适量的人力资源信息为基础的，人力资源信息的数量和质量直接影响了人力资源管理的水平。在进行人力资源管理的过程中，要尽可能通过多种渠道收集和掌握相关信息，以保证人力资源管理工作的效率和效果。

2.1.2 人力资源信息的作用

管理工作离不开信息。在信息化时代背景下，企业的人力资源管理活动更需要充足的人力资源信息作为支撑。获取并有效利用人力资源信息对人力资源管理乃至企业管理有着重要的作用，具体表现如下。

1. 人力资源信息是人力资源规划的基础。

人力资源规划是管理的首要职能，旨在使组织需求与人力资源现状相匹配，确保目标实现。企业需先确定人力资源战略，再据此制定规划。然而，规划面临诸多挑战：外部环境变化要求组织活动不断调整，企业规模扩大和内部活动复杂化也增加了管理难度。因此，企业必须掌握足够数量和质量的人力资源信息，准确把握现状和未来趋势，以制定既能满足当前需求又能支持长期发展的规划。

2. 人力资源信息是管理者进行指挥、协调的依据。

企业管理归根结底是对人的管理，组织在掌握相关信息的基础上作出人力资源规划，需要将已经作出的规划转变为具有明确指向意义的信息，形成具体的指示、命令，并通过各种渠道传递到对应的部门和个人，从而协调不同部门、不同活动的关系，确保人力资源规划有效地实施。由此可见，人力资源信息是管理者进行指挥、协调的依据，人力资源管理实际上是对与企业经营活动相关的信息在人力资源方面的搜集、处理和转化的过程。

3. 信息反馈是改进人力资源决策的重要方法。

信息反馈就是在决策执行的过程中或活动结束后，将产生的各种相关信息反馈到决策中心，与预期的结果进行比较，找出偏差，再对决策进行修正的过程。在组织中，人是最复杂的因素，人的行为受到知识水平、性格特征、群体关系、情绪等诸多因素的影响，所以人力资源决策很容易出现失误。纠正人力资源决策的失误，提高人力资源决策的准确性，除不断提高个体的思想觉悟和知识水平外，还必须加强信息的沟通和反馈，用全面的信息代替片面的信息，不断提高信息的质量，进而提高人力资源决策的水平。

收集和整理信息是人力资源规划工作的前提和基础，对于人力资源规划工作来讲，在广泛占有各类信息的基础上，筛选出有效的人力资源信息，是开展规划工作的第一步。图 2-1 显示了人力资源信息收集和处理的基本过程，反映了人力资源信息在人力资源规划中的作用。

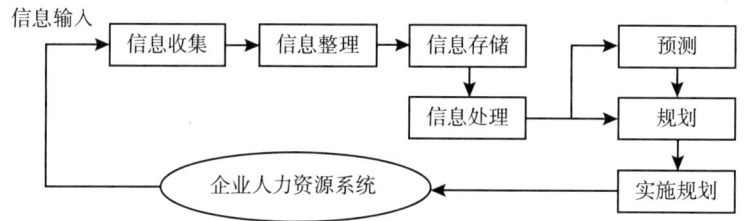

图 2-1　人力资源信息在人力资源规划中的作用

资料来源：赵永乐，等. 人力资源规划（第三版）［M］. 北京：电子工业出版社，2018。

2.1.3　有效人力资源信息的特征

人力资源信息对人力资源规划和管理有重要作用，企业为了开展人力资源规划，需要获取有效的人力资源信息。对于企业来说，有效的人力资源信息应该具有以下特征：

（1）准确。必须确保所收集到信息的准确性，不准确的信息将会影响决策的准确性。

（2）及时。信息具有时效性，超过时限的信息，其价值将大打折扣，所以要确保管理者能够获得及时的信息。

（3）简明。管理者一次只能接收和处理一定数量的信息，管理者接收和处理信息的能力是有限的。过量的信息使管理者必须花大量的时间和精力去接收、筛选信息，从而导致信息利用的效率下降。

（4）相关。与决策问题无关的信息对于决策没有实质性帮助，所以还要确保所获得的人力资源信息是反映人力资源管理问题的关键信息。

（5）完整。管理者所获得的人力资源信息应当是完整的，而不是片面的。

2.1.4　人力资源信息的类别

人力资源信息纷繁复杂，信息的遗漏、曲解可能导致决策的失误，但并不意味着企业需要掌握所有信息，这既不符合成本效率的原则，而且也没有必要，所以管理者要掌握关键信息。为了更好地收集、处理人力资源的关键信息，需要对人力资源信息进行分类。按照不同的角度，对信息可以有不同的分类方式。

1. 按照信息的来源，可以把人力资源信息分为外部信息和内部信息。

外部信息来自外部环境，包括一般环境（政治法律、经济、社会文化、技术）和任务环境（行业环境、供应商、顾客、竞争对手、劳动力市场、工会），这些环境因素影响企业经营、求职意向和人力资源供需，企业需关注其变化以获取相关信息。内部信息反映组织内人力资源基本情况，如员工自然状况、知识、能力、工作经验和心理特征。内部信息相对容易获取，与企业经营相关性大。

2. 按照定量化程度，可以把人力资源信息分为定量信息和定性信息。

定量信息以数量形式呈现，利于跨时期、跨部门的数据比较，便于及时发现问题并助力经营调整。例如，A 岗位离职率上升 15%，可依此分析优化管理。此外，定量信息还可与行业或国际标准对比，便于控制人力资源活动。定性信息不能直接用数据表示，如员工离职原因和需求。虽然量化重要，但定性信息同样关键，管理者需结合理性计算和感性直觉进行决策。

3. 按照信息的时间点，可以把人力资源信息分为过去信息、当前信息与未来信息。

过去信息反映已发生的现象和过程，研究过去可探索规律，为当前和未来提供指导。当前信息反映现有人力资源状况。未来信息预测未来人力资源状况和发展趋势。对过去和当前的清晰认识有助于科学预测和规划，提升管理方案的认同度和协调性。

4. 按照信息的加工程度，可以把人力资源信息分为基本信息和加工信息。

基本信息直观反映人力资源特征，如姓名、年龄、学历等，易于通过调查统计获取。加工信息：需经加工处理才能获得，如"员工不满意的原因"。管理水平高低与加工信息相关，有效管理需深入分析原因并采取措施。基本信息和加工信息并非绝对，如"员工不满意度"可能需经测评后获得，也属于加工信息。

第 2 章

2.2　人力资源指标体系

在进行人力资源规划时，为方便信息收集、整理和比较，直观反映人力资源管理现状，需将信息量化为规划指标。系统的、规范的指标数据是编制人力资源规划的基础。衡量和评价人力资源现状时，需使用一套完整的指标体系，以全面、系统地描述和评价。

2.2.1　人力资源指标

人力资源指标（或称统计指标）用于描述人力资源现象的内在质和外在量，由指标名称和数值组成。例如，某企业 2023 年 A 岗位员工离职率为 10%，"员工离职率"是指标名称，"10%"是指标数值。该指标包含三个方面：数字形式的人力资源信息、人力资源总体综合特征和在一定质的规定下的数量。企业研究人力资源指标旨在通过统计资料，建立监测人力资源管理活动的尺度，获取定量信息，描述其历史、现状和发展趋势。

2.2.2　人力资源指标体系

为体现人力资源研究对象各方面相互依赖、制约的关系，将相关衡量指标组成综合系统，即人力资源指标体系。设立指标体系可明确信息收集目的和范围，作为规划工作跟踪和评价的依据，涵盖人力资源现状评价、规划制定过程评价和实施效果评价。科学设立反映企业人力资源状况的指标体系，通过分析和比较指标记录，可准确了解人力资源活动的发展过程、影响因素和内在规律，实现科学规划。

2.2.3　人力资源指标的功能

对于企业而言，人力资源指标的功能主要包括以下几个方面：

（1）描述功能。人力资源指标能客观反映企业的人力资源状况和环境状况，这是开展调查和收集数据的依据。

（2）解释功能。人力资源指标能反映人力资源及环境的变化趋势，并对变化的原因提供研究线索。

（3）评价功能。企业可以根据人力资源指标所反映的现状，对实际工作情况做出评价。

（4）监测功能。通过对人力资源指标进行统计，对实际工作情况进行监督和干预，能够为规划和政策的制定提供必要的依据。

（5）预警功能。根据发展趋势的研究，为未来的人力资源管理活动提供预警，选择具有可行性的应对预案。

第 2 章

2.2.4 人力资源指标的类型

在设置人力资源指标体系的过程中，首先要确定人力资源的基本指标，然后围绕着基本指标分设其他各项指标，使之有机结合在一起，组成一个完整的指标体系。由于企业人力资源规划任务目标不同、需要不同，所设置的人力资源指标体系也会有所差异。

人力资源指标按照目的不同可以分为两类：描述性指标和评价性指标。描述性指标主要基于基础指标，用于描述和解释；评价性指标主要基于相对指标，用于评价、监测和预警。两类指标既相互依存又相对独立，既有联系又有区别，形成不可分割的统一体，共同构成有机的指标体系。

人力资源指标按照内容来划分，大致可以分为六大类，分别是人力资源数量指标、人力资源素质指标、人力资源结构指标、人力资源管理能力指标、人力资源效能指标、人力资源环境指标，每一大类又包括多个指标。在评价企业的人力资源状况，制定人力资源规划时，不可能也没有必要所有指标面面俱到，企业根据自己需要选用关键的指标即可。下面摘取这六类指标中的某些指标逐一介绍（如表 2 - 1所示）。

表 2 - 1　　　　　　　　　　人力资源指标的分类

序号	指标类型	具体指标内容
1	人力资源数量指标	人力资源总量、人力资源密度、人力资源增长速度、人力资源流动指标等
2	人力资源素质指标	个体素质指标、团队素质指标等
3	人力资源结构指标	素质结构、年龄和性别结构、职能结构、配置结构等
4	人力资源管理能力指标	招聘指标、培训指标、绩效指标、薪酬指标、员工关系指标等
5	人力资源效能指标	绩效衡量指标、成果指标、效益指标等
6	人力资源环境指标	工作环境指标、生活条件指标、继续教育指标、民主管理指标等

1. 人力资源数量指标。

人力资源数量指标主要反映企业人力资源的数量及其变动情况，包括人力资源总量、人力资源密度、人力资源增长速度、人力资源流动指标、自然变动指标、岗位流动指标、内部流动指标等。下面选取其中几个指标进行介绍。

（1）人力资源总量。人力资源总量是指在某一特定时间内企业所拥有的某类人力资源的总和。为了维持企业的经营活动的稳定有序，企业通常需要关注技术人员总量、生产人员总量、销售人员总量、管理人员总量等。

（2）人力资源密度。人力资源密度是指各类人力资源数占人力资源总数的比例，反映人力资源的分布状况。用"各类人力资源数/人力资源总数"表示，计量单位为"人/百人"。例如，用"管理人员数/人力资源总数"衡量企业中的每百人中有多少管理人员。人力资源密度通常能反映企业的管理幅度和管理层次是否合理。

（3）人力资源增长速度。人力资源增长速度反映了人力资源动态发展状况，可以反映出人力资源随着时间变动而发生的改变。另外还可以用来与企业经济效益、企业经营发展速度相比较，以判断人力资源发展是否与企业发展战略同步。

（4）人力资源流动指标。人力资源流动指标涵盖自然变动、岗位流动和内部流动三类，反映人员流动情况及企业吸引力和稳定性。自然变动涉及退休等流动；岗位流动通过流入、流出和净流入人数计算新进率、离职率和周转率；内部流动包括晋升、调动等，相关指标有变动率、服务期和稳定指数。这些指标助力优化人力资源管理。

2. 人力资源素质指标。

（1）个体素质指标。个体素质指标涵盖身体素质、心理素质、知识结构、能力指标和品质指标。身体素质包括力量、爆发力、柔韧性、协调性、平衡性和耐力，反映个人健康状况；心理素质涉及认知、兴趣、动机、情感、意志和性格等；知识结构包括教育背景、培训经历和工作经验；能力指标有专业技能、人际技能和概念技能；品质指标涵盖思想素质、道德素质、劳动态度等。在社会竞争加剧、工作压力和复杂人际关系的背景下，企业越来越重视员工的素质指标。研究显示，提升员工素质有助于降低管理成本、优化组织文化和提高企业绩效。

（2）团队素质指标。企业活动在大多数情况下采用团队的形式，由多人协作共同完成。在评价人力资源素质的时候，企业不仅要关注个体素质，而且要关注团队素质，如合理的团队成员素质结构、团队的运行效果等人力资源素质指标。

3. 人力资源结构指标。

在评价人力资源规划时可以利用人力资源的素质、年龄、性别、职能和配置的结构指标对人力资源素质进行结构分布的评价。

（1）素质结构。素质结构指标包括知识结构和技能结构。知识结构从学历和能级两个方面评价：学历分为研究生、本科、大专、中专和高中以下；能级按专业技术职务、行政职务或业务职务划分。技能结构按专业技术职务能级分为高级、中级、初级和无技术职务；工人按技术能级或熟练程度分为高级技师、技师、高级工、中级工和初级工。

（2）年龄结构和性别结构。年龄结构可以分成老年、中年、青年三个层次，企业需要关注员工的年龄结构是否合理。性别结构分为男性和女性两种，由于行业特点不同，不同行业的企业男女比例呈现差异性。

（3）职能结构。职能结构具体可以分为直接生产人员（包括工人、学徒和直接参与生产的工程技术人员）和非直接生产人员（管理、服务和其他人员）两类，也可以分为生产人员、管理人员、工程技术人员、销售人员、研发人员和其他人员。

（4）配置结构。该指标主要用来反映人力资源在企业不同部门、不同工种中的分布情况。例如，部门的人力资源密度指标、部门的人力资源总量指标等可以反映不同部门中的人力资源状况、人力资源的素质情况。这些指标不仅可用于部门之间的比较，而且可用于评价部门的人力资源发展状况，还可用于评价部门人力资源配置的合理性。

4. 人力资源管理能力指标。

人力资源管理能力指标主要用来衡量人力资源管理各个职能的有效性，主要包括以下几个方面：

（1）招聘指标。招聘指标用来衡量招聘工作的过程和结果的有效性，主要包括招聘成本评估指标、应聘者比率、员工录用比率、招聘完成比率、员工到岗率、同批员工留存率、同批员工损失率、内部招聘比率、外部招聘比率、填补岗位空缺时间指标等。

（2）培训指标。培训指标用来衡量培训工作的过程和结果的有效性，主要包括培训人员数量指标、培训费用指标、培训效果指标等。

（3）绩效指标。绩效指标用来衡量绩效管理工作的有效性，主要包括绩效工资的比例、员工绩效考核结果分布、业绩合同中的绩效指标完成情况等。

（4）薪酬指标。薪酬指标用来衡量薪酬管理工作的有效性，主要包括外部薪酬指标，包括不同行业薪酬水平、行业内薪酬水平、不同地区薪酬水平、消费者价格指数；内部薪酬指标，包括工资总额、人均工资、年工资总额增长率、年人均工资增长率、保险总额等。

（5）员工关系指标。员工关系指标用来衡量员工关系管理工作的有效性，主要包括劳动合同签订比例、员工投诉率、解决争端的平均时间、职工社会保险参保率等。

5. 人力资源效能指标。

人力资源效能指标是指对人力资源本体为组织提供的投入产出效率和作出贡献程度的描述和评价，主要包括绩效衡量指标、成果指标、效益指标等。

（1）绩效衡量指标。绩效衡量指标用于评估员工工作表现和任务完成情况，涵盖工作时间利用程度、员工违纪率和人员作用发挥度。工作时间利用程度：包括工作按时完成率、出勤率、缺勤率和加班比重。员工违纪率：反映管理关系的协调性。人员作用发挥度：评价员工工作能力的发挥情况。这些指标基于人力资源自身评价和抽样调查结果确定。

（2）成果指标。成果指标反映人力资源队伍的产出情况，主要包括专利指标、新产品指标和人力资源价值系数。专利指标：包括专利申请数、批准数和开发利用率。新产品指标：包括新产品开发数、销售额和利润额。人力资源价值系数：衡量人力资源对企业经济发展的贡献率，可通过产值与人力资源数量之比、利润总额与人力资源总数之比来评估。

（3）效益指标。效益指标衡量人力资源的效率和效益，包括劳动生产率指标和人力资源投资效益指标。劳动生产率指标：按不同表示方法分为实物量、总产值、净产值、增加值等，按人员范围分为基本生产工人、生产工人和全员劳动生产率。人力资源投资效益指标：包括人力资源投资收益、人均创利率、人均投资成本、人均固定资产、工资利润率和百元奖金实现产值等。

6. 人力资源环境指标。

人力资源环境指标是对于支撑人力资源实现产出的各种社会环境因素的描述和评价。主要包括工作环境指标、生活条件指标、继续教育指标、民主管理指标等。

（1）工作环境指标。工作环境指标用于评价人力资源的工作环境，包括工作量、研发与设备条件、研发经费、信息支持和后勤服务。工作量用来衡量人力资源的作用和贡献，包括工作总量和难易程度，可用产值或利润表示；研究与设备条件用来衡量工作条件，包括固定资产、年均投资、设备的先进性、成套率、完好率、使用率和更新率；研发经费包括经费数额、人均经费、经费产出率和经费来源；信息支持包括图书杂志数量、电脑拥有量、联网比例、信息查询的正确性和及时性、学术交流率等；后勤服务用来评价后勤保障，涵盖行政服务、物资供应和辅助人员支持等。

（2）生活条件指标。生活条件指标反映了人力资源的生活状况，影响其再生产、工作积极性和能力发挥，包括收入、居住条件、家庭负担、医疗健康等。其中收入包括工资总额、人均工资、工资增长率、奖金率等；居住条件包括人均居住面积、购房率、支付率、租借率、成套率等；家务负担包括家务处理形式和时间，反映员工用于恢复体力和提升素质的时间；医疗健康包括个人健康状况、医疗保障、医疗费个人承担量等。

（3）继续教育指标。继续教育指标用于评价员工的在职培训和自我进修情况，包括继续教育规模和继续教育投资。继续教育规模包括培训人数、人次、总人时、参加率、人均培训费用、次数、完成率、人均培训时间等；继续教育投资包括管理费用、单位投资、个人投资，以及企业投资占总收入的比例。

（4）民主管理指标。民主管理指标反映企业管理情况和员工参与程度，包括员工参与度、员工投诉率、人均建议采纳率等。员工参与度用来衡量员工参与经营管理的程度，包括员工控制程度（如持股份额、持股率）和话语权（如建议数、采纳率、重大决策参与数）；员工投诉率反映管理关系的协调性；人均建议采纳率是指已采纳建议数与总建议数的比值，体现企业民主程度。

2.3　人力资源信息的收集

人力资源规划工作是建立在对大量历史和现实的数据和信息的分析基础上的，通过分析发现人力资源活动的规律，据此制定人力资源规划，指导人力资源活动。因此，人力资源信息是人力资源规划的基础，而收集人力资源信息又是信息分析、处理和利用的基础。人力资源信息的收集是指根据企业战略和人力资源规划的要求，采用科学的方法、手段和措施，通过各种渠道和工具，将分散在不同时空的人力资源信息，进行收集、整理的过程。

2.3.1　人力资源信息收集的原则

如前文所述，有效的人力资源信息具有诸多特征。为了能够获得有效的人力资源信息，在信息收集过程中，应遵循以下原则。

1. 可靠性原则。

首先，必须保证信息来源是可靠的，不可靠的信息会导致决策错误。其次，收集的信息必须真实，不能主观臆测。最后，还要注意防止信息由于多次传递或加工所造成的失真，信息的失真会使所制定的人力资源规划无效，进而导致人力资源管理工作失败。

2. 完整性原则。

完整性原则指的是收集的人力资源信息在内容上必须是完整的。人力资源信息收集是一项系统的工程，它要求在时间上要涵盖整个过程，在范围上要囊括所有部门，在项目上要包括所有的内容，在数据上要覆盖所有的指标体系，尽可能地反映企业的人力资源全貌。遵循人力资源信息收集的相对完整性原则能最大程度地保证人力资源规划的全面性。

3. 实时性原则。

实时性原则是指能及时获取所需的信息，保证信息采集的时效性。要确保在规定的时间段，在规定的时间节点之前及时获取各种信息。如果不能保证信息获取和收集的及时性，不仅会降低人力资源信息的时效性，甚至可能延误整个人力资源规划工作。

4. 相关性原则。

相关性原则是指收集到的人力资源信息与应用目标和工作需求的关联程度比较高，收集到的人力资源信息除了要符合客观实际，还要与所设计的目标和方案高度相关。相关性差的信息对科学的决策和人力资源规划帮助不大。

5. 易用性原则。

易用性原则是指收集到的人力资源信息按照一定的形式表示，便于提取和使用。为了使信息便于使用，需要对信息进行归类整理，用合适的方式进行存储、传输，用规范的语言记录和表达。例如，在统计员工离职情况的时候，通常会用"离职率"而不是"跳槽率"这个词。

2.3.2　人力资源信息收集的渠道

收集到人力资源信息之后，我们需要根据信息进行人力资源现状分析。人力资源现状分析既要分析人力资源队伍，也要分析人力资源所处的环境，所以在我们收集的信息不能只局限于本企业的信息，还需要充分考虑其他因素，例如，国家政策和法律法规、行业技术发展动态、市场发展趋势、竞争对手等方面对企业人力资源活动的影响。由此可见，人力资源信息的内容是非常丰富的，不同类型的信息的获取渠道也应有所不同。总体来说，信息收集渠道可以分为内部渠道和外部渠道。

1. 内部渠道。

从企业内部来看，主要的收集渠道有以下几种：

（1）人力资源部门。通过人力资源部门，可以收集到大量的人力资源信息。一方面企业人力资源部门保存着大量的文档信息，如人员档案、年度考核表、职位说明书等；另一方面也可以借助统计资料、文件简报等获得跟企业战略决策等方面相关的信息。人力资源部门与企业各部门联系密切、上下贯通，对信息收集来说十分便利，但是如果企业内部管理层次过多，则可能会影响信息传输速度，而且易导致信息失真。

（2）研究开发部门。研究开发部门承担着企业新技术和新产品的研究、设计与开发任务，掌握着企业正在进行中的研究开发项目、产品技术水平、设计标准规范等方面的资料。通过研究开发部门获取的信息，尤其是技术信息，不仅十分可靠，而且专业性和先进性都比较强。这类信息往往能够反映出企业目前员工的技术水平以及对不同岗位人力资源技术的要求，具有较高的参考价值。

（3）市场营销部门。市场营销部门是企业与市场之间的联系纽带，市场营销人员直接面对客户和竞争对手，因此他们通常掌握着有关竞争环境和竞争对手的大量信息。通过市场营销部门获取的大多是非公开的动态信息，这类信息对于企业了解市场及其发展趋势，及时制定有效的竞争策略、人力资源策略都具有重要意义。

（4）非正式组织信息交流网络。

通过非正式组织信息交流网络，可以收集基层成员对上级决策、指令的反馈信息，了解群众的意见、建议和愿望，从而对企业人力资源管理政策和管理行为作出调整，达到减少冲突、改善员工关系、提高工作效率和工作满意度的目的。

（5）内部信息网络。内部信息网络是企业自己的信息机构，目前大部分企业都建立了自己的内部通信网络，通过通信线路把各部门联系起来。内部信息网络维系的是企业内部的沟通和互动，反映了各个部门、各个经营环节之间的关系，也蕴含着大量的人力资源信息。

2. 外部渠道。

从企业外部来看，主要的收集渠道有以下几种：

（1）大众传播媒介。通过电视、广播、报纸、杂志等可以得到内容新、范围广的信息资料。但由于它们都是面向大众的，所以一般过于浅显，也缺乏针对性，企业可以根据自身需要，利用大众媒介开展人力资源信息的收集活动。此外，随着信息化的发展，互联网已成为工作生活中不可缺少的工具。网络信息包罗万象，数量多、范围广，但真假难辨，需要多角度有针对性地区分、识别和选择。

（2）权威机构。政府机关掌握着丰富的信息资源，政府各管理机构发布的政策文件、对外公开的档案、政府出版物等都是企业重要的信息来源。与政府机关保持良好的合作关系有利于企业及时了解各方面的政策法规性信息，指导本部门的决策与行动。此外，政府机关下设的各类信息中心、各级人才市场等机构也掌握着大量的专业信息，且大多比较可靠，及时性和权威性都很强。

（3）社团组织。通过行业协会、学会等行业团体组织，可以收集到行业信息，这是企业获得最新技术、了解同行情况的重要途径。企业还可以参加各种研讨会、洽谈会、展销会、交易会、现场会、发布会、演示会等，这些也是企业获得外部环境信息和竞争对手信息的重要途径。

（4）协作伙伴。协作伙伴包括各种供应商、销售商、广告公司、运输公司以及金融、保险、劳动仲裁、环保、咨询等机构。这些机构拥有大量的关于市场环境、竞争对手的相关信息。

（5）消费者和用户。通过消费者（用户）调查，可以了解不同消费者的不同需求、消费心理、购买动机，消费者对产品的满意度、意见和建议，当前的消费热点、消费趋向等信息。

2.3.3　人力资源信息收集的方法

人力资源信息收集方法依据收集的信息类型和性质的不同而有所不同，一般常见的有以下方法。

1. 观察法。

信息收集人员通过现场观察获取第一手资料，信息具有详细、可靠、及时和直观的特点。例如，高层管理人员巡视生产车间，可直接了解员工的工作热情、态度、是否严格遵守工艺流程以及产品质量等情况；市场调查人员以消费者身份参与市场活动，或在柜台收集消费者对产品的意见和建议，这些都是观察法的实际应用。

2. 调查法。

调查法包括普查法、重点调查法和抽样调查。普查法能全面获取详细信息，对人力资源规划有利，但成本高、工作量大；重点调查法适用于人力资源集中在某些部门或某类人力资源为重点的情况；抽样调查包括访谈调查和问卷调查，访谈调查通过直接交谈获取信息，方式多样，如座谈、会议、电话、信函等；问卷调查成本低、效率高，适合大规模开展，但对问卷设计要求较高。

3. 信息检索法。

在现代信息技术的支持下，信息检索法成为重要的二手信息收集方法。企业可根据需求，运用特定工具和方法检索与需求一致的信息，从而完成信息收集工作。信息检索能降低收集成本，充分利用已有资源，避免重复劳动，缩短获取信息的时间，提高工作效率，提升对问题的认识水平，使一手信息调查更具针对性。

2.3.4　人力资源信息收集的步骤

人力资源信息收集要符合准确性、及时性和系统性原则，在这些原则指导下，可按下面的步骤来收集。

1. 确定信息收集的要求和目的。

确定人力资源信息收集的目的是确定人力资源信息收集对象、时间、范围、调查提纲和实施计划的前提。在本书中，收集信息是为人力资源规划服务的，因此，人力资源信息的收集目的应该由人力资源规划工作的任务确定。所以企业要围绕人力资源规划的需要，确定收集信息的指标以及信息要求的精度等。企业在收集信息时，可将信息分为主要信息和次要信息，有目的地进行收集。

2. 确定信息收集的对象。

人力资源信息收集对象，指的就是人力资源规划的对象，也就是所要开展调查的对象。例如，要取得某企业的生产人员的信息资料，那么该企业的生产人员就是这次人力资源信息收集的对象，而该企业的生产部门和车间就是具体的调查部门。

3. 拟订调查提纲，明确调查内容。

企业要根据人力资源信息收集的目的和调查对象的特征来拟订人力资源信息收集的调查提纲。人力资源信息收集的调查提纲罗列了准备进行的调查项目和内容，包括对调查单位所需登记的内容和有关情况等。这项工作可使收集信息的过程清晰、工作有条不紊。如果条件许可，也可找专家来协助拟订调查提纲，确定调查内容。拟订调查提纲时一般要注意以下几个方面的问题。

（1）调查提纲所列出的项目应是满足人力资源信息收集目的所必需的项目。调查提纲必须紧紧围绕人力资源信息收集的目的，从具体的时间、地点、条件及其关系出发，列出必要的调查项目。

（2）调查提纲所列项目应是调查部门能够明确解答的项目。如果是实际当中没有条件取得资料或不能得到准确答复的项目，则不能列入调查提纲。

（3）调查提纲所列项目的语义要简明易懂。调查提纲的语义要简明易懂，避免使用生涩的专业术语，确保不同知识背景的人员都能理解。答案设计要明确，被调查者只能选择一种明确的回答。文字式答案可设计为"是"或"否"的形式，数据式答案需给出明确的计量单位，并规定只能填写数据。

4. 信息收集的实施计划。

信息收集的实施计划涵盖组织计划和进度计划。组织计划从组织层面保障信息收集的顺利开展，包括领导机构、参与单位与人员、调查方式方法、时间地点、准备工作、资金来源与预算等内容。进度计划从时间进度上保障调查工作正常开展，涵盖工作目标、步骤程序、措施、技术要求、具体项目、质量标准及试点等内容。

在信息收集过程中，需明确人力资源信息所属的时期或时点，以确保统计资料的准确性；同时确定信息收集的期限，即从开始收集到形成调查报告所需的时间。为保证按时完成，应尽量缩短收集时间。

收集到信息后，需根据人力资源规划的任务和目的，对大量繁杂的信息进行分类汇总，找出人力资源发展的内在规律和本质。同时，对信息进行再加工，发现其内在发展规律，使其成为人力资源规划的基础数据。这一过程即为人力资源信息的处理过程。

2.4 人力资源信息的处理

从外界获得的人力资源信息除了一部分能够被直接利用之外，多数都要经过必要的加工或处理后才能用于人力资源规划工作。人力资源信息的处理，指的是根据人力资源规划的任务和目的，将通过人力资源调查所取得的原始数据进行分类和汇总，并对其进行再加工，使之成为人力资源评价指标数据的过程。计算机技术、网络技术、人工智能技术的不断发展和应用，大大缩短了信息的处理时间，满足了企业的各种需求。

2.4.1　人力资源信息处理的过程

人力资源信息的处理过程可以分为以下五个阶段：

（1）审核阶段。审核阶段是对原始的人力资源信息进行初步审核，通过审核发现问题，并进行及时的补救或纠正。

（2）分类汇总阶段。分类汇总阶段是指通过采用相关的技术，对初次审核通过的人力资源信息进行分组、汇总和计算。

（3）二次审核阶段。二次审核是对整理好的人力资源信息再一次进行审核，并根据审核中发现的问题，再次进行补救或纠正。

（4）形成信息资料阶段。在这一阶段需要用精练的文字、直观的数据和图表等表达形式，简明扼要地描述人力资源现象。

（5）综合分析阶段。通过采用各种分析技术和手段，对人力资源信息进行综合分析和计算，按照评价指标体系的规范要求形成各种可用于进行规划的数据。

2.4.2　人力资源信息处理的基本方法

人力资源信息处理方法分为定性和定量两类。定量方法主要是统计分类法，即将大量原始信息分组归类，对同质信息进行统计，通过数量显示人力资源现象的性质和特征。这种方法既是信息处理的基础，也是分析的基础。

定性方法包括分析法和综合法。分析法将信息按内容分解为个别属性或局部，而综合法则将各属性、部分或方面归纳为一个整体。分析是综合的基础，综合是分析的总结。通过这两种方法，可以更全面地了解企业整体及各部分的人力资源状况，使认识从现象观察上升为理性认识，为人力资源规划提供坚实基础。

2.4.3　人力资源信息的审核

人力资源信息的准确性、及时性和完整性决定了它的应用价值。为了确保人力资源信息的可靠无误，除了要求调查人员认真细致地工作之外，还要对每份原始数据和资料进行检查和审核。对人力资源信息的审核一般采用抽样的方式进行，把抽样审核的人力资源信息与整体的人力资源信息相比较，确定差错和比率，然后加以推算，以修正整体的人力资源信息。

1. 人力资源信息审核的内容。

人力资源信息审核的要求包括及时性、完整性和准确性三个方面。及时性是指要检查所有资料是否按时完成数据的采集；完整性是指要检查资料是否完整、报表是否齐全、所填指标是否有缺漏等；准确性是指要检查信息内容是否合理、统计口径是否一致、计算是否准确、计量单位是否合适、前后是否一致等。对于审核中发现的问题要及时采取补救措施，以保证信息的及时、准确和完整。

2. 人力资源信息补救的措施。

由于企业情况复杂，人力资源信息可能出现空白、偏差和失真等问题。在这种情况下，需采取多种补救措施，如取舍、补遗、复原和修正等。取舍是处理重复统计数据，选择最合理的数值；补遗是针对数据空白或遗漏，通过再次调查或历史资料推算进行弥补；复原是纠正因计算错误导致的数据偏差；修正是根据条件变化调整原有数据。在实施补救措施时，需论证其科学性，并用同期历史资料验证补救后的数据，避免随意拼凑数据，以免影响后续工作的准确性，甚至导致规划失败。

2.4.4　人力资源信息的汇总

在取得原始人力资源信息之后，就要着手对这些原始人力资源信息进行初步加工，这个加工过程就是人力资源信息的汇总过程。人力资源信息汇总的方法很多，从统计的角度可以分为手工汇总、机械汇总和电子计算机汇总三大类。手工汇总又可分为划记法、记录法、折叠法、卡片法和直接加总法等方法。电子计算机汇总又可分为直接汇总和联网汇总两种方法。随着电子计算机的普及，机械汇总法已基本被淘汰。

2.4.5　人力资源信息分析报告

人力资源信息分析报告是对企业相关人力资源信息进行分析的结果。人力资源信息分析报告是对人力资源现象的内在联系和发展规律进行的高度概括，是人力资源规划的重要依据。一份人力资源信息分析报告，在结构框架上一般包括四个部分：首先要明确提出所要分析的问题；其次要有分析问题的过程；再次要有分析问题的结论；最后要提出相应的对策措施。在编写人力资源信息分析报告的时候，需要注意如下问题：

（1）主题要突出。人力资源信息分析报告要围绕主题来确定整个报告的结构和脉络。

（2）论点和论据要一致。人力资源信息分析报告既要有明确的论点，又要有可靠的论据作为支撑。观点和材料要统一，材料是观点的基础，观点则是对具体材料的归纳和概括。

（3）定性分析和定量分析相结合。性质和数量是各种人力资源现象的两个方面，在对人力资源信息进行分析的时候，二者缺一不可。在定性分析中要善于应用例证，在定量分析中要用好各种人力资源数据。

（4）分析推理要具有逻辑性。分析报告中使用的概念要清晰，思路要清楚，方法要科学，推理要严密，判断要有理有据。

（5）文字要简练，语言要通俗。人力资源信息分析报告都是短文章，文字要力求简练，语言要通俗易懂，不要使用晦涩难懂的词汇和华丽的修辞。

2.4.6　人力资源信息系统

人力资源信息的收集与处理是一项长期、复杂且至关重要的任务。在当今信息化时代，人力资源管理处于引领创新与推动变革的前沿，比以往任何时候都更需要与时俱进。人力资源信息系统是组织用于收集、存储、分析和报告与人及工作相关的信息的工具，它是一种有组织的方法，能够为企业提供即时的人力资源决策信息。通过该系统，企业可以从海量复杂信息中迅速提取并处理有用信息，从而最大化发挥人力资源的优势。人力资源信息系统显著提升了信息收集与处理的效率，其主要用途包括以下几项。

1. 人力资源信息系统可以建立人事档案。

人事档案是人力资源信息系统的核心功能之一，它能够记录和分析员工的知识、技能、能力和经验，为当前的人力资源管理提供重要依据。同时，人事档案还能对未来的人力资源需求进行预测，这是人力资源规划的两大基础信息。这两种信息相辅相成，缺一不可。例如，如果不基于现有人员状况进行预测，规划就会脱离实际；而只有对未来人员的数量、技能和经验有所预见，企业才能制订有效的行动方案，解决未来可能出现的问题。

2. 人力资源信息系统为各类人事决策提供依据。

如晋升人选的确定、特殊项目的工作分配、工作调动、培训、绩效评估和工资奖励计划、职业生涯计划和组织结构分析等工作的完成都必须借助人力资源信息系统。

3. 人力资源信息系统可以生成重要的报表和各种报告。

人力资源信息系统可生成多种报表和报告，包括按时间进度向管理层提供的常规报表、反映变化的例外报表、涵盖岗位空缺等日常管理信息的工作性报告、向政府机构提供的规定性报告，以及用于内部研究的分析性报告。这些报告可展示人力资源的性别、年龄分布，员工福利情况，以及新员工测验分数与绩效考核分数的统计关系，为企业决策提供支持。

本 章 习 题

一、名词解释

人力资源信息　人力资源指标　人力资源信息的收集　人力资源信息的处理

二、简答题

1. 人力资源信息的作用是什么？
2. 有效人力资源信息的基本特征有哪些？

3. 人力资源信息的分类有哪些？

4. 人力资源指标有何功能？

5. 人力资源指标的类型有哪些？

6. 人力资源信息收集的渠道有哪些？

7. 人力资源信息收集的方法有哪些？

8. 人力资源信息处理的过程分为哪几个阶段？

9. 人力资源信息处理的基本方法有哪些？

10. 人力资源信息系统有哪些用途？

三、案例分析

M 科技公司的信息化管理实践

M 科技公司成立于 2015 年，是一家专注于人工智能和大数据应用的高科技企业。随着公司业务的快速发展，员工数量从最初的 50 人增长到如今的 500 多人。为了应对复杂的人力资源管理需求，公司决定引入人力资源信息系统（HRIS），以实现人力资源管理的信息化和高效化。

1. 实现信息化管理的措施。

（1）系统选择与定制。公司在引入 HRIS 时，经过多轮调研和评估，最终选择了一款功能强大的商业 HRIS 软件。为确保系统符合企业自身需求，公司与软件供应商合作，进行了深度定制。定制内容包括员工信息管理模块、绩效评估模块、薪酬福利模块和培训发展模块等。这些模块不仅满足了公司当前的管理需求，还预留了未来扩展的空间。

（2）数据迁移与整合。在系统上线前，公司组织了专门的团队负责数据迁移和整合工作。团队成员来自人力资源部门、IT 部门和业务部门，确保数据迁移的准确性和完整性。通过与现有企业资源规划（ERP）系统的对接，实现了人力资源数据与其他业务数据的无缝整合，提高了数据的利用效率。

（3）员工培训与支持。为确保员工能够熟练使用 HRIS 系统，公司组织了多场培训课程，涵盖系统功能介绍、操作流程演示和常见问题解答等。同时，公司还设立了技术支持团队，为员工在使用过程中遇到的问题提供即时帮助。

（4）持续优化与反馈机制。系统上线后，公司建立了持续优化机制，定期收集用户反馈，及时调整和优化系统功能。通过定期的用户满意度调查和系统使用情况分析，公司不断改进系统性能，确保其始终符合企业发展的需求。

2. 保证系统符合企业需要。

为了保证系统符合企业自身需要，M 科技公司在系统定制与开发的过程中，遵循科学严谨的程序。

（1）需求分析与规划。在引入 HRIS 之前，公司进行了全面的需求分析，明确了各部门对人力资源管理的具体需求。通过与业务部门的深入沟通，确保系统功能与企业战略目标一致。同时，公司制定了详细的信息化规划，明确了系统实施的时间表和阶段性目标。

（2）定制化开发。根据需求分析的结果，公司对 HRIS 进行了定制化开发，增加了符合企业特色的功能模块。例如，针对公司以项目为导向的业务模式，开发了项目人力资源管理模块，能够实时跟踪项目中的人力资源分配和绩效情况。

（3）用户参与与反馈。在系统开发和优化过程中，公司积极邀请员工和业务部门参与，通过定期的用户会议和反馈渠道，及时了解用户需求和使用体验。这种用户参与机制不仅提高了系统的实用性，还增强了员工对系统的认同感。

（4）持续改进。公司建立了持续改进机制，定期评估系统使用效果，根据企业发展和业务变化及时调整系统功能。通过与外部咨询公司的合作，引入先进的管理理念和技术，不断提升系统性能和管理水平。

M 公司人力资源部王经理表示：通过 HRIS，M 公司能够快速处理大量的人力资源数据，减少人工操作的错误和时间成本。HRIS 提供了丰富的数据分析功能，能够生成各种报表和报告，为管理层提供实时、准确的人力资源信息，这些信息有助于管理层作出科学的决策，优化人力资源配置。此外，员工能够通过系统随时查看自己的绩效评估结果、薪酬福利情况和培训发展机会，增强了对企业的信任和满意度。

思考：

1. M 科技公司是如何实现信息化管理的？

2. M 科技公司如何保证人力资源信息系统符合企业自身需要的？

3. 现代企业是否都需要通过人力资源管理系统实现企业的信息化管理，谈谈你的观点。

第3章 | 人力资源现状分析

D 公司的人力资源现状分析

赵强最近被任命为 D 公司人力资源部经理。D 公司是一家从事机械制造的中型企业，赵强从基层岗位逐步晋升而来，对新职位充满信心。然而，当他接到制定未来三年人力资源规划的任务时，面对堆积如山的文件，他感到有些迷茫。

经过思考，赵强决定从人力资源现状分析入手。他首先梳理了公司组织架构，发现目前公司设有研发部、生产部、销售部和行政部等，但随着业务拓展，缺少专门的市场分析部门，且部分岗位职责存在重叠，导致效率低下。

在人员结构方面，公司共有员工 400 名，其中研发人员 50 名、生产工人 250 名、销售人员 60 名、行政人员 40 名，赵强发现，生产工人占比过高，而研发和销售人员相对不足。公司员工年龄结构也存在问题，35 岁以下员工仅占 30%，45 岁以上员工占 40%，年龄结构偏老化。此外，公司员工学历水平普遍偏低，本科及以上学历员工仅占 15%。

离职率方面，过去三年公司整体离职率为 7%，但不同岗位差异明显。研发人员离职率为 10%，生产工人离职率为 8%，销售人员离职率高达 12%。赵强了解到，研发人员离职多因缺乏职业发展空间，销售人员离职则因薪酬待遇与业绩压力不成正比。

外部环境方面，公司所在地区出台了新政策，要求企业优先招聘本地失业人员和女性。同时，市场竞争加剧，公司亟须提升产品创新能力和质量。

赵强意识到，要制定有效的人力资源规划，必须优化组织架构，设立市场分析部门，明确岗位职责；调整人员结构，增加研发和销售人员比例，优化年龄和学历结构；完善培训体系，提升员工专业技能；优化薪酬福利体系，降低离职率；调整招聘策略，积极吸引女性和本地失业人员。通过这些措施，为公司未来发展提供有力支持。

学习目标

1. 掌握人力资源现状分析的内容及方法
2. 掌握人力资源现状综合分析技术和方法
3. 掌握内部人力资源环境分析
4. 了解人力资源管理工作分析
5. 了解人力资源外部环境分析
6. 了解人力资源队伍分析

3.1　人力资源现状分析的内容、程序与方法

3.1.1　人力资源现状分析的内容

人力资源规划的过程可以被视作一座桥梁，它连接着组织的"此岸"——人力资源的历史状况和现状，与"彼岸"——未来的人力资源状况。这个过程不仅涉及对当前人力资源状况的审视，寻找通往未来的路径，而且包括对企业历史上人力资源状况的总结与反思。如图 3 – 1 所示，从人力资源历史状况到现状，再到基于战略发展需要的未来人力资源状况，最终形成人力资源规划。这样的分析为未来人力资源的发展奠定了坚实的基础，并发挥着承前启后的重要作用。

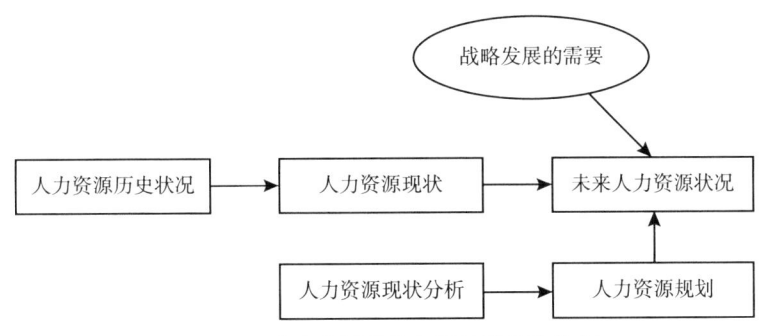

图 3 – 1　人力资源现状分析的地位和作用

人力资源现状分析聚焦于人力资源环境、队伍和管理工作三个关键领域的分析。

（1）人力资源环境分析。此分析从外部和内部两个维度进行。外部环境分析分为一般环境和具体环境，一般环境涵盖宏观社会环境如政治、经济、文化、法律政策以及自然地理环境；具体环境关注行业环境，包括竞争与合作关系。内部环境分析则着眼于人力资源使用单位的内部状况。

（2）人力资源队伍分析。这一分析深入评估企业人力资源的数量、素质和结构。通过评估，可以识别企业人力资源的优势、不足、存在的问题及其原因，为人力资源规划提供依据。

（3）人力资源管理工作分析。该分析涉及对过去一个周期（通常为一年）内工作成效的回顾与总结。分析内容包括评估既定人力资源规划的实施情况及其成效，以及从评估中提炼成功经验和失败教训，以指导未来的管理工作。

3.1.2　人力资源现状分析的基本流程

第 3 章

人力资源现状分析的基本流程通常包括五个关键步骤：明确分析范围、挑选分析方法、执行子系统分析、进行总体综合分析，以及总结分析结果。

1. 明确分析范围。

确定人力资源现状分析的时间跨度和地理界限，这有助于明确分析的目标和对象。明确分析范围的目的是界定人力资源现状分析的具体工作内容，即确定哪些工作应该被纳入分析，哪些则不应该。若范围界定不清晰，可能会引起分析过程中的问题，例如统计口径不一致或前后矛盾。因此，必须设定明确的时间节点，并明确分析对象是全体成员还是特定群体。

2. 挑选分析方法。

人力资源现状分析涉及众多工作内容，缺乏科学和适用的方法指导可能导致分析缺乏条理性和准确性，甚至出现错误、重复和遗漏。因此，企业需要根据自身情况选择恰当的分析方法，这些方法各有特色，能够满足不同分析需求。

3. 执行子系统分析。

人力资源现状分析涵盖三个子系统的分析：人力资源环境子系统、人力资源队伍子系统和人力资源管理工作子系统。对每个子系统进行独立分析是整个分析过程的核心。

4. 进行总体综合分析。

总体综合分析是在对人力资源环境、队伍和管理工作三个部分进行分析之后进行的。通过将这三个部分综合起来分析，可以从多个角度识别人力资源整体发展的优势与劣势、机遇与挑战，并找出当前限制人力资源发展的主要问题及其成因。

5. 总结分析结果。

最后一步是对分析结果进行整理，并撰写分析报告。人力资源现状分析的最终目的是进行有效的人力资源规划，因此，分析报告必须完全符合人力资源规划，特别是人力资源预测的需求。如果分析结论不够具体或清晰，无法满足规划要求，则需要重新进行现状分析，直至结果符合预期为止。

3.1.3　人力资源现状分析的方法

人力资源现状分析的一般方法是指经常使用的基础性方法，常见的基础性分析方法有比较分析法、结构分析法、案例分析法、抽样问卷分析法、预测分析法、数理统计分析法、专家分析法、图表分析法和指标体系分析法等。

1. 比较分析法。

比较分析法通过关键指标的对照比较来揭示问题和机遇。它包含横向比较，即将本企业与同行业其他企业对比，以及纵向比较，即将当前数据与历史数据对比。类比分析法作为比较分析法的延伸，基于相似事物可能具有相同属性的推理，其结论的可靠性取决于分析对象之间共有属性的数量。

2. 结构分析法。

结构分析法专注于事物各组成部分间的相互作用，揭示事物存在和发展的内在机制。在人力资源领域，结构分析法是必不可少的工具，通常被称为人力资源结构分析法。ABC 分析法，作为结构分析法的一种技术，通过对事物进行统计、排序和分类，识别关键要素和主要焦点，进而制定管理策略。ABC 分析法基于"二八法则"，即 20% 的关键因素往往占据 80% 的资源或影响，适用于人力资源管理实践，帮助识别和专注于最重要的因素。

3. 案例分析法。

案例分析法分为个案分析法和群案分析法，通过具体案例进行研究分析，达到以点带面的效果。个案分析法对单个案例进行典型分析，找出存在和发展的原因及规律，然后推广。群案分析法对一组案例进行比较和归纳，找出共性和差异，分析出普遍规律。案例分析法的关键在于选择典型案例和解剖案例，人力资源现状分析中常用的典型调查分析、重点调查分析、抽样调查分析等都属于案例分析范畴。

4. 抽样问卷分析法。

抽样问卷分析法是人力资源现状评估中常用的关键工具。此方法利用抽样技术对选定样本开展问卷调查，并深入分析收集到的数据。通常采用随机抽样以确保调查结果能够合理推断总体情况。尽管结果可能带有主观性，不能替代统计数据，但能有效补充统计调查的不足，特别是在收集难以量化的定性数据方面。

抽样问卷分析法的关键在于问卷设计，问题需表述清晰、无歧义且具体明确，格式应简洁明了。要确保问卷的有效回收非常关键，低回收率可能使分析失去意义。同时，要意识到问卷答案可能受主观判断影响，从而存在偏差。因此，建议增加样本量，并将此方法与其他分析手段结合使用，以提高分析的准确性和可靠性。

5. 预测分析法。

在人力资源现状分析过程中，有时需要对事物的发展趋势进行分析，这时就需要使用预测分析方法。有关人力资源预测的方法很多，可参见第 4 章有关内容，这里不再赘述。

6. 数理统计分析法。

数理统计分析法是一种数学分析方法。数理统计以概率论为理论基础，主要研究两个方面的内容：一是大量随机事件数量变化的基本规律；二是通过部分随机变量间的数量关系及其各自的分布规律来推断总体情况。数理统计的主要内容有参数估计、假设检验、相关分析、试验设计、非参数统计和过程统计等。

7. 专家分析法。

专家分析法依赖于专家的专业知识和经验来深入分析人力资源现状，分为专家个人分析法和专家会议分析法。专家个人分析法中，专家独立评估人力资源现象并形成结论，但可能因个人知识背景和主观倾向而产生偏差。专家会议分析法则通过集体讨论，促进专家间的思想交流和优势互补，有助于得出更全面结论，但可能受集体思维影响，干扰个人判断。

为克服这些局限性，德尔菲法常被用于人力资源现状分析。德尔菲法不仅是一种判断技术，也是一种预测手段，通过多轮匿名问卷调查收集专家意见，经过汇总和反馈，逐步达成共识，以提高分析的准确性和可靠性。这种方法减少了面对面讨论可能带来的压力和影响，使每位专家都能独立表达观点，从而更客观地反映人力资源现状。

8. 图表分析法。

图表分析法是利用统计图和统计表的形式对人力资源现状进行分析。图表分析是数字资料分析的重要表现形式，具有明晰、概括、条理、直观等优点，在人力资源现状分析中经常作为辅助分析方法使用。

9. 指标体系分析法。

指标体系分析法是运用指标体系对人力资源现状进行分析的方法。要分析企业的人力资源现状这一复杂的系统，阐明企业内部和外部诸要素间的相互关系，则必须采用整套科学的指标体系来进行系统的检验和研究，这时候通常采用指标体系分析法。

3.2　人力资源环境分析

组织活动总是在特定的环境中展开，因此在选择活动方向和规划过程时，必须充分考虑环境的特性。环境的复杂性、动态性以及人们在认知和行动上的局限性，都会对企业的管理精确性产生影响。因此，企业必须适应环境的变迁，通过分析环境并持续进行相应的调整来实现这一点。同样，随着企业内外环境的持续变化，员工也必须不断调整自己以适应这些变化。然而，由于环境因素极为复杂，且环境变化难以预测，对人力资源环境进行分析时，并不需要也不可能详尽地考察所有影响因素。关键在于对那些对企业生存和发展至关重要的环境因素进行系统和科学的分析。

3.2.1　人力资源环境分析的内容

环境是由众多因素交织构成的复杂整体。通常，人力资源环境可以被划分为宏观环境、行业环境、组织内部环境三个层次（见图 3 - 2）。宏观环境是指政治、经济、文化、社会、科技等国家和地区层面的宏观环境因素；行业环境是指所在行业的行业特征、竞争程度、发展趋势等因素；组织内部环境是指企业自身的组织结构、管理制度、文化氛围等因素。

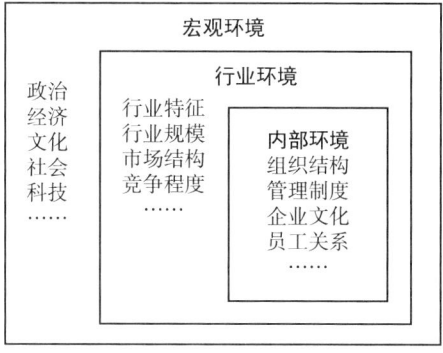

图 3 - 2 人力资源环境的层次类型

环境分析必须与人力资源系统的实际情况紧密相连。首先，分析环境因素应遵循科学的逻辑顺序，通常从企业外部环境开始，接着转向企业内部环境因素，最后结合人力资源队伍的内部条件进行综合分析，旨在识别对人力资源队伍发展具有重大影响的环境因素。其次，人力资源环境分析是人力资源现状分析的一个组成部分，旨在为接下来的人力资源预测工作提供支持，最终目的是优化企业的人力资源规划。再次，人力资源环境分析不应取代人力资源现状分析，而应将环境因素与人力资源队伍的内部条件相结合进行综合考量。最后，是否需要对不同层次的环境及其全部因素进行分析，应根据人力资源现状分析的具体需求来决定，并非每次现状分析都必须将环境因素细分为多个层次。

3.2.2 人力资源外部一般环境分析

1. 一般环境分析的内容。

如前所述，人力资源的外部环境由一般环境和具体环境构成。人力资源的一般环境指的是在特定的时间和空间范围内，所有组织在进行人力资源活动时都必须面对的环境。通常，我们可以将人力资源的一般环境细分为四个主要类别：政治与法律（politics）、经济（economics）、社会文化（society）以及技术（technology）。基于这四个因素进行的环境分析，被称为 PEST 分析法。

2. 一般环境分析的方法：PEST 分析法。

在进行人力资源的一般环境分析时，PEST 分析法是一种常用的方法，它帮助企业识别并分析对成长至关重要的外部因素。

（1）政治与法律因素。包括国家的社会制度、执政党性质、政府政策和法律法规等。企业必须遵守当地的法律法规，如《中华人民共和国劳动法》。法律法规的变化可能影响企业的运营活动和人力资源管理。

（2）经济因素。分为宏观和微观两个层面。宏观经济指标如人口规模、国民收入和 GDP 反映国民经济的发展速度和水平。微观经济关注消费者收入、消费偏好和就业情况等。人力资源规划应关注经济形势、劳动力市场供需和消费物价指数等，以了解经济因素对规划的影响。

（3）社会文化因素。涵盖教育水平、文化、宗教信仰、风俗习惯、价值观念等。社会文化反映了社会的基本信念和价值观，影响企业和员工行为。霍夫斯泰德的研究表明，不同国家和民族文化存在差异，这些差异会影响企业行为和员工行为，因此在人力资源规划中应考虑文化因素。

（4）技术因素。科技进步会对人力资源规划产生影响。新技术的出现要求企业考虑如何使员工适应科技发展，可能通过培训或招聘新员工来实现。新技术取代旧技术，提高效率但淘汰岗位，减少需求；同时创造新岗位，增加对新技术人才的需求，改变人力资源供求结构。

除上述四种宏观环境因素外，一些专家认为还有一种因素也应引起充分重视，那就是自然环境。自然环境的禀赋差异对一个民族、国家、文化、社会的形成和发展影响是巨大的。有必要在分析人力资源现状时，对自然环境加以分析。

在对一般环境进行分析的过程中，要对从各类因素中筛选出来的关键战略环境因素进行评价。对关键战略环境因素的评价可以建立评价模型，并用图表进行分析，如表 3 - 1 所示。

表 3 - 1　　　　　　　　　PEST 外部一般环境分析法

政治与法律环境	经济环境	社会文化环境	技术环境
国内外政治形势 政治稳定性 人才流动政策 国家法律法规 产业政策 ……	国内外经济形势 政府财政政策 国民收入水平 产业结构 通货膨胀率 ……	工作观念 受教育程度 就业观念 消费文化 生活方式 ……	科技的最新发展 生产技术的发展 生活技术的发展 服务技术的发展 ……

在分析一般环境因素的过程中首先必须找到对企业有至关重要影响的关键要素，并把它们罗列出来，尤其是要关注那些与之前相比发生了变化或正在发生变化的因素，它们往往对企业来讲有着至关重要的作用，它们既可能为企业的发展带来机会，也可能成为企业发展中的威胁。

由于所罗列的关键因素对企业的影响程度不是完全相同的，所以在分析评价的过程中，需要用权数的大小来表示该因素对企业影响的程度的大小。在确保各项要素的权数总和等于 1 的前提下，影响越大的因素，权数越大；影响越小的因素，权数越趋近于 0。需要用评价值表示该因素目前对企业造成多大的影响，这里的影响如果是机会，则用正值表示，如果是威胁，则用负值表示。如表 3 - 2 所示：评价值按 5 分制打分，2 分表示是重大机会，1 分表示是一般机会，0 分表示既不是机会也不是威胁，- 1 分表示是一般威胁，- 2 分表示是严重威胁。

表 3 - 2　　　　　　　　　企业外部一般环境关键因素评价模型

关键要素	权数	评价值	加权得分
市场竞争加剧	0.2	- 2	- 0.4
技术创新速度加快	0.3	- 1	- 0.3

续表

关键要素	权数	评价值	加权得分
地方政府人才引进政策	0.3	2	0.6
经济形势向好	0.2	4	0.8
合计	1		0.7

例如，利用表 3-2，对某人力资源发展的环境战略因素进行分析，并将分析结果列于表中。从表 3-2 中可以看出，给人力资源发展带来发展机会的关键因素有"地方政府人力引进政策"和"经济形势向好"两项，对人力资源发展不利的关键因素有"市场竞争加剧"和"技术创新速度加快"两项。经过计算，总加权分值为 0.7 分，高于 0 分。因此，企业所在战略环境对人力资源发展的总体是有利的，总体的发展机会还是大于发展障碍。

3.2.3　人力资源行业环境分析

行业环境分析即具体环境分析。公司环境中关键的部分是公司投入竞争的一个或几个行业的环境。人力资源行业环境是指企业在所处的行业当中的竞争和合作态势。人力资源行业环境分析是指从行业角度对企业发展的有利和不利因素加以分析，找出企业在本行业的生存和发展路径。

1. 人力资源行业环境分析的内容。

（1）行业特性分析：这一分析关注行业因使命、产品和生产过程不同而具有的独特性质。它包括评估行业经济特征（如市场规模、增长速度、买卖双方数量、技术革新速度、资本需求等）、行业在工业生产体系中的地位、企业在行业内的分工位置和与其他企业的合作关系、行业资源和技术分析（劳动密集型、资金密集型、技术密集型），以及行业的技术发展趋势和技术进步状况。

（2）行业规模结构分析：不同行业和企业在行业中的位置决定了它们的发展模式。行业规模结构主要分为悬殊型和均衡型。悬殊型行业中，领导企业占据绝对优势，竞争不激烈；均衡型行业中，企业间竞争激烈。分析时，需要考察领导企业的经营状况、思想、战略、产品特色、技术水平、竞争能力、市场占有率和优劣势，以及与本企业的关系。

（3）行业市场结构分析：根据供求关系，行业市场结构可分为供不应求、供求平衡和供大于求三类。供大于求时，竞争加剧，可能导致行业效益下滑，弱势企业可能裁员或倒闭；供小于求时，行业发展前景好，企业易找到市场定位，新竞争者可能涌入，人力资源需求可能增加。此外，还需分析行业市场需求状态和产品需求变动规律。

（4）行业数量结构分析。一般来讲，市场规模越大，企业数量就越多，行业集中程度较低，大企业相对较少；反之，市场规模越小，企业数量就越少，行业集中程度较高，大企业相对较多。

（5）行业组织结构分析。行业组织结构分析是对行业内企业联合和竞争的状况进行的分析。

（6）行业社会环境方面的限制分析。行业发展过程中，应当防止对空气、森林、水源、地貌等自然环境的污染，这些因素将会对行业的发展起限制作用。

2. 行业环境分析的方法：五力分析法。

在行业分析中，重要的是对行业内竞争态势的分析。行业环境分析技术经常采用五力分析法。著名管理学者迈克尔·波特在 20 世纪 80 年代提出了行业竞争的五种力量模型，也就是人们所说的五种力量分析法，如图 3-3 所示。按此理论，行业竞争由五种基本竞争力量组成，即竞争对手、加入者、替代品、顾客和供应商，可以把它应用到人力资源环境分析上。

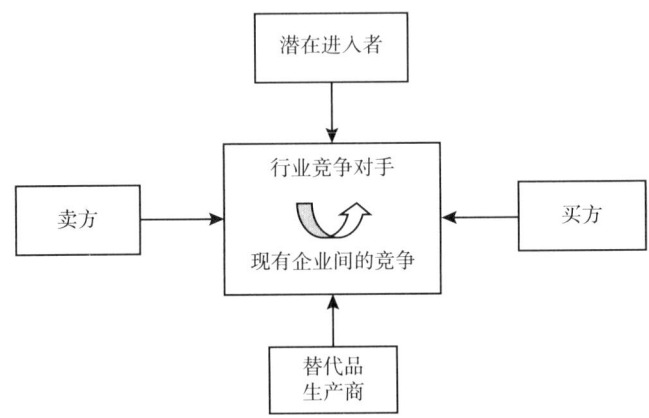

图 3-3　行业竞争的五力模型

分析潜在进入者，是从进入壁垒的角度分析潜在进入者对企业构成的威胁；分析替代品，即研究顾客用其他功能类似的产品取代本产品的可能性；分析卖方和买方，即分析供应商和顾客议价能力的大小；分析竞争对手，是对现在和未来的市场竞争态势和企业在市场中的竞争地位进行分析。这五种作用力汇集起来影响着企业在该行业的利润空间，并且企业的最终利润也会随着这五种力量的变化而发生变化。

人力资源系统的运作和调整与行业竞争中的五种关键力量紧密相连。这些力量不仅塑造了人力资源系统的发展轨迹，而且它们之间的动态关系也对整个行业的竞争格局产生深远影响。各个单位的人力资源系统在竞争中相互对抗，这不仅能够重塑行业的竞争态势，推动行业发展，还能促进人力资源系统的优化和自我完善。因此，深入分析这些力量对于理解行业动态至关重要。

理论上，行业的竞争格局由五种基本力量塑造，但在特定行业中，这些力量的影响力可能存在显著差异。某些力量可能在特定时期内占据主导地位。在分析这些力量时，识别并重点关注那些对行业竞争具有决定性影响的关键因素是至关重要的。

除了这五种基本力量，一些学者建议扩大分析范围，考虑其他可能对行业竞争产生影响的力量，如政府政策、行业协会、贸易组织、金融投资机构、工会、中介机构、地方社区以及其他利益相关者。如果这些额外的力量对行业竞争态势有显著影响，它们也应该被纳入主要因素进行分析，以获得更全面的行业竞争视角。

3.2.4　人力资源内部环境分析

1. 企业内部环境分析的内容。

（1）企业战略。企业战略是企业在追求长远目标时，对环境的变化和挑战所采取的应对策略，是企业确定的长远发展目标和为实现这一目标而制定的制度、方针政策的总和。不同企业战略对应不同的人力资源战略，同时企业也会根据自身人力资源所具备的优势和劣势，根据其规划修正和调整企业战略。

梅尔斯和斯诺提出企业通常采用的竞争战略有防御者战略、探险者战略、分析者战略。研究发现，不同战略下，企业人力资源战略的重点是完全不同的。如表 3-3 所示，企业实施不同战略类型时对应的人力资源管理战略的重点也有所不同。

表 3-3　　　　企业实施不同战略类型时对应的人力资源管理战略的重点

企业战略	人力资源管理战略
防御者战略 1. 产品市场狭窄 2. 效率导向	累积者战略：基于建立最大化员工投入及技能培养 1. 获取员工的最大潜能 2. 开发员工的能力、技能和知识
探险性战略 1. 持续地寻求新市场 2. 外部导向 3. 产品/市场的创新者	效用者战略：基于极少的员工承诺和高技能的利用 1. 雇用具有目前所需要的技能且可以马上使用的员工 2. 使员工的能力、技能与知识能够配合特定的工作
分析者战略 1. 追求新市场 2. 维持目前存在的市场	协助者战略：基于新知识和新技能的创造 1. 聘用自我动机强的员工，鼓励和支持能力、技能和知识的自我开发 2. 在正确的人员配置与弹性结构化团体之间进行协调

资料来源：董克用. 人力资源管理概论（第五版）[M]. 北京：中国人民大学出版社，2020。

（2）企业制度和组织结构。企业制度和组织结构是实现企业目标、协调内外部资源的关键。这包括产权、经营和管理制度，要求企业制定明确的人力资源政策和措施，确保人力资源战略与企业总体战略一致。政策需正确、清晰，并有充分实施条件支撑，以保障人力资源规划的实施。组织结构作为企业的基本架构，涉及人员、工作、技术和信息的制度性安排，反映部门间的分工与协作及权力分配。

分析企业制度和组织结构的目的是建立和优化合理的制度和结构，确保人力资源规划能为企业和个人带来长期利益，激发员工的主动性和创造性，提高工作效率和企业凝聚力，增加效益，实现组织目标。

（3）企业文化。企业文化是企业成员在长期实践中形成并认同的，包括价值观念、行为规范、工作作风和团体意识。在知识经济时代，企业文化成为企业管理的重要手段，强调工作的自主性和管理的人性化。共同的价值观能统一员工思想，增强企业凝聚力，促使成员自觉为实现企业目标而努力。良好的企业文化是内部团结的纽带、沟通的桥梁，对生产和经营起到协调与稳定作用。在制定人力资源规划时，必须分析和运用企业文化。

2. 内部环境分析方法：价值链分析法。

价值链分析法是分析人力资源内部环境的有效工具，由迈克尔·波特提出，用于识别企业中创造价值的各项活动。这种方法将企业活动分为基本活动和支持活动两大类，每类活动包含多个组成部分。①基本活动：输入物流、生产作业、输出物流、市场营销和销售、服务。②辅助活动：企业基础设施、人力资源管理、技术开发、采购等。

通过价值链分析，企业可以了解其生产经营的历史、现状、战略重点和实施措施，这对于理解人力资源系统在企业中的位置至关重要。此外，价值链分析也适用于描述人力资源系统内部的联系，尤其是不同管理环节之间的联系。

通过人力资源管理价值链分析，人力资源管理工作可分为基本活动和辅助活动：①基本活动：员工招聘、配置、目标实施、岗位绩效、组织绩效。②辅助活动：人力资源规划、工作分析、培训与开发、绩效管理、薪酬管理等。

人力资源活动的最终目标是实现组织价值。在这一过程中，人力资源规划和工作分析作为基础职能，对整个人力资源管理体系至关重要。通过价值链分析，企业可以更好地理解人力资源规划的基础地位及其与工作分析的关联性。

3.3　人力资源队伍分析

3.3.1　人力资源队伍分析的重要性

人力资源队伍及其运行活动构成了整个人力资源系统，人力资源队伍是人力资源系统存在和发展的条件和基础。企业人力资源队伍的整体状况往往能够显现出企业的整体优势，抑或暴露出企业存在的不足。人力资源队伍决定着企业人力资源的现状和发展潜力，因此，人力资源队伍分析是人力资源现状分析必不可少的组成部分。

人力资源队伍本身是一个非常复杂的系统。在进行人力资源队伍分析的过程中，并不是要对企业所有的人力资源个体进行分析，而是要找出那些能够影响人力资源现状和人力资源发展的关键要素，并加以分析研究。

3.3.2　人力资源队伍分析的目的和任务

在进行人力资源队伍分析之前，首先必须了解分析的目的和任务。人力资源队伍分析的目的和任务是：从企业内部人力资源整体的角度出发，了解哪些因素正在或将要对人力资源的现状和未来的发展起作用，以及这些作用的性质。作用因素可以分为两类，一类是支持性的因素，也称优势或长处；另一类是障碍性的因素，也称劣势或弱点。通过对优势和劣势的分析和比较，找出那些对人力资源现状和人力资源发展起决定性作用的因素。对于那些关键性的优势，要尽可能地巩固和提高；对于那些关键性的劣势，要尽可能地控制和消除。此外，企业要花费足够的时间和精力，采取有针对性的措施，尽可能地使劣势转化为优势。有一些劣势如果不能转化为优势，至少要确保其不能对企业的人力资源工作造成损失。

3.3.3　人力资源队伍分析的内容

对人力资源队伍的分析，一般采用综合指标体系分析法。人力资源队伍指标体系包括规模、结构和效益等类别的指标，这些指标从不同的侧面反映了人力资源队伍的基本性质和特征。企业进行人力资源规划目的不同，则选取指标体系或指标组也应有所不同，实际上企业要从众多的指标中找出关键的几种加以评价分析。对于关键要素的选取可以采用逐组筛选的方法，反复对比，最后加以确定。这里我们以结构指标为例进行分析。

在人力资源队伍分析中，人力资源结构分析是非常重要的部分。人力资源结构分析是对企业现有人力资源的调查、审核和分类，为后续规划工作打下基础。人力资源结构分析主要包括以下几个方面。

1. 人力资源数量分析。

在人力资源规划的过程中对人力资源数量的分析，其重点在于探求现有的人力资源数量是否与企业现有工作量相匹配。在人力资源配置标准的方法运用上，通常有以下几种。

（1）动作时间研究：通过计算中等水平工人的标准操作时间，考虑正常作业、疲劳等因素，确定完成工作所需的员工数。

（2）业务审查。业务审查是一种基于历史工作量数据来估算人力需求的方法，它包括几种不同的技术方法。

最佳判断法：依赖于部门主管、人力资源及策划部门人员的专业知识，评估各项工作所需的时间，并据此设定人力标准。

经验法：通过分析完成特定生产、计划或任务的历史人力资源消耗记录，运用统计学方法如平均数和标准差来确定人力需求标准。

工作抽样法：适用于难以用工作时间衡量的工作，利用统计学原理，通过随机抽样来估算一定时间内员工从事特定工作的百分比，进而评估工作效率。

相关与回归分析法：运用统计学的相关性和回归分析，研究和量化工作量与所需人力之间的关联性。

2. 人力资源序列分析。

企业根据其业务性质对人力资源的需求各异。从职能角度划分，企业内部人力资源通常包括战略决策、市场营销、研发、生产服务和职能管理等类别。对于规模较大的企业，还可能包括采购和后勤服务人员。这些人力资源类别的数量和比例构成了企业人力资源的结构框架。通过分析这些结构，可以探究影响人力资源结构的多种因素，如市场环境、生产技术、管理方法和劳动力市场状况等。

3. 人力资源素质分析。

人力资源素质分析涉及评估员工的教育背景和专业培训情况。教育和培训水平通常与工作效率成正比，但应以满足工作需求为前提，实现人岗匹配。员工的素质应与岗位要求相适应，过高的素质未必总能提升效率，有时可能适得其反。素质分析需要从员工能力和岗位需求两个方面进行，包括评估现有员工的素质、他们适合的工作类型，以及特定岗位对员工素质的要求和所需的培训类型。这一分析有助于确保员工的能力和岗位需求之间的最佳匹配。

4. 人力资源年龄结构分析。

分析员工的年龄结构，在总的方面可按年龄段进行，统计全公司人员的年龄分布情况，进而得到全公司的平均年龄。了解年龄结构，旨在了解企业员工的年龄趋势、企业员工的学习能力、企业员工体能负荷、工作职位或职务的性质与年龄的匹配要求等。

5. 人力资源职能层次分析。

根据管理幅度原理，主管职位与非主管职位应有适当的比例，由于个人能力和精力有限，不可能也管不好过多的下属。分析人力结构中主管职位与非主管职位，可以显示企业中管理幅度的大小及部门与层次的多少。如果一个组织中，主管职位太多，就会造成组织结构不合理，管理控制幅度太小，部门与层次太多，工作程序繁杂，沟通协调的次数过多，造成工作效率低下。通常的职能层次都是上窄下宽的"金字塔"形结构，从上到下可以分为高层、中层、基层和执行层。

6. 人力资源专业技术结构分析。

为保障企业运营的高效性，企业需吸引多元化人才，涵盖不同专业知识和技术水平的员工。这样的人才结构不仅确保生产任务的完成和人工成本的控制，还能最大化员工能力的发挥，满足组织需求。因此，员工的知识和技能结构是衡量企业人力资源素质的关键，尤其是年龄结构，它影响员工的新老交替和不同年龄段员工在岗位上的优势发挥。

人力资源可基于员工的专业知识和工作性质划分为不同专业和技术等级。技能评估通常结合工作业绩和能力进行。例如，某企业工程技术人员的职级分为 7 个等级，从技术员到首席工程师，每个职级内再根据职责、业绩和资历进行细分。

在分析人力资源队伍现状时，需关注两个主要问题：首先，要重视分析人力资源队伍中的高层次人才部分，即那些在销售、技术、管理等关键领域的专业人才；其次，要关注人力资源队伍的发展与经济和社会发展的协调性，特别是在经济发展的不同阶段，人员队伍需要作出的相应调整。

7. 人力资源心理健康分析。

在竞争愈发激烈的当下，员工所面临的压力也与日俱增，这不仅影响了他们的工作表现，也波及了个人生活。员工的心理健康状况直接关系到企业内部的人际关系和沟通效率，进而对企业的文化氛围产生深远影响。因此，企业必须重视并采取措施维护员工的心理健康。了解员工的心理健康状况，可以通过心理测试等方法进行。心理健康的标准通常涵盖以下七个方面：智力正常、情绪稳定、意志坚定、行为协调一致、良好的人际关系适应能力、适度的反应能力，以及心理特征与年龄相符。

心理学家马斯洛研究了自我实现的人群，提出了这一群体的心理健康标准。自我实现指的是个体能够充分利用和开发自己的天赋、能力以及潜能，努力使自己达到最佳状态。马斯洛通过对研究对象的全面分析，总结出了一系列自我实现者心理健康的特点，包括：①拥有充分的自我安全感；②深刻理解自己，并能准确评估自身能力；③生活目标现实可行；④与现实环境保持紧密联系；⑤保持人格的完整性和和谐；⑥能够从经验中学习并成长；⑦维护良好的人际关系；⑧能够适度表达和控制情绪；⑨在符合集体要求的同时，适度展现个性；⑩在不违反社会规范的基础上，适当满足个人基本需求。

8. 人力资源的思想觉悟和企业的群体文化。

有价值的行为源于有价值的思想观念的引导，这一点无论对个人还是组织都同样适用。当前，企业文化建设正是基于这一认识而展开的。效率观念、雷厉风行的工作态度、顾客至上的信念以及热情服务的职业道德，集体意识、协作精神，还有开拓创新的意识和勤奋拼搏的精神，对企业生产力的提升和战略目标的实现具有决定性的影响和作用。成功的员工往往具备坚定的思想觉悟和工作作风；而成功的企业，通常也拥有清晰的企业精神和理念。尽管个人的思想觉悟和企业的群体文化难以用客观且明确的标准来衡量，但它们仍然可以通过社会心理调查和员工绩效数据来进行分析。

3.4　人力资源管理工作分析

实现战略目标与人力资源管理的紧密联系是不言而喻的。企业的经营管理涉及对关键资源（包括人力、财务、物资、时间、信息）的协调、组织和有效利用。在这些资源和要素中，人力资源无疑是最为关键的。因此，企业的发展在很大程度上依赖于人力资源管理工作的成效。现代人力资源部门不再仅仅是被动执行指令的机构，而是积极地在企业管理的各个层面提出建设性的意见和可行的解决方案，协助业务部门处理与人才相关的问题，并尽可能地发挥人力资源部门的潜能。人力资源部门的核心职责在于为企业吸引和保留合适的人才，培养他们，确保企业持续拥有旺盛的生命力和核心竞争力。人力资源管理工作的分析涵盖了对当前人力资源管理活动的评估、对从事该工作的人员素质的分析，以及对人力资源管理效能的评价。

3.4.1　人力资源管理内容分析

现代企业对人力资源部门工作的要求和期待都达到了空前的水平，不仅要求其行使行政管理职能，而且要使其成为企业经营管理的战略合作伙伴。对人力资源管理工作从内容上可以分为以下四类。

1. 战略性人力资源管理。

战略性人力资源管理主要任务是将人力资源战略和企业的经营战略结合在一

起，并确保企业所制定的人力资源管理战略得以执行，它要求人力资源管理者成为企业的战略伙伴。战略性人力资源管理的职能可以细化为：

（1）人力资源规划，包括分析和把握企业经营战略和发展规划，进行人力资源环境分析，并在此基础上进行人力资源的预测和规划，以及人力资源管理政策的选择。

（2）人力资源战略调整，包括在市场环境或经营方向发生重大变化时，进行人力资源管理体制的调整，人力资源管理机制的革新，人力资源管理的模式、策略、政策、制度应随之迅速作出调整。

2. 变革管理。

人力资源部门是变革的发现者、倡导者和推动者。在急剧变化的市场环境里企业不仅需要经常性变革，同时也需要蓄积和培养实施变革的能力。人力资源管理部门必须帮助和推动企业确定何时进行变革，并且对变革的过程进行管理。变革管理的职能可细化为：

（1）组织发展，包括组织机构调整或变革，组织文化的调整，强调员工合作和信任，力求创造一个积极的工作环境，保障组织的有效性。

（2）知识管理，包括分析、明确企业的知识要求，针对员工知识潜能的开发和管理，实现企业员工的知识更新，保障员工适应变化。

（3）人力资源配置重组，包括人力资源优化配置和人力资源的并购重组。

（4）成立人力资源项目组，包括为了与经营战略和组织调整相适应，成立人力资源项目组，具体执行人力资源管理的变革调整和相关的人力资源调配。

（5）人力资源咨询，包括变革宣传、员工沟通、咨询会、心理咨询等。

3. 提供人力资源管理服务。

人力资源部门能够构建和实施有效的人力资源管理制度、管理过程和管理实践。这也是传统人事管理的核心内容，是一些日常的程序化工作。它的职能可细化为：

（1）劳动关系管理，包括雇佣、劳动合同关系、辞职、解雇，以及培训协议等关系管理。

（2）招聘甄选，包括面试、招募、测试、录用等。

（3）培训与开发，包括员工各类培训、员工职业生涯设计、员工在职学习、外派学习等。

（4）薪酬管理，包括工作分析与岗位描述、岗位评估、固定工资管理、绩效工资管理、保险管理、休假管理、退休计划、福利管理等。

（5）人事调配，包括人事任免、竞聘上岗、岗位调动、干部轮岗、员工待岗等。

（6）考核评价，包括试用员工考核、员工考核、管理干部考核、部门考核评价等。

（7）职位管理，包括定编定岗、从业人员任职资格管理、职位任职资格管理、风险岗位双人上岗等。

（8）人事记录，包括人事档案管理、人事信息管理、计划生育和各类证明等。

4. 员工关系管理。

人力资源部门承担着对员工的献身精神和贡献进行管理的任务，并要成为员工的代言人。员工关系管理和员工激励与员工士气有关，所以需要人力资源管理者站在员工的立场去倾听他们的声音，回答员工提出的各种问题，设身处地地为员工着想。这项工作可细化为：

（1）员工激励，包括高管人员激励、股票期权计划、员工持股计划，宣传企业文化，员工表彰或荣誉称号的授予，团队精神及敬业精神建设，接班人计划，员工提案制度等。

（2）员工沟通，包括开发一系列沟通机制，如员工满意度调查、员工谈话、员工大会、员工信箱、座谈会、咨询会、总裁见面会等。

（3）员工服务，包括看望员工及其家属，帮助员工解决困难或渡过难关。

（4）健康与安全，包括员工体检、女工管理、独生子女优待、安全防范措施等。

（5）接受员工申诉和诉讼，包括员工申诉的调查与解决，劳动纠纷的处理，劳动仲裁和法院诉讼的处理等。

3.4.2　人力资源从业人员素质分析

明确了人力资源管理的具体工作和职能定位之后，还要分析执行这些具体工作的人员素质能否符合工作的要求。人力资源部门从传统的行政支持变为企业经营管理的合作伙伴，更侧重研究、预测、分析和制定规划等方面的工作，这就对人力资源部门从业人员提出更高的要求。人力资源从业人员既要熟练地完成日常操作性事务，还要懂得现代管理的原则和理念。以下几个方面是人力资源从业人员所应具备的素质。

（1）道德素质。人力资源管理工作经常会涉及企业的核心机密、重大人事调整、组织结构设计或个人档案管理等企业关键信息，尤其在当今市场经济条件下，趋利行为日益盛行的今天，相关人员的道德素养、职业操守和诚信水平更是尤为重要。在能力、心理、智力素质大致相当的前提下，谁的道德水准高，谁对于企业来说就更为重要。

（2）专业知识。员工除了具备人力资源管理专业能力之外，还要了解与企业有关的专门知识，如行业知识、生产知识、技术知识等。因为，不懂这些相关知识就失去了与其他部门进行沟通的前提，不利于共同解决问题。

（3）能力构成。包括思维分析能力、学习能力、沟通协调能力、纳谏倾听能力、人际交往能力、人际网络的建设能力、有效激励能力等。要求人力资源管理工作人员掌握与人交往的各种技巧和方法，善于表明自己的立场、倾听和借鉴他人建议、乐于换位思考和改善激励效果等。

（4）个性特征。个性特征包括个人人格魅力、感召力、亲和力、专业知识技能、领导风格等。人力资源管理人员每天和不同类别的人打交道，要时刻为公司缓和矛盾，处理人际纠纷。既要揣摩领导意图，又要关心和体贴员工，理解和关心他人，如果没有好的心理调节能力和情绪控制能力，是难以胜任的。

3.4.3　人力资源工作效果评价

对人力资源工作内容和从业人员素质进行分析后，还需要对人力资源工作效果进行评价。根据人力资源工作内容分析结果，从中选择能够反映工作业绩的关键因素，注意在选择这些因素时要注重它们对人力资源工作的影响程度，而不是工作的效果，这些因素在人力资源管理工作中有的可能是积极的，有的可能是消极的。将这些因素挑选出来后，依据其对工作的影响程度确定权数。然后对这些因素进行评分，2 分表示工作状况最好，1 分表示较好，0 分表示一般，－1 分表示较差，－2分表示最差。最后进行加权计算总分，如果分值为负值，表示工作状况不好，正值表示工作情况超过一般水平，分值越高，工作情况越好。某企业人力资源工作情况评价如表 3 - 4 所示。

表 3 - 4　　　　　　　　　　　某企业人力资源工作情况评价

关键因素	因素状态	权数	评价值	加权得分
人力资源发展战略	从未修订过	0.1	－ 2	－ 0.2
组织结构	人力资源部已经建立	0.2	1	0.2
人力资源来源	人才市场	0.2	1	0.2
人力资源素质	学历偏低	0.1	－ 1	－ 0.1
培训与开发	注重时效性	0.12	2	0.24
绩效考核	计划实施	0.1	0	0
收入分配	差距不大，缺乏激励	0.18	－ 2	－ 0.36
总加权得分	—	1	—	－ 0.02

从表 3 - 4 可以发现，该企业对人力资源工作情况影响较大的因素是人力资源来源收入分配、组织机构和培训等。工作成绩主要是人员培训、组织机构和人力资源来源，工作问题是收入分配、人力资源发展战略和人力资源素质。总加权得分为－ 0.02 说明企业的人力资源工作水平低于一般水平，存在较多的问题。主要是在收入分配和人力资源发展战略中存在较大的问题，如果不及早解决，将会影响到人力资源队伍的整体发展，最终会影响到企业总体战略的实施。

3.5　人力资源现状综合分析

企业经营的核心是在内部环境、外部环境和经营目标间寻找并维持一种动态平衡。人力资源规划正是在综合考量这些内外因素的基础上制定的。人力资源现状的综合分析，是在分析了人力资源环境、队伍和管理工作之后，全面审视企业人力资源管理中存在的问题，识别问题根源，为制定策略提供依据。这种分析包括：

（1）SWOT 分析：评估企业在人力资源方面的优势（strengths）、劣势（weaknesses）、机会（opportunities）和威胁（threats）。

（2）竞争优势分析：确定企业在人力资源方面的竞争力，包括吸引、保留和激励人才的能力。

（3）问题和原因分析：诊断人力资源管理中的具体问题，并分析导致这些问题的根本原因。

企业可以根据当前的具体需求，选择适合的分析方法来进行人力资源现状的综合分析。这些分析有助于企业更好地理解人力资源管理的现状，为未来的规划和改进提供方向。

3.5.1　SWOT 分析法

SWOT 分析是最常用的内外部环境综合分析的方法，由哈佛大学的安德鲁斯等人提出。其中 SWOT 分别指的是优势（strengths）、劣势（weaknesses）、机会（opportunities）、威胁（threats）。这种方法把环境分析结果归纳为优势、劣势、机会、威胁四个部分，形成环境分析矩阵。

SWOT 分析之所以能广泛地应用于管理实践中，成为最常用的管理工具之一，原因在于：首先，它把内外部环境有机地结合起来，进而帮助人们认识和把握内外部环境之间的动态关系，及时地调整组织的经营策略，谋求更好的发展机会。其次，它把错综复杂的内外部环境关系用一个二维平面矩阵反映出来直观而且简单。再次，它促使人们辩证地思考问题，优势、劣势、机会和威胁都是相对的，只有在对比分析中才能识别。最后，SWOT 分析可以形成多种行动方案供人们选择，加上这些方案又是在认真对比分析基础上产生的，因此可以提高决策的质量。

1. SWOT 分析的步骤。

（1）进行企业外部环境分析，找出企业在外部环境中所面临的机会和威胁。

（2）进行企业内部条件分析，找出企业目前所具有的优势和劣势。

（3）构造一个二维矩阵，该矩阵以外部环境中的机会和威胁为一方，以企业内部条件中的优势和劣势为另一方，该矩阵有四个象限或四种 SWOT 组合。

（4）将内部优势与外部机会相匹配，得到优势 – 机会组合（SO）。

（5）将内部劣势与外部机会相匹配，得到劣势 – 机会组合（WO）。

（6）将内部优势与外部威胁相匹配，得到优势 – 威胁组合（ST）。

（7）将内部劣势与外部威胁相匹配，得到劣势 – 威胁组合（WT）。

参见表 3 – 5。

表 3 – 5　　　　　　　　　　人力资源战略的 **SWOT** 分析模型

		内部因素	
		内部优势（S）：在企业战略、企业特点等各方面的优势	内部劣势（W）：在企业战略、企业特点等各方面的劣势
外部因素	外部机会（O）：外部环境出现的、对人力资源管理是机会的变化	SO 策略：发挥组织优势，利用机会	WO 策略：充分利用机会，克服弱点

续表

		内部因素	
		内部优势（S）：在企业战略、企业特点等各方面的优势	内部劣势（W）：在企业战略、企业特点等各方面的劣势
外部因素	外部威胁（T）：外部环境出现的、对人力资源管理是威胁的变化	ST策略：利用公司优势克服或避免威胁因素	WT策略：紧缩业务，建立合资企业

2. 组合策略分析与选择。

在完成 SWOT 矩阵的构造后，便可以制订出相应的行动计划。制订计划的基本思路是：发挥优势因素，克服弱点因素；利用机会因素，化解威胁因素；考虑过去，立足当前，着眼未来。运用系统的综合分析方法，将排列与考虑的各种环境因素相互匹配起来加以组合，得出一系列公司未来发展的可选择战略。

（1）优势 – 机会（SO）组合。这是一种最理想的组合，任何企业都希望并凭借企业的优势和资源来最大限度地利用外部环境所提供的多种发展机会。

（2）优势 – 威胁（ST）组合。在这种情况下，企业应巧妙地利用自身的优势来应对外部环境中的威胁，其目的是发挥优势而减少威胁。但这并非意味着一个强大的企业，必须以其自身的实力来正面回击外部环境中的威胁，合适的策略应当是慎重而有限度地利用企业的优势。

（3）劣势 – 机会（WO）组合。企业已经鉴别出外部环境所提供的发展机会，但同时企业本身又存在着限制利用这些机会的劣势。在这种情况下，企业应遵循的策略原则是通过外在的方式来弥补企业的劣势以最大限度地利用外部环境中的机会。如果不采取任何行动，实际将机会让给了竞争对手。

（4）劣势 – 威胁（WT）组合。企业应尽量避免处于这种状态。然而一旦企业处于这样的位置，在制定战略时就要注意减少威胁和劣势对企业的影响。事实上，这样的企业为了生存下去必须要奋斗，否则可能要选择破产。而要生存下去可以选择合并或缩减生产规模的战略，以期能克服劣势或使威胁随时间的推移而消失。

由此可见，SO 对策是一种最理想的对策，是企业处在最为顺畅的情况下十分乐于采取的对策；ST 对策和 WO 对策是一种苦乐参半的对策，是企业处在一般情况下采取的对策；WT 对策是一种最为悲观的对策，是企业处在最困难的情况下不得不采取的对策。

表 3 – 6 所示是某企业人力资源的现状分析。从表 3 – 6 中可以看出，该企业人力资源队伍内部条件的优势比较明显，劣势也比较突出；外部环境既存在着机会，也存在着威胁。这种分析一目了然，为该企业制定人力资源战略和规划及配套的对策措施提供了依据。

第 3 章

表 3 - 6   某企业人力资源现状分析

	威胁因素	机会因素
外部环境	1. 竞争对手实力强大 2. 替代品不断被开发出来 3. 外商在国内与其他企业成立合资企业 4. 城市市场趋向饱和 ……	1. 在国内同行竞争中处于优势地位 2. 企业形象较好 3. 已经推出新型材料 4. 用户倾向使用新材料 ……
内部条件	1. 人力资源队伍已形成较大规模 2. 人力资源队伍结构合理 3. 具有较强的凝聚力 4. 关键技术国内领先 ……	1. 人力资源队伍知识老化 2. 人力资源队伍中关键岗位人员离职率高 3. 工资分配制度不合理 ……
	优势因素	劣势因素

SWOT 分析的落脚点是扬长避短。对于自身的优势,要尽可能地培育它,最大限度地有效发挥它;对于自身的劣势,要尽可能地克服它,在一定条件下要采取得力措施及时扭转它,把它变成一定程度的优势。对于外部的机会,要尽可能地把握住,充分地利用它;对于外部的威胁,要尽可能地避免它,或采取得力措施最大限度地减少这种威胁所带来的损失。外部威胁往往会因为内部存在的劣势而得到加强,这对于企业来讲,无疑是雪上加霜。因此,必须抓住外部机会并发挥优势,尽可能克服劣势,以避免外部威胁所带来的打击。

在应用 SWOT 法对人力资源现状进行综合分析时,首先要列出对人力资源队伍发展有着重大影响的外部和内部的关键因素,然后对这些因素进行评价,从中判断出外部的威胁和机会、内部的优势和劣势。在对 S、W、O 和 T 各因素进行系统分析之后,就可考虑选择相应的战略和对策。

3.5.2 竞争优势分析

市场经济是竞争经济,竞争的核心是对于人才的争夺。市场经济条件下的人力资源优势总要外化为企业的竞争优势。人力资源竞争优势是一种综合优势,它的基础是人力资源本身和人力资源效能。如图 3 - 4 所示是人力资源竞争优势分析。

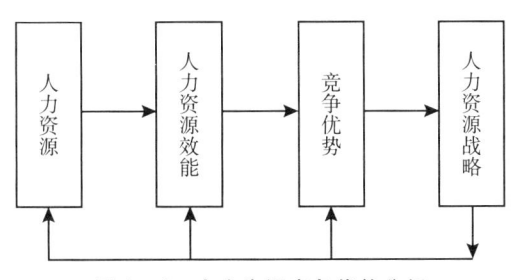

图 3 - 4 人力资源竞争优势分析

有效利用企业的人力资源，首先要分析现状，找出优势和劣势，并寻求提升机会。接着评估人力资源的效能，探索提高员工效益和能力发挥的方法。这有助于识别企业的人力资源竞争优势，并制定策略将其转化为发展优势。

另外，还要选择正确的战略，利用外部机遇，关注实施效果的反馈，确保人力资源管理的准确性。人力资源竞争优势是多方面的，不仅包括建立和高效利用人力资源队伍，还涉及为未来竞争做准备，通过投资维持和扩大优势，确保企业持续领先。

形成人力资源竞争优势的模式有三类，分别为适应型、创新型和综合型。

（1）适应型人力资源竞争优势源于人力资源及其效能的灵活性，能够通过调整以适应外部环境的不断变化。由于外部环境的持续变动，新的机遇和挑战不断涌现。人力资源系统必须具备敏锐的洞察力，以识别这些机遇和挑战，并迅速调整其内部结构和运作机制。通过这种方式，人力资源系统不仅能够适应环境变化，还能利用这些变化来构建企业自身的竞争优势。适应型竞争优势要求人力资源系统展现出快速反应、灵活调整和组织适应性等特质。

（2）创新型人力资源竞争优势则源于系统内部的创新活动，这些活动包括但不限于体制创新、知识创新、技术创新、效能创新和组织创新。持续的创新活动能够改变企业的成长路径，培育出具有原创性的内部人力资源增长优势和效能优势，这些优势最终转化为显著的人力资源优势。创新型竞争优势要求人力资源系统具备敏锐的直觉、丰富的想象力、强大的创造力以及独特技术能力等特质。

（3）综合型人力资源竞争优势结合了适应型和创新型的特征，形成了一种更为全面的竞争优势。综合型的人力资源优势通常更为显著、持久且有力，它体现了竞争优势的可持续性。

3.5.3　存在的问题及其原因的分析

1. 存在的问题分析。

企业人力资源管理中存在的问题是其竞争优势的短板，主要体现在四个方面：运作中的弱点、与其他系统的比较不足、与战略目标的差距以及对未来成长的准备不足。这些问题通常反映在人力资源及其效能上，系统分析能揭示它们。

忽视这些问题将对企业的人力资源运作、市场竞争、整体发展和未来成长产生负面影响，使企业错失机会，无法建立竞争优势。面对威胁时，这些问题可能加剧，使企业处于不利地位。因此，必须深入分析人力资源及其效能，识别关键问题，评估其后果，并制定战略性对策来解决这些问题。

2. 存在问题的原因分析。

在人力资源现状分析中，识别问题后，关键在于深入分析问题的根本原因，并采取有效的解决措施。避免将问题描述与原因分析混淆，因为这可能导致思路混乱、分析疏漏，不利于提出解决方案。建议将问题识别与原因分析分开，以确保分析的清晰和准确。

要解决人力资源问题，必须深入问题的本质，从根源入手。问题的复杂性要求从多个角度细致分析，遵循明确问题、识别潜在因素、比较分析确定直接原因、深入追踪找到根源、制定解决策略的逻辑顺序。

我国人力资源发展问题的深层原因通常涉及管理、条件、环境和思想四个方面。管理原因可能涉及体制和政策，条件原因可能包括工作待遇，环境原因可能涵盖经济和社会因素，思想原因可能关乎观念和作风。问题的解决策略应综合考虑，可能需要分阶段处理或采取延缓和控制措施，以减少对企业发展的不利影响。

本章习题

第 3 章

一、简答题

1. 人力资源现状分析的内容是什么？
2. 人力资源现状分析的基本程序是什么？
3. 人力资源现状分析的方法有哪些？
4. 人力资源一般环境分析的内容和方法是什么？
5. 人力资源行业环境分析的内容和方法是什么？
6. 人力资源一般内部分析的内容和方法是什么？
7. 人力资源队伍分析的目的和任务是什么？
8. 人力资源结构分析的内容包括哪些方面？
9. 人力资源管理内容的分析包括哪些方面？
10. 人力资源从业人员的素质分析包括哪些方面？
11. 人力资源现状综合分析的方法是什么？

二、案例分析

D 电商企业的人力资源状况

D 电商企业成立于 2018 年，是一家专注于销售家居用品的电商平台。公司总部位于某二线城市，员工总数约为 80 人，包括电商运营人员、客服人员、仓储物流人员、市场营销人员等。近年来，随着电商行业的蓬勃发展，D 企业的业务量逐年增长，但也面临着诸多挑战。

1. 人员结构。

年龄结构：员工平均年龄 28 岁，其中 25 岁以下员工占比 30%，25～35 岁员工占比 60%，35 岁以上员工占比 10%。年轻员工居多，具有较强的创新意识和学习能力，但经验相对不足。

学历结构：大专学历员工占比 40%，本科学历员工占比 50%，硕士学历员工占比 10%。电商运营和市场营销岗位以本科学历为主，仓储物流岗位以大专学历为主。

岗位结构：电商运营人员占比 30%，客服人员占比 25%，仓储物流人员占比 30%，市场营销人员占比 10%，行政支持人员占比 5%。电商运营和客服是公司业务的核心岗位，仓储物流岗位工作强度大，人员流动性较高。

2. 人力资源管理实践。

招聘与选拔：公司主要通过网络招聘平台和校园招聘获取人才。招聘流程包括简历筛选、笔试、面试等环节。对于电商运营和市场营销岗位，注重考察应聘者的专业知识和实践经验；对于客服和仓储物流岗位，更注重沟通能力和吃苦耐劳精神。

培训与发展：公司为新员工提供为期一周的入职培训，内容包括公司文化、业务流程、岗位职责等。对于在职员工，偶尔会组织一些内部培训课程，但培训内容不够系统，且缺乏针对性。公司鼓励员工参加外部培训和学习，但支持力度有限。

绩效管理：公司采用月度绩效考核制度，考核指标包括销售额、客户满意度、工作完成情况等。绩效考核结果与员工的奖金和晋升挂钩，但部分员工认为考核指标不够公平，存在主观评价成分。

薪酬福利：公司提供的薪酬水平在同地区同行业中处于中等水平，能够满足员工的基本生活需求。福利包括五险一金、带薪年假、节日福利等，但缺乏个性化福利项目。

3. 存在的问题。

人才流失问题：仓储物流岗位人员流动性较高，平均每年离职率达到 30%。主要原因包括工作强度大、薪酬待遇较低、职业发展空间有限等。此外，电商运营岗位也有部分优秀人才被竞争对手挖角。

人才短缺问题：随着公司业务的拓展，对电商运营和市场营销人才的需求不断增加，但公司目前的人才储备不足，招聘难度较大。尤其是在大数据分析、精准营销等新兴领域，缺乏专业人才。

管理效率问题：公司内部沟通机制不够顺畅，部门之间协作存在障碍。例如，电商运营部门与仓储物流部门之间信息传递不及时，导致订单处理延迟，影响客户满意度。此外，绩效管理流程不够完善，考核结果的准确性和公正性有待提高。

思考：

请运用 SWOT 分析法，对 D 电商企业的人力资源现状进行分析，并提出相应的改进建议。

第4章 | 人力资源发展预测

没有做好人力资源规划，导致发了offer又毁约

"马上就毕业了，拿到手的offer却'飞'了，我的心情像坐过山车一样大起大落。"谈起最近的求职经历，来自北京某高校的应届毕业生王禹泽有些失落。企业方这种发了offer后毁约、拒绝录用的做法，让求职者措手不及。专业人士就此表示，这一行为违反了先合同义务，企业方需要承担缔约过失责任。

经过一番投简历、笔试、面试，2024年3月初，王禹泽拿到了某企业的offer，并与该企业签约。"收到offer后，我以为可以高枕无忧了。"王禹泽坦言，由于该企业要求提前到岗实习，他已经在公司附近租了房子，并预付3个月租金。没想到，一周后，企业HR告诉王禹泽，因业务调整，他报考的职位被取消。那一刻，王禹泽慌了。他曾在社交媒体上看到有人讲述过类似经历，但没想到这样的遭遇会发生在自己身上。"说实话我很不甘心，企业招聘如同儿戏一般。"刚收到解约通知的那几天，王禹泽不时咨询解约原因，可得到的都是"官方回应"，且无赔偿事宜的回复。"再后来，HR干脆不回信息了。"

记者采访发现，遭遇企业方毁约的，不仅有像王禹泽这样的毕业生，还有跳槽的劳动者。为了谋求更好的发展机会，在北京从事互联网工作的赵茸从2023年11月开始投递简历。经过3轮面试，2024年春节前夕，他收到了意向企业发来的offer，约定年后入职。"说要录用我的那家企业规模不小，拿到offer后，我觉得比较可靠，便第一时间向原公司提出了离职。"赵茸说。可随着约定的入职日期临近，无人联系他办理入职手续，赵茸便联系当初负责招聘的工作人员，却被告知他所投递的职位已关闭。至于具体原因，这名工作人员含糊其辞，最终也没有说清楚。

谈及企业招聘又毁约的原因，某互联网企业HR张晨透露，或是招聘过程中出现内部调整，导致原本有用人需求的职位被取消，或盲目加入"抢人潮"，没有充分考虑内部组织架构，没有做好人力资源规划，导致招聘过量，"为了节省人力资源成本，采取毁约这种简单粗暴的手段。"对于求职者来说，企业毁约不仅打乱了

他们的职业规划，还可能使其错过"金三银四"等最佳招聘季，增加就业难度。

资料来源：高子立. 发了 offer 又毁约，任性招聘有多坑人？[N]. 工人日报，2024 – 05 – 13（6）。

学习目标

1. 了解人力资源发展预测过程
2. 理解影响人力资源需求预测的主要因素
3. 掌握人力资源需求预测的基本方法
4. 理解影响人力资源供给预测的主要因素
5. 掌握人力资源供给预测的基本方法

人力资源发展预测是人力资源规划的重要环节，目的是确保企业在未来不同的发展阶段能够获得足够且合适的人才资源。本章阐述了人力资源需求预测与供给预测两个方面内容，剖析了驱动企业人力资源需求与供给波动的多元因素，并介绍了预测方法；围绕人力资源可能面临的过剩与短缺双重挑战，系统探讨了企业应采取的应对策略与措施。

4.1　人力资源发展预测概述

4.1.1　人力资源发展预测的概念

人力资源发展预测通过对当前人力资源现状和环境变化进行科学分析，对未来一段时间内人力资源的发展趋势作出事先估量。通过运用各种科学的方法，对目标时期内人力资源的未来状态进行定性和定量的估计和判断，揭示未来人力资源发展的趋势，从而为组织人力资源管理活动提供决策支持。

人力资源发展预测不仅关注人力资源数量的变化，还涉及人力资源质量、结构以及能力组合等方面的预测。它要求预测者掌握人力资源发展的规律和特点，找出影响人力资源发展的关键因素，并据此预测未来人力资源的供需状况，以确保企业能够稳定地拥有一定质量和必要数量的人力资源，从而实现企业的战略目标。

4.1.2　人力资源发展预测的作用

人力资源发展预测作为确保企业人力资源供需动态平衡的关键环节，其核心在于不断调整与匹配企业内部人力资源的供给与外部需求，这一过程深受企业内外部环境的动态影响，需持续调整以适应变化。人力资源发展预测不仅能预警人力资源的短缺或过剩风险，并据此采取预防或纠正措施；还能在企业经营策略调整时，维系人力资源的稳定。同时，人力资源发展预测有利于促进人力资源的高效配置与利用，避免冗员浪费；也可以为招聘、选拔及培训计划的精准制定提供坚实的数据支撑。

人力资源发展预测体系由需求预测与供给预测两个方面构成。需求预测聚焦于明确企业未来所需人力资源的类型、数量、技能要求及经验背景，细化到具体岗位与时间点的需求预测，确保人才需求的精准对接。而供给预测则涵盖内部人才与外部市场资源的双重考量，旨在探索并优化人才获取渠道，解决人才从何而来、如何获取的问题。通过对比人力资源需求与供给的预测结果，企业能够清晰判断人力资源的当前状态是充裕还是匮乏。面对富余情况，企业应积极采取措施优化人员结构，减少不必要的人力成本；而面对短缺挑战，则需灵活调整招聘策略，加大人才引进力度，确保企业运营持续稳健。

4.1.3　人力资源发展预测方法的选择

4.1.3.1　人力资源发展预测方法的选择标准

在探讨人力资源发展预测方法的选择时，需要从多个维度进行深入考量，以确保所选方法既能满足组织当前的需求，又能适应未来的变化。

1. 数据质量和可获取性。

人力资源发展预测所需数据包括历史数据、行业数据以及企业内部数据等，要考虑这些数据是否容易获得，要能够高效、准确地获取到这些关键数据，以减少预测过程中的信息缺失和不确定性。

数据的完整性、准确性和时效性也是不可忽视的。高质量的数据是预测结果可靠性的基石。需确保所收集到的数据是完整的，没有遗漏或错误；这些数据应尽量包括历史连续数据和当前最新数据，能够反映当前的组织状况和外部环境变化。

2. 方法适用性。

选择预测方法时，必须充分考虑组织的规模、行业特点以及发展阶段等因素。不同的组织具有不同的特点和需求，因此需要选择与之相匹配的方法。例如，对于初创企业来说，可以选择灵活、快速的预测方法；而对于成熟企业，则可能更注重预测的稳定性和精确性。无论是员工数量的预测、技能需求的预测还是结构变化的预测，都需要选择能够实现这些目标的方法。只有这样，预测结果才能为组织的决策提供有力支持。

3. 预测周期与精度。

根据组织的战略规划周期，选择适合的预测时间范围。短期预测可能更注重快速响应和灵活性，而长期预测则更注重稳定性和战略性。因此，在选择预测方法时，需要充分考虑组织的战略规划需求和预测周期的要求。不同方法在预测精度上的表现也不同，要选择能够满足组织需求的精度水平的方法，以确保预测结果的准确性和可靠性。

4. 成本效益。

考虑预测方法实施所需的人力、物力、财力等成本。一个高效且经济的预测方法不仅能够降低组织的运营成本，还能够提高预测的效率和效果。同时，评估预测结果对组织决策的贡献度以及可能带来的经济效益或战略价值，只有那些能够为组织带来显著效益的预测方法才值得被选择和应用。

5. 灵活性与可调整性。

选择能够适应环境变化和组织调整的方法是非常重要的。一个灵活的预测方法能够随着组织内外部环境的变化而及时调整预测模型和参数，以确保预测结果的准确性和可靠性。此外，还需要评估方法在预测过程中进行调整和优化的难易程度。一个易于调整和优化的方法能够更好地适应组织的需求和变化，提高预测的效率和效果。

4.1.3.2　人力资源发展预测方法的分类

根据不同的分类标准，可以将人力资源发展预测方法分为以下几类。

1. 按预测性质分类。

（1）定性预测方法。主要依赖于专家的经验和直觉以及组织的历史数据和未来发展方向等因素来进行预测。这种方法通常适用于缺乏足够历史数据或者环境变化较大的情形。例如，德尔菲法、头脑风暴法等都是常用的定性预测方法。

（2）定量预测方法。基于收集的历史数据并通过定量分析工具来预测未来的人力资源需求。这类方法有助于在定性分析的基础上更精确地掌握事物量的界限和变化趋势。例如，时间序列分析、回归分析、趋势外推等都是常用的定量预测方法。

2. 按数据来源分类。

（1）内部数据法。主要依赖组织内部的历史数据和现状信息进行预测，能够更准确地反映组织的内部状况和变化趋势。

（2）外部数据法。结合行业数据、市场趋势等外部信息进行预测，能够更全面地考虑外部环境对组织的影响和变化。

（3）综合数据法。综合考虑内外部数据进行预测，能够更全面地反映组织的整体状况和变化趋势，提高预测的准确性和可靠性。

3. 按预测周期分类。

（1）短期预测方法。针对未来一年以内的预测需求进行预测，注重快速响应和灵活性。

（2）中期预测方法。针对未来一至五年的预测需求进行预测，注重稳定性和战略性考虑。

（3）长期预测方法。针对未来五年以上的预测需求进行预测，注重宏观趋势和长期规划。

4. 按预测对象分类。

（1）员工数量预测。主要关注员工总数的变化趋势和规律。

（2）员工结构预测。分析员工在年龄、性别、学历等方面的构成变化及其影响因素。

（3）员工技能预测。预测未来组织所需的技能类型和水平以及相应的培训和发展需求。

4.1.3.3　人力资源发展预测方法的评估

为了选择最适合组织需求的人力资源发展预测方法，应构建一套科学的评估指标体系并进行严格的评估和比较过程。

1. 评估指标体系构建。

（1）准确性指标。如预测误差率、均方误差等用于衡量预测结果与实际情况的接近程度。这些指标能够直观地反映预测方法的准确性和可靠性。

（2）实用性指标。如操作简便性、数据需求程度等指标在实际应用中的便捷性和可行性。这些指标能够了解预测方法在实际操作中的难易程度和成本效益。

（3）稳定性指标。用于评估预测方法在不同情境下的表现是否稳定可靠。一个稳定的预测方法能够减少因环境变化而导致的预测误差和不确定性。

2. 方法评估过程。

（1）数据准备。收集并整理用于评估的样本数据，数据应当具有代表性和广泛性。

（2）模型构建。根据选定的方法构建预测模型。在构建过程中需要充分考虑数据的特点和需求以及方法的适用性和可操作性。

（3）模型验证。通过对比预测结果与实际数据来验证模型的准确性和稳定性。这一步能够直接反映预测方法的性能和效果。

3. 方法比较。

（1）定性比较。从理论角度分析各方法的优缺点和适用场景。通过比较不同方法的理论基础、假设条件以及应用场景等因素来初步判断其适用性和可行性。

（2）定量比较。利用评估指标体系对各方法的性能进行量化评分和排序。通过计算各方法的准确性、实用性和稳定性等指标得分并将其进行排序来选择最优的预测方法。

4. 结论与建议。

根据评估与比较结果总结出最优的预测方法并提出相应的实施建议。包括方法优化、数据提升等方面的建议，以帮助组织更好地应用预测方法并提高预测的准确性和可靠性；同时要关注预测结果的后续验证和应用情况，以便及时调整和优化预测方法以适应组织的需求和变化。

4.2　人力资源需求预测

4.2.1　人力资源需求预测的概念和特征

4.2.1.1　人力资源需求预测的概念

人力资源需求是指企业在一定时期内为实现其战略目标和发展规划，对人力资源数量和质量的需求。在经济不确定性和市场波动的情况下，企业面临着各种挑战，如布局调整、业务优化或扩张等。通过人力资源需求预测，企业可以更好地理解人力资源未来需求的变化趋势，并及时作出反应。当企业能够准确地预测到未来的人力资源需求时，就可以根据变化调整其人力资源战略，包括裁员、岗位调整或人员重组等，以适应新的市场环境和业务需求；也可以进行必要的培训和技能提升，以确保员工具备应对未来工作挑战的能力，提高员工的工作效率和绩效，从而提升企业的生产服务质量。

人力资源需求预测需要基于企业的战略目标和未来的发展规划。需求预测不仅是简单的人员数量估算，还应涉及对人员质量、技能要求、岗位结构等多方面的预估。这一预测的核心在于将企业的经营计划与人力资源需求紧密结合，确保企业在扩展业务或进行战略转型时，有足够的人才储备。例如，企业可能会引入新技术、开拓新市场，或调整业务方向，这些变化都需要相应的人才支持。需求预测可以通过定性分析与定量分析相结合的方式进行。定性分析通常通过专家咨询、管理层访谈、情景规划等方式进行，定量分析则包括基于历史数据的趋势预测、学习曲线分析、计算机模拟等方法。最终，企业需要根据这些预测结果，制订详细的人员配备计划，以满足未来的发展需求。

人力资源需求预测在现代企业管理中发挥着不可或缺的作用，是企业人力资源管理中的重要环节，旨在确保企业能够拥有足够且合适的人力资源来满足未来的业务需求。人力资源需求预测有助于企业规划和管理人力资源以应对变革和危机，同时也对个人职业发展产生积极影响。企业和个人都应该重视人力资源需求预测的重要性，并采取相应的措施来提高预测的精度和准确度。

4.2.1.2 人力资源需求预测的特征

（1）不确定性。人力资源需求预测受到多种因素的影响，如政策法规、经济形势、市场需求、技术变革等，这些因素的不确定性使预测结果具有一定的风险性。

（2）时效性。由于市场环境和技术变革等因素的不断变化，人力资源需求预测的时间跨度通常较短，需要及时更新和调整以适应组织变化的需要。

（3）多样性。人力资源需求预测涉及多个方面的因素，如人口结构、用工结构、职业结构、技能结构等，需要综合考虑各种因素的影响。

（4）科学性。为了提高预测的精度和可靠性，人力资源需求预测需要采用科学的方法和技术手段，如统计分析、趋势分析、模拟仿真、专家咨询等。

4.2.2 人力资源需求预测的方法

人力资源需求预测的方法主要包括经验预测法、专家预测法、德尔菲法、趋势预测法、回归预测法和比率预测法等。企业可通过这些方法来预测未来的人力资源需求，从而进行有效的人力资源规划。不同的预测方法适用于不同的情景和需求，因此，选择恰当的方法对于提高预测的准确性至关重要。

1. 经验判断法。

经验判断法是最简单的人力资源需求预测方法。管理层根据经验预测总需求，并制定需求指标分配到各部门。这种方法简便易行，但主观性较强，可能因管理者经验差异导致预测结果波动。经验判断法适用于短期预测，以及规模较小或经营环境相对稳定、人员流动率不太高的组织。

（1）自下而上法。从企业组织架构的底层出发，实施一种自下而上的预测策略，首先精确预估底层岗位的人力需求，随后逐级向上，将各部门的具体预测汇总整合，最后形成全面的人力资源总量预测框架。这种方法特别适用于短期的人力资源规划，因为它能够迅速响应基层变动，确保预测的精准与时效性。

（2）自上而下法。当企业面临整体战略调整或结构变革时，适合采用自上而下的预测流程。这一过程中，高层管理者首先草拟出人力资源预测计划及框架，随后通过层级体系逐级传达至基层，鼓励各级员工参与讨论并提出修改建议。上级管理者在广泛收集并听取各方意见后，对总体预测和计划进行必要的调整和完善，以确保其既符合企业战略方向，又兼顾实际操作中的灵活性与可行性。同样，这种方法也适用于短期预测，因为它能够加速决策过程，促进企业内部的快速响应与协同。

2. 德尔菲法。

德尔菲法也称专家意见法，它是由美国兰德公司在 1946 年创始实行的。德尔菲法的实施过程是：首先，对所要预测的问题征得专家的意见，然后进行整理、归纳、统计，再将结果匿名反馈给各专家，再次征求意见，如此反复，直至得到一致的意见。该方法具有匿名性和多轮反馈的特点，能够汇集多位专家意见，提高预测准确性，但时间周期较长，成本较高。

德尔菲法的优点是吸取和综合了众多专家的意见，避免了个人预测的片面性；不采用集体讨论方式且匿名进行，使专家独立作出判断，可能受到行政上或专业权威的影响小；采取多轮预测的方法，最终使专家的意见趋于一致，具有较高的准确性。

使用德尔菲法时需要注意以下几个方面。一是专家的人数不能太少；二是专家的挑选要有代表性；三是问题设计要合理，不要让专家一次回答过多的问题，尽可能保证所有专家都能从同一角度去理解；四是向专家提供的资料和信息要相对充分。五是在进行预测之前，应取得参加者的支持，确保专家能认真地进行每一次预测，同时也要取得组织决策层和其他管理人员的支持；六是进行统计分析时，可以考虑区别对待不同专家，对于不同专家的权威性给予不同权重；七是调查单位或领导小组意见不应强加于调查意见之中，防止出现诱导现象。

3. 趋势预测法。

趋势预测法是指通过对历史数据进行时间序列分析，找出趋势和周期性变化，分析变化趋势并预测未来需求量的一种方法。该方法考虑了时间因素，能更好地反映长期趋势，具有较强的实用性，但需要复杂的统计技术支持。

4. 回归分析法。

回归分析是一种非常实用的方法，它通过分析历史数据来预测未来的趋势。在人力资源需求预测中，通常会使用线性回归模型。线性回归模型的基本公式为：

$$Y = a_0 + a_1 X_1 + a_2 X_2 + a_3 X_3 + \cdots + a_n X_n$$

其中，Y 代表因变量，即人力资源需求量；X_1，$\cdots$，X_n 代表自变量，即影响人力资源需求的各种因素；a_0，a_1，a_2，a_3，$\cdots$，a_n 是回归系数，表示自变量对因变量的影响程度。

只有一个因变量和一个自变量的回归方程为一元线性回归方程。当某一因素与人力资源需求量有高度相关关系，并且这种相关性呈线性时，可采用一元线性回归归。对给定的两组数据进行回归分析可使用最小二乘法找到最佳拟合线。回归分析的目的是确定因变量和自变量之间的关系。通过分析历史数据，可以用回归系数来评价人力资源需求和影响因素相关性，并进行预测。

一元线性回归方程为

$$y = ax + b$$

计算回归系数的公式为

$$a = \frac{\sum\limits_{i=1}^{n} y_i}{n} - b\frac{\sum\limits_{i=1}^{n} x_i}{n} \; ; \; b = \frac{n(\sum\limits_{i=1}^{n} x_i y_i) - (\sum\limits_{i=1}^{n} x_i)(\sum\limits_{i=1}^{n} y_i)}{n(\sum\limits_{i=1}^{n} x_i^2) - (\sum\limits_{i=1}^{n} y_i)^2}$$

式中，x_i 和 y_i 是每个样本点的自变量和因变量的取值，n 是样本点的个数。

下面是一个简单的例子。

根据 A 公司的历史数据，发现年销售额与员工总数的相关系数非常高，可以用企业年销售额作为自变量，以人员总数为因变量，列出回归方程，进行人力资源需求预测。A 公司年销售额和员工总数的数据如表 4 – 1 所示。

表 4 – 1　　　　　　　　　　　A 公司销售额与员工数

项目	变量	2017 年	2018 年	2019 年	2020 年	2021 年	2022 年	2023 年	2024 年
年销售额（万元）	x_i	30397	35848	40876	45675	51346	56105	86337	172503
员工总数（人）	y_i	1542	1683	1818	1920	2145	2255	2445	3420

预测年销售额为 225000 万元时，所需员工数。

根据上述回归系数 a 和 b 的计算公式，$n = 8$，x_i、y_i 如表 4 – 1 所示。计算得出 $b = 1350$，$a = 0.0124$，回归方程为

$$y = 0.0124x + 1350$$

当年销售额为 225000 万元时，$y = 1350 + 0.0124 \times 225000 = 4140$（人），即所需员工数为 4140 人。

5. 比率分析法。

（1）人员比例分析。根据已知某类人员数量，利用比率关系预测其他类别人员需求。这种方法操作简便，但假设各类人员之间的比例在未来保持不变，这可能不符合实际情况。

（2）生产效率分析。先计算出人均生产效率，再根据未来业务量预测人力资源需求。这种方法直观易懂，但对未来业务量和效率变化的估计要求较高。

$$每年（月）所需员工数 = \frac{每年（月）所需总工作量（总工时）}{每年（月）每位员工所能完成工作量（工时数）}$$

未来时期的总工作量包括企业目前业务量和计划未来业务增长量两个部分，每位员工所能完成工作量包括人均工作量和劳动生产率提升所带来的工作量提升两个部分。

下面是一个简单的例子。

某电子元器件生产工厂，生产四种元器件，根据业务量计划预测未来三年所需员工数。

①四种元器件的工时定额为：第一种和第四种为 1 小时/每件；第二种和第三种为 2 小时/每件。

②产品合格率 95%。

③一年 365 天，假设法定假日（包括周六周日）共 115 天，工人出勤率为 90%，每天工作 8 小时。

④未来三年每种元器件业务量如表 4 - 2 所示。

表 4 - 2　　　　　　　　　　　　四种元器件业务量　　　　　　　　　　单位：件

项目	第 1 年	第 2 年	第 3 年
第一种	5000	8000	10000
第二种	15000	20000	25000
第三种	15000	15000	20000
第四种	20000	25000	30000

计算过程如下：

第一步，计算工作时数，如表 4 - 3 所示。

表 4 - 3　　　　　　　　　　　　四种元器件工时　　　　　　　　　　单位：小时

项目	第 1 年	第 2 年	第 3 年
第一种	5000	8000	10000
第二种	30000	40000	50000
第三种	30000	30000	40000
第四种	20000	25000	30000
总工时	85000	103000	130000

第二步，计算每年工作小时，（365 - 115）× 8 × 80% = 1800（小时）

第三步，计算所需人力资源数。第一年：（85000 ÷ 95%）÷ 1800 = 49.71 ≈ 50（人）；第二年：（103000 ÷ 95%）÷ 1800 = 60.23 ≈ 61（人）；第三年：（130000 ÷ 95%）÷ 1800 = 76.02 ≈ 77（人）。

4.2.3　人力资源需求预测的影响因素

人力资源需求预测的影响因素是多方面的，这些因素共同作用于企业未来人力资源需求，从而影响企业的招聘、培训、晋升等人力资源管理决策。企业在进行人力资源需求预测时需要综合考虑各种因素的变化趋势和相互作用关系。

第 4 章

1. 技术因素。

随着科技的不断发展，新技术、新工艺和新设备的不断涌现，对员工的技能水平和知识结构提出了新的要求。企业需要预测未来所需的技术人才类型，以便提前进行招聘和培训。此外，技术变革可能导致某些岗位的消失和新兴岗位的出现，因此企业需要密切关注技术发展趋势，以便及时调整人力资源配置。

2. 产品和服务因素。

企业所提供的产品和服务的变化会直接影响其人力资源需求。例如，如果企业计划推出新产品或服务，可能需要招聘具有相关技能和知识的员工来支持这一变化。市场对产品和服务的需求变化也会影响企业的人力资源需求，如果市场需求增加，企业可能需要扩大生产规模或增加销售人员来满足市场需求。

3. 政策和法规因素。

政府政策的调整可能对人力资源需求产生重要影响。例如，政府可能出台鼓励或限制某些行业的政策，从而影响这些行业的人力资源需求。劳动法规的修订也可能改变企业的用工成本和用工方式，进而影响其人力资源需求。

第 4 章

4. 组织战略和变革因素。

企业的战略方向和目标决定了其未来的人力资源需求。例如，如果企业计划实施国际化战略，可能需要招聘具有跨文化沟通能力和国际视野的员工。企业内部的组织结构调整、业务流程再造等变革措施也会影响其人力资源需求，这些变革措施可能导致某些岗位的合并、撤销或新增。

5. 人员流动和退休因素。

员工的离职、跳槽等流动行为会影响企业的人力资源需求。企业需要预测员工流动率，以便及时补充空缺岗位。随着员工年龄的增长，退休问题逐渐成为企业关注的重点。企业需要预测退休员工的数量和岗位分布，以便制定相应的人力资源规划。

6. 经济和环境因素。

经济形势的好坏直接影响企业的业务发展和人力资源需求。在经济繁荣时期，企业可能需要扩大招聘规模；而在经济衰退时期，企业可能会减少招聘甚至裁员。社会、文化、环境等外部因素也可能对人力资源需求产生影响。例如，环保政策的加强可能促使企业招聘更多环保专业人才。

4.3　人力资源供给预测

4.3.1　人力资源供给预测的概念和特征

4.3.1.1　人力资源供给预测的概念

人力资源供给是指企业在一定时期内能够提供的、满足企业人力资源需求的人力资源数量和质量。人力资源供给预测是预测在某一未来时期，组织内部所能供应的或经培训可以补充的，以及外部劳动力市场所提供的一定数量、质量和结构的人员。

人力资源供给预测的目的是评估企业内部和外部能够提供的人力资源情况，人力资源供给预测的方法主要可以分为内部供给预测和外部供给预测两大类。内部供给分析主要关注现有员工的流动性，包括晋升、调动、退休、辞职等因素。通过这些数据，企业可以预测在未来一段时间内，哪些岗位可能会出现空缺，哪些员工可能会得到晋升或调动。外部供给分析则需考察当地及全国范围内的劳动力市场状况，包括人才供应量、薪酬水平、行业竞争状况等。外部供给预测还需要考虑政策变化、经济环境、行业趋势等外部因素对人才市场的影响。

通过预测未来的人力资源供给情况，企业可以更加合理地规划和管理人力资源，确保在适当的时间、适当的岗位上拥有适当数量和质量的员工。人力资源供给预测还可以帮助企业了解员工的发展潜力和职业目标，从而制定更加符合员工需求的培训和发展计划，提高员工的满意度和忠诚度。在外部市场环境发生变化时，如经济波动、技术革新等，人力资源供给预测可以帮助企业及时调整人力资源战略，以应对市场变化带来的挑战。

4.3.1.2　人力资源供给预测的特征

1. 综合性。

人力资源供给预测作为一项复杂而多维度的任务，其综合性体现在广泛吸纳并整合了来自经济、社会、人口、技术等多个领域的信息与数据。这一特性要求预测者不仅要具备深厚的人力资源管理知识，还需对经济趋势、社会变迁、人口结构变动以及科技进步等外部因素有敏锐的洞察力和深入的理解。经济的繁荣与衰退、社会文化的演变、人口增长率的波动以及技术创新的浪潮，无一不直接或间接地影响着人力资源的供需格局。因此，人力资源供给预测必须是一个跨领域、跨学科的综合性过程，通过全面分析这些外部因素的发展趋势及其对人力资源市场的潜在影响，以更加精准地把握未来人力资源的供需态势。

2. 多角度性。

在预测过程中，为了全面了解人力资源的动态变化，需要从多个角度进行预测和分析。这些角度包括人力资源的数量、质量、分布、潜力以及流动情况等。数量预测关注于未来一段时间内可用人力资源的总量变化；质量预测侧重于评估人力资源的技能水平、教育背景及职业素养等；分布预测关注人力资源在不同地区、行业或组织内部的分布情况；潜力预测旨在识别并培养具有未来领导力或专业技能的潜在人才；流动情况预测关注于人力资源的流动趋势，包括离职率、招聘难度及员工满意度等因素。通过这些多元化视角的综合运用，可以更加全面地把握人力资源的供需状况，为组织的人才战略制定提供有力支持。

3. 动态性。

人力资源供给预测的动态性源于组织内外部环境的不断变化，需要持续调整以适应变化。随着市场环境的日益复杂多变，组织需要不断根据新的情况调整其人力资源战略。因此，人力资源供给预测不能仅是一次性的任务，而是一个持续进行、不断更新的过程。预测者需要密切关注经济、社会、技术等方面的最新动态，及时调整预测模型和参数，以确保预测结果的准确性和时效性。同时，组织还需要建立有效的反馈机制，及时收集和分析实际人力资源供需数据，与预测结果进行对比分析，以便在必要时进行修正和调整。这种动态调整的能力是组织在快速变化的市场环境中保持竞争力的关键。

4. 前瞻性。

人力资源供给预测的最终目的是提前规划和准备，具有未来导向性，以应对未来可能出现的人力资源挑战和机遇。预测要能够预见未来人力资源的变化趋势，这要求预测者不仅要关注当前的人力资源供需状况，还要深入分析影响人力资源供需变化的各种因素及其未来发展趋势。通过构建合理的预测模型和情景分析等方法，预测者可以模拟出未来不同情境下的人力资源供需状况，为组织制定具有前瞻性的人力资源战略提供科学依据。这种前瞻性不仅有助于组织在人才短缺时提前储备人才，还能在人才过剩时有效调整人力资源配置结构，提高组织的整体效能和竞争力。

4.3.2　内部供给预测

内部供给预测是指对组织内部现有人力资源在未来一段时间内的变化和可供利用的情况进行预测，有助于组织控制内部人力资源流动。进行内部供给预测，首先要对企业内部人力资源状况进行总结分析。

4.3.2.1　内部人力资源预测的方法

1. 人员替换分析法。

人员替换分析法是针对组织内部特定职位进行前瞻性的人力资源供给规划。规划不仅仅局限于对当前岗位空缺的即时响应，而是着眼于组织的长远发展，特别是聚焦于关键岗位及未来可能出现的高级管理或专业职位的空缺。其核心理念在于，通过内部选拔机制，发掘并培养具备潜力的员工，以接替或晋升至更高层次的职位，从而确保组织的连续性和稳定性。

人员替换分析法强调了对未来职位填补需求的提前规划与准备。通过持续的绩效评估、能力评估和潜力识别，组织能够建立起一套完善的继任计划体系，为关键职位的接替做好充分准备。这不仅有助于避免因职位突然空缺而导致的组织动荡，还能确保在关键时刻有合适的人选迅速填补空缺，保障组织的正常运转。同时，这种前瞻性的规划也体现了组织对人才发展的重视与投入，有助于吸引和留住优秀人才。典型的人员替换分析——候选人准备与继任计划如图 4-1 所示。

如图 4-1 所示，如果总经理苏强强离职或调转，综合考虑升职潜力和业绩表现，那么最可能接替总经理职位的为总经理助理张勇。如果在组织架构设计中，总部总监职位高于大区经理职位，那接替张勇职位的人选可以考虑人力资源总监李苗和研发部总监宋冰，接替人力资源总监职位和研发总监职位的人选可以结合擅长领域考虑东部大区经理李强和西部大区经理孙晓明。

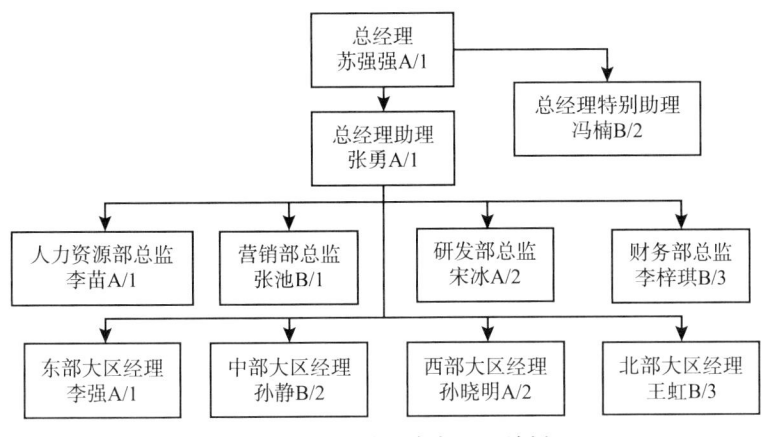

图 4-1　候选人准备与继任计划

注：A 表示目前有可能提升，B 表示有潜力进一步发展，C 表示没有固定职位；1 表示业绩优秀，2 表示业绩良好，3 表示业绩达标，4 表示业绩较差。

人员替换分析法有以下优点。

一是对员工有激励效应。人员替换分析法对组织内部员工产生了显著的激励作用。当员工意识到组织内部存在明确的晋升通道和职业发展机会时，员工的工作积极性、忠诚度和满意度均会显著提升，有助于构建积极向上的组织文化。

二是有助于员工发展。基于能力的选拔机制，鼓励员工不断提升自身技能与知识水平，积极参与培训与发展项目，以期在未来有机会获得更好的职位与待遇，能有效促进员工的个人成长与职业发展。

三是在成本效益方面优势显著。人员替换分析法相比外部招聘具有显著的优势。外部招聘往往需要投入大量的时间、金钱和精力在广告发布、简历筛选、面试评估等环节上，且存在一定的风险，如新员工适应期长、文化融合难等问题。而通过内部选拔，组织可以充分利用现有的人力资源，减少招聘成本，同时降低因外部招聘带来的不确定性。此外，内部员工对组织文化、业务流程及工作环境有更为深入的了解，能够更快地适应新职位的要求，提高工作效率。

2. 马尔可夫法。

（1）马尔可夫法的概念。马尔可夫法是指基于马尔可夫链的理论根据多种职位以及人员流动状况进行人力资源供给预测的方法。马尔可夫法的预测值只受其当前状态的影响，不受之前任何活动的影响。马尔可夫过程是状态间运动的综合，基于历史数据的流动趋势，描述了转移概率矩阵的成员向不同状态的转移。马尔可夫链常用来描述职称或级别的升降或不同职业发展路径的变化，以此来确认组织的实际人力需求或预测未来的人力需求。马尔可夫链可以兼顾个人和组织两个层面，在个体层面，可以用来描述员工在给定职业生涯阶段的晋升概率。在组织层面，可用于获取整体续留率和离职行为的信息，为后续人力资源规划的制定和实施提供数据支持和基础。

（2）马尔可夫法适用场景。一是人员流动比例相对稳定的组织。马尔可夫法基于历史数据来预测未来，所以适用于那些历史数据具有参考价值的组织。二是各级别员工人数足够多的组织。每个级别都有一定数量的员工，以保证数据的稳定性和可靠性。三是需要预测员工内部晋升和离职情况的组织。马尔可夫法能够很好地预测员工在不同岗位级别之间的流动情况。

（3）马尔可夫法的步骤。马尔可夫法通过分析历史数据中的人员流动趋势来预测未来的人员供给情况，模型假设下一个状态的概率仅仅依赖于当前状态，与之前的状态无关，且转移概率在预测期内保持稳定。基本思想是找出过去人力资源变动的规律，测算一个组织内部人员流动情况，推测未来人员变动的趋势。马尔可夫法的步骤如下：第一步，明确人力资源的状态，比如，在职、离职、招聘中、晋升或降职等内部流动。第二步，收集过去一段时间内各个状态下的人数数据，如在职人数、离职人数、招聘人数、晋升人数等。第三步，根据收集到的数据，建立状态之间的转移矩阵。这个矩阵表示每个状态在下一个时间段后可能转移到其他状态的概率。第四步，利用转移矩阵和当前状态下的人数，可以预测未来一段时间内各个状态下的人数。第五步，根据预测结果，企业可以制定相应的人力资源管理策略，如招聘计划、培训计划等。

（4）马尔可夫模型的计算。马尔可夫模型的基本公式为

$$N_{i(t)} = \sum_{j=1}^{k} P_{ji} + V_{i(t)}$$

其中，i，$j = 1$，2，3，$\cdots$，k；$t = 1$，2，3，$\cdots$，n。k 是职位类数。$N_{i(t)}$ 是 t 时刻的 i 类人员数；P_{ji} 是第 j 类人员向第 i 类人员转移的转移率；$V_{i(t)}$ 是在 $(t-1, t)$ 时间内 i 类人员所补充的人员数。

简单说就是将计划初期每一种工作的人数与每一种工作的人员变动的概率相乘，然后纵向相加，得到组织内部未来人力资源的净供给量。

下面是一个简单的例子。某律师事务所有四类职位，分别为律师助理、主办律师、顾问、合伙人，根据历史数据得出的职位间流动概率如表 4-4 所示。

表 4-4　　　　　　　　　　　　　人员调动的概率

职位	合伙人	顾问	主办律师	律师助理	离职
合伙人	0.85				0.15
顾问	0.05	0.80			0.15
主办律师		0.10	0.75	0.05	0.10
律师助理			0.15	0.75	0.10

假设初期人员数量为律师助理 100 人、主办律师 80 人、顾问 60 人、合伙人 20 人，则预测下期人员数量如表 4-5 所示。

表 4-5　　　　　　　　　　　　预测人力资源供给量　　　　　　　　　　　　单位：人

项目	合伙人	顾问	主办律师	律师助理	离职
合伙人	17				3
顾问	3	48			9

续表

项目	合伙人	顾问	主办律师	律师助理	离职
主办律师		8	60	4	8
律师助理			15	75	10
预测供给量	20	56	75	79	30

如果下期给顾问职位补充 5 人、主办律师职位补充 10 人、律师助理补充 20 人，则各职位人力资源供给数为合伙人 20 人、顾问 61 人、主办律师 85 人、律师助理 99 人。

3. 技能清单法。

技能清单法体现了人力资源管理中的"能力本位"理念，即重视员工实际能力而非单一职位资格要求，核心是构建一个全面而详尽的员工能力档案库。技能清单法促进了人力资源的优化配置，增强了组织的灵活性和响应速度，同时也为员工的个人成长与职业发展提供了明确的方向和路径。

这一方法通过整合并分析员工的多维度工作能力特征，包括教育背景、专业培训经历、过往工作成就、持有的专业资格证书、成功通过的各类考试以及直接上级或同事的绩效评价等，从而绘制出每位员工的技能图谱。这一过程不仅揭示了员工当前的技能水平，还隐含了其职业发展潜力及未来可能的工作适应性。

在技能清单法的应用中，企业能够精准地识别出哪些员工具备填补当前或未来职位空缺所需的特定技能，哪些员工适合进行岗位轮换以拓宽其经验范围，哪些员工展现出晋升的潜力并应被纳入重点培养计划，以及哪些员工需要进一步的培训以提升其专业技能或管理能力。此外，还能有效识别出具备特殊项目所需技能组合的员工，从而确保项目团队的构建既高效又专业。

4. 管理人员转换图法。

管理人员转换图法是一种专注于管理层人才规划与发展的工具，旨在通过系统记录和分析管理人员的绩效表现、晋升潜力及培训需求等信息，为组织未来的管理层人才供给提供科学依据。该方法不仅关注管理人员的当前工作状态，更着眼于其未来的职业发展方向和可能性，是组织进行高层管理人员梯队建设的重要手段。

管理人员转换图法体现了人力资源管理中的"战略导向"原则，即紧密围绕组织的战略目标进行人才规划与培养。该方法有助于打破传统的管理层晋升"天花板"，促进管理人才的合理流动与优化配置，为组织的可持续发展提供坚实的人才保障。该方法也强调了人才培养的连续性和系统性，为组织构建了一支结构合理、素质优良的管理人员队伍。

管理人员转换图法在应用过程中，要求企业建立一套科学、公正的管理人员评价体系，以全面评估其工作绩效、领导能力、战略思维、团队协作能力等多方面的素质。通过对比不同管理人员的表现与潜力，结合组织的发展战略和未来人才需求预测，识别出那些具备晋升到更高层次管理岗位潜力的候选人。重点是对管理人员发展需求的精准识别与定制化培训方案的制订，以确保管理人员能够在未来的管理岗位上发挥更大的作用。

第 4 章

4.3.2.2　人力资源内部供给的影响因素

从长期来看，企业内部人力资源供给的影响因素主要包括以下方面。

1. 内部的劳动力状况。

企业内部劳动力状况是人力资源供给预测的基石和基础性考量。首先，员工数量的合理性与增长趋势直接关系到企业运营的灵活性与扩张潜力。在员工结构方面，包括年龄、工龄、职级、性别、资格、职位分布等，反映了企业的组织架构与人才梯队建设情况，对预测未来人力资源需求结构至关重要。技能水平作为衡量员工能力的重要指标，不仅决定了当前工作效率与产出质量，也是评估企业适应技术变革与产业升级能力的关键。此外，员工的工作绩效不仅是对个人贡献的直接体现，也是团队协同效率与企业整体竞争力的反映，对人力资源供给的稳定性和可持续性具有深远影响。

2. 员工满意度与薪酬水平。

员工满意度与薪酬水平是影响员工流动率与忠诚度的核心要素和调节器。高薪酬不仅是对员工劳动价值的直接认可，也是吸引外部人才、稳定内部团队的重要手段。同时，良好的工作环境，包括和谐的同事关系、公平的晋升机制、丰富的企业文化等，能够显著提升员工的情感归属与职业满意度，进而增强其对企业的忠诚度，降低员工因不满而离职的风险。因此，企业在制定薪酬政策与工作环境优化策略时，需综合考虑内外部因素，确保既能满足员工物质需求，又能激发其精神动力，实现人力资源的稳定供给。

3. 员工知识与技能水平的持续提升。

在快速变化的市场环境中，员工的知识与技能水平直接决定了企业的竞争力与适应能力。企业需将员工培训与发展视为一项长期投资，通过制定系统化的培训计划、引入先进的培训资源、建立多元化的学习平台等措施，不断提升员工的专业素养与综合能力，这是人力资源质量的生命线。同时，鼓励员工参与跨部门、跨领域的合作项目，拓宽其视野与思维边界，促进知识共享与创新思维的碰撞。这样不仅能提升现有员工的技能水平，还能为企业培养出一批具备前瞻视野与创新能力的高素质人才，为企业的长远发展奠定坚实的人力资源基础。

4. 企业战略目标与管理水平的协同。

企业的战略目标是引领发展方向的灯塔，其明确性与可行性直接影响到人力资源规划的前瞻性与针对性，是人力资源供给的保障与引擎。一个具有清晰战略目标的企业，能够更准确地预测未来的人力资源需求，从而提前布局、精准引才。而高效的管理水平则是实现战略目标的重要保障，它涵盖了组织架构的优化、决策流程的简化、激励机制的完善等多个方面。一个管理水平卓越的企业，能够更有效地配置人力资源，激发员工潜能，提升工作效率，从而吸引并留住更多优秀人才，形成良性循环，不断提升人力资源的供给质量与效率。

4.3.3　外部供给预测

4.3.3.1　外部供给预测分析的内容

外部供给预测是指对组织外部能够提供给组织所需要的人力资源的质和量的预

测。这主要依赖于对外部劳动力市场的分析和预测，包括以下几个方面。

1. 劳动力市场分析。

分析劳动力市场的供求状况、人才流动趋势、劳动力价格等因素，以了解外部人力资源的供给情况。通过劳动力市场分析，预测组织在未来一段时间内可能从外部获得的人力资源数量和质量。

2. 招聘策略与渠道分析。

根据组织的需求和劳动力市场的情况，制定合适的招聘策略和渠道，以吸引和获取外部人才。通过制定有效的招聘策略和渠道，提高组织在外部劳动力市场上的竞争力，从而确保组织能够获取到所需的人力资源。

3. 政策与法规分析。

政府的相关政策和法规也会对外部人力资源的供给产生影响。例如，劳动法规的变化可能会影响劳动力的流动性和供给量。组织需要密切关注政府的相关政策和法规变化，及时调整招聘策略和人力资源规划。

4.3.3.2　人力资源外部供给的影响因素

1. 宏观经济状况的宏观调控作用。

宏观经济状况是社会经济活动的总体表现，对人力资源供给具有全局性的影响。经济繁荣时期，经济增长强劲，企业扩张迅速，劳动力市场因此呈现出高度的活跃性，人力资源供给也随之充裕，为企业提供了丰富的人才选择空间。相反，在经济衰退期间，经济增长放缓甚至负增长，企业缩减规模，劳动力市场遭遇寒流，失业率攀升，人力资源供给趋于紧张，企业招聘难度增加。因此，宏观经济状况成为预测人力资源供给时必须首要考虑的因素。

2. 外部劳动力市场的动态调节机制。

外部劳动力市场的供求关系、工资水平及就业政策等构成了一个复杂的动态系统，直接影响企业的人力资源供给状况。劳动力市场的供求失衡会导致工资水平的波动，进而影响劳动者的就业决策与流动意愿。就业政策的调整，如鼓励创业、灵活就业等政策的出台，会改变劳动者的就业观念与选择空间。同时，劳动力市场的透明度、信息流通效率等也是影响人力资源供给的重要因素，它们共同构成了劳动力市场的调节机制。

3. 法律法规的规范与引导效应。

政府的法律法规在保障劳动者权益、规范劳动关系方面发挥着至关重要的作用。劳动法规的修订与完善，不仅关乎劳动者的切身利益，也深刻影响着企业的用人成本与用工策略。例如，加强劳动者权益保护的法规可能提高企业的用工成本，但同时也能增强企业的社会责任感与品牌形象，吸引更多高素质人才的加入。此外，就业促进政策、职业培训等法规的出台，也能在一定程度上缓解人力资源供给的结构性矛盾。

4. 人口政策与人口现状的长期影响。

人口政策与人口现状作为影响人力资源供给的长期因素，其变化往往具有深远的历史意义与社会影响。人口政策的调整，如生育政策的放宽或收紧，会直接影响未来劳动力的数量与质量。而人口现状，包括人口规模、年龄结构、劳动力参与率等，则直接决定了当前及未来一段时间内的人力资源供给潜力。例如，人口老龄化的加速可能导致劳动力供给的减少，给企业的人力资源管理带来挑战。而鼓励生育的政策则可能在未来增加劳动力的供给，为企业的发展提供新的机遇。

5. 劳动力市场发育程度和效率提升。

劳动力市场的发育程度是影响人力资源供给效率的关键因素。一个发育完善的劳动力市场，不仅具备健全的法律法规体系、高效的信息流通机制，还能通过工资率的供需机制有效调节劳动力的供求关系。这样的市场能够更快速、更准确地反映劳动力市场的真实状况，为企业提供更加精准的人力资源供给预测。同时，发育完善的劳动力市场还能促进劳动力的自由流动与优化配置，提高人力资源的使用效率。

6. 地域因素的区域特色与差异。

地域因素在人力资源供给预测中同样占据重要地位。不同地区的经济发展水平、产业结构、人才政策等因素都会导致人力资源供求状况的差异。例如，经济发达地区往往具备更强的人才吸引力与更高的薪酬水平，从而吸引更多高素质人才的聚集；而经济欠发达地区则可能面临人才流失与人力资源供给不足的困境。此外，全国范围内相关专业大学生的毕业人数及分布情况、行业人才供需状况及薪酬水平差异等也是影响地域性人力资源供给的重要因素。这些因素共同构成了复杂多变的地域性人力资源市场，为企业的人力资源供给预测带来了更多的挑战与机遇。

4.4　人力资源供给与需求的平衡分析

4.4.1　人力资源供需平衡的内涵

在组织管理领域，人力资源需求与供给的平衡分析是人力资源战略规划的重要内容，它直接关系到企业的生产效率、成本控制及竞争力。在理想状态下，企业的人力资源供给与需求在数量与质量上达到精确匹配，即所谓的"供求平衡"。这一状态不仅意味着企业能够以低成本获取到适合岗位需求的员工，还能确保员工个人能力与职业发展需求得到满足，从而促进企业与员工的双赢。

由于市场环境的不确定性、企业内部运营的动态变化以及员工个人职业规划的多样性，供需平衡的理想状态在实际操作中往往难以持续维持，这种理想状态也成为企业追求的管理目标之一。为实现或接近供求平衡，企业需采取一系列前瞻性策略，如精准预测人力资源需求和供给、优化招聘流程与标准、实施灵活用工制度、加强员工培训与发展计划等。此外，建立健全的人力资源信息系统、实时监控人力资源数据、为决策提供数据支持也有助于人力资源供需平衡。

在完成人力资源供给和需求预测后，通过整合和分析供需预测的结果，对比分析人力资源供需的平衡状况，形成全面的企业人力资源战略规划。企业必须根据供需预测的结果，确定净需求，并制定相关政策和计划，确保企业人力资源处于平衡状态。首先，企业需要确定净需求量，即通过比较供给与需求预测，识别出人力资源在质量、数量、结构和分布等方面的差距。其次，企业需要制定并实施相应的匹配政策，这些政策可能包括晋升规划、补充规划、培训开发规划和人员配备规划等。若发现未来可能存在的人才短缺，企业需要提前制定招聘、培训以及人才储备计划；若供过于求，则需考虑裁员、岗位调整或提前退休等措施，以确保人力资源的优化配置。预测的过程还应包括对潜在风险的评估，如在极端情况下，企业如何应对人才突然流失或市场急剧变化带来的挑战。通过不断调整和优化，确保人力资源始终与业务需求保持一致，为企业的发展提供源源不断的动力支持。

4.4.2　实施人力资源供需平衡的策略

准确的人力资源需求与供给预测可以判断企业在未来一段时间内是出现人力资源赤字还是盈余，为招聘、保留员工以及必要时的裁员提供了科学依据。为了实现人力资源供需平衡，企业必须采取一系列措施来调节人力资源，这些措施主要包括增减员工和调整组织结构，优化人力资源配置与高效利用。

1. 人力资源供给小于需求的应对策略。

在人力资源需求超过供给的情况下，企业将面临人才短缺、招聘困难、项目延期等挑战。这不仅影响企业的正常运营，还可能错失市场机遇，损害企业竞争力。在供给小于需求的背景下，企业需采取更加积极主动的策略来吸引与保留人才，确保企业在快速扩展或新项目启动时能够获得必要的人力支持。

为解决供给小于需求的问题，企业可采取以下策略。

（1）外部招聘。加大招聘力度，拓宽招聘渠道，提高招聘效率与质量。

（2）实施多元化用工策略。如灵活用工、聘用临时员工、弹性工作制度、远程办公等，以应对特定岗位的人才短缺问题，灵活应对市场变化。

（3）内部招聘。积极挖掘内部潜力，建立内部人才培养与晋升机制，制订继任计划，通过培训与发展计划提升现有员工技能水平，激发员工潜力，满足岗位需求。

（4）加强校企合作与人才培养。与高校及职业培训机构的深度合作，建立长期的人才储备机制和培养计划，为企业构建持续的人才供应链，为未来发展储备人才，确保人才长期供给。

（5）加强绩效考核与激励机制。鼓励员工提升技能与绩效，实现个人与组织的共同成长。

（6）提升员工满意度与忠诚度。优化薪酬福利体系，尊重员工个性化需求，增强组织凝聚力，减少人才流失。

2. 人力资源供给大于需求的应对策略。

当人力资源供给超过需求时，企业可能面临人员冗余、成本增加、工作效率下降等一系列问题。这不仅增加了企业的运营成本，还可能因员工工作饱和度不足而导致士气低落，影响整体工作氛围。面对人力资源供大于求的局面，企业需采取更为精细化的管理策略以优化资源配置。

针对人力资源供大于求的情况，企业可采取以下策略。

（1）控制招聘人数，缩短员工工作时间等。

（2）实施内部转岗或跨部门调配，优化人力资源配置。

（3）通过组织结构重组和人力资源重组等方式，调整人员配置以适应市场需求和业务变化，提升组织的灵活性和适应性，降低固定成本负担。

（4）通过自然减员（如退休、离职等）减少员工数量，鼓励员工提前退休或内退，结合个人意愿与企业需求，制订人性化的过渡方案。

（5）裁员。永久性辞退员工虽为直接手段，但应谨慎操作，避免损害企业形象与员工士气。

（6）探索外部合作与共享用工模式，如与同行企业或第三方机构建立人才共享机制，降低人力成本。

3. 人力资源重组与结构优化。

人力资源结构重组是指人力资源的规模缩减或规模优化，是企业为了适应新的市场环境而作出的战略性调整。这通常涉及组织结构的简化和员工数量的减少和人力资源配置的调整。在企业人力资源结构重组的过程中，企业需要对高级管理人员和关键岗位员工进行重新评估和选拔，并实施有针对性的激励措施。人力资源重组不仅是其他重组流程的保障，更是企业在激烈市场竞争中保持活力和竞争力的关键。尤其是在全球化的市场环境中，企业的人力资源结构变得越来越复杂，能够吸引、培养和激励全球最优秀的人才成为企业成功的关键因素，确保企业在激烈的市场竞争中占据主动。

本 章 习 题

一、名词解释

人力资源发展预测　人力资源需求预测　人力资源供给预测　德尔菲法　人力资源供需分析

二、简答题

1. 人力资源需求预测的影响因素有哪些？
2. 组织中人力资源供给预测方法有哪些？
3. 简述马尔可夫预测法的步骤。
4. 应当如何预测人力资源需求与供给？

三、论述题

1. 论述应当怎样平衡人力资源需求与供给。
2. 人力资源发展预测应注意什么？

四、案例分析

"向前一步"

——在探索中前行

人力资源规划通过对企业在不同时期、不同内外部环境、不同战略目标下的人力资源供需情况进行预测，不仅有助于确保企业在需要时能够获得各类人力资源，而且有助于确保员工队伍的精简和高效。某公司人力资源部变被动为主动，有效促进落实，主要在向上、横向、向下以及向外四个方向有意识地"向前一步"。

1. 向上了解公司战略及实施路径，明确"做什么"。

过去人力资源部与高层管理人员的联系以单向接收任务为主，高层管理人员制定战略后，就向人力资源部下达任务，人力资源部按照要求确定方案或者落实相关工作。现在人力资源部改变了方式，由单向接收任务改为双向互动，主动了解企业经营战略，制订相关规划或者改革方案，向高层管理人员汇报并征求意见。在审议讨论规划或者改革方案过程中，人力资源部除了根据要求做规划或者方案调整，还会给高层管理人员提供一些人力资源方面的建议。

2. 横向强化沟通共享，解决"怎样做"。

人力资源部根据企业战略制订的改革方案，要么触动其他部门利益，要么涉及其他部门的管理领域。过去一个方案需要经过长时间的讨论才能最终敲定；现在人力资源部改变"做好自己"的工作方式，加强横向沟通。过去业务部门有需求或者疑问时才找人力资源部；现在人力资源部主动了解业务部门的需求，在人员培训、绩效管理、员工关系等方面提供专业意见。人力资源部成立由各部门人员组成的评委组，共同参与人力资源规划或改革方案的制订和评估。建立在共识上的规划或者方案，无论是制定过程还是落地，都比过去更顺利。

3. 向下深化与员工交流，获悉"做得怎样"。

企业所有的管理政策最终要作用到与用户接触的一线人员，他们在各种管理政策的驱动或者约束下，向用户销售产品或者提供服务，使企业获得赖以生存的效益回报。一线人员的信息是政策方案制订以及评估的重要依据。为了快速收集高质量的一线信息，人力资源部现在要求各级员工常态化地走出办公室，深入一线交流，交流方式包括访谈、跟岗、参与项目以及轮岗等，收集一线人员需求、解答一线人员问题，了解各项人力资源政策的实行是否与初始目标相符。通过与一线人员及时深入交流，人力资源部不仅掌握了目前用户的情况、企业资源分配的均衡情况、业务发展出现的新矛盾等，更重要的是获悉了各类政策方案的最终落地效果，为后续改革优化提供依据。

4. 向外拓展学习，增强实力"继续做"。

由于市场变化迅速，管理方法与思维方式不进则退。出于对公司长远发展考虑，人力资源部与高层管理人员沟通，在应对日益增大的经营压力同时，组织管理人员参加外部培训，包括创新思维、成本管理、团队建设、心理能力建设等，其中也包括人力资源管理培训。一方面，将兄弟公司的人力资源配置数据与自己公司的配置数据对比，可大致评估出各部门、各模块的人力配置是否匹配；另一方面，积极借鉴兄弟公司的管理方法，特别是薪酬激励方案。同行的模板或者案例，不管是成功经验还是失败教训，都为后续的人力资源规划提供了非常有价值的参考。

"向前一步"是一个持续探索的过程。人力资源部通过工作方式的调整，变被动为主动，逐步塑造得力的参谋（对公司高层）、可信赖的合作伙伴（对其他部门）、沟通的桥梁（对员工）等角色，协助公司实现战略目标。

资料来源：周银笑. 从跟随到向前一步［J］. 企业管理，2025（1）：101 - 104。

问题：

1. 从案例中你获得了哪些启示？

2. 讨论为做好人力资源规划，综合考虑"向上""横向""向下""向外"几个方面的逻辑关联。

第 4 章

第 5 章 | 人力资源战略的制定与选择

引导案例

为何一家由战略大师参与创建的战略咨询公司会走向破产？

迈克尔·波特，这位美国哈佛大学商学院的教授，被誉为商业管理界的"竞争战略之父"。他的五力模型、三大基本战略以及价值链理论，几乎被所有主流管理学教材所收录。波特的战略理念，对无数管理者产生了深远的影响。

1983 年，波特与哈佛大学的其他五位学者共同创立了 Monitor 咨询公司。该公司运用了波特的竞争战略理论，其业务在鼎盛时期遍布全球，拥有 27 家分公司和500 名咨询顾问，一度位列全球咨询业第四。然而，2012 年 11 月，这家曾经辉煌的咨询公司却不得不向法院申请破产保护。

Monitor 公司的破产引起了业界专家、学者和从业者的广泛嘲笑，波特的理论也成了人们茶余饭后的谈资。有人提出疑问："难道波特的理论只是听起来简单，实际操作却困难重重，或者理论本身就有缺陷？"如果波特的竞争战略理论真的有误，那么为何还有众多企业继续采用它进行战略分析？波特的理论广为流传，各大教材和媒体已将其普及至几乎所有业内人士。Monitor 公司作为一家提供专业指导的咨询公司，向企业收取高额咨询费。在经济环境良好时，企业能够承担这些费用；但在经济不景气或危机时期，许多企业可能会面临资金流动性问题，难以支付这些费用。更关键的是，与其他咨询公司相比，Monitor 公司的咨询知识在商界中已变得"普通化"，失去了其独特的优势。

尽管这家公司的破产不足以证明波特战略理论的不足，但它确实引发了人们对战略理论在实际战略管理中应用价值的质疑，特别是提出了这样的问题：即便是一位杰出的战略研究者，是否也能够成为一位杰出的战略管理实践者？

资料来源：周三多. 管理学（第五版）[M]. 北京：高等教育出版社，2018。

学习目标

1. 掌握人力资源战略的概念和本质特征

2. 掌握人力资源战略的制定过程

3. 掌握人力资源战略选择的程序

4. 了解人力资源战略的模式和类型

5. 了解与企业发展相匹配的人力资源战略

5.1 人力资源战略概述

5.1.1 人力资源战略的概念

1. 战略。

"战略"一词起源于战争，指的是基于战争全局的分析所做出的整体性、长期性、全局性的谋划。进入现代社会，"战略"一词从军事领域逐渐扩展到政治、经济、社会、技术等各个领域，并得到了广泛的应用。在市场竞争日益激烈的今天，面对瞬息万变的市场环境，企业也引入了战略概念，其目的在于明确企业发展方向，以实现企业的可持续发展，使其在市场竞争中立于不败之地。

2. 人力资源战略。

人力资源战略将员工视为企业的关键资源。随着管理理论的发展，人力资源管理已从日常事务转向战略层面，成为指导企业人才资源管理的核心原则。这一战略是在组织战略框架内，通过分析内外部环境，制定管理理念、目标和实现目标的举措。广义上，人力资源战略包括发展宗旨、目标、决策和对策；狭义上，它指实现这些目标的具体计划和方法，包括招聘选拔、培训发展、绩效管理和员工关系维护等。

战略制定需围绕组织整体目标，确保人力资源的配置、开发和利用能够支持组织战略的实现。人力资源部门在这一过程中扮演关键角色，参与战略决策并推动实施。人力资源战略旨在构建全面的长期发展蓝图，涵盖人力资源规划、结构优化、能力提升和激励机制设计。这些决策需考虑外部环境变化和组织内部资源，确保与组织战略相契合。

总之，人力资源战略对企业持续发展和竞争优势至关重要，企业需重视并不断优化这一战略体系，以适应环境变化和内部需求，推动组织目标实现。

3. 制定人力资源战略的意义。

制定与企业总体战略相一致的人力资源战略具有重大的现实意义：

（1）它帮助企业确定未来人力资源管理的核心方向和重点。

（2）在战略制定过程中对内外部环境的分析，使企业能更好地理解人力资源的运作环境和发展潜力。

（3）确保人力资源职能和政策与战略保持一致，从而有效发挥管理作用，并合理定位人力资源政策。

（4）使企业不仅关注当前需求，而且着眼于长远发展，以维持长期的人力资源竞争优势。

第 5 章

（5）增强领导者的战略思维，促进从长期和全局角度对企业的管理。

（6）帮助员工建立明确的奋斗目标，提升信心和士气，激励他们更加努力地工作。

总的来说，人力资源战略对于引导企业人力资源管理、支持企业战略目标的实现以及促进企业可持续发展具有重要作用。

5.1.2　人力资源战略的本质特征

总体来说，人力资源战略具有以下特征。

1. 全局性。

人力资源战略是站在全局的角度，谋划人力资源发展的总体规律和思想观念，它制约着人力资源发展的各个方面。人力资源战略的全局性决定了人力资源战略要展望企业整体的发展和规划各个局部之间的关系。人力资源战略不包括局部和具体的问题，只包括那些足以影响企业整体发展的因素，但如果是某个局部或具体因素的改变足以影响到全局，甚至对全局具有决定性意义，那么这一关键因素也应被纳入战略考虑的范围。

2. 长期性。

人力资源战略的着眼点应该是人力资源主体系统未来相当长的时期内的发展问题，而不是眼前的或短期的发展问题。这里就要处理好短期利益与长期利益的矛盾。有些问题眼前看起来是有利的，而长远来看却是应该舍弃的，这就要求战略的制定必须具有前瞻性，既能立足现实，又能着眼未来，兼顾长期和短期利益，寻求持续和平稳的发展态势。一般来说，长期的人力资源战略应以 5～10 年为宜，而短期的人力资源战略则应以 3～5 年为宜。

3. 重点性。

影响和制约人力资源发展的因素很多，但是具有关键作用的因素却为数不多，对于这些关键要素，每个都要进行深入细致的分析，以达到发挥优势和回避劣势的目的。人力资源战略的重点性实质上就是要抓住人力资源发展过程中的主要矛盾的主要方面，即关键因素，包括关键的问题、关键的系统、关键的层次、关键的环节和关键的时期等。

4. 层次性。

人力资源战略具有层次性，有两个方面的含义。首先是整体与局部是相对的概念。例如，车间人力资源体系对于本系统来讲是全局，可是对于更高层次的企业系统来讲就只是局部，不同层次的人力资源系统，都应有与其规模和职能相对应的人力资源战略。其次，作为一个人力资源系统来讲，人力资源战略本身也具有层次性，既有总战略，也有子战略，还有单元战略。

5. 发展性。

人力资源战略既然具有长期性，也就同时决定了它具有发展性。发展才是硬道理。不论制定哪一个层次的人力资源战略，都要体现出"发展"的内涵，发展的观念要贯穿人力资源战略制定的始终。要求战略的制定和选择要根据现有资料，综合考虑各种可能和将要发生的情况，识别机遇和挑战，在尽可能回避风险的同时抓住机遇，实现战略的发展目标。

6. 指导性。

人力资源战略指明了人力资源主体系统在一定时期内的发展方向和目标，以及要实现目标所应执行的途径和对策，从而指导人力资源整体的发展。人力资源战略的指导性要求战略的用词要准确适当，不能模棱两可。对于具体问题要态度明确，观点统一，以防不同部门利益掣肘。

7. 适应性。

人力资源战略虽然可以指导人力资源的发展，但是战略势必要受到不断变化的外界环境和人力资源自身条件的影响和约束。因此，人力资源发展战略必须具有适应性，既能够适应外部环境的变化，又能够适应人力资源内部各种条件的需要，即在战略制定中应该根据环境的变化，因地制宜、实事求是地制定符合企业自身成长的适合战略。

8. 稳定性。

尽管未来时期人力资源发展的外部环境和内部条件可能时时都在发生变化，但是人力资源战略一旦制定之后，却要在总体上保持相对的稳定性。只有相对稳定，才能从长计议。朝令夕改，势必迷失方向。当然，总体的相对稳定性并不排除局部的动态调整。也就是说，战略的制定在具有稳定性的同时，还要具有一定的弹性，以适应各种可预见的环境变化的考验。

5.1.3　人力资源战略的制定过程

人力资源战略的整个制定过程都要始终体现企业的发展理念，人力资源战略制定的依据是人力资源现状分析和人力资源发展预测。任何一个战略在制定过程中，即便对影响因素考虑得十分周全，也难免会有所疏漏，而且内外环境的瞬息变化也会使新制定的战略产生偏差。因此，人力资源战略制定出来之后，还必须在实施的过程中接受严格的检验并及时进行反馈和修正，继续指导人力资源管理活动。

一般来说，制定人力资源战略的基本过程与其他职能战略的基本步骤类似，包括分析企业内外部环境、识别关键问题并确定指导思想、选择人力资源战略模式、形成战略方案等步骤，下面将详细论述。

1. 分析企业内外部环境。

环境分析是制定人力资源战略的第一步。进行环境分析不仅要关注企业人力资源管理的现状，更为重要的是考察并获取可能对企业未来绩效产生影响的内外部变化信息。企业应该定期或者不定期跟踪扫描内外部环境变化，识别可能影响人力资源和企业发展的潜在问题。分析企业的内外部环境需要识别一些企业未来可能发生的情况，分析企业战略和竞争战略的导向，从而为制定人力资源战略奠定基础。

2. 识别关键问题。

根据前面所做的环境分析，确定目前企业应该解决哪些战略高度的人力资源管理问题。例如，由于企业发展中出现的全球化、顾客导向、文化变革、公司并购、多元化经营、分销渠道创新等问题，相应的人力资源问题可能是人才吸引与保留、人力资源结构优化、人才队伍建设、员工福利待遇满意度提升等。

识别关键问题是为了明确人力资源战略的重点，它是构建人力资源战略目标的基础。关键问题来自企业经营管理过程，解决关键问题能够从根本上保证人力资源战略对企业战略的支持度。

3. 选择合适的人力资源战略模式。

目前，已经有一些成熟的人力资源战略分类得到了广泛认可。例如，根据人力资源战略重点，将人力资源战略划分为吸引战略、投资战略和参与战略；而从获取人力资源的角度，又可将人力资源战略分为完全外部获取战略、混合获取战略和完全内部获取战略。通过 SWOT 分析，将人力资源管理工作面临的内外部环境因素分为优势、劣势、机会、威胁四大类，企业可以从发挥优势、避免劣势、创造机会、减少威胁的角度出发，选择一种或者多种成熟的人力资源战略，作为奠定本企业人力资源战略的基础。

4. 制订备选方案。

在选择了人力资源战略类型的基础上，根据企业具体情况，提出有企业特色的战略措施，拟定备选的人力资源战略方案。人力资源战略方案编制的核心内容包括指导思想、战略目标和战略措施。

5. 选择最终战略方案。

在对多个人力资源战略备选方案进行选择时，可以采用关键因素评价矩阵方法。如表 5 – 1 所示，可以采取赋分值的办法，以备选方案和关键影响因素的契合程度为依据，对方案进行评分。评分标准为：非常契合计 4 分，契合计 3 分，不契合计 2 分，矛盾计 1 分，并根据影响的重要程度，给每个因素赋予权重。权重与评分的乘积，即是该备选方案与这一因素的契合得分，总分最高的备选方案即是最可行的备选方案。

表 5 – 1　　　　　　　　　　为人力资源战略备选方案评分表

影响因素	权重	某方案与影响因素的契合程度				得分
		非常契合	契合	不契合	矛盾	
企业战略						
企业文化						
组织结构						
发展阶段						
经营方式						
人力资源管理现状						
合计						

通过以上程序，一个完整的人力资源战略就形成了。应该注意的是，由于企业

的实际情况受多方面因素的影响，因此，一个有效的人力资源战略要综合不同方面的因素来建立，并且并非一成不变。制定过程也应该根据企业情况灵活把握，绝不能生搬硬套。另外，人力资源战略主要是提出了企业总体的人力资源管理思想和目标，在具体工作中，还需要制定相应的人力资源规划来落实人力资源战略。

5.2　人力资源战略的结构

人力资源战略从企业使命的角度定义了人力资源管理工作的落脚点，并为完成这一使命提出目标、作出谋划。作为一种总体性谋划，人力资源战略具有一定的内在结构。关于人力资源战略的内容构成，一般观点认为，完整的人力资源战略方案包括人力资源战略指导思想、人力资源战略目标和人力资源战略措施。

5.2.1　人力资源战略指导思想

人力资源战略指导思想是指导战略制定和执行的基本思想。确定人力资源战略指导思想时应该注意以下问题：

（1）以企业发展目标为导向。人力资源战略的轴心应该是企业的发展目标，各项人力资源战略目标和规划措施都应该围绕企业发展目标进行开展。

（2）实现人力资源管理系统的整体优化。人力资源管理系统是一个由各个方面有机结合而成的复合系统，要对各个功能模块要素进行优化组合与合理配置，实现系统整体优化，协调和平衡各个局部与局部之间、局部与整体之间的相互适应关系，力求提高人力资源管理效率和效益。

（3）放眼长远，统筹未来。制定和实施企业战略都必须具有长远观点，切忌急功近利。

（4）以人为本。实现以人为中心的管理，真正体现尊重人、理解人和关心人，充分依靠和调动员工的积极性，尊重员工的首创精神。

5.2.2　人力资源战略目标

1. 人力资源战略目标的内容。

人力资源战略目标旨在通过吸引、开发和使用人才，实现企业绩效。这些目标需平衡组织和员工的发展，具体包括环境、配置和职能目标。作为公司战略的支撑，人力资源战略目标应具体且实际。这些目标适用于人力资源部门和非人力资源部门，但两者有所不同。人力资源部门的目标可能与全体管理人员的目标不同，而管理人员的目标通常需要人力资源部门的支持。

人力资源战略目标主要包括以下三个方面：首先，保证组织对人力资源的需求得到最大限度的满足，其次，最大限度地开发与管理组织内外部的人力资源，促进组织的持续发展；最后，维护与激励组织内部人力资源，使其潜能得到最大限度的发挥，使其人力资本得到应有的提升与扩充。

2. 人力资源战略目标的层次。

舒勒（R. S. Schuler）和胡博（V. L Huber）于 1993 年指出，人力资源战略目标应该包括三个层次。

（1）直接目标：吸引员工、留住员工、激励员工和培训员工。

（2）具体目标：提高员工生产率、改善工作质量、遵从法律的要求、获取竞争优势并增强员工的灵活性。

（3）最终目标：维持组织的生存、促进组织的发展和利润增长、提高组织的竞争力和适应内外部环境的灵活性。

3. 人力资源战略目标的实现期限。

在设立战略目标的同时，应设定每个项目预定完成的期限，以便进行检查、自我控制、评价和调整。战略目标分为长期战略目标与短期战术目标。前者的实现期限通常超出一个现行的会计年度，基本为 5 年以上，后者是执行目标，是为实现长期战略目标而设计的，它的时限通常在一个会计年度内；若干个战术目标共同支撑和构成战略目标。

5.2.3　人力资源战略措施

人力资源战略措施表达了如何传达和实施人力资源战略，将涉及如何通过招聘、培训、绩效评估和薪酬设计等手段去实施人力资源战略。

1. 获取与配置的战略措施。

人力资源的获取与配置作为整个人力资源战略管理的重要组成部分，有其独立的运行过程，并与企业战略目标和人力资源战略管理其他子系统互相支持、相辅相成。表 5 - 2 说明了不同的战略目标是如何影响获取与配置员工的。

表 5 - 2　　　　　　　　　　战略目标如何影响获取与配置员工

战略目标	获取与配置员工的战略措施
通过低成本的服务来扩大市场份额	（1）需要预测增长率，并且将市场份额的变化转化为需要增加的劳动力；（2）以不断地提高招聘工作的效率来保持低成本；（3）低成本战略对工资、福利成本施加了压力，所以，在寻找低成本的获取与配置人才的方法方面需要有创造性
通过提供创新的产品和保持高边际收益来提高投资回报率	招聘工作的重点要放在吸引那些在他们的领域中处于前沿的高素质人才上。这类人才大都不会找工作，所以必须主动与其接触，并采取保留优秀人才的措施
通过多样化而进入新的业务领域来回应正在衰落的行业趋势	（1）制订和实施解雇计划；（2）为新的业务领域招聘新员工，应当包括制订从衰落行业中调动人员的计划；（3）招聘行业优秀人才

根据这一过程中战略措施是保守还是进取，可以将获取与配置过程中的战略措

施分为如下两类。

（1）保守型战略措施。①以内部获取为主。内部获取是指从企业内部获得企业所需要的各种人才。内部获取通常是通过竞聘上岗的方式来完成的。竞聘上岗需要解决两个问题：一是适宜担任某一职务的人有哪些；二是谁最适合担任这一职务。②以人岗匹配度为决策依据。采用适人适岗的决策方式是保守型战略措施之一。保守的企业通常不用过于拔尖和过于创新的人才，适人适岗不仅能节省用人的成本，同时也能减少用人的风险。③对直接主管充分授权。录用决策不采用集中决策的形式，而是采用用人部门和单位的主管直接决策的方式。这样既可以避免一线主管对用人的抱怨，又便于上级领导对业绩考核毫不放松地坚持。④部分员工采用灵活的录用方式。企业经常面临生产的旺季和淡季，在这种情况下采用劳务派遣、非全日制用工、大学生实习等录用方式，有利于降低成本和风险，使企业在淡季和转变业务时裁减某些冗余员工而不会引起不必要的震荡。

（2）进取型战略措施。①以外部招聘为主。通常企业中出现以下一些情况时，需要从外部获取人才：需储备或使用稀缺人力资源、引入了新的生产线和生产工艺、急需一些专业人才、急需中层以上尤其是高级管理人员、战略转变产生空缺岗位等。②录用权集中在企业人力资源部。录用授权采用高度集中的方式，由企业人力资源部和人力资源高级主管决策，导致用人部门不能在选人过程中充分表达意见，没有最终的录用权限。③采用正式录用的方式任用新员工。进取型的战略选择属于"大手笔"的录用方式，要么不用，要么就签订正式的劳动合同，很少采用劳务派遣、非全日制用工等形式。企业用人成本高，面临风险比较大。

2. 绩效管理战略措施。

人力资源管理支撑企业战略目标的实现，从根本上讲，在于通过绩效目标分解来实现对战略的传递，同时借助战略性的绩效考核来促进个体、团队和整个企业绩效的持续改进，提升企业的核心能力和竞争优势。

建立战略导向的企业关键绩效指标（key performance indicator，KPI）体系是绩效管理战略措施中的关键，它不仅能成为企业员工行为的约束机制，还能发挥战略导向的引领作用。通过将员工的个人行为、目标与企业的战略相契合，能有效地解释与传播企业的战略。它是企业战略的实施工具，是对传统绩效考核方法的创新，这一体系尤为强调战略在绩效考核过程中的核心作用。

以 KPI 指标为核心的战略性绩效管理系统，主要包括绩效计划、绩效辅导、绩效考核、绩效反馈与结果运用四个环节，它们构成一个完整的循环，从而实现对企业战略目标的支持。

3. 薪酬管理战略措施。

企业在提出薪酬管理战略措施时，要对企业所处阶段和环境展开分析，保证战略措施适合本企业，提出的措施要具有可操作性，使它们能有效运行。例如，要建立基于绩效的薪酬机制，就要在薪酬分配制度中采取向关键岗位的关键人才倾斜，向高科技、高技能人才倾斜，对高层管理人员逐步实行年薪制等措施。薪酬管理战略措施也可以分为保守型和进取型两类，其特点及局限性见表 5 – 3。

表 5 – 3　　　　　　　　　　　　　薪酬管理战略措施分类

类型	特点	局限性
保守型战略措施	1. 薪酬政策长期稳定，员工薪资和福利待遇不变 2. 薪酬决策权集中在企业高层 3. 薪酬支付依据固定标准，主要根据岗位和工作年限来定	1. 薪资固定，无法激励员工，可能引发消极情绪，对企业不利 2. 薪酬仅按岗位定，易让优秀员工不满，导致内部矛盾
进取型战略措施	1. 提供多种可变薪酬方式，如宽带薪酬和股票期权，增加薪资变动空间 2. 分散薪酬决策权，通常由直接主管制订员工薪酬方案 3. 根据员工经验、能力和学历确定薪酬，同一岗位薪资可有差异 4. 薪酬与业绩直接挂钩，随业绩变化而调整	薪酬成本难以控制。由于薪酬弹性强，且分配权分散，企业难以将薪酬成本控制在一定范围内

4. 人力资源开发战略措施。

人力资源素质的提高是人力资源战略和企业战略实现的关键，常见的人力资源开发战略措施有如下几项：

（1）帮助员工制定并实施职业发展规划。以员工业绩和所具潜力为基础，系统地使用技术和管理培训、工作轮换、国际化派遣、职务提升等具体发展手段，为员工制定职业发展规划，赋予员工更多责任，使员工不断积累经验和提升能力、素质，尽可能地发挥其潜能。

（2）拓宽员工的职业发展通道。通过制订岗位序列计划和设计多样化晋升路线，为员工提供灵活的发展选择。传统职业路径常为单一线条，导致专业人才在多个方面不如管理人员，因此，提供多选择的职业发展路线是必要的。企业应根据岗位特点和职业发展层次，设计包括管理、技术和业务在内的多线晋升系列。每个系列都应明确晋升路径、职责及所需经验、知识和技能。员工可以选择直线晋升，沿着选定职能发展至最高级别，或选择旁线晋升和平级流动，转换到其他系列继续成长。这样的多路径设计有助于激发员工潜力，促进个人与企业的共同发展。

（3）加强创新型人才的培养。创新型人才就是具有创造性思维的人才。根据创新型人才的特点，要对他们采取各种激励、培训的手段，如实行科技成果评定奖励制度、实行优胜劣汰的聘任制度、创立人才培养基金等，营造创新型人才培养的良好氛围。

5. 员工关系战略措施。

企业可以采取一些战略措施来促进员工关系的健康，和谐发展。常见的措施包括以下几项：

（1）拓宽沟通渠道。通过畅所欲言活动、总经理信箱、企业内部论坛、工会组织等沟通渠道，管理层耐心倾听员工的声音，可以发现员工关心的事物，了解员工对企业的满意度和忠诚度。

（2）实施非解雇政策。在经济不景气或经济情势变化时，企业为了维持正常运转，通常会采取提高工作效率、降低各种成本支出等措施。在这个过程中，裁员往往成为企业优先考虑的手段之一。但研究发现，有许多企业实行另一种措施，即建立企业内部就业安全制度，以避免因大量辞退员工而造成的劳资争议，减轻对员

第 5 章

工的伤害，促使企业健康发展。在 2008 年国际金融危机中，一些大公司便采取了全面减薪不减员的措施，以保障员工内部的就业安全。

（3）提升工作生活质量。所谓工作生活质量，涉及员工在工作过程中体验到的心理和生理健康状态以及满足感。组织通常采取多种策略，如工作内容的多样化、推行民主参与的管理方式、打造优良的工作环境等，以提高员工的工作生活质量。这些措施有助于实现组织目标与员工个人目标的和谐统一。

（4）建立员工帮助计划。这一计划，亦称为员工援助计划或员工支持项目，旨在协助员工及其家庭成员应对心理健康问题、工作适应挑战、情感困扰、法律纠纷等多方面的问题。通过帮助员工克服这些障碍，企业能够营造一个和谐的工作与生活环境，进而增强员工对企业的认同感。

5.3　人力资源战略的类型

企业战略与人力资源战略之间存在着紧密的相互依存关系。一方面，企业战略的制定对人力资源战略具有决定性作用；另一方面，人力资源战略的有效实施为企业的战略目标提供了必要的支撑，并对其产生深远的影响。此外，人力资源战略与企业战略之间的关系表现为一种动态的适应与调整过程，这种过程是在两者相互作用和影响下持续不断地进行的。正是这种动态适应与调整的循环往复，确保了企业战略与人力资源战略的持续活力与适应性。

企业依据其战略定位的差异，制定相应的人力资源战略。人力资源战略是对人力资源发展布局的宏观描述，通常涵盖人力资源发展的指导原则、战略目标、战略框架、战略焦点，以及人力资源发展的实施步骤和一系列政策方针等。

迄今为止，不同学者从不同的角度对人力资源战略进行了分类归纳。其中从人力资源获取和使用角度来进行分类的观点较为普遍，下面主要介绍这一分类方式。

5.3.1　根据人力资源获取的来源渠道分类

人力资源的获取策略可根据来源渠道的不同，划分为外部获取战略、内部获取战略以及混合获取战略。

1. 外部获取战略。

企业完全依赖外部市场补充人力资源，提供有竞争力的薪酬以吸引人才，优化员工结构，降低培训成本。但成本较高，需高盈利支撑。员工关系多基于合同，可能缺乏归属感，导致高流动率和团队不稳定。要求当地劳动力市场发达，企业需强化制度管理和标准化流程。

2. 内部获取战略。

企业主要从内部选拔人员，通过福利和培训增强员工归属感，提升凝聚力和竞争力。人力资源队伍稳定，沟通顺畅，但投入较大，可能影响创新能力。适用于重视团队合作和企业文化的企业。

3. 混合获取战略。

企业结合外部招聘和内部培养，根据人员类型和需求，灵活运用不同获取方式。适合大型、多部门企业，实现人力资源管理的合理性和科学性，如内部培养中高层管理人员，外部招聘研发设计人才。

5.3.2　根据人力资源使用方式和培养方式分类

根据人力资源的使用方式和培养方式不同，可以分为低成本战略、高投入战略和混合战略。

1. 低成本战略。

采用此战略的企业以最大化企业利益为目标，致力于降低人力资源管理成本。除了对员工进行基本操作培训外，几乎不进行额外培训投入，员工考核主要基于工作结果。员工与企业的关系是基于简单的契约关系，员工对企业的认同感较低，因此人员流动率较高。这种战略适用于标准化程度高、以低成本优势为核心竞争力的企业。企业所在地的劳动力市场需相对发达，人力资源流失不会影响企业正常运营，同时企业产品更新速度不快，对创新能力要求不高。

2. 高投入战略。

这是一种在人员使用和培训方面投入较大的人力资源战略。其主要特点是通过增加对员工的投资，提升人力资本总量，进而提高企业效率，依靠员工成长推动企业发展。企业从招聘开始就大量投入人力和物力，因此人员流动率较低，员工的认同感和忠诚度较高。考核员工时，结合过程和结果进行。采用此战略的企业应以团队精神、创造力和凝聚力为核心竞争力；产品更新快、创新性高、技术领先；组织崇尚合作和分权化。

3. 混合战略。

这是一种结合上述两种战略特点的人力资源战略。通过对不同员工实施低成本战略和高投入战略，优化企业人力资源配置。企业可能对研发人才采取高投入战略，而对从事简单操作的工人实施低成本战略。这种战略通常适用于规模较大、员工数量多、职能划分明确的企业。实行这种战略对人力资源管理要求较高，否则可能导致管理混乱。

5.3.3　根据企业对人员流动的态度分类

根据企业对人员流动的不同态度，可以分为不留人战略、培养留人战略和诱导留人战略。

1. 不留人战略。

这是一种不采取措施留住人才的人力资源战略。为了最大限度降低人力资源管理成本，企业与员工之间是临时契约关系，企业对员工的投入仅限于发放行业平均水平的薪酬，培训费用极少。采用此类战略的企业应位于劳动力供给充足的地区，企业具有对员工依赖度低、机械式组织结构、生产制度严格、技术含量不高但通用性强的特点。

2. 培养留人战略。

这是一种通过提供定制化培训来吸引和留住员工的战略。通过为员工提供针对性培训和个人发展机会，提高技能水平和工作效率，留住优秀员工。采用此类战略的企业高度重视员工培训和开发，在招聘时更注重员工潜力而非仅技能。由于培训投入大，薪酬可能略低于市场平均水平。此类战略适合资金实力相对较弱、处于成长期的企业，这些企业通常具有高度创新意识、产品更新速度快的特点，迫切需要加快员工知识更新，并能提供更多的锻炼和成长机会。

3. 诱导留人战略。

这是一种通过提供高于市场平均水平的薪酬来留住优秀人才的战略，目的是保持和增强企业的核心竞争力。采用此战略的企业对员工的投入主要体现在高薪酬上，培训方面的投入较少。这种战略适用于企业内部高级管理人员和掌握关键技术的员工缺乏，技术替代性差，对关键员工依赖大，且缺乏良好企业文化和团队精神，只有依靠高薪才能留住核心人才的企业。

5.4　不同公司战略下的人力资源战略制定

人力资源战略应当与企业战略相辅相成，企业在选择人力资源战略模式时，必须考虑其与企业战略的契合度。企业战略通常涵盖三个层面：公司战略、职能战略和竞争战略。公司战略是企业战略体系的基石，它决定了企业的长期目标、发展方向以及实现这些目标的总体规划，对企业全局具有指导作用。根据企业经营状况的不同，公司战略大致可以分为稳定型、增长型和收缩型三种。

5.4.1　稳定型战略下的人力资源战略制定

1. 稳定型战略的特点。

稳定型战略通常适用于企业外部环境和内部条件相对稳定的情况。在经历了一段时间的快速增长或缩减后，企业内外部环境逐渐趋于平稳，或者当企业领导层倾向于避免风险，希望巩固之前战略的成果时，往往会采纳稳定型战略以积蓄力量。这种战略本质上是维持现状或仅做微小调整。其主要特征包括以下三点。

（1）追求既定或类似过往的经营目标。在稳定型战略的指导下，企业不会对经营目标进行大幅度的调整。例如，如果企业以往的目标是在市场竞争中保持领先地位，那么在实施稳定型战略的未来一段时间内，这一目标将被继续作为企业的经营目标。

（2）企业规模保持不变或适度增长。采用稳定型战略的企业，其规模往往会保持现状或有轻微的增长，增长速度通常较慢，增长幅度也不大。例如，稳定型增长可能表现为市场占有率保持不变，而随着市场总体容量的扩大，企业销售额会实现增长。这种情况并不属于典型的增长战略。实行稳定型战略的企业，通常在市场占有率、生产销售规模或总体利润水平上保持稳定或略有提升，以巩固和稳定现有的市场地位。

（3）创新活动相对较少。创新往往伴随着更高的成本和更大的风险，可能会给企业带来不稳定因素。通常情况下，采用稳定型战略的企业倾向于提供与过去相似或基本相同的产品或服务，因此在产品创新方面投入较少。

稳定型战略适用于那些经营状况良好，但暂时缺乏进一步发展机会，同时其他企业进入该行业门槛较高的企业。

2. 稳定型战略下的人力资源战略。

在稳定型战略指导下的企业，组织结构通常保持不变，人力资源战略也相对稳定，其目标是确保企业人力资源活动的平稳运行，避免大规模裁员或招聘。企业可以根据组织结构、生产特点、资金实力等因素来选择适合的人力资源战略。此时，人力资源战略的重点主要包括以下两点。

（1）保留核心员工。由于企业处于维持现状的状态，从环境中发现的成长机会有限，企业能为员工提供的发展机会也相对有限。这些因素可能导致部分员工离职。因此，在企业采取稳定型战略时，人力资源战略的重点应放在保留核心员工、维持人员稳定上。例如，如果公司的生产活动对员工的依赖性较低，可以选择不特别强调留人；而如果企业资金实力雄厚且行业竞争激烈，则可以考虑采取激励留人的策略。

（2）重视员工职业生涯发展和精神激励。在稳定型战略的指导下，企业很少会建立新的分支机构，因此新职位的产生也较为有限，这对中层职位的年轻员工来说可能构成限制。在这种情况下，人力资源部门应更加关注员工职业生涯的发展。除了薪酬和福利之外，还应通过精神激励来激发员工的积极性。

5.4.2　增长型战略下的人力资源战略制定

1. 增长型战略的特点。

增长型人力资源发展战略通常是在有利的外部环境下或面临人力资源发展良好机遇时所采用的战略。采用这种战略的目的就是要最大限度地利用良好的外部环境和机遇，使企业的整体经营战略目标能够顺利实现。增长型战略具有以下特征。

（1）市场增长较快。市场占有率的增长可以说是衡量增长的一个重要指标，增长型战略的体现不仅应当有绝对市场份额的增加，更应有在市场总容量增长的基础上增加相对份额。

（2）利润水平超过社会平均利润率。由于发展速度较快，这些企业更容易获得较好的规模经济效益，从而降低生产成本并获得超额的利润率。

（3）倾向于采用非价格的手段同竞争对手抗衡。由于采用了增长型战略的企业不仅在开发市场上下功夫，而且在新产品开发、管理模式上都力求具有竞争优势，因而其秉承的竞争优势并不会是损伤自己的价格战，一般来说总是以相对更为创新的产品和劳务，以及管理上的高效率作为竞争手段。

（4）鼓励企业创新。这些企业的发展通常立足于创新。例如，通过开发新产品、新市场、新工艺和旧产品的新用途来把握更多的发展机会，谋求更大的风险回报。

（5）主动引导外部环境改变。与简单地适应外部条件不同，采用增长型战略的企业倾向于主动创造以前本身并不存在的事物或需求，来改变外部环境并使之适合自身。这种去引导或创造合适的环境是由其发展的特性决定的。

2. 增长型战略下的人力资源战略。

企业在采用增长型战略之后，制定人力资源战略的重点主要有以下三点。

（1）人力资源的补充工作。在采用此战略的企业的人力资源管理工作中，招聘是重要的一环，企业需要根据扩张后的企业生产、结构、资金压力等各方面的因素选择人力资源战略。例如，企业扩张后生产规模扩大，生产自动化程度更高，对员工的依赖性进一步降低，而如果企业所需员工的劳动力市场状况良好，企业就可随时找到合适的员工，这时企业可以考虑选择完全从外部获取的战略。

（2）并购或接管企业的人力资源整合问题。企业采取增长型战略涉及扩大自身组织、兼并或接管一些其他企业的问题，组织的调整决定人力资源战略的整合。如果扩张后的企业组织庞大，人力资源战略制定要考虑多个接管企业的实际情况，整合不同的公司文化，制定规范统一的人力资源管理制度，包括技能培训、薪酬结构调整以及岗位和组织架构调整等。

（3）提高员工技能。组织规模的扩张要求企业必须不断地招聘和调动员工，并且不断提升员工技能，因此，为员工提供相应的有效培训尤为重要。

5.4.3　收缩型战略下的人力资源战略制定

1. 收缩型战略的特点。

当外部环境因素构成对企业人力资源系统发展的主要威胁时，企业的人力资源发展战略应转向采取收缩型的防御策略。通过实施收缩战略，调整人力资源系统以更有效地适应环境变化，从而摆脱不利局面，并为企业的当前生存和未来成长奠定基础。

企业采取收缩型战略的动因可能包括：先前执行的战略未能成功，且缺乏立即转向新扩张战略所需的资金和资源；市场占有率和利润的下降，同时缺乏扭转局面的力量；外部环境中存在显著威胁，如经济衰退或市场需求不足，而企业内部条件不足以应对这些挑战；所在行业前景黯淡，而其他行业展现出更多机遇，企业准备通过紧缩战略，为进入新行业做好准备。

这种战略适用于内外部环境均极为不利的情况，企业通过收缩来避免更大的损失。收缩型战略是一种策略性的退却，旨在为未来的进步积蓄力量。其主要特征包括以下三点。

（1）企业规模缩减。对现有产品和市场领域实施收缩、调整和撤退策略，例如，放弃某些市场和产品线。因此，从企业规模来看，是在缩小，同时，一些效益指标如利润率和市场占有率等也会出现明显下降。

（2）费用控制严格。对企业资源的使用实施更为严格的控制，尽量减少各项费用支出，通常只投入最低限度的经营资源。因此，收缩型战略的实施往往伴随着大规模裁员，以及暂停购买奢侈品和大额资产。

（3）明显的短期性。收缩型战略的核心目的并非长期节约开支或停止发展，而是为了未来的成长储备能量。

采用此战略的企业，需要重新审视和构建组织结构及管理流程，以实现降低运营成本的目标。

2. 收缩型战略下的人力资源战略。

鉴于组织目前正处于重大调整阶段，人力资源战略亦需作出相应的调整。在这一战略框架下，企业的招聘活动有所减少，培训机会变得有限，即便提供培训，也多为基本的内部培训。绩效评估主要集中在财务指标上，薪酬水平通常会经历一定程度的下调。在这种背景下，人力资源战略的核心焦点包括以下几点。

（1）裁减多余员工。在收缩型战略的指导下，企业可能会退出某些业务领域或地区，因此裁减员工可能成为人力资源战略的关键部分。企业应根据业务调整，对现有人力资源进行结构性重组，消除扩张和快速发展时期形成的不合理配置，逐步分流多余的员工，以实现人员总量的平衡。裁减员工的过程涉及制订裁员计划、选择裁员方式以及处理安置问题。在制订裁员计划时，企业需明确未来战略方向，以此为标准评估所需人才，保留符合未来战略需求的人才，同时淘汰那些不符合需求的员工。

（2）管理剩余员工。对于未被裁减的员工，管理工作的重点在于提升他们的安全感和士气。企业必须制定一套"幸存者"管理策略。作为精简后的幸存者，员工可能会因目睹同事和朋友被裁员、工作内容的变化以及对自身职位的担忧而感到意志消沉，忠诚度下降，这直接影响到他们的工作绩效。因此，对这些员工的管理成为人力资源管理的另一个重点。人力资源部门需要投入大量时间与这些"幸存者"沟通，解释公司的现状和裁员的原因。

（3）增强培训的针对性和效果。在人才储备和培养方面，应从专门培养转向岗位培养，从内部储备转向外部储备，减少或停止与非岗位相关的培训和训练，包括学历教育。缩减培训规模，以内部培训和业务技能培训为主。

（4）控制人工成本总额。通过战略调整优化薪酬结构，提高人均产出，停止定期加薪和额外奖励，控制计划外福利开支。总体而言，要严格控制人工成本总额。

综合以上分析，将与公司战略相匹配的人力资源战略重点归纳为表 5-4 所示。

表 5-4　　　　　　　　　　不同公司战略下的人力资源战略重点

公司战略类型	公司战略特点	人力资源战略重点
稳定型战略	企业追求既定的或与过去相似的经营目标，企业规模保持现状或略有增长，企业创新较少	保留核心员工，重视员工的职业生涯发展和精神激励
增长型战略	市场增长迅速，利润率高于社会平均水平，企业倾向于运用非价格竞争策略与对手抗衡。其发展策略以创新为核心，积极引导环境变革	人力资源的补充，以及在并购或接管企业过程中的人力资源整合问题，旨在提升员工技能

公司战略类型	公司战略特点	人力资源战略重点
收缩型战略	企业规模缩小，控制费用，具有明显的短期性	对员工进行妥善解雇，同时加强剩余员工的管理；提升培训的针对性与效率；优化薪酬体系；严格控制总体人工成本

值得注意的是，企业战略与人力资源战略之间的匹配关系并非一成不变，而是具有相对性。因此，研究企业战略与人力资源战略之间的匹配关系是一个持续演进的过程。企业战略充当指导方针的角色，而人力资源战略则确保其实施，它源自企业战略并受其指导。在实际的人力资源管理实践中，人力资源战略往往未能成为塑造企业战略的主要力量。当前，人力资源战略面临的挑战在于确保所有人力资源活动都紧密贴合企业的战略需求，形成一个协同的系统，并与企业战略保持一致。

本章习题

第 5 章

一、简答题

1. 什么是人力资源战略，其本质特征是什么？
2. 制定人力资源战略的意义是什么？
3. 人力资源战略制定的过程是什么？
4. 人力资源战略目标的内容是什么？
5. 人力资源战略措施有哪些？
6. 人力资源战略模式的含义是什么？
7. 人力资源战略的类型有哪些？
8. 稳定型战略下人力资源战略的重点是什么？
9. 增长型战略下人力资源战略的重点是什么？
10. 收缩型战略下人力资源战略的重点是什么？

二、案例分析

N 科技公司的人力资源战略选择

N 科技公司是一家专注于人工智能软件开发的高新技术企业，成立于 2015 年。公司总部位于国内一线城市，在全国多个城市设有研发中心和分支机构。N 科技公司凭借其在人工智能算法、机器学习等领域的技术优势，迅速在市场中占据了一席之地。目前，公司拥有员工约 1500 人，其中技术研发人员占比超过 70%。随着人工智能技术的快速发展和市场应用的不断拓展，N 科技公司制定了明确的战略目标：在未来五年内，将公司打造成为国内领先、国际知名的人工智能软件解决方案提供商。

为了支持公司战略目标的实现，N 科技公司的人力资源部门制定了一系列人力资源战略措施，具体如下。

1. 招聘策略。

高端人才引进：针对人工智能领域的高端人才稀缺问题，公司制订了"高端人才引进计划"。通过与国内外知名高校、科研机构建立合作关系，定期举办学术交流活动，吸引顶尖人才加入公司。同时，公司还设立了"首席科学家"岗位，为高端人才提供具有竞争力的薪酬待遇和广阔的职业发展空间。

内部推荐激励：鼓励员工推荐优秀人才加入公司，对于成功推荐人才的员工给予丰厚的奖励，如现金奖励、晋升机会等。这一措施不仅拓宽了招聘渠道，还提高了员工的参与度和忠诚度。

2. 培训与发展。

内部培训体系升级：建立了一套完善的内部培训体系，涵盖技术培训、管理培训、职业素养培训等多个方面。针对不同层级和技术方向的员工，定制个性化的培训课程。例如，对于初级研发人员，重点培训编程语言、算法基础等知识；对于中级研发人员，开展人工智能前沿技术、项目管理等方面的培训；对于高级研发人员和管理人员，定期邀请行业专家进行专题讲座，分享行业最新动态和管理经验。

职业发展通道优化：明确了员工的职业发展通道，建立了"双通道"晋升机制，即技术通道和管理通道。员工可以根据自己的兴趣和特长选择职业发展路径，技术通道最高可晋升至"首席科学家"，管理通道最高可晋升至"公司高管"。

3. 绩效管理。

绩效指标多元化：重新设计了绩效考核指标体系，除了传统的项目完成进度、代码质量等技术指标外，还增加了创新能力、团队协作、客户满意度等指标。对于研发人员，重点考核其在技术研发中的创新成果和对项目的贡献；对于市场人员，考核其市场开拓能力、客户关系维护能力等。

绩效结果应用：将绩效考核结果与员工的薪酬、晋升、培训机会等全面挂钩。绩效优秀的员工可以获得更高的薪酬涨幅、优先晋升机会和更多的培训资源；绩效不佳的员工将面临降薪、降职甚至淘汰的风险，充分体现了绩效管理的激励和约束作用。

4. 薪酬福利。

薪酬结构调整：调整了薪酬结构，提高了绩效奖金在薪酬中的占比，拉开员工之间的薪酬差距，激励员工努力工作。同时，根据市场行情和公司战略目标，对关键岗位和技术骨干给予具有竞争力的薪酬待遇，确保公司能够吸引和留住优秀人才。

福利体系优化：除了国家规定的"五险一金"外，公司还增加了多项福利项目，如补充商业保险、员工健康体检、带薪年假、员工旅游、节日福利等。此外，公司还设立了"员工关怀基金"，用于帮助员工解决生活中的困难，提高员工的满意度和忠诚度。

　　长期激励机制：为了激励员工与公司共同成长，公司设立了股权激励计划，将部分股权分配给核心员工和技术骨干。员工在公司工作满一定年限后，可以按照约定的价格购买公司股权，分享公司发展的成果，增强了员工的归属感和责任感。

　　思考：

　　1. 请结合案例分析 N 科技公司所采用的人力资源战略类型，简要分析此种战略的优点和可能存在的问题。

　　2. 在实施人力资源战略过程中，N 科技公司可能会面临哪些挑战？如何应对这些挑战以确保人力资源战略的成功实施？

第 5 章

| 第6章 | 人力资源规划编制

引导案例

詹姆斯在泰克诺（Techno）公司担任人力资源经理已有三年。随着公司不断壮大，他从基层管理岗位晋升到人力资源管理岗位。泰克诺是一家专为音乐行业提供技术和软件咨询的公司。

由于缺乏有效管理人力资源部门的经验，詹姆斯一直在摸索中前行。当泰克诺快速扩展业务时，他在一个月内招募了30名员工，以满足公司的需求。对于自己完成任务，詹姆斯感到非常自豪。他花费大量时间设计招聘策略和薪酬计划，将简历筛选仅作为招聘流程的一小部分。不久，公司便拥有了执行项目所需的人力资源。

然而，五个月后，情况发生了变化。詹姆斯在与高管会面时得知，公司先前的订单已完成，近期没有新的订单。公司面临资金短缺的问题，必须裁员，否则下个月将无法支付员工工资。詹姆斯对此感到非常沮丧，尤其是想到他费力招聘的员工现在不得不被解雇，更不用说招聘和培训的成本。高层和詹姆斯一起制定了裁员名单，其中包括那些为加入泰克诺而放弃其他工作机会的人。这让詹姆斯倍感难过。

事后，詹姆斯反思了这次经历。他意识到，如果早些与高管沟通，了解项目期限，他可能会采取不同的招聘策略，例如，根据项目期限雇用临时工而不是全职员工。他还考虑到公司本可以通过人力资源外包来解决长期员工的招聘问题。当詹姆斯深入思考后，他认识到需要一个战略计划来确保人力资源部门能够满足公司的需求。他决定与高管紧密合作，了解公司战略计划，并制定人力资源规划，以确保泰克诺公司未来拥有适当数量的具有合适技能的员工，满足业务需求。

资料来源：Dias，L. P. "Developing and Implementing Strategic HRM Plan"，*Beginning Management of Human Resource*，V.10 （https：//2012books. lardbucket. org/pdfs/beginning-management-of-human-resources/s06-developing-and-implementing-st. pdf）。

学习目标

1. 熟悉人力资源规划的编制步骤

2. 掌握招聘与配置的人力资源规划

3. 全面分析企业的人力资源培训计划

4. 从绩效和薪酬两方面制定人力资源激励策略

5. 了解人力资源职业生涯规划

本章将重点探讨如何区分人力资源规划与人事规划，深入理解人力资源供需分析的流程与方法，以及对比分析消除劳动力过剩和避免劳动力短缺的各种方法及其优缺点。本章我们将详细讲解人力资源规划编制的各个方面。

6.1　人力资源招聘规划

工作人员招聘对本组织具有重要意义。世界上许多著名企业都把招聘优秀人才放在实现战略目标的首位。能否吸引优秀人才，直接关系到组织的生存和发展。招聘需要人力资源部门保证企业及时获得业务、管理和发展所需的人员。它是现代管理过程中一项经常的、具体的、重要的工作，是人力资源管理活动的基础和关键环节之一，是员工关系管理、员工培训与发展、绩效与薪酬管理的前提。

依据员工招聘流程（见表 6 - 1），通过工作分析确定人力资源需求是招聘工作的第一步，其中涉及两个方面：要不要招聘，要招聘什么样人。

表 6 - 1　　　　　　　　　　　　员工招聘流程

流程步骤	步骤内容
第 1 步	工作分析（job analysis）
第 2 步	招聘计划（recruitment plan）
第 3 步	计划审批（plan approval）
第 4 步	发布招聘信息（post recruitment information）
第 5 步	应聘者申请（candidate application）
第 6 步	预审、发面试通知（pre-screening, interview notification）
第 7 步	面试（interview）
第 8 步	体检、背调（medical check, background check）
第 9 步	评价（evaluation）
第 10 步	甄选（selection）
第 11 步	入职（onboarding）
第 12 步	试用（probation）
第 13 步	转正考评（probation assessment）
第 14 步	考核评估（performance evaluation）
第 15 步	正式录用（formal employment）

6.1.1　组织人力资源需求和供给

在人力资源规划中，人力资源需求预测意味着估算未来组织在员工数量和能力方面的具体需求，这一步骤以公司的发展规划和年度预算为基础，是规划的核心要素。人力资源的供给预测则是在确定目标后，对未来能够从内部和外部获取的人力资源进行详细分析和预估。

人力资源的供需平衡是企业人力资源规划的最终目标。因此，在人力资源需求和人力资源预测完成后，需要对人力资源需求和人力资源供给进行比较，一般有以下结果：

（1）供需平衡：人力资源需求和供给在数量、质量以及结构方面都是基本相等的。

（2）供大于求：人力资源需求小于人力资源供给。

（3）供不应求：人力资源需求大于人力资源供给。

（4）结构失衡：供给和需求在整体上平衡，但在结构上不匹配。

针对不同的人力资源供求关系，我们在企业管理实践中可采取与之对应的不同措施和管理手段，具体情况举例如表 6 - 2 所示。

表 6 - 2　　　　　　　　　　　　　人力资源供求关系汇总

人力资源供求关系	采取措施
供求平衡	
供大于求	辞退员工或者不与员工续签合同 鼓励员工提前退休 转岗培训 减少工作时间 由两名或两名以上的员工去分担一份工作
供不应求	开展培训，提升技能 岗位调动 延长工作时间 以提高生产率作为依据进行工作设计 雇用临时工或者雇用劳务派遣员工 更新改良技术 对外招聘
供求平衡，结构失衡	重新配置人员 开展有针对性的培训，如转岗技能培训 人员置换

预测企业外部人力资源供给的方法主要是预测企业未来可能提供的人力资源供给的数量和结构，从而确定企业未来能够获得的人力资源供给。外部供给根据过去的经验，研究潜在员工的数量和能力等因素，预测未来企业外部人力资源供给和利

用情况，可以通过企业外部人力资源供给预测模型来进行，如表 6 - 3 所示。

表 6 - 3　　　　　　　　　企业外部人力资源供给预测模型

预测行为	包含内容
分析	人口体制政策
了解	毕业生数量、当前待业数量、流动人口数量等
调查	就业政策、户籍政策、用人政策、当前就业心理等
预测	外部可利用的人力资源

企业内部人力资源供给预测则更加关注技能需求与当前人力资源现状。这里我们主要介绍两种常见方法。

一是技能清单法。技能清单应列出雇员从事职业劳动的相关能力特征，其中包括所接受过的培训课程、工作经验、持有的职业/执业资格证书、参加过的考试、拥有的技能、是否有意愿进行岗位轮换等。技能清单罗列的关键能力是员工竞争力的反映，以帮助管理者按照员工的能力预测其从事新工作的可能性，以及潜在的人力资源供给。

二是现状核查法。通过对企业各工作岗位进行分类并划分级别，再确定各岗位和工作级别中有多少名员工，为人力资源决策提供科学的依据。主要适用于小微企业。

6.1.2　确定用工需求

在确定招聘需求之前，招聘经理需要深入了解需求背后的原因。用工需求通常由四个主要因素引发。首先，当现有工作量增加且人员已满负荷时，必须新增人员来应对额外的任务。其次，随着行业、企业的发展及市场环境的变化，工作难度和专业化程度提高，进而产生新的岗位需求。再次，企业功能的扩展往往伴随着新职位的设立，这是招聘需求的重要来源。最后，员工的离职也是触发招聘的直接因素，无论是因为合同期满不再续签，还是企业快速发展导致岗位不适应，或者员工出于个人发展考虑跳槽，这些都会产生新的招聘需求。

确认招聘需求时，需要明确需求的数量、工作内容与基本资格、预期的就业时间以及其他特殊要求。这些确认工作是基于人力资源规划和工作分析的结果进行的。招聘经理不仅要处理用人部门提交的人员需求申请，还需协助用人部门识别和重新定义实际需求。同时，还要严格控制人员编制，以防止不必要的人力成本增加。

当用人部门提出招聘需求后，人力资源部门在招聘前应进行招聘需求的审核和确认，一般会从以下几个方面进行。

（1）根据公司岗位编制标准，对用人部门提出的招聘要求进行筛选核实。并不是说用人部门要招多少人就招多少人。一般来说，用人部门只能在公司岗位编制标准的基础上进行人员招聘申请。

（2）人力资源部需要审核用人部门在内部人员调配、安排上是否合理，是否做到了使人力资源效能最大化。

（3）部门的工作可否优化组合或适宜进行跨部门间的调整和合并。

6.1.3　编制人力资源招聘规划

招聘计划由人力资源部门根据用人部门的招聘申请，并结合企业的人力资源规划和岗位说明书，制订出的一项具体实施方案。该计划详细规定了在一定时期内需要招聘的岗位、人员数量及素质要求等关键因素。

年度招聘计划通常与公司的年度发展计划保持一致。以连锁品牌企业为例，公司在制订年度工作计划时，会确定今年计划开多少家店、开在哪里、预计增加多少个岗位、有多少员工。人力资源部根据公司年度工作计划，结合给定时间内员工可能的流动性预测，制订公司相应的年度招聘计划。年招聘计划的制订一般要经历以下几个步骤。

第一步：根据公司年度运营目标和发展规划进行人力资源需求分析。

第二步：与相关部门进行沟通，确定岗位定编计划，进而确定人员需求计划。

第三步：分析公司现有人员数量和结构，评估内部人员的能力及资格，确认公司内部岗位调换计划。

第四步：结合公司年度人员离职计划和部门招聘申请，确定招聘需求清单，包括人员数量、任职资格等。

第五步：确定招聘时间和招聘渠道。

第六步：制订招聘计划和费用预算。

6.1.4　人力资源预算

人力资源招聘规划不可或缺的一部分就是人力资源预算。人力资源预算主要依据企业年度经营计划，即保证企业完成年度经营计划所需人力资源而必须投入的资金预算。相对成熟的企业往往更重视内部控制，财务预算是实现内部控制的重要手段。企业会在每年年初制订年度计划。有了年度计划的明确，就可以编制年度财务预算，人力资源预算是财务预算的一部分。一般来说，财务预算由财务部门牵头或主持，人力资源预算由人力资源部编制，提交财务部门汇总。严格来说，当只有人力资源预算而没有财务预算时，就会出现预算合理性差、严谨性低、可操作性差等问题。

具体来说，人力资源预算应如何编制呢？

首先，计算过去人力资源成本的增幅，汇总过去三年的人力成本，包括招聘费用、培训费用、人员工资、福利费、活动费用、其他费用。

其次，进行成本分析。以表格的形式列出所有费用，对比连续三年的数据进行趋势分析。列出公司连续三年的销售增长和利润变化数据，并用图表展示，分析与人力相关的投入产出比。

同时，需要进行公司战略规划分析。结合公司战略规划、年度经营计划和年度战略计划分解，制订年度人力资源计划。在成本和公司战略分析的基础上，合理分配预算。分配的时候要综合考虑公司的战略规划和财务支付能力，而不是简单地把各个部门的预算加起来。

预算分配后，需要进行计算。预先设定各种可能的情况，相应改变关键预算数字，得到不同的分析结果，供高层决策。最后，提交预算报告。向上级领导提交人力资源预算报告，批准后按预算执行。

值得注意的是，人力资源人工成本预算要关注环境变化，及时动态调整预算。编制人工成本预算，首先要了解大环境，只有在适应大环境的前提下，才能做好人工成本预算。此外，还要注意计算人工成本预算在企业总预算中的比例，保证企业的支付能力和合理的投入产出比数据。人工成本在企业营业成本和总成本中的比例是否合理，没有固定公式，这取决于每个企业的性质和管理理念，但企业可以结合同行业和自身的历史财务数据，预算一个合理的参考值。

6.2　人力资源配置规划

企业竞争优势的维持源于员工能力的发挥。人才评价可以帮助企业和员工了解个人能力，为员工培训提供科学依据。可以通过岗位匹配激励员工，帮助企业建立员工信息数据库，为合理配置人才提供依据，充分发挥人才的知识和能力。人才的合理配置将有利于企业战略目标的实现，充分掌握人力资源的现状，筛选、培养、开发和储备企业发展所需的人才，从而将企业人力资源的配置与企业战略紧密联系起来，为企业人才的培养和开发提供依据和支持，促进企业战略目标的实现。

6.2.1　人才评价

人才评价是企业科学选拔和了解人才的重要方法，通过结合定量与定性的方法，对人员与岗位适配性进行系统的测量与评价。具体来说，人才评价就是根据人力资源管理领域的科学测量和评价原理，针对特定的人力资源管理目的，如招聘、安置、考核、晋升、培训等，对人员的素质进行多方面的系统测量和评价，为人力资源管理和开发提供可靠的参考依据。一般来说，要评价的素质包括身体素质和心理素质。其中，身体素质主要指身体健康和体力，心理素质主要指智力和能力素质、道德素质、认知水平和其他人格素质，如兴趣、动机、气质、性格等。

6.2.1.1　人才评价的功能与流程

人才评价具有多种功能，可以归纳为以下三个方面。

首先，筛选与评估：筛选与评估是人才评价的核心功能，旨在识别和评估人才的素质与水平。筛选用于衡量个体间的素质差异，评估则是判断被测者是否符合规定的资质和标准。

第 6 章

其次，诊断与反馈：通过评价，诊断出被测者在素质构成与发展中的问题，并通过反馈提供改善的建议。反馈不仅帮助分析问题及其根源，还提供优化发展计划，助力个体克服缺点，发挥优势，实现全面发展。

最后，预测与激励：评价的预测功能是通过对当前状况的分析，推测人才素质的未来发展趋势。激励功能则通过诊断和反馈，鼓励个体增强进取心，推动其通过学习和工作提升自身能力。从具体操作层面来看，人才评价从分析评价目的开始，根据评价目的确定测评指标、评价方法和具体评价题目，设计实施具体方案，适时对结果进行统计分析和反馈，周而复始。这个过程可以用图形表示，如图 6 - 1 所示。

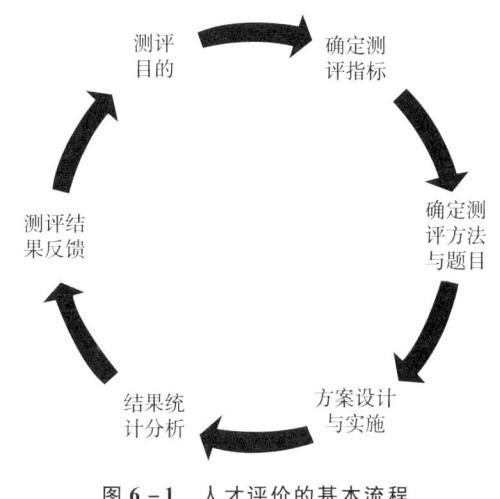

图 6 - 1　人才评价的基本流程

6.2.1.2　人才评价指标

人才评价指标是指对考生特征状态的描述。单个评价指标是评价指标体系中最小的单元，反映了被评价者在某一方面的特征；这些既相互联系又相互独立的评价指标组成了评价指标体系，可以多角度、全方位地对被评价者进行评价。评价指标体系由评价指标要素和评价标准组成。因此，评价指标体系的构建包括指标要素的确定、评价标准的制定和量化。

评价要素。评估要素是指评估内容的详细项目，决定了评估的内容是什么。建立评价指标的第一步是根据对评价对象的分析结果拟定一些评价内容和要素。分析评价对象是设计指标内容的基础。虽然设计指标的方法很多，但都要建立在对评价对象不同程度的了解和分析的基础上，否则设计出来的指标很可能是不现实的。

评价标志。评价分是每个评价要素的关键评价标准，要求有区分性、易操作。通常情况下，一个评价要素要用多个评价标志来说明。评价标志有多种形式。从其内涵来看，有客观、主观、半客观三种。

专栏 6-1

人才评价时，是"德"更重要，还是"才"更重要？

企业发展离不开用人，而用人又分别有德才双重考量。那么，到底是德还是才更重要呢？我们可以从以下三个方面来思考。

首先，要看企业的行业特性。不同行业的企业的德才要求不同。例如，在一些高科技领域，企业更加重视员工的专业能力和技能水平，这就需要企业挖掘和招募那些有才华的人才。但在一些具有人情味的行业，企业则注重员工的职业道德和人格品质，这时企业用人的优先考虑因素就是员工的"德"。

其次，要看企业的发展阶段。如果企业处在刚起步阶段或正在成长期，那么企业对人才的需求就是比较广泛的，需要有足够多的技术支持和管理经验。这就需要企业招募那些具备才华的人才。而一旦企业进入了成熟期，企业注重的就是员工的稳定性和忠诚度，因此，在此时选择那些拥有高素质的人才定比选择那些技能高而忠诚度不高的人才更为适宜。

最后，要看企业文化的价值观。企业的成功与失败不仅在于业务的推动，更在于企业的领导者的企业文化理念，如"以人为本""团队合作"等。如果企业的文化价值观是以注重人性化管理为前提，那么企业就应该更着重于员工的"德"，因为优秀的"德"素质更能符合这个方向。

总的来说，在企业用人方面，德才并重是企业的一种长期发展战略。企业既需要拥有有才能的员工，也需要拥有各种高道德素质的员工。因此，企业应该在招聘时对德才进行双重考量，以确保企业的长期健康发展。

评价尺度。评价尺度是用于描述和衡量评价要素或其标志在不同程度和状态上的差异与水平的标准和顺序。这种程度差异或状态水平的尺度表示可以是数量的，也可以是语言的；它可以是精确的，也可以是模糊的。常用的评价尺度形式有等级制和量化。等级量表（hierarchical scale）是用一些层次分明、程度不同的文字、字母或数字揭示评价标志特征的量表形式。量化尺度是指以分数直接揭示评价标志横向变化的尺度。

评价指标的设计是进行有效评价的关键步骤。那么评价指标应如何设计确定，有哪些评价指标设计方法呢？

1. 素质图示法。

通过图表描述某类人员的素质特征，并据此确定评价指标。通常，这些指标会根据重要性进行分类，并按"少而精"的原则进行筛选。例如，三等级的指标可以分为"必不可少""非常必要"和"必要"；若分为五个等级，则可设置为"必不可少""非常必要""必要""需要程度低"和"几乎不需要"。

2. 问卷调查法。

此方法通过书面问卷的形式，将项目和问题分发给相关人员填写，收集他们的意见。一般流程包括：根据评价目的和对象设计问卷；定义每个评价指标；进行统计分析；最终确定评价指标。

3. 个案研究法。

通过分析代表性人物或事件的质量特征，来建立评价指标体系。研究方法包括对典型人物作品的观察分析，或对代表性资料的归纳总结，最终提炼出相应的评价指标。

4. 面谈法。

通过与各类相关人员（如主管、人力资源负责人、被评估者及其同事）的访谈，收集信息以确定评价要素。面谈可以采用个别面试或小组讨论的形式。

5. 经验总结法。

基于企业的用人政策、具体情况及评价部门积累的经验，或借鉴权威的评价标准及同行业的做法，结合实际需要来设计评价指标。

6.2.1.3　评价标准体系

在人才评价工作中，评价标准是评价被评价者质量和数量的标准和尺度。评价标准体系起着标尺的作用，把被测者的素质特征投射到评价标准体系中。可以了解被评估者相对于整体的相对水平和内在价值。目前常用的评价标准有两种：一种是综合等级标准，另一种是分类提问标准。

专栏 6-2

作为人力资源从业者，设计评价指标时需遵守哪些原则？

（1）针对性原则。选择评价指标时应根据实际情况确定，根据不同的评价目的、评价对象，设计不同的指标，力求充分体现出所要评价对象的特点。

（2）精炼明确的原则。每个评价指标都要有明确的定义、内容或解释，明确评价指标的内涵和外延。同时，评价指标要少而精，指标的表达要规范化、标准化。

（3）科学性原则。评价指标体系以心理学、管理学、领导科学、人才学等科学原理为依据，以科学的设计方法为手段，结合我国人才评价经验确定。

（4）体现方针的原则。评价指标体系应体现人事法律法规及政策，体现企业的方针、目标、企业战略和规划。

综合等级标准通过对评价要素的内涵和外延进行综合分析，将其按特征分类并赋予相应的数值。在实际评价中，评价者根据这些标准来确定被评价者在某一要素上的相对位置，并进行评判。在编制综合等级标准时，首先需要明确每个要素的具体特征，然后将这些特征分配到相应的等级，确保每个等级中的特征有明确的描述。

分类提问标准则是通过将评价要素的特征独立列出，并以问题的形式分别提问。每个问题都应根据特征的具体行为进行设计，并提供多种答案选择。在编写分解问题时，首先要定义每个要素的行为特征，然后选择精准的描述作为问题的基础，确保问题内容具体、贴近实际，并隐含需要评价的要素。问题确定后，根据这些问题编制相应的评价标准。

如何构建评价指标体系？首先要明确评价的对象和目的，这是建立评价指标体系的第一步。不同的评价目的有不同的评价指标体系：对于不同的评价对象，应有不同的指标体系来反映评价对象的质量特征。只有目的明确，才能建立好的评价指标体系。其次要确定评价项目和评价指标。根据岗位要求，依据岗位说明书，采用质量图和经验总结的方式设计评价项目和评价指标。要规范评价内容，必须给每个指标一个明确的内涵和外延。在此基础上，定义了评价标准体系结构。确定评价指标后，应确定评价体系，确保评价体系简单明了，符合评价要求。

系统结构明确后，还需要进一步筛选和表达评价指标。一个好的评价标准体系，评价指标要少而精，每个评价指标都要经过仔细分析，确保每个指标都有存在的价值，能够反映评价对象的行为和表现，具有可操作性和可行性。

匹配评价指标是评价标准的提高。评价标准必须具体、合理，以确保每个标准都具有可比性。标准既不能太高也不能太低，评价标准要先进合理，反映时代要求，体现企业经营目标。同时，确定评价指标的权重。权衡各层次、各指标在整个评价标准体系中的地位和作用，并赋予其适当的权重。

在企业人力资源管理实践中，最重要的一个环节就是不断反馈和完善评价指标体系。诸多未知因素的干扰，使得评价指标体系存在诸多不尽如人意的地方，需要在实践中不断分析、检验和完善，使之成为一个客观、准确、可行的评价指标体系。

6.2.1.4 人才评价的主要方法

人才评价方法众多，如履历分析、面谈法、心理测试、知识考试和评价中心法等。每种方法都有其优缺点和适用范围，在实际运用中应综合考虑。

1. 履历分析。

通过对被评价者的个人履历和相关材料进行分析，可以了解其成长经历、工作业绩以及职业兴趣等信息。这种分析方法可以帮助确定被评价者是否符合工作的基本资格要求，并识别其是否具备或缺乏相关的职业属性和能力。此外，还可以发现可能存在的潜在问题。尽管履历分析是一种经济且简便的方法，但其对求职者未来表现的预测效度较低，因为材料通常对求职者有较为正面的评价，因此难以区分求职者的实际能力。不过，履历分析仍然是选拔评价中常见且不可或缺的基础性工作。

2. 面谈法。

面试是一种灵活多样且信息收集量大的人才评价方法。通过评价者与被评价者在特定情境下的面对面交流，面谈法能够深入了解被评价者的素质、能力特征和动机，是一种技巧性强且简单易行的评价手段。

3. 心理测试。

心理测试是通过分析被评价者在特定环境中的行为，运用科学方法推断和定量评估其心理特征的手段。这种测试可以揭示被评价者的能力特征，预测其发展潜力，并测量其人格特质和职业兴趣。心理测试在人才评价中广泛应用，通常包括多种评价量表。根据不同的评价目的，心理测试可分为智力测试、人格测试、性向测试和心理健康测试。

（1）智力测试用于衡量一个人的智力水平，评价内容不仅限于单一特质，而是涵盖了记忆力、词汇能力、口头表达能力及数学能力等多方面的能力。常见的智力测试工具包括韦克斯勒智力测验和瑞文推理测验。

专栏 6-3

韦克斯勒智力测验（韦氏智力测试）题目举例

1. 解码。

1	2	3	4	5	6	7	8	9
⊗	∷	⊎	△	◿	↖	∩	■	÷

武功秘籍 537916 824

2. 理解。
· 如何理解"不听老人言，吃亏在眼前"？
3. 背数。
· 顺背 3 - 2 - 9 - 7 - 5 - 4 - 1 - 8 - 6 - 2
· 倒背 9 - 2 - 8 - 7 - 3 - 1 - 5 - 4 - 6 - 3

（2）人格测试（或称个性测试）主要用于评估个人在特定条件下表现出的相对稳定的性格特征，如兴趣、态度和价值观等。常用的人格测试工具有艾森克个性测验（EPQ）、卡特尔 16 种人格测验（16PF）、麦耶斯 - 布瑞格斯类型测验（MBTI）、大五人格测验和 DISC 评价。大五人格测验在理论研究中应用广泛，而卡特尔 16 种人格测验和 DISC 评价则在实际操作中使用较多。

（3）性向测试。所谓性向，不是指个人表现出的实际能力，而是指其潜在能力，即可能的发展前景或可能具有的能力。性向测试的目的是测量一个人如果经过适当训练能否成功地掌握某项工作技能。性向测验中可分为综合性向测试和特殊性向测验两种。综合性向测试用于鉴别个人的多种特殊潜在能力，而特殊性向测试只为鉴别个人在某一方面的具体性向，如机械性向、文书性向、音乐性向、艺术性向等。

（4）心理健康测试用于评估员工的心理健康状况，帮助识别可能存在的心理问题。常用的评价工具包括心理健康测验（UPI）、焦虑自评量表以及心理健康临床症状自评测验（SCL‑90）。这些测验为企业了解员工的心理状态提供了科学依据，有助于及时采取适当的支持措施。

整体而言，心理测试具有标准、客观的特点，能够准确识别某些心理素质，尤其是社会工作中的某些能力，具有很强的可比性。心理测试可以用最低的成本对人才做出更简单、更快捷、更准确的评价，在一定程度上保证了评价的公正性和客观性，其信度和效度都比较高。但心理测验在人才评价方面也存在一些不足，比如测验内容过于宽泛，缺乏针对性；动态人格特质难以测量；心理测量可能受到社会认同效应的影响；考试分数既不代表实际能力，也不能反映政治态度和复杂环境的影响，因此其应用可能会受到一定影响。

4. 知识考试。

知识考试通过笔试、口试或机考的形式，评估被考核者的知识水平。此类测试主要用于衡量基础知识、专业知识、管理知识、岗位职责、综合分析能力和书面表达能力等素质与能力。

知识考试通常包括两种类型的试题：客观性试题和主观性试题。客观性试题如是非判断题、多项选择题、搭配题等，特点是覆盖知识点广、信息量大，且完全标准化，适合测试分散的知识点。主观性试题则包括填空题、名词解释题、简答题、论述题、证明题、计算题和论文题等，这些题型要求考生自行拟定答案，难度较高且耗时较长，更适合评估理解和应用知识的能力。

知识测试具有高效的知识与思维分析能力测量功能，且成本低廉，适用于大规模测试，并且能够提供客观的性能评价。它通常用于初步筛选候选人，因为它能够准确识别出被测者的知识水平。然而，知识测试也存在一定的局限性，例如测试结果在很大程度上依赖于试题质量，并且可能过于强调记忆能力，难以充分体现知识在实际中的应用。知识考试特别适合于选拔需要具备一定专业知识的人员。

5. 评价中心法。

评价中心法是将被评估对象置于模拟的工作环境中，运用各种评价技术对被评估对象的心理和行为进行观察和评价，以衡量其各种能力。评价中心法的评价内容与成就动机、社交技能、自信心和领导力高度相关。主要用于评价管理者，尤其是高级管理者，现在也会用于评价工作业绩和职业发展。

评价中心法虽然效率高，但成本高，实施过程中条件多。评价中心法的实施应以详细的工作分析系统和评价者的相关技能为基础。根据运作方式和侧重点的不同，评价中心法包括文档处理法、小组讨论法、案例分析法等。这些具体的人才评价方法在不同的人群中使用，考察的重点也有所不同，如表6‑4所示。

表 6 - 4　　　　　　　　　　　　　　　评价中心法比较

项目	公文处理法	小组讨论法	案例分析法
主要内容	在设有岗位管理的情况下，要求人员在规定的时间内处理与其岗位直接相关的文件，如报告、信函和备忘录。这些文件通常涉及组织内外部的典型问题	针对企业内具有争议性的问题（如奖金分配或干部提拔等），进行分组讨论，并最终形成一致的书面意见	要求被评价对象阅读一些涉及组织问题的材料，然后提出一系列建议，并将这些建议提交给更高级的管理层以进行考察
优点	与工作相关性强，具有较强的针对性，从而全面反映被测对象的实际工作能力和素质	可以评价被评价对象的某一特定素质和潜能，从而全面评价其素质	易于操作，既可以评价一般能力，也可以评价特殊能力
缺点	成本较大，费时，每次只能评价一名人员	评价主观性太强，对评价的题目要求较高	评分标准较为主观
适用范围	适用于中、高层管理人员	适用于挖掘员工的潜能，评价管理人员	适用于管理人员

6.2.1.5　编制人才评价规划与实施

人才评价是企业人力资源规划和配置中的关键环节，只有经过详细和严谨的规划才能有效实施，且其结果需要及时总结与反馈。通常，人才评价的规划与实施可以分为四个阶段：准备阶段、实施阶段、评价结果分析阶段和评价结果反馈阶段。

1. 准备阶段。

具体来看，准备阶段的工作主要包括以下几点。

（1）明确评价目标。在准备阶段，首要任务是明确评价目标。在进行评价之前，必须清楚此次评价在机构改革、人员配置与调整、员工激励、人力资源开发以及制度建设等方面应起到的具体作用，确保评价切实为人力资源管理的总体目标服务。

（2）收集必要的评价数据。收集评价数据是实现人才评价量化的前提，也是减少评价误差的手段。事先收集的评估数据包括评估对象的基本信息，以及实测信息或个人档案中可为本次评估提供参考的信息。

（3）成立强有力的评价小组。建立一支强有力的评价队伍是人才评价工作顺利进行的重要保证，也是提高人才评价水平的前提条件。强有力的评价团队中要有专业人士，可以具体负责人才评价中的技术工作，对如何科学评价人才给予专业指导。

（4）制订评价方案。制订评价方案是准备阶段中最关键的一步，评价工作的开展都必须围绕和依据评价方案进行。所以，制订出合适的评价方案是人才评价工作成功的重要条件。

2. 实施阶段。

实施阶段是整个评价过程的核心，具体可以归纳为以下三个方面。

（1）宣传动员。在评价的实施阶段，首先要进行评价前的动员。人力资源管理部负责向员工宣传评估的作用和用途，鼓励员工广泛、积极地参与评估，努力取得最佳效果。

（2）选择评价时间和环境。评价的时间应根据评价内容的不同而确定。同时，评价时间的选择也要考虑是否会引起被评价对象的疲劳或厌烦。评价的现场环境应空气通畅、光线充足、温湿度适宜、整洁、安静。最好单独进行评估，以免被评估对象之间相互影响。如果评价内容较多，不同内容之间要安排适度的休息时间。

（3）评价的操作。评估操作阶段是从评估开始到评估数据恢复的过程。值得注意的是，在这一阶段，应保持测量的标准化，使每个待评估对象在相同条件下得到良好的评估。保证评价规范化的一个常见做法是，在评价前向被评价对象宣读说明，例如，人才评价的目的，强调评价与测试的区别，正式评价前应做哪些准备工作，举例说明如何完成评价项目，说明评价结果的处理和反馈安排。

在评估实施阶段，要求评估人员严格控制整个测量的实施过程。核实被考核对象的身份，防止作弊，防止与考核无关的因素干扰，控制考试过程，在允许范围内回答被考核对象的问题，做好观察记录，处理突发事件，保证考核工作的顺利进行。

3. 评价结果分析阶段。

通过评价的具体操作获得评价数据后，应对获得的原始数据进行分析和评价。通常情况下，数据处理是由计算机完成的，有专门的统计方法和标准。处理结果可以用数字、图表等形式表示，然后进行综合分析。评价结果一般以数字描述和文字描述两种形式呈现。

数字描述是指利用评价结果的分值来描述被评价对象的某些特征的方式，其中最常用的是标准分值。这种描述利用了数字的可比性，大多适用于比较被评价对象，而不一定适用于本专业以外的人参考。

文字描述接近常用的人员评价方式，便于领导和人力资源部门参考。在实际的人才评价中，往往会形成一份名为"评价报告"的书面描述材料。这个报告比较全面，是个人经过多次测试后的总体评价。

4. 评价结果反馈阶段。

一个成熟的人才评价方案往往需要反复的修正或修订，而收集并确定修正或修订的依据是评价结果反馈阶段要完成的任务。所以这个阶段就是在评价之后通过一些反馈渠道来检查评价效果。最常见的方法是对被评价对象的工作绩效进行跟踪，即事后根据事实与事实的吻合程度来验证评价结论。同时，可以对评价得分和绩效进行相关分析，判断评价的预测效度，并据此修正评价结果。此外，评价结果的准确性也可以通过专家判断或群众判断来判断，评价后员工的满意度也可以作为判断评价预测效度的指标。

6.2.2　人力资源再配置

人力资源重新配置是指基于员工与岗位的匹配度或个人因素，重新评估并调整员工岗位的过程。在人力资源管理中，组织常常因为对员工的了解不足，或由于员工经过培训和发展已超出原岗位的要求，导致岗位分配不当。因此，组织需要重新审视员工与岗位的匹配情况，进行适当的调整，以确保员工能够动态适应岗位要求。

人力资源重新配置的原因包括绩效考核中发现的岗位匹配问题（如员工的表现高于或低于职位要求）、员工的职业生涯发展需求，以及职位空缺内部招募的需求。为应对这些情况，组织可以通过晋升、降职或辞退来调整岗位匹配，利用工作轮换促进职业发展，或者通过内部竞聘填补职位空缺。

1. 工作轮换。

工作轮换（job rotation），也称轮岗，是指企业内部有组织、有计划、定期进行的人员职位调整。对组织来说，工作轮换有主动和被动两个方面的驱动因素。主动因素包括提升员工素质、满足能力多样化的需求，以及促进职业生涯的发展。被动因素则包括提高员工与岗位的匹配度，防止腐败现象发生，以及避免组织内部的派系问题。

随着现代企业面对越来越多的不确定外部环境，培养具备多元化素质和技能的员工已成为组织的核心关注点之一。通过实施岗位轮换，员工能够积累在组织内部各个岗位上的工作经验，这不仅有助于提升他们对组织的适应能力，还能显著提高工作绩效。此外，现代企业的目标不仅是自身的发展，还包括满足员工的职业发展需求。合理的岗位轮换安排，基于员工职业发展规划，能够帮助员工实现自我价值，增加工作满意度。

定期的岗位轮换也有助于解决组织内部人员不匹配的问题，通过这种方式可以准确识别员工最适合的岗位，找到他们与组织的最佳契合点。相反，如果组织内部结构僵化，不仅会削弱其发展的动力和活力，还可能引发腐败和山头主义等问题。通过岗位轮换或定期调整，这些问题可以得到有效缓解。

对于组织而言，岗位轮换是一种成本较低的内部调整方式。它不仅能为员工带来新的挑战和工作上的新鲜感，还不会对组织整体运作造成重大影响。随着经济的发展，金钱激励的效果逐渐减弱，而不断增加的工资福利也加重了企业的负担，削弱了竞争力。通过岗位轮换，员工可以在工作中发现新的意义和挑战，保持工作动力，从而提升工作满意度和对组织的承诺。

2. 晋升、降级与辞退。

在一个公开、公平、公正的评价体系的支持下，组织内部的职位晋升、降职和辞退是优化人力资源配置的关键手段。通过提升员工在组织内的职位，无论是在职位价值序列上还是技能水平序列上，都能有效促进组织内部资源的合理配置。职位升降的基本流程如下。

（1）部门主管根据绩效考核结果提出职位升降候选人申请。

（2）人力资源部门审核并批准职位升降候选人资格。

（3）人力资源部门根据人力资源规划及职位空缺情况制订职位升降计划。

（4）对晋升候选人进行任职资格培训。

（5）进行任职资格评审。

（6）确定职位升降决策。

（7）办理职位变更手续并安排入职。

在职务升降过程中，组织应主动与候选人进行沟通。这一过程不仅能够清晰、及时地传达组织的期望和要求，还可以减少员工对组织的不信任感。尤其是在处理降职或辞退时，必须向员工解释组织作出这一决定的理由和依据，并就员工未来的职业发展进行积极协商，以减少操作过程中的摩擦和误解。

3. 竞聘上岗。

竞聘上岗是一种机制，旨在让所有员工，无论他们的职位或贡献大小，都可以重新在同一个平台上接受组织的考核和选拔。通过这一机制，员工可以根据自己的特长和岗位要求，表达个人的职位选择和期望。在组织结构调整的背景下，岗位空缺和任职资格的要求被放宽，组织重新进行选拔，推动员工通过竞争获得职位。

这种职位竞争是组织内部人力资源重新配置的重要方式之一。通过这种公开、公平、公正的竞聘平台，所有候选人都有机会在相同条件下竞争，从而减少了员工对不公平待遇的感受。此外，借助多种有效的评价方法，组织能够更深入地了解员工的潜力，识别和选拔出符合组织需求的核心人才，为组织的发展奠定坚实的人才基础。

6.3　人力资源培训规划

在大中型企业中，普通员工经常接受培训。这里的培训并不仅仅指简单地给员工讲课、一般的监督或灌输工作经验，而是指员工通过正式的、有组织的或有指导的方式获得与工作要求相关的知识和技能的过程。从广义上讲，培训可以理解为人力资源开发的一种重要手段。狭义的培训是企业为了提高员工的实际工作能力而实施的有组织、有计划的干预行为。现代培训是指通过改变受训者的知识、技能和态度来提高他们的思想水平和行为能力，使他们具有相当的能力来处理当前的工作，并为未来的挑战做好准备。

6.3.1　人力资源培训的分类

在整个企业培训体系的设计中，有许多不同的分类方法，可以用单一标准分类，也可以用多个标准分类。例如，以学员为分类标准，以学员的技能为分类标准，以企业培训目的为分类标准，以学员个人成长学习的必要性为分类标准。

企业在进行人力资源培训之前，应先制订培训计划，而不是盲目或临时安排培训。这个培训计划需要根据企业培训的目的，整合企业现有的资源条件和各级员工的能力素质基础，既要考虑企业可以投入培训的成本预算、设备和时间，又要考虑企业人才培训体系、人才培训的先进性和培训效果的不确定性，从而确定培训方式和培训内容。

6.3.2　培训需求分析

培训需求是指特定工作的实际需求与任职者现有能力之间的距离，可以用公式表示如下：

$$需求具备的全部 - 现在已有的 = 还需要的$$

在公式中提到的"还需要的"，实际上指的就是我们通常所说的培训需求。根据产生原因的不同，培训需求可以分为当前的培训需求和潜在的培训需求。当前的培训需求是为了确保企业正常运作而产生的，而潜在的培训需求则是基于企业的发展战略来确定的。具体如何进行培训需求分析，需要从三个方面入手。

1. 查找绩效差距。

绩效差距是培训需求分析的起点。通过找出员工有绩效差距的地方，就可以找到培训需求分析的目标。当然，在分析绩效差距时，离不开员工所在部门管理者的参与和意见。

2. 分析和查找绩效差距产生的原因。

培训需求分析应避免"治标不治本"，而应客观分析造成员工与团队绩效差距的因素，并进行优先排序。通常，造成企业员工之间绩效差距的因素有很多，有时是多种因素综合作用的结果。在寻找原因时，HR 可以从企业战略、组织、岗位任务、员工等方面进行综合分析。

3. 制订解决方案。

找出绩效差距的原因后，会发现有些原因并不是员工自身造成的，不同的原因需要不同的策略来解决，而不仅仅是培训。同时值得注意的是，即使确定绩效差距是员工的能力和方法造成的，也要考虑员工是否具备学习的条件。事实上，培训是一个昂贵的解决方案，企业需要认真考虑并全面制定解决方案。如果员工缺乏完成工作的知识和技能，但愿意学习并能通过学习提高，那么培训就是合适的解决方案。

通过对培训需求的调研与分析，企业最终应明确的培训需求分析内容包括：培训的目的，即为什么要进行培训；需要接受培训的对象是谁；培训的具体内容是什么；培训的深度和广度，即培训的目标。此外，还需要了解企业和员工对培训的态度，识别可能存在的障碍与问题，以及评估企业内部的培训资源和可以利用的外部资源。

6.3.3　人力资源培训规划

在确定了培训需求之后，企业会制订一个详细的培训计划。这个计划涉及培训的内容、时间、地点、参与人员、对象、方法以及费用安排，并且所有这些元素都会按照合理的顺序进行规划。培训计划不仅要满足企业和员工双方的需求，还需考虑到企业现有资源和员工的素质基础，同时需要具备前瞻性，能够应对未来可能的变化和不确定性。

在编制人力资源培训计划时，培训评估常常被忽视，然而它实际上是整个计划中至关重要的部分。培训评估的作用在于通过设定具体的评估标准和方法，检验培训是否达到了预期效果。评估的范围通常包括学员的反馈、学习成果、教师的教学质量、课堂氛围、员工培训前后的工作表现以及企业的运营效果等。

培训的主要目的是解决工作中的实际问题或为即将承担的新任务做好准备。因此，评估培训的效果至关重要，这不仅是为了确保培训的有效性，也是为了避免企业在培训上的资源浪费。对于培训负责人而言，必须全面掌控培训过程中的质量，及时纠正任何不足之处，同时总结和推广成功经验，以不断提升培训工作的整体水平。

　　通过科学的培训评估，可以确定受训者知识和技术能力的提高或行为表现的改变是否直接来源于培训本身。对培训评估活动的支出和效益进行比较，有利于更合理地分配培训经费，也可以为管理者决策提供必要的信息。而管理者对培训结果和效果的关注往往会引起企业中其他人员的关注，从而促进全体员工参与培训的积极性并投入更多的热情。

　　从操作层面看，在编制人力资源培训规划的培训效果评估方案时，应包括培训需求的总体评估、受训者知识技能和工作态度的评估、受训者表现的评估和培训计划的评估，以及培训组织准备、培训环境和现代化培训设施应用的评价，学员参与培训的评价，培训内容和形式的评价，培训者的评价，培训进度和中间效果的评价，培训目标实现情况的评价，综合培训效果和效益的评价，培训者的绩效评价等。

6.4　人力资源激励规划

　　激励实际上是指个体为了实现某个目标，在工作中表现出的强度、方向和坚持不懈的过程。在企业的人力资源管理实践中，激励员工的制度通常与绩效管理和薪酬福利管理密切相关。绩效管理的核心目的在于持续提升企业和个人的绩效，以确保企业发展目标的达成。而绩效考核则是对企业或个人的绩效进行准确评估，进而有效激励员工，这是绩效管理中至关重要的一环。

　　战略性薪酬福利管理指的是将薪酬福利与企业的整体发展战略紧密结合，使其成为推动企业战略目标实现的关键工具。因此，企业在设计薪酬激励时，不仅要重视普遍性的激励机制，还需为那些在企业中具有核心竞争力或处于战略关键位置的部门，制定针对性强且独特的薪酬体系。

第 6 章

6.4.1　绩效管理规划

6.4.1.1　绩效考核方法规划

　　对于企业来说，绩效考核方法的选择和规划尤为重要，因为在不同的发展阶段，要实施的绩效考核方法和侧重点会有所不同。例如，在企业的早期成长阶段，企业的人员和业务结构相对简单，员工绩效可以通过简单的定量和定性评价来完成。这个时候，如果使用复杂的绩效管理体系，会对企业造成阻碍。

　　企业绩效考核的方法很多，大致可以分为三类：行为导向的考核方法、结果导向的考核方法和综合绩效考核方法。每一类都包含一些具体的考核方法，其中比较常见的有关键绩效指标、目标管理、平衡计分卡、360 度考核法等。

　　1. 关键绩效指标。

　　关键绩效指标（KPI）是用于量化员工绩效的标准，构成了绩效考核体系设计的核心基础。KPI 必须具备可测量性，也就是说，它们应当是可量化或可操作化的。这些指标直接反映了哪些绩效能够为组织的战略目标增加价值，起到了连接个人绩效与组织战略目标的作用。通过对 KPI 的承诺，员工和经理能够就工作期望、绩效表现以及未来的发展方向进行有效沟通。

在建立关键绩效指标体系时，企业必须体现其发展战略和成功的关键点，强调市场标准和最终成就责任，在实施关键绩效指标体系时，所有关键绩效指标都可以测量和控制。在职责明确的基础上，强调各部门的共同责任，促进各部门的协调，不妥协部门的可控性和权威性。主线清晰，重点突出，简洁实用。

2. 目标管理。

目标管理（management by objectives，MBO）是国内外许多企业进行绩效考核最常用的方法之一。这个规律之所以能被广泛推广，主要有两个原因：一是它的实践与人们的价值观和处事方式是一致的；二是可以更好地将个人目标和组织目标结合起来，达成一致。

与其他绩效考核方法相比，目标管理具有许多管理优势。目标管理的核心在于让各层级的部门和员工明确他们需要完成的任务，从而最大化他们在实现这些目标上的时间和精力投入。这种方法尤其适用于那些可以被清晰分解和衡量的目标，能够为企业带来良好的绩效表现。在技术上可以分解的工作中，由于职责任务明确，目标管理的效果尤为显著。从行为角度看，目标管理将个人利益与组织利益紧密联系在一起，从而增强员工的自觉性，调动员工的主动性、积极性和创造性，提高员工的工作效率。同时，由于其绩效标准是根据相对客观的条件设定的，减少了考核过程中产生的偏见，因此更加公平。

从具体的规划过程来看，企业应该如何规划应用 MBO？首先，是绩效目标的设定。上下级共同确定各级要达到的绩效目标，然后为实现这个目标而努力。目标主要是指想要达到的结果，以及达到这个结果的途径和方法。其次，制订目标时间表。为了达到设定的绩效目标，主要是制订一个完成计划，合理安排时间，比如先做什么，再做什么，什么时候完成什么工作等。并对时间进行限制，以确保在有效时间内完成设定的绩效目标。然后，将实际绩效水平与绩效目标进行比较，找出为什么没有达到既定的绩效目标，或者为什么实际绩效水平已经远远超过预先设定的绩效目标。这不仅有助于确定后期培训的需求，也有助于确定下一个绩效考核周期的各级绩效指标。同时也可以提醒上级考评者注意组织环境对下属工作绩效可能产生的影响，这是考评者本人无法控制的。目标管理的考核不是考核行为或其他什么，而是考核业绩。如果目标的建立是具体的和可验证的，那么评估过程便是简单的。最后，制定新的绩效目标和实现这些目标的新策略。对于已经完成绩效目标的，可以参与下一个新的绩效目标的设定，而对于没有完成既定绩效目标的，则需要与上级沟通，共同找出没有完成绩效目标的原因和解决方案，然后才能参与新一轮考核周期的绩效目标的设定。

虽然目标管理可以激发员工的工作绩效和积极性，但有时很难确定与产出相关的工作衡量标准。有时候工作过程、工作行为、工作态度等和工作结果一样重要。例如，员工通过不正当的手段达到既定的绩效目标，这种行为对企业来说是不可取的。这时候以目标管理作为绩效考核的依据是不行的，需要多方面的评价。

为了避免采用目标管理法建立绩效目标并以此作为考核依据时可能遇到的困难，企业可以建立一套多重考核的政策。比如企业在对员工进行考核时，目标的执

第 6 章

行情况只占绩效考核的 50%，而另外 50% 则是考察员工基本职责的完成情况，换句话说就是考察员工的整体工作绩效。

3. 平衡计分卡。

平衡计分卡（balanced score card，BSC）围绕企业的战略目标，从财务、顾客、内部流程、学习和创新这四个方面对企业进行全面的评价。财务指标旨在回答"股东如何看待我们"这个问题，它帮助企业管理者评估其决策和行动对公司经济效益的影响。这些指标通常包括传统的财务数据，如销售额、利润、资产利用率等，以衡量企业的财务表现。客户指标则聚焦于"客户如何看待我们"的问题，从客户的角度出发，评估企业在时间、质量、服务和成本等方面的表现。通过客户反馈，企业可以了解市场份额、客户需求和满意度等。相关指标可能包括准时交货率、客户满意度、产品退货率和合同取消次数等。内部流程指标旨在解决"我们必须擅长什么"的问题，它关注企业内部的效率和整体绩效的提升，特别是那些对客户满意度有直接影响的方面。这些指标可能涉及生产率、生产周期、成本控制、合格率、新产品开发速度和员工出勤率等，帮助企业优化内部流程并提升竞争力。学习和创新的指标是解决"我们是否在进步"的问题，即引起对企业未来发展的关注，涉及员工问题、知识资产、市场创新和技能发展。但是，在市场经济的今天，不可能一成不变。企业必须不断创新，改善和提高竞争力，才能进入新的市场，增加收入和利润。

值得注意的是，上述四个方面并不是孤立存在的，每个方面都包括一组指标，这些指标相互关联，并最终以各种直接或间接的形式与财务结果相关联。因此，平衡计分卡具有战略管理的功能。借助它，我们不仅可以进行有效的战略思考和优化资源配置，还可以将企业的战略转化为具体的目标和评价指标，有效地推动企业的改革，处理好改革过程中内外部变量的关系，保证企业在改革过程中的平衡。对于组织层面的激励，当平衡计分卡与薪酬挂钩时，既能强化预期行为和结果，又能实现企业对员工薪酬的承诺。

平衡计分卡的选择与实施主要聚焦在战略规划和业务规划两个层面。在具体执行之前，企业首先需要制定一个明确的愿景，即对组织的使命和战略达成一致理解。尽管我们常听到类似"成为区域内最大供应商"或"成为全球最强"的宏大目标，但这些口号往往难以转化为实际的行动指导。因此，制定一套具有完整目标和评价指标并得到所有管理层认可的愿景，是整个平衡计分卡选择和实施规划的最基本前提之一。并且在这个过程中，管理者要在战略上相互沟通，将企业愿景与各个部门和个人的目标联系起来，使部门和个人的目标与其保持一致。而具体业务规划是指企业将业务计划与财务计划一体化。几乎每个企业都在根据社会形势进行各种改革，而在实施各种改革方案时，就会发现每个方案都是独成一体来完成的，管理者们很难将这些不同的举措组织在一起，常常导致各个方案实施结果不理想。因此，平衡计分卡的选择与实施在业务规划中，应帮助管理者将战略目标转化为实际行动的依据。这意味着管理者需要根据战略层面的目标来分配资源、确定优先顺序，并选择能够推动企业实现长期战略的新措施，同时确保这些措施得到充分重视和协调执行。

4. 360 度考核法。

360 度考核法，也称为全方位评价法，是一种综合的绩效评估方法。它通过员工自身、上级、同事、下属以及客户等多方的反馈，对员工的绩效进行全面评估。这种方法汇集了多种不同角度的评价意见，旨在全面提升员工的绩效表现。360 度考核法的特点是具有多个评价维度（一般为四个或四个以上），适用于中层以上人员的考核。

与传统的绩效评估方法相比，360 度考核法有其独特的优势。它通过多角度的考核，避免了由上级单独评估可能带来的权力滥用和过于主观的问题。360 度考核的流程不仅包括主管对员工工作职责的阐述，还包括员工自述他们的职责内容、个人特质、所取得的成绩以及面临的挑战，同时描述他们为克服这些挑战所做的努力。这种多方位的评估方式有助于加深员工之间的理解，并鼓励他们在今后的工作中更好地站在他人角度思考，解决冲突，促进团队合作。

6.4.1.2　编制绩效规划

绩效规划是绩效管理的起点，奠定了绩效实施的基础。其核心是管理者与员工共同探讨，并确定员工在考核期内应完成的工作和预期的绩效水平。相比绩效评估，绩效规划更为关键，因为它是面向未来的设计，旨在帮助员工在考核中取得更好的绩效，而不是仅仅评估过去的表现。通过明确目标和方向，绩效规划可以防止事倍功半的情况发生。绩效规划的过程通常分为准备、沟通和形成三个阶段。

1. 准备阶段。

绩效规划的基础是管理者与员工之间的有效沟通。为了确保规划取得预期效果，必须提前准备好所需信息，包括企业、部门和个人的相关数据。企业信息的收集和整理是为了将员工的绩效计划与企业的战略目标相结合。因此，在实际制定绩效规划之前，管理者和员工需要回顾企业的经营目标和战略规划，确保双方对企业的业务目标和战略有清晰的认识。

部门的目标通常是从企业的总体目标中分解而来，因此不仅生产、销售等业务部门要有明确的经营指标，财务、人力资源等支持部门的工作目标也必须与企业的经营目标紧密联系。例如，若企业的经营目标是扩大市场份额、创新产品和降低管理成本，人力资源部门可能会设定以下目标：建立激励机制，注重招聘创新型和成本意识强的人员，并提供相关培训，以支持企业的整体战略。

个人信息的准备主要包括工作描述和上一个绩效期间的评估结果。工作描述规定了员工的主要职责，因此在制定个人绩效目标时，应确保这些目标与岗位要求相一致。由于工作环境和职责可能发生变化，因此在设定新绩效计划之前，需回顾并修订工作描述，以确保其反映当前的实际情况。

2. 沟通阶段。

绩效规划的制定本质上是一个双向沟通的过程，沟通阶段是整个规划的核心。绩效规划会议是常见的沟通形式，会议的时间和环境需要精心安排，确保管理者和员工可以集中精力讨论，不受干扰，营造轻松的氛围，以利于达成共识。

沟通通常从回顾准备好的各项信息开始。在讨论具体工作职责前，管理者和员工应共同理解企业的要求和发展方向，并审阅与工作相关的其他信息，如经营目标、工作描述和上一绩效期的评估结果。然后，双方需要明确关键绩效目标，并具体化为可操作的目标，确保每个目标都有明确的结果、时限和资源约束，使目标简明、直接。

绩效标准用于衡量员工在规定时间内是否达成目标。这些标准应当客观、公正、具体且易于衡量，同时要有实现的可能性。虽然绩效标准应尽量具体，但如果过于细致，可能会与目标混淆，使考核失去意义。因此，制定绩效标准时应保持一定的灵活性，以适应深入理解后可能需要的调整。

在制定绩效标准后，还需识别员工可能遇到的困难和障碍，尽量预防执行过程中的问题。管理者应提供必要的支持，帮助员工克服挑战。双方还需就每项任务的重要性达成共识，让员工能够自主分配时间，并明确其在完成任务过程中拥有的决策权限，减少沟通成本，提高工作效率。

3. 形成阶段。

经过准备和沟通两个阶段，绩效规划已基本成形。在这一阶段，管理者与员工需要再次确认，确保双方在以下方面达成共识：员工是否清楚其工作目标与组织整体目标的关系，其工作职责和描述是否已根据现有环境进行了适当调整，是否准确反映了即将进行的工作内容。此外，双方还应就员工的主要任务、任务的重要性、完成标准以及员工的权利等达成一致。

最后，经过讨论的绩效计划应形成书面文件，即绩效协议。该协议明确规定了员工的工作目标、预期成果、衡量标准、各项工作的权重及主要行动计划，并须管理者与员工双方认可签字，以此确保当事人的绩效责任得到明确落实。

6.4.1.3 绩效考核实施规划

为了确保绩效考核过程的顺利进行并提高效率，企业需要制定一个详细的规划，以最大限度地减少实施中的障碍。这个规划包括考核的启动、绩效沟通与辅导计划的设计，以及员工数据的收集与分析。

考核的启动通常通过召开正式会议进行，同时通过文件或邮件形式通知所有员工，并对员工和管理层进行必要的培训和宣传。这些启动会议通常需要公司中高层管理者及关键员工的参与，以确保思想统一、方向一致。

绩效沟通和辅导在整个绩效管理中起着关键作用，连接着计划的制订和最终的评估。管理者与员工之间需要进行双向沟通，讨论工作进展、遇到的挑战、解决方案以及管理者能够提供的帮助。这种沟通不仅是为了了解工作进度，还包括识别哪些方面表现良好、哪些领域需要改进、员工的行为是否与设定的目标一致等。如果工作偏离了目标，管理者应考虑采取何种措施进行纠正，并提供适当的帮助。同时，管理者和员工还需讨论外部环境的变化是否影响了目标的实现，以及在需要调整目标时应该如何进行。

最后，数据的收集和分析是绩效考核实施的关键环节。这一步骤通过系统化的方式，从员工、同事、上级和下级处收集与工作表现和组织绩效相关的信息。如果全体员工都能够积极参与绩效反馈，将显著提高绩效管理的公正性和真实性，增强企业绩效管理的持续性和有效性。

6.4.1.4 绩效考核反馈与应用规划

绩效考核的反馈和应用是企业绩效管理体系乃至企业人力资源激励体系中最重要的环节之一。很多企业的绩效管理过程只以绩效考核结束，考核结果没有反馈给员工，也没有应用到工作中，导致绩效管理效果不理想，企业高层也对绩效管理提出质疑，阻碍了绩效管理的持续实施。绩效考核的目的是帮助员工提高绩效，进而实现企业的经营目标。绩效考核的应用是保证绩效考核闭环的关键。绩效考核的结果可以应用于绩效分析、薪酬水平调整、奖金分配、员工培训和职业发展、员工淘汰等。它不仅可以提高员工的工作积极性，增强员工的工作能力，也是公司改善管理的有效手段。因此，在制订绩效考核的应用方案时，主要的规划思路是找出差距，分析原因，讨论如何将结果应用于激励本身。

1. 确定员工绩效不足的根源。

在完成绩效考核后，管理者需要深入探讨导致绩效不理想的具体原因。通过分析，识别出员工绩效低下的症结所在，然后针对这些问题进行改进。如果问题出在员工自身，必须迅速与其进行有效沟通并提供反馈；如果问题源自公司管理体系或机制，那么企业也应积极作出相应调整和改革。

2. 将考核结果用于薪酬调整。

为了强化激励作用，员工的绩效直接与薪酬挂钩，部分薪酬构成应根据员工的绩效表现而定。在制定薪酬规划时，可以考虑基于绩效考核结果来调整员工的整体薪酬水平。对于表现不佳的员工，应适当减少其绩效工资，以促使他们尽快改善；对于表现优秀的员工，则应根据标准合理提升薪酬，达到激励的预期效果。

3. 将考核结果应用于奖金分配。

在企业人力资源管理的实际操作中，奖金通常有两种形式：绩效工资和提成奖金。依据考核结果和既定的发放标准来分配奖金，是企业常用的激励手段之一。这种方式不仅能有效提升员工的工作积极性，还能增强他们对企业的归属感，从而持续提升企业的整体竞争力。

4. 将考核结果作为培训的依据。

有效的培训能够提升企业的竞争优势，但前提是培训内容必须有针对性。为此，企业需要通过分析员工绩效，找出其当前表现与企业预期之间的差距，进而确定适合的培训内容。在下一轮绩效考核结束时，再对比员工的新成绩，评估之前的培训是否取得了应有的效果。

5. 将考核结果融入员工职业生涯规划。

通过对绩效考核结果的分析，企业可以识别出员工的强项与弱项，并结合实际情况，针对性地制定员工的职业发展规划。这种规划关注员工的长期成长，根据员工当前的绩效水平及未来的改进潜力，制订系统性的提升计划，明确其在企业中的发展路径。通过反馈员工当前的表现，增强其对企业的归属感，同时大幅提升其积极性与主动性。最终，这种规划不仅帮助员工实现其职业目标，也确保了企业战略目标的达成，实现双方的共赢。

6.4.1.5　编制人力资源绩效改进计划

绩效管理的核心目标是提升员工的工作表现，而这也是整个管理过程中至关重要的一步。传统的绩效考核通常着眼于对员工过去工作的评价，并以此作为调整薪酬、实施奖惩、决定晋升或降职的依据。而现代的绩效管理更侧重于持续推动员工能力的提升和整体绩效的优化。因此，制定并实施有效的绩效提升策略成为管理成功的关键。

1. 绩效提升的核心内容。

绩效提升是一个动态过程，需要管理者和员工共同参与，通过阶段性目标来推动、改进。首先，必须明确绩效提升的基本原则和理念，然后确定具体的目标，这些目标既包括员工的工作绩效，也涉及他们的个人发展。在此基础上，制定清晰的行动计划，确保在实现目标的过程中能够识别并克服潜在的障碍。此外，还需明确指导者的角色，以确保员工在这个过程中得到必要的支持。

2. 绩效提升的实施策略。

在执行绩效提升计划时，需要谨慎对待情感因素，因为这一过程对员工来说可能具有敏感性。虽然成功解决问题后员工通常会感到自信和具有成就感，但在暴露自身不足时，他们可能会感到不安或尴尬。如果不加以妥善处理，员工可能会产生抵触情绪或失去信任。因此，管理者在推行改进计划时，应该将自己的绩效提升也纳入其中。通过发挥示范作用，管理者不仅可以激励员工积极参与，还可以营造一种全员进步的企业文化氛围。而如果忽视这一点，可能会导致员工缺乏动力，甚至产生消极情绪。

6.4.2　人力资源薪酬规划

薪酬是组织实现人力资源激励的最基本、最核心的手段和方式。薪酬规划是薪酬管理的基础工作，是一切薪酬管理工作的前提。设计和规划薪酬体系的基本原则是对内公平，对外竞争。

从操作流程上来说，人力资源薪酬规划一般包括几个阶段：确定组织薪酬战略水平、岗位评价、薪酬调查、薪酬结构设计、设计和完善薪酬体系、薪酬体系实施保障等。

6.4.2.1　确定组织薪酬战略

组织薪酬管理的核心目的是为实现企业目标服务。薪酬体系是基于人力资源战略建立的，人力资源战略是为企业发展战略服务的。薪酬战略作为一种重要的激励战略，可以指导企业薪酬管理体系的设计和实施，是人力资源管理战略和企业经营战略的重要组成部分。企业薪酬战略的制定应充分结合企业的总体战略、经营状况、发展阶段、人力资源战略、组织结构和文化内容。然而，这并不意味着企业中所有设计薪酬的职能都是战略性的。在开发和决策具体的薪酬战略时，目前国内外较为成熟的模型包括米尔科维奇（G. T. Milkovich）等的组织战略－人力资源管理战略－薪酬战略模型、斯奈尔（S. A. Snell）的战略－薪酬模型、伯格（L. A. Berger）的战略薪酬整合模型，以及我国学者文跃然提出的企业战略维度－薪酬管理维度矩阵等。这些模型广泛应用于薪酬战略的设计，其中米尔科维奇的模型因其成熟度和广泛引用而成为典型代表。

米尔科维奇的整体薪酬战略模型从五个关键方面探讨了企业薪酬与战略决策的对接。

（1）薪酬目标的确立。企业需要明确薪酬如何支持其经营战略。这一目标将指导薪酬制度的总体方向，使其与企业的战略定位相一致。

（2）内部一致性。薪酬结构应当反映公司内部不同岗位的性质及技能水平的差异。也就是说，不同的工作和技能等级应该在薪酬上有所区分，以体现其相对价值。

（3）外部竞争性。公司需要确定其薪酬战略在市场中的定位，以便在薪酬水平上与竞争对手保持竞争力。这个定位决定了公司在招聘和保留人才方面的优势。

（4）员工贡献的认可。企业必须明确加薪的依据，是基于个人和团队的绩效，还是基于员工的经验与持续学习？抑或是员工技能的提升、生活成本的上涨，甚至是个人需求或单位绩效的变化？这些因素将影响薪酬调整的标准。

（5）薪酬管理的透明度。公司需要决定薪酬决策的透明度，以及哪些人应参与薪酬体系的设计和管理。这一决定将影响员工对薪酬公平性的感受，并最终影响员工的工作动力和满意度。

从上述5个方面考虑战略性薪酬决策如何动态地与企业整体战略保持匹配或具有一致导向。

6.4.2.2　岗位评估

员工对薪酬满意度低的一个主要原因是对薪酬的内在公平性感知低，这其实体现在很多方面。例如，两个能力不同的员工，因为在同一个岗位上，所以薪酬水平是一样的，员工只有晋升到更高的级别才会有更高的薪酬，否则薪酬会维持在原来的水平，这实际上很大程度上打消了能力更强的员工的积极性。另外，随着市场经济的发展，分工越来越具体，出现了大量的职业经理人。企业中有一系列同级岗位，如财务经理、营销经理、人力资源经理、生产经理等。这些同级别的岗位是应该享受同等的工资水平还是应该区别对待？如果不一样，应该如何区分？出现类似问题的根本原因是什么？这就需要进行工作评估。

1. 岗位评估的方法。

实际操作中，岗位评估的方式方法众多，但常见的岗位评估方法一般有4种：排名法、分类法、因素比较法和评分法。

排名法又称排列法、简单排名法，是一种比较简单的工作评价方法，由评价者根据自己的工作经验进行主观判断，按照工作岗位的相对价值进行排名。在选择排列方式时，应将各项工作作为一个整体来考虑，并通过相对简单的现场现实观察进行相互比较。这就要求评价者对所要评价的岗位非常熟悉，否则无法作出准确的判断。排名法通常适用于规模小、岗位数量少、岗位设置稳定的企业。

专栏 6-4

人力资源经理的工作职责和任职资格举例

人力资源经理在工作中执行与招聘、雇用、培训、绩效管理、薪酬和终止相关的人事管理职能，还负责制定人事政策并定期更新员工手册。该职位将与人力资源总监和其他内部经理密切合作，为所有公司员工维持积极和富有成效的工作环境。

1. 工作职责。

（1）收集所需的入职文书并维护员工的人事档案；

（2）监督新员工的招聘流程；

（3）管理员工敬业度并调整相关的人力资源部门计划；

（4）支持解决员工之间的冲突；

（5）彻底调查包括与职场性骚扰和歧视等有关的投诉；

（6）决定、处理并进行员工离职面谈；

（7）开展新员工入职培训和其他有关多元化、福利变化等培训；

（8）管理公开招聘和员工福利管理活动；

（9）收集有关员工对工资和薪金组合、工作条件和其他关键关注领域的满意度的持续数据等。

2. 任职资格。

（1）工商管理、人力资源管理或相关领域的硕士学位；

（2）人力资源管理师中级以上职称优先；

（3）3~6年人力资源工作经验；

（4）熟悉劳动法规，能把握现行就业政策；

（5）较强的人际沟通能力。

在岗位分类和评价的方法中，企业通常会根据工作内容、职责和所需资格的不同，将所有岗位划分为多个类别，如管理、营销、技术和运营等。每个类别中，岗位的价值范围会被预先设定，随后根据这些范围对同类别的岗位进行排名，确定每个岗位的具体价值。这种分类的特点在于，企业在对职位进行排名之前，已经建立了清晰的层级结构。职位的评价只需参考这些预设的层级定义，将每个职位嵌入到适合的层级中即可。

与排名法相似，因素比较法也是一种衍生的岗位评价技术，但更为量化。该方法通过分析和排序岗位的关键影响因素，将其分解为智力、技能、体力、责任和工作条件等几个主要维度。每个维度再细分为不同等级，根据岗位的具体要求进行匹配。最后，对各个要素的评分进行加权计算，得到每个岗位的总分，并根据这些分数确定岗位的相对价值。

　　评分法，也被称为点数法，是目前应用最广泛的岗位评价方法之一。这种量化方法首先确定岗位的主要影响因素，并为每个因素赋予一定的分值。根据预定的标准，逐一对岗位的各个因素进行评分和估价，累加得出总分。这种方法系统且精确，能够帮助评价人员作出更为客观的判断，并且其过程简单易懂，易于接受。由于评分法综合了多个评价要素，且通常有专业人员参与评估，因此结果的准确性较高，尤其适用于生产流程复杂、岗位种类多的大中型企业。

　　2. 岗位评估设计。

　　在岗位评估设计中，评分法是企业实践中最为广泛应用的一种方法。该方法首先要求在分析公司各个岗位特征的基础上，选取一组对岗位价值具有关键影响力且普遍适用的评价因素。这些因素需要被详细定义，并按照不同的等级赋予相应的分值，形成一套衡量岗位价值的标准。随后，评估者依据这套标准对每个岗位的各个因素进行评分。通过对评分结果的统计和分析，最终得出每个岗位的具体得分，以此来衡量各岗位之间的相对价值。

　　从"岗位投入—工作参量—岗位产出"的岗位价值链逻辑出发，对岗位的任职资格、工作职责和工作贡献等方面进行考察，确定影响岗位价值维度。在这里，我们简化框架，以 4 个维度、10 个评估因素和 20 个子因素的划分做出举例阐述，说明以评分法为例的岗位评估设计流程。但在实际企业人力资源管理实践中，维度、评估因素和子因素的划分会更细，覆盖面会更广，对子因素的划分甚至可能高达几百条。在确定岗位价值大小的关键性决定因素之后，对每个子因素依据企业特点和实践经验进行总结，确定其权重并定级赋分（通常总分设为 1000 分），从而形成岗位价值评估工具。在评估时针对岗位的实际情况，对岗位的各个子因素进行等级评定，在统计分析后得出每个岗位的分值，并依据分值大小确定岗位价值等级矩阵。岗位评估因素的定义与分级如表 6 - 5 所示。

表 6 - 5　　　　　　　　　　　　岗位评估因素的定义与分级

维度	评估因素	评估子因素	子因素定义
知识技能	学历	学历要求	正规的教育和培训经历
		知识多样性	在顺利履行工作职能时需要使用多种学科、专业领域的知识，评断标准在于知识的广博度而非精深度
	工作经验	岗位操作技能要求	顺利完成操作工作所必需的技能复杂程度
		工作经验	与本业务有关的工作年限
努力程度	辛苦程度	脑力劳动辛苦程度	在工作时所需注意力集中的程度要求
		工作紧张程度	工作的节奏、时限、工作量、注意力转移程度和工作所需对细节的重视所引起的工作紧迫感
	压力程度	创新开拓	顺利进行工作所需的创新开拓精神要求
		工作均衡度	工作每天闲忙不均的程度

维度	评估因素	评估子因素	子因素定义
工作参量	工作环境	危险性	工作本身可能对任职者身体造成的危险
	工作强度	体力劳动强度	工作所需体力劳动的辛苦程度
		脑力劳动强度	工作所需脑力劳动的辛苦程度
	复杂程度	管理复杂度	指导、管理及领导他人时的幅度、层级及难易程度
		解决问题的复杂度	所面临问题是否已被明确界定和所解决问题的难易程度
责任因素	控制责任	风险控制责任	在不确定条件下，为保证生产、销售、产品开发及其他项目顺利进行时，该责任的大小以及失败后损失影响的大小
		直接成本控制责任	在正确工作状态下，因工作疏忽而可能造成的成本、费用、利息等额外损失方面所承担的责任
	监督责任	质量责任	对产品质量或质量体系的影响程度
		安全责任	岗位所承担的生产安全责任的大小
		保密责任	对所掌握的技术、信息等公司要求保密的信息有保密义务，其责任根据所掌握信息的保密等级决定
	协调责任	内部协调责任	与企业各部门协调所负有的责任
		外部协调责任	与公司外部维持工作关系所负有的责任

设计每个因素对应的分值及权重，权重之和为100%，各因素最高登记总分为1000分，如表6-6所示。

表6-6　　　　岗位价值评估因素等级赋分

维度	评估因素	评估子因素	权重	1级	2级	3级	4级	5级
知识技能	学历	学历要求	3%	6	12	18	24	30
		知识多样性	2%	4	8	12	16	20
	工作经验	岗位操作技能要求	4%	8	16	24	32	40
		工作经验	2%	4	8	12	16	20
努力程度	辛苦程度	脑力劳动辛苦程度	7%	14	28	42	56	70
		工作紧张程度	7%	14	28	42	56	70
	压力程度	创新开拓	6%	12	24	36	48	60
		工作均衡度	8%	16	32	48	64	80
工作参量	工作环境	危险性	7%	14	28	42	56	70
	工作强度	体力劳动强度	4%	8	16	24	32	40
		脑力劳动强度	5%	10	20	30	40	50

续表

维度	评估因素	评估子因素	权重	等级与分值				
				1 级	2 级	3 级	4 级	5 级
工作参量	复杂程度	管理复杂度	5%	10	20	30	40	50
		解决问题的复杂度	5%	10	20	30	40	50
责任因素	控制责任	风险控制责任	8%	16	32	48	64	80
		直接成本控制责任	6%	12	24	36	48	60
	监督责任	质量责任	4%	8	16	24	32	40
		安全责任	4%	8	16	24	32	40
		保密责任	3%	6	12	18	24	30
	协调责任	内部协调责任	4%	8	16	24	32	40
		外部协调责任	6%	12	24	36	48	60

　　根据权重与对应分值打分之后，依据分数成绩，与岗位等级相对应，设计分值对应的岗位等级，如表 6-7 所示。

表 6-7　　　　　　　　　　　岗位等级分值区间

岗位等级	分值区间		岗位等级	分值区间	
13	288	316	25	909	1000
12	262	287	24	826	908
11	238	261	23	750	825
10	216	237	22	682	749
9	196	215	21	619	681
8	178	195	20	563	618
7	162	177	19	511	562
6	147	161	18	465	510
5	134	146	17	422	464
4	122	133	16	384	421
3	111	121	15	349	383
2	101	110	14	317	348
1	—	100			

　　最后设计岗位评估打分方案，在对岗位评估打分时使用。如表 6-8 所示。

第 6 章

表 6 – 8   岗位评估打分

所处部门		岗位名称					
序号	1	2	3	4	5	6
学历要求						
知识多样性						
岗位操作技能要求						
工作经验						
脑力劳动辛苦程度						
工作紧张程度						
创新开拓						
工作均衡度						
危险性						
体力劳动强度						
脑力劳动强度						
管理复杂度						
解决问题的复杂度						
风险控制责任						
直接成本控制责任						
质量责任						
安全责任						
保密责任						
内部协调责任						
外部协调责任						

3. 岗位评估实施。

岗位评估实施是企业确保人力资源管理科学性和公平性的重要步骤。该过程通常分为多个关键阶段，以确保评估结果的准确性和有效性。

第一步，选择评估方法。在实施岗位评估之前，企业首先需要选择最适合自身特点的评估方法。这可能包括常见的评分法、因素比较法或其他定量与定性相结合的评估技术。选择合适的方法是确保评估结果有效的前提，因为不同的方法各有优劣，适用于不同类型的岗位和组织结构。

第二步，组建评价团队。岗位评估不能仅由人力资源部门独自完成，还需要成立一个专门的评价团队或委员会。这个团队通常由公司内部的不同部门负责人组成，确保他们对各类岗位的工作职责和要求有充分的了解。团队成员需要明确各自的职责，并接受相关的培训，以便在评估过程中保持一致性和客观性。

第三步，明确评估标准并开展评估。在正式实施评估前，需要对团队成员详细解释所选择的评估方法，并确保每个人都熟悉评估标准。这一步的目的是保证评估的统一性和可靠性。随后，评估工作在预定的时间和地点有序进行。此阶段的成功依赖于充分的准备，包括必要的资料、工具和环境安排。

第四步，数据汇总与分析。评估结束后，所有收集到的数据需要进行详细的汇总和分析。首先要检查数据的完整性和有效性，剔除无效数据。然后，对有效数据进行统计分析，识别出岗位之间的相对价值。如果在分析过程中发现异常或不合理的结果，可能需要对部分岗位进行重新评估。

第五步，应用评估结果。岗位评估的结果需要在企业的实际管理中得到有效应用。这些结果通常用于制定薪酬体系，确定各岗位的等级和薪酬水平。此外，评估结果还可以为职位调整、人员配置以及培训计划的制订提供参考依据，从而帮助企业实现人力资源的优化配置。

通过以上步骤，企业能够确保岗位评估过程的科学性和公正性，进而为企业的发展奠定坚实的人力资源基础。

6.4.2.3　薪酬调查

薪酬调查是企业在制定和调整薪酬体系时的重要工具，通常分为内部薪酬调查和外部薪酬调查。

1. 内部薪酬调查。

内部薪酬调查，也称为内部薪酬满意度调查，旨在了解员工对薪酬待遇的满意程度、对薪酬结构和管理制度的期望，以及他们对现行薪酬体系的意见和建议。这类调查通常由企业管理层发起，或者由人力资源部门根据规定的时间表定期进行。内部薪酬调查的时间安排可以是固定的，如每半年或每年进行一次，也可以根据企业的特殊需求临时安排。通过这类调查，企业可以评估员工对现有薪酬体系的满意度，收集员工对薪酬结构的反馈，从而预测潜在的人才流动风险，并为薪酬决策提供依据。

2. 外部薪酬调查。

外部薪酬调查，即薪酬市场调查，是企业通过各种手段收集和分析市场上的薪酬数据，然后将这些数据与企业自身的薪酬水平进行对比。这类调查帮助企业了解其薪酬在市场中的相对位置，为薪酬体系的设计和调整提供参考。外部薪酬调查的范围通常根据调查的目的而定，例如，为了引进人才，企业可能会专注于特定地区或行业的薪酬水平，因为这些区域和行业更具针对性，目标人才更有可能在此范围内流动。外部薪酬调查的主要内容包括地区薪酬水平、行业薪酬水平、行业薪酬结构以及薪酬趋势等数据。市场薪酬调查的数据来源多样，可以包括政府发布的薪酬报告、行业协会提供的薪酬数据、专业第三方调查机构的数据、企业间的联合薪酬调查结果，以及企业自身的调查。

在实际操作中，薪酬调查的一种常见方法是确定关键薪酬值，如最高值、最低值和平均值。企业会处理员工的历史收入数据，找出各工资级别的关键值，并将这些数值与市场上的数据进行比较。如果企业的平均工资水平高于市场平均水平，说明其薪酬具有竞争力；反之，则可能缺乏竞争力。根据这些数据，企业在设计薪酬结构时，可能需要考虑如何将某些岗位的薪酬提高到与市场水平持平或更高，以保持竞争力。

6.4.2.4　薪酬结构设计与规划

经过岗位评估和薪酬调查，企业可以根据自身实际情况确定合理的薪酬结构。薪酬结构又称薪酬构成，是指薪酬的构成要素及其各自所占的比例，如货币薪酬与非货币薪酬的构成、直接薪酬与间接薪酬的构成等。

1. 设计薪酬结构项目。

企业在设计薪酬结构时，通常会考虑几个核心组成部分：基本工资、绩效奖金、津贴与补贴、年度奖金以及福利待遇。基本工资包括固定的基础薪资和与岗位职责挂钩的岗位薪资，而绩效奖金则根据员工的实际工作表现进行调整。津贴与补贴的范围广泛，可能涵盖学历津贴、夜班补贴、工龄补贴、交通与通信补助，以及餐费和住宿补贴等。年度奖金通常与企业的年度利润挂钩，用于奖励员工的贡献，而专项奖金则是企业为特定目标设立的额外激励。福利部分则主要包括社会保障和住房公积金等，是对员工的间接补偿。

薪酬结构的设计不仅要考虑企业的运营特点和岗位要求，还要结合员工的反馈和市场情况。企业通常会对内部岗位进行分析和评估，以确定每个岗位的薪资范围，而这个范围应根据市场薪酬调查的数据进行调整，从而确保在市场上具有竞争力。岗位薪资的设定应灵活，不仅是一个固定数值，而是一个区间，企业可以通过参考市场数据的中位数或其他百分位数来确定这个区间的上下限。

技能工资的设定则考虑员工在技能、经验、工作效率等方面的差异，这些差异反映了员工对企业的不同贡献。绩效工资则是对员工完成工作目标的奖励，形式可以是短期的，如销售奖金、项目奖金等，也可以是长期的，如股权激励。这种多层次的薪酬结构设计旨在根据员工的实际贡献和市场状况灵活调整薪酬水平，既能激励员工，又能帮助企业保持竞争力。

薪酬结构的设计和规划是一个动态调整的过程，企业不同发展阶段设计的薪酬结构会有所不同。例如，在企业发展初期，为了鼓励员工努力工作，让员工觉得只要付出就会获得高回报，在设计薪酬结构时通常会选择提高浮动薪酬比例；在企业发展成熟阶段，为了提高员工的稳定性，可以选择减少浮动工资，增加固定工资比例；甚至有的企业把岗位工资和技能工资一起考虑，作为确定员工基本工资的依据。

2. 设计薪酬层次。

设计薪酬层次的关键在于确保不同岗位的薪酬具有合理的对比性。企业通常会根据岗位评价来划分薪酬层级，将决策层、管理层、执行层和操作层分开处理。在实际操作中，这些层级可以被划分为不同的薪级，再根据岗位评价的结果，在每个薪级内进一步划分多个具体等级。薪资档次的设置应结合企业规模和岗位性质来决定。档次过少可能限制员工的晋升空间，影响激励效果；而档次过多则可能增加管理难度和运营成本。

3. 设计薪资结构比例。

薪资结构的比例设计主要涉及固定工资与浮动工资的分配。通常，岗位层级越高，浮动工资的比例就越大，反之则越小。高层员工的工作直接影响企业的整体效益，因此其收入更应该与企业业绩挂钩，以激发更大的工作积极性。相比之下，基层员工的工作对整体经营成果的影响较小，因此固定工资占比更高，以确保收入的稳定性并避免因浮动工资过高带来的收入波动。

此外，高层员工通常面临更高的工作风险，承担更多责任，这也是他们获得更高浮动工资的原因之一。基层员工的风险相对较低，因此浮动工资比例较小，更注重保障基本收入。

4. 设计薪资数值。

企业在确定工资总额时，通常会根据自身的收入状况或市场薪酬水平来制定。对于营业收入较为稳定的企业，可以按照一定比例提取工资总额；而对于处于快速成长或初创阶段的企业，薪酬水平往往结合市场数据和企业的支付能力来确定。

在推行新的薪酬制度时，尤其是在进行薪酬改革的过程中，企业可能会通过适度增加薪酬总额来提升大部分员工的收入，以减少改革的阻力，并确保新制度能够顺利实施。

6.4.2.5　设计完善薪酬制度

薪酬体系设计是整个薪酬体系设计中最重要的环节。完善的薪酬体系是日常薪酬管理的基础，也是绩效考核的重要保障。薪酬制度包括薪酬管理的一般原则、薪酬结构、薪酬等级、薪酬考核、薪酬核算、薪酬分配、薪酬调整、福利管理、其他薪酬管理规定等具体内容。薪酬管理体系可以是一个综合体系，也可以分解为若干个子系统，如薪酬管理体系、岗位薪酬体系、绩效薪酬体系、薪酬调整体系、工龄薪酬体系、教育津贴体系、福利管理体系等。

6.4.2.6　薪酬实施保障

一般来说，薪酬实施保障的规划要从思维模式和思路入手。转变人力资源管理的理念和模式是保证薪酬体系有效运行的重要基础。要打破将人力资源视为资本的传统思维，树立现代人力资源管理理念，即明确人才是组织中最宝贵的资源和资产，这就要求组织在战略层面将员工工作绩效的提高与企业的成长发展结合起来，通过多种方式激励员工的主观能动性和创造性。同时，在管理模式上，除了人力资源的日常事务管理外，还要增加人力资源规划的投入比例，以最大限度地发挥薪酬管理在人力资源管理中的战略作用。此外，在管理理念的变革中，还应充分发挥人力资源的引进、开发、考核、激励和整合五大基本功能，在实现企业战略目标的前提下实现员工价值的最大化，充分发挥薪酬体系的基本功能，实现企业和员工利益的最大化。

前面说过，薪酬体系需要根据企业战略和发展实际进行动态调整。因此，在薪酬体系运行一段时间后，需要规划并建立及时的评估反馈机制，评估薪酬体系的实用性，进而评估在人力成本控制、客户维护、产品开发、市场开拓等方面的改进和突破，并根据评估结果对岗位薪酬、能力薪酬、绩效薪酬进行适当调整。另外，由于企业外部环境的变化，企业内部的发展和人力资源管理模式也不断变革，薪酬体系也势必会随之调整。在具体制定薪酬实施保障规划的过程中，可以采用美国质量管理专家戴明（Deming）提出的质量环原则，即 PDCA 原则作为规划指导方法，即计划（plan）、实施（do）、检查（check）和处理（action），以此保障薪酬实施与薪酬动态调整的全流程。

第 6 章

6.5　人力资源职业生涯规划

6.5.1　职业生涯规划内容

职业生涯规划是企业帮助员工明确职业方向并促进其职业发展的过程。这一过程将个人的职业愿望与组织的需求相结合，通过评估个人的主观条件，如能力、兴趣和爱好，帮助员工确定适合的职业目标，并为实现这一目标制定具体的计划和措施。

职业生涯管理作为人力资本增值管理的一部分，是现代企业人力资源管理的核心内容之一。它可以分为两大类：一是个人职业生涯管理，指员工在其职业生命周期中，通过制订职业发展计划、选择职业策略、进入职场、经历职业变动并确定职业位置等一系列步骤来管理自己的职业发展；二是组织职业生涯管理，指企业通过一系列管理方法，开发员工的潜力，帮助员工实现自我价值。

在职业生涯规划中，企业不仅要帮助员工设定短期、中期和长期的职业目标，还要引导员工通过自我认知找到最合适的职业定位。为此，企业需要使用科学的评估方法来衡量员工的知识、经验、工作技能、团队合作能力、潜力、性格以及职业动机等关键素质。此外，还应关注员工的自我评价，包括他们希望获得的技能和经验，以及对未来职业发展的期许。通过这些全面的了解，企业可以更好地支持员工的职业成长，帮助他们找到实现个人职业目标的最佳途径。

6.5.1.1　职业路径

职业路径是组织为员工设计的一种职业发展管理方案，旨在帮助员工认清自我、实现成长，并提升其在组织中的角色。通过职业路径设计，员工可以明确自己在组织中的发展方向和机会，同时，组织也能够更好地理解和满足员工的职业需求。职业路径不仅帮助员工胜任工作，还通过设立不同的晋升条件和程序，影响员工的职业发展，使他们的职业目标与组织需求保持一致。一个精心设计的职业路径不仅有助于企业吸引和留住优秀人才，还能激发员工的工作兴趣，充分挖掘他们的潜力。常见的职业路径设计有以下四种类型：

（1）传统职业路径：基于以往员工在组织内的发展经验而制定的一种职业发展模式。

（2）行为职业路径：通过分析不同岗位对行为的要求，设计出相应的职业发展路径。

（3）横向职业路径：通过横向调动员工，使其接触不同的工作领域，从而增加工作多样性并激发新的工作活力。

（4）双重职业路径：专为具有专业技能的员工设计，既让他们继续在本专业领域内发展，又不排斥他们在职业发展过程中探索其他领域。

6.5.1.2　职业选择

职业选择是个人确定就业方向和类型的过程。合理的职业选择有助于个人更好地适应岗位，顺利进入职场，同时也有利于社会化的实现。根据不同的职业倾向，人的职业选择大致可以分为以下六种类型：

（1）实用型：倾向于从事需要体力活动和技能协调的职业，如基础操作员等。

（2）研究型：倾向于从事以认知活动为主的职业，如研究员、咨询师和讲师等。

（3）社会型：倾向于从事涉及大量人际互动的职业，如营销人员、市场专员和医生等。

（4）常规型：倾向于从事规则性强、活动固定的职业，如车间工人、银行柜员等，这类职业通常要求个人服从组织的需求。

（5）企业型：倾向于从事通过语言活动影响他人行为的职业，如企业管理人员和公共关系管理者等。

（6）艺术型：倾向于从事能够表达自我、进行艺术创作和情感表达的职业，如设计师、艺术家和广告制作人等。

这些职业选择反映了个体在不同职业领域的兴趣和能力，帮助他们找到最适合自己的职业道路。

6.5.2　员工职业生涯规划流程

职业生涯管理是企业确保员工个人发展与公司目标相结合的重要过程。为确保这一过程的成功，企业需按以下几个关键步骤实施。

1. 职业生涯理念宣导。

职业生涯管理的第一步是向全体员工传播职业生涯管理的理念、技术和方法。首先，应对负责管理职业生涯规划的团队成员进行深入培训，因为他们将直接领导和执行整个过程。其次，企业需要向广大员工宣讲职业生涯管理的目的和意义，明确其对员工个人发展的益处，并指导他们如何积极参与和配合这一过程，从而确保员工对职业生涯管理的正确理解和积极响应。

2. 个人职业面谈。

在团队培训和宣导之后，下一步是通过组织面谈帮助员工提升自我认知。这一环节由员工的直接上级负责，与员工回顾其过去的表现，肯定其成绩，同时指出不足之处并提供改进建议。员工也应在面谈中主动表达自我评价，包括自身的兴趣、职业规划等。这种双向沟通不仅有助于员工明确未来的发展方向，也为企业设计符合员工职业定位和公司发展战略的职业规划提供了必要的信息。

3. 岗位分析与数据收集。

准确的岗位分析是职业生涯管理的基础。企业应使用各种工具和方法，如职位分析问卷、访谈和关键事件调查等，收集各岗位的详细信息。这些信息包括岗位的基本情况、工作职责和标准、所需的技能和资格等。通过岗位分析，企业可以清晰地了解每个岗位的要求，为员工职业规划的制定提供数据支持。

4. 制定职业规划路线图。

在收集到足够的数据和信息后，企业需要为员工制定职业生涯规划路线图。这个过程通常分为三个阶段：首先，根据面谈和岗位分析的信息，明确员工的职业定位；其次，设计具体的职业发展路线，明确晋升标准、轮岗机会和目标岗位；最后，与员工协商确认职业规划路线图，并确保其可操作性。企业还需考虑现有资源和未来可能提供的支持，以确保职业规划的实际可行性。

5. 构建职业发展通道。

为了实现员工的职业发展目标，企业需要构建合理的职业发展通道。主要有三种通道类型：第一，垂直职业发展通道，适用于管理层员工，从主管到经理再到总监的典型晋升路径；第二，横向职业发展通道，适用于技术人员，通过岗位轮换和工作内容丰富化促进职业成长；第三，双重职业发展通道，为具有专业技能的员工提供平行晋升机会，满足他们的多样化发展需求。企业应根据员工的具体情况，量身定制职业发展通道。

6. 实施职业晋升。

在职业规划和发展通道构建完成后，企业应启动人才培养和晋升计划。这一过程的目的在于提升员工的能力，确保他们符合新的职业发展要求，并通过适当的激励措施将职业生涯规划从理论转变为实践。通过系统的培训和晋升机制，企业可以保障员工的职业成长和职业生涯管理目标的实现。

7. 监控与反馈机制。

职业生涯管理的最后一步是建立持续的监控、反馈和评估机制。企业需定期评估职业生涯管理的效果，发现并纠正实施过程中出现的问题，以确保职业生涯管理目标的实现。同时，企业应通过对员工行为变化、满意度、流失率等指标的监控，评估职业生涯管理的实际效果。在企业层面，重点在于评估职业生涯管理对公司人才竞争力的影响，以及企业成本与收益的关系。只有通过持续的监控和反馈，职业生涯管理才能不断优化，逐步达到预期目标。

6.5.3　员工职业生涯管理模型

6.5.3.1　个人职业生涯管理模型

员工的职业生涯管理是一个持续发展的过程，旨在帮助个人在工作环境中找到最佳的职业定位。该管理模型包括几个关键步骤：探索职业机会、了解自我与外部环境、设定职业目标、制定发展策略、执行计划、逐步接近目标、获取反馈，并进行职业生涯评估。这个模型强调员工的主动性和适应性，鼓励员工通过不断的信息收集和自我反思，制定切合实际的职业目标和实施计划，并通过反馈机制不断调整，以确保职业生涯的发展方向符合自身需求和组织目标。

在这一过程中，员工的职业满意度与他们的工作环境和个人需求的契合度息息相关。当个人的工作职责与其兴趣、技能和价值观相匹配时，他们的职业表现和满足感都会大幅提升。因此，该模型的最终目标是实现员工与岗位之间的最佳匹配。

为了更好地理解个人职业生涯管理中的决策过程，我们可以参考丹尼尔·戈尔曼

（Daniel Goleman）提出的情商管理理论。戈尔曼认为，不同的人在面对职业选择和职业发展时，会展现出不同的情商风格，而这些风格会直接影响他们的职业决策和表现。

（1）自我意识型：这种风格的人具有高度的自我认知，清楚自己的优势、弱点以及情感状态。他们能够在职业规划中充分利用自己的强项，避免短板，并能够冷静地评估自己的职业选择。这种类型的人通常会做出深思熟虑且具有现实性的职业决策。

（2）自我调节型：这类人擅长控制自己的情绪和冲动，能够在职业决策中保持冷静和客观。他们不会因为短期的情绪波动而作出草率的决定，倾向于通过理性的分析来选择最佳的职业路径。

（3）动机型：动机型的员工对自己的职业目标充满激情，具备高度的成就动机。他们通常会积极设定具有挑战性的职业目标，并且在职业生涯中展现出极大的坚持和努力。这种风格的人往往会推动自己不断前进，并在职业发展中表现出色。

（4）共情型：共情型的人善于理解他人的情感和需求，擅长处理人际关系。这种情商风格在职业生涯管理中表现为对团队合作和领导力的重视。他们在选择职业路径时，往往会考虑到对他人和团队的影响。

（5）社交技巧型：这类人具备出色的沟通和社交能力，能够有效地影响他人并处理复杂的社会互动。他们在职业决策中会利用这些社交优势，选择那些能够充分发挥其沟通能力的职业路径。

6.5.3.2　个人职业生涯规划方法

职业生涯规划是个人为实现职业目标而采取的一系列策略和步骤。它不仅涉及目标的设定，还包括如何利用个人资源、提升技能，以及如何在竞争中脱颖而出。可以用以下几种常见但不同的方法来规划职业生涯。

1. 自我反思与评估。

职业生涯的起点在于深入的自我反思。通过分析自己的兴趣、价值观、长处和短板，个人可以更清晰地认识自己。工具如迈尔斯－布里格斯类型指标（MBTI）和克利夫顿优势评价（Clifton Strengths）可以帮助个人确定适合自己的职业类型和发展方向。

2. 职业辅导与教练。

职业辅导或职业教练能够为个人提供专业的指导，通过一对一的深度辅导，帮助他们明确职业目标，识别发展机会，并制订个性化的职业发展计划。职业教练通常利用各种评估工具和对话技巧，引导个人发现自己的职业道路，并在职业生涯中作出更加明智的决策。

3. 网络与社交资本建设。

建立和扩展职业网络是职业规划的重要组成部分。通过积极参与行业会议、加入专业协会、利用社交媒体平台（如 LinkedIn），个人可以扩大自己的职业网络，获得行业洞察和职业机会。社交资本不仅是找工作的一种手段，也是持续职业发展的重要资源。

4. 行动学习项目。

参与行动学习项目或企业内外的实际项目，是职业生涯规划中非常实用的方

第 6 章

式。通过这些项目，个人可以获得实际工作经验，同时也能展示和提升自己的能力。这些经历不仅丰富了个人的职业履历，还可以帮助他们在未来的职业决策中更加自信。

5. 职业转型与多职业路径探索。

随着职业发展的多样化趋势，越来越多的人选择探索多种职业路径或进行职业转型。通过参加短期课程、获得新技能认证或在兼职工作中积累经验，个人可以探索并进入新的职业领域。这种方法不仅为个人提供了新的职业机会，还增强了他们在职业市场中的竞争力。

6. 目标设定与进度评估。

制定明确的职业目标是职业规划的核心部分。无论是短期的职位提升还是长期的职业转型，设定清晰的目标可以为个人提供方向感。在实现目标的过程中，定期进行进度评估也是必要的，这样可以确保个人在职业道路上持续前进，并根据需要调整计划。

7. 职业体验与工作轮换。

通过参与不同的工作任务或岗位轮换，个人可以获得广泛的工作体验，从而更好地理解不同职业角色的要求。这种多样化的职业体验不仅帮助个人更好地定位自己的职业兴趣，还提升了他们在多个领域的适应能力。

8. 自我激励与持续学习。

职业生涯的成功在很大程度上依赖于个人的自我激励和持续学习能力。个人可以通过设定挑战性目标、参与学习和发展机会等方式，保持职业生涯中的动力和活力。自我激励不仅推动个人不断前进，还可以帮助他们在面对职业挑战时保持积极的心态。

6.5.3.3　个人职业生涯决策模型

有效的员工职业发展管理必须以对个人职业发展的深刻理解为基础。企业只有在掌握员工职业发展的特点并充分了解其职业需求的前提下，才能将组织目标与个人目标有机地结合起来，从而提升员工对职业发展的满意度。

1. 传统职业决策模型。

早期的职业决策模型通常基于个体的生理发展阶段，这些模型着重探讨员工在不同年龄阶段的职业发展特点。例如，职业生涯被划分为探索期、建立期、维持期和衰退期，每个阶段都有其特定的职业需求和行为特点。虽然这些模型为理解员工职业发展提供了基础框架，但随着现代企业内外部环境的迅速变化，这种基于固定生理阶段的模型显得不够灵活，难以应对当今职场的多样性和复杂性。

2. 生命周期职业规划方法。

早期职业规划方法强调员工职业发展的连续性，通常基于员工的生命周期进行管理。企业通过分析员工在不同年龄段的职业需求和行为特征，制订相应的职业发展计划。这种方法有助于企业为员工的职业成长提供阶段性支持，但在面对现代职场环境的不确定性和多变性时，显得较为局限。随着职业发展的个性化趋势日益明显，单纯依赖生命周期方法难以满足员工多元化的职业期望。

3. 决策平衡单。

决策平衡单是一种广泛应用于问题解决和职业咨询中的分析工具，旨在帮助个人系统地评估各种可能的选择，并确订最优的方案。这种工具通过对不同选项的综合评估，帮助决策者作出更明智的选择。在面临职业选择时，决策平衡单可以引导个体从物质和精神两个方面全面评估每个选项，确保最终的职业选择既符合个人目标，也考虑到社会和他人的需求。

专栏 6 - 5

平衡单法案例举例

范围	内容	助力因素	阻力因素
自我认知	兴趣爱好		
	人格特质		
	生涯能力		
	态度和信念		
	决定风格		
	生涯价值观		
生涯资讯	对工作世界的了解		
	对就业趋势的了解		
	对经济发展的认识		
	未来培训机会		
环境关系	家庭传统		
	社会地位		
	他人期待		
	未来人际计划		

（1）决策平衡单主要包括四个评估维度：①自我物质方面的得失。衡量每个职业选择对自身物质条件的影响，如薪资、福利、工作环境等。②他人物质方面的得失。评估职业选择对他人的物质影响，如家庭的经济状况、伴侣的职业生活平衡等。③自我精神方面的得失。分析职业选择对个人心理和情感的影响，包括工作满足感、自我实现、价值认同等。④他人精神方面的得失。考察职业选择对他人心理和情感的影响，如家人、朋友对职业选择的支持或反对，以及职业选择对他们的情感影响。

（2）使用平衡单的步骤：①列出职业选项。确定所有可能的职业选择。②分析选项。对每个职业选项分别从自我物质、他人物质、自我精神、他人精神四个方面进行详细分析。③评估利弊。对每个方面的利弊进行评分，考虑每个职业选择的正负影响。④计算得分。根据评分和权重，计算每个职业选项的总得分。⑤作出选择。综合所有得分，比较各职业选项，最终选择最符合个人和社会需求的职业路径。

在实际应用中，决策者需要根据个人的实际情况，对每个方面给予不同的权重。例如，有些人可能更重视自我的精神满足，而另一些人可能更关注物质回报。在评分和权衡时，这些主观因素需要被充分考虑。通过计算和比较各选项的综合得分，最终确定最适合的职业选择，并制订相应的实施计划。

4. 综合职业生涯决策模型。

为了更好地适应现代职场的复杂性，企业逐渐转向综合职业生涯决策模型。这种模型不仅考虑员工的职业发展阶段，还将外部环境变化、组织战略需求、个人兴趣、技能和职业价值观等多个因素纳入决策过程。综合职业生涯决策模型强调灵活性和适应性，允许企业为员工制定更为个性化、动态化的职业发展路径。这一模型帮助企业在多变的市场环境中保持竞争力，同时确保员工的职业目标与企业的长期发展战略相一致。

5. 认知信息处理模型。

在职业生涯管理中，个人对职业问题的解决能力依赖于有效的认知信息处理。通过增强这一处理能力，个人可以更好地作出职业决策并应对职业挑战。基于这一原则，认知信息处理模型可以被分为三个主要层次：信息获取、决策制定和执行实施。

（1）信息获取层。信息获取层是认知信息处理的基础，类似于收集和整理数据的过程。这个层次涉及对个人职业生涯相关信息的全面收集，包括外部职业信息和内部自我认知。①职业信息收集。这一部分包括了解职业市场的需求、工作要求、行业发展趋势、薪酬水平以及必要的技能和资格。这些信息可以通过阅读行业报告、参与职业研讨会或使用职业指导软件获得。②自我认知。自我认知涉及对个人能力、兴趣、价值观、性格特质和职业动机的深入理解。通过自我反思、心理评价工具或职业咨询，个人能够更好地识别自己的强项和弱点，这有助于制定更加符合自身特点的职业目标。

（2）决策制定层。决策制定层是信息处理的核心，涉及将收集到的信息转化为具体的职业决策。这个过程包括以下几个关键步骤：①选项生成。在收集到足够的信息后，个人需要生成多个职业选择，考虑所有可能的职业路径和机会。②选项评估。对每个职业选项进行深入评估，考虑其与个人目标、能力和价值观的匹配度。还应评估每个选项的可行性和潜在风险。③决策选择。基于评估结果，作出最终的职业选择。这个决策过程应该是理性的，结合了所有相关信息，并考虑了长期的职业发展潜力。

（3）执行实施层。执行实施层是将职业决策转化为具体行动的阶段。在这一层，个人需要将决策付诸实践，并对职业生涯的进展进行持续监控。①行动计划。制订详细的行动计划，包括所需的步骤、资源、时间表以及潜在的障碍。行动计划应具有现实性和可操作性，以确保决策能够顺利实施。②监控与调整。在执行过程中，个人需要不断监控职业发展情况，根据实际情况调整行动计划。这可能包括修正职业目标、寻找新的发展机会或克服意外挑战。

第 6 章

6.5.4　组织职业生涯管理

组织职业生涯管理是指企业通过一系列有针对性的政策、措施和活动，将员工的职业发展需求与企业的人力资源战略紧密结合，旨在促进员工职业生涯的持续成长和发展。通过这种管理方式，企业不仅为员工提供了职业发展的机会和支持，还最大限度地激发了员工的工作积极性。组织职业生涯管理的核心在于协调和匹配个人职业目标与企业目标，从而实现双赢局面。

6.5.4.1　职业生涯发展各个阶段组织的任务

1. 招聘阶段的职业规划支持。

在招聘阶段，企业应确保候选人清楚理解未来的岗位职责以及企业的愿景和文化。这不仅有助于吸引与企业文化契合的人才，还能有效筛选出那些具备必要技能和态度的候选人。通过详细的面试和测试，企业可以评估候选人的职业发展潜力，以便将他们放置在最适合的岗位上。

2. 入职初期的职业导向。

在员工的入职初期，企业应通过详细的职业导向和培训计划，帮助新员工适应企业环境。此阶段的重点是确定员工的职业兴趣和技能优势，并将其匹配到最合适的职业轨道上。同时，企业应为新员工提供导师支持，帮助他们尽快融入团队并开始规划职业发展路径。

3. 职业生涯中后期的支持。

在员工职业生涯的中后期，企业应提供必要的资源和支持，帮助员工过渡到职业生涯的下一阶段。这可能包括为接近退休的员工提供退休规划咨询和培训，帮助他们在退休后继续发挥作用，或者通过调整工作职责，延续他们的职业贡献。

6.5.4.2　组织职业生涯管理方法

1. 职业发展工作坊与资源支持。

企业可以组织职业发展工作坊，提供自我评估工具和个性化指导，帮助员工明确职业目标并制定实现路径。对于那些无法参加集体活动的员工，企业应提供在线资源和工具，使他们能够在方便的时候进行自我评估和职业规划。

2. 个性化职业咨询。

企业可以为员工提供个性化的职业咨询服务，帮助他们应对职业生涯中的挑战。无论是通过内部人力资源专家，还是通过外部职业顾问，企业都应确保员工能够获得有针对性的建议和指导，以便他们能够有效规划自己的职业发展。

3. 内部职业发展信息发布。

企业应建立一个透明的内部职业发展信息平台，定期发布内部的职业机会和发展路径。这不仅有助于员工了解可能的职业发展方向，还能激励员工积极参与职业发展计划，追求更高的职业目标。

4. 员工潜力评估系统。

通过定期的潜力评估，企业可以识别高潜力员工并为他们量身定制职业发展计划。这些评估可以结合工作表现、领导潜力、技能水平等因素，为员工的长期职业

第 6 章

发展提供依据。

5. 系统化的培训与发展计划。

企业应设计系统化的培训与发展计划，并涵盖多种职业发展路径。无论是通过岗位轮换、领导力培训，还是跨部门项目，企业都应为员工提供多样化的成长机会，帮助他们在职业生涯中不断提升。

6. 动态职业锚管理。

企业应定期帮助员工评估他们的职业锚，即职业发展的核心动机和目标。通过定期的反馈和职业锚评价，企业可以帮助员工调整职业规划，确保他们的职业发展方向与企业的需求和目标保持一致。

职业锚（career anchor）概念最初由麻省理工学院的埃德加·施恩（Edgar Schein）教授提出，是一种用于理解和预测个人职业选择的理论模型。职业锚指的是在个人的职业生涯中，逐渐形成的稳定的自我认知与职业价值观。它代表了个体在职业生涯中最重要的需求和动机，这些需求和动机会在职业选择和发展过程中始终发挥关键作用。

每个人的职业锚通常在职业生涯的前几年逐渐成形，一旦形成后，就会对其职业选择产生长期的影响。职业锚决定了个人对职业的核心需求、期望和追求，也就是在各种职业选择中，什么对个人来说是最重要、最不可妥协的。

根据施恩教授的研究，职业锚主要分为八种类型，每一种类型对应不同的职业动机和价值观。理解这些类型有助于个人和企业更好地匹配职业目标与职业路径。

（1）技术/职能型。具有技术/职能型职业锚的人在特定的技术或职能领域中表现出强烈的兴趣和能力。他们寻求在自己的专业领域中获得卓越的成就，追求不断提高的专业水平和技能。他们通常不愿意放弃自己的专业特长去承担综合管理的工作，因为他们的成就感主要来自于专业领域的深度发展。

（2）管理型。具有管理型职业锚的人对管理工作充满热情，他们希望通过承担管理职责来实现自我价值。这类人善于处理复杂的组织问题，并乐于在组织中承担更大的责任。他们的职业目标是晋升到更高的管理层级，负责更广泛的管理事务，作出影响企业成败的决策。

（3）自主/独立型。具有自主/独立型职业锚的人追求工作中的自由和独立性。他们希望在工作中拥有较大的自主权，不受他人或组织规章制度的束缚。这类人倾向于选择能够自主决策、灵活安排工作的职业，往往更适合自由职业、咨询顾问或创业等不受限制的工作环境。

（4）安全/稳定型。具有安全/稳定型职业锚的人高度重视职业的安全感和稳定性。他们希望拥有一份可以长期维持的工作，能够预见未来的职业发展，避免职业生涯中的不确定性和风险。公共部门或大型企业中的长期职位，通常能够满足这些人的职业需求。

（5）创业型。具有创业型职业锚的人渴望通过创建和发展新事物来实现自我价值。他们充满创造力和冒险精神，喜欢将自己的想法付诸实践，建立新的企业、产品或服务。创业成功与经济回报对他们来说是最重要的成就和激励。

（6）服务型。具有服务型职业锚的人希望通过自己的工作来体现个人的社会

第 6 章

价值。他们倾向于选择那些能够帮助他人或社会的职业，比如教育、医疗、社会工作等。他们的职业决策通常基于工作对社会的贡献，而非个人的经济回报。

（7）挑战型。具有挑战型职业锚的人喜欢在工作中不断面对挑战和困难，他们将战胜困难和超越极限视为最大的职业成就。这类人通常会选择那些要求高、压力大的工作环境，享受解决复杂问题或击败强劲对手带来的成就感。

（8）生活型。具有生活型职业锚的人追求职业与个人生活的平衡。他们希望通过工作满足自己的生活需求，强调家庭、健康、娱乐与工作的协调。他们通常会选择那些能够提供灵活工作时间和较好生活质量的职业，哪怕这意味着在职业晋升上做出妥协。

职业锚不仅是个人职业发展的指南针，它还为企业的人力资源管理提供了重要的参考依据。虽然职业锚一旦形成会具有一定的稳定性，但它并不是一成不变的。随着个人生活阶段、职业经历和外部环境的变化，职业锚也可能发生调整。因此，个人和企业都需要定期进行职业锚的再评估，确保职业发展路径与当前需求和未来目标保持一致。

7. 接班人计划。

接班人计划（succession planning）是企业人力资源管理的重要组成部分，旨在为关键职位的继任做好充分准备。接班人计划的核心是确保在关键岗位出现空缺时，企业能够顺利地找到合适的人选进行接替，以维持企业运营的连续性和战略目标的实现。这个计划不仅涉及高层管理人员的继任，还包括中层管理者及关键技术岗位的继任安排。

接班人计划对企业的长远发展至关重要，主要体现在以下几个方面：

（1）接班人计划的作用。①保障业务连续性。在关键管理人员或核心技术人员离职、退休或意外事件发生时，接班人计划能够确保业务的顺利交接，避免因关键岗位的空缺而影响企业运营。②支持战略目标实现。接班人计划是企业实现长期战略目标的重要保障。通过提前识别和培养具备战略眼光和执行能力的继任者，企业可以确保其战略方向的延续性和一致性。③提升员工忠诚度和积极性。为员工制定明确的职业发展路径，并提供接班人计划，能够激励员工提升能力，增强他们对企业的忠诚度和工作积极性。这不仅有助于人才的保留，还能激发员工的潜力，为企业注入持续的动力。④应对人才短缺和竞争压力。在激烈的市场竞争中，具备接班人计划的企业能够更快地应对外部环境的变化，迅速填补关键岗位的空缺，保持竞争优势。

（2）制订和实施接班人计划的步骤。制订和实施一个成功的接班人计划通常包括以下几个关键步骤：①识别关键岗位。首先，企业需要确定哪些岗位对于组织的持续发展至关重要。这些岗位通常包括高层领导职位、核心管理岗位，以及一些关键技术或业务岗位。识别关键岗位有助于企业聚焦接班人计划的重点，确保资源的有效分配。②制定岗位需求标准。对于每一个关键岗位，企业需要明确其职责、技能要求、行为特质和胜任能力。这些岗位需求标准将成为接班人选拔和培养的基础，帮助企业在继任者中寻找符合这些标准的候选人。③评估现有人才。企业应对现有的员工进行全面的评估，识别那些具有潜力成为接班人的人才。评估内容通常包括员工的绩效、领导能力、技术技能、职业发展意愿等。通过评估，企业能够建立一份潜在接班人名单，并为这些人才制订针对性的培养计划。④制订继任者培养计划。针对识别出的潜在接班人，企业需要设计系统的培养计划。这个计划应包括多种形式的学习和发展机会，如岗位轮换、导师制、领导力培训、外部教育和职业发展辅导等。培养计划的目标是弥补候选人能力与岗位需求之间的差距，使他们在未来能够胜任关键岗位的要求。⑤实施培养计划与监控进度。在实施培养计划的过程中，企业应定期监控接班人的发展进度，评估培养效果，并根据实际情况调整培养方案。通过定期的反馈和评估，企业可以确保接班人计划的有效性，并及时发现和解决问题。⑥进行继任决策。当关键岗位出现空缺时，企业应根据接班人计划中积累的评估数据和培养成果，作出继任决策。这一决策应以客观、公正和透明的方式进行，确保最合适的人选能够顺利接任关键岗位。⑦继任过渡与支持。一旦接班人确定，企业需要为其提供必要的支持和资源，帮助其顺利过渡到新岗位。这可能包括继续的培训、与前任的交接，以及在初期阶段的特别辅导等。成功的继任过渡能够确保新接班人在新的岗位上尽快进入角色，带领团队继续前进。

（3）接班人计划面临的挑战。虽然接班人计划对企业有着重要意义，但在实际实施过程中，也会面临一些挑战：①人才识别难度大。识别具有潜力的接班人并非易事。企业可以通过建立系统的绩效管理和人才评估机制，借助科学的工具和方法，如360度评估、心理评价等，来提高人才识别的准确性。②培养时间长、成本高。培养接班人通常需要较长的时间和较高的投入。企业需要在制订培养计划时，考虑长远投资回报，通过多样化的培养手段，最大化培养效果，确保培养投入的有效性。③继任者的忠诚度与保留问题。在培养接班人的过程中，企业面临着人才流失的风险。为此，企业应通过构建良好的企业文化、提供具有吸引力的职业发展机会和激励机制，来提高接班人的忠诚度和归属感。④内部竞争与文化冲突。接班人计划可能会引发内部竞争，甚至引发文化冲突。企业需要通过透明的继任流程和公平的评价体系，管理内部竞争，并确保接班人计划与企业文化保持一致。

本 章 习 题

一、名词解释

职位分析　职业锚　人才评价　工作轮换

二、简答题

1. 人力资源规划的编制有哪些步骤？
2. 职位分析的范围是什么？
3. 组织为什么要进行工作设计？

三、论述题

1. 试论述人力资源规划与人力资源开发之间的关系。
2. 试分析我国进行宏观人力资源规划的重要性。
3. 试论述员工个人人力资源规划与组织人力资源规划之间的区别与联系。

第 6 章

第7章 人力资源规划的实施

比尔·沃伦（Bill Warren）在20世纪90年代创立了一个在线求职网站，成为头部互联网求职网站之一巨兽公司（Monster.com）的总裁，由此开创了一个新兴的行业。尽管如此，他对取得的成就并不十分满意。

为此，他正在进行另一项尝试。通过比较挖掘 Monster、Career Builder 及类似的商业招聘网站，沃伦决定研发一个非营利性的工作列表系统，以降低雇主为发布职位而支付的成本，并尽可能简化求职者的操作流程，提升公司和求职者双方的效率。此举得到了数百家大公司的热情支持，包括 IBM 公司、美国运通公司、AT&T公司和强生公司等，这类雇主每年在招聘与甄选上的投入高达数十万美元。人力资源专业社交网站 RecruitingBlogs.com 的副总裁阿克尔评价称："这是自在线求职行业出现以来，我所见过最伟大的创举。"尽管商业竞争对手表示他们已准备好迎接新的竞争，巨兽公司的发言人马特汉森仍自信地表示："我们仍然相信，我们是当今招聘人员最具成本效益的招聘来源之一。"

沃伦指出，目前的这些商业网站向雇主收取的信息发布服务费十分高昂，却并不会发布他们全部的职位空缺，这就让很多潜在的求职者没有办法意识到很多机会的存在。沃伦还认为，近年来，这些网站将相当大的一部分精力用在投放广告上，且这些广告涵盖大量的所谓"居家办公"的骗局。

同时，雇主还希望通过多种方式与求职者建立直接关系。许多人表示，他们更喜欢根据他们要填补的职位量身定制的简历，而不是网上发布的通用简历。随着失业人数的大量增加，招聘人员表示，他们在网站上发布的职位空缺引起了强烈反响。

沃伦希望推出的解决方案正在由雇主直聘协会孵化，该协会由500多家大公司组成，沃伦在其中担任执行董事。该协会的计划要求公司在".jobs"域名下发布职位，以便更好地组织网站上的职位列表。例如，某人可以访问 ATT.jobs 查看该公司的所有职位列表。

DirectEmployers 的软件将自动对此类列表进行编码，以便按城市或职业轻松搜索它们。该协会将对多达30000个区域".jobs"网址中的列表进行分类，例如

"atlanta. jobs"。这将有助于人们在特定地点寻找工作。该组织希望添加数千个职业域名，例如 "engineer. jobs"。

属于该协会的公司每年支付 15000 美元的会员费，并将在 ".jobs" 网站上获得显著位置。较小的公司可以每年花费大约 125 美元购买一个 ".jobs" 域名，然后免费发布职位。他们还可以通过州职业介绍所工作，这些介绍所免费在线发布职位。以这样的价格，新的 ".jobs" 系统可能会成为另一个削弱当前存在的新兴招聘管理方式，就像当初求职网站出现时对传统纸质媒体的求职板块造成的冲击一样。

目前，巨兽公司的基本费率是每个职位发布的报价是 395 美元，但批量发布职位时会提供批量折扣。同时，求职者可以免费访问网站，但公司在搜索求职者简历时需进行付费。目前一些世界 500 强公司每年雇用数千名员工，即使在困难时期，岗位空缺相对较小时，列出所有空缺职位的成本也可能接近 100 万美元。

资料来源：Christopher S. Rugaber，"Pioneer of Online Job Search Starts Over Again"，*BusinessWeek*，February 25，2010，http：//www. businessweek. com。

请思考并回答如下问题：

假设您正在美国北卡罗来纳州的一家 200 ~ 500 人的公司任 HR，您所在的公司刚经历过一场世界范围内的经济危机，而目前存在大量的机械工程类岗位空缺。在此宏观环境下，面对这种招聘模式的改变，您认为您所在的公司应如何进行人力资源规划的实施，并进行动态调整呢？

学习目标

1. 了解人力资源规划的实施原则
2. 明确人力资源规划的具体实施办法
3. 了解人力资源规划的实施模型
4. 掌握人力资源规划的实施流程

第 7 章

有效的人力资源规划是企业管理中的关键步骤，它能够帮助企业在竞争激烈的市场中优化人力资源的配置，提高员工的适配性，同时有效降低招聘成本。从人力资源管理的角度来看，人力资源规划不仅仅是简单的人员配备，更是基于将人视为企业战略资源的理念，围绕企业的业务需求进行的系统性计划。这个规划不仅关注数量上的需求，还特别注重人员质量，以确保企业能够获得和维持必要的技能和能力。

在实施人力资源规划时，还必须综合考虑员工的职业发展和个人成长需求。这样不仅有助于提升员工的工作满意度和忠诚度，也能够更好地促进企业整体效率的提高。人力资源规划在战略人力资源管理中起着不可或缺的作用（见图 7 - 1），它将企业的长期发展目标与人力资源策略紧密结合，为企业的可持续发展提供有力支持。

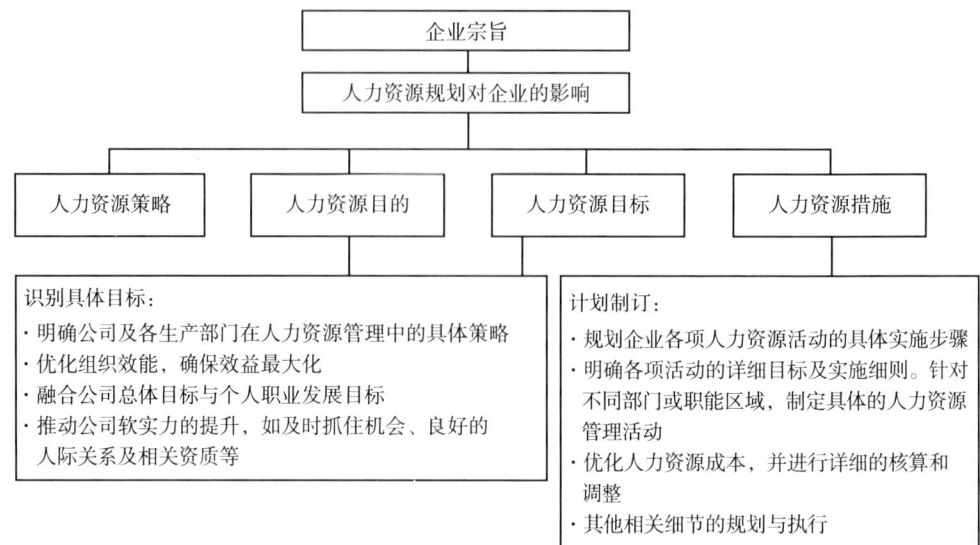

图 7 - 1　人力资源规划对企业的影响

7.1　人力资源规划的实施要点

7.1.1　人力资源规划的实施原则

在人力资源规划的实施过程中，企业需要遵循一系列的原则，以确保规划的有效性和可持续性。这些原则包括：

1. 系统性原则。

人力资源规划需要作为一个整体的系统进行设计和实施。各个环节相互关联，彼此影响，任何一个环节的变化都可能对整体产生影响。因此，系统性规划不仅要关注各个部分的细节，还要重视整体的协调性和一致性。

2. 适应性原则。

企业面临的环境不断变化，因此人力资源规划必须具备高度的灵活性，能够迅速适应内外部环境的变化。这意味着在实施过程中，要定期进行风险分析和预测，及时调整规划，以应对不确定性和新的挑战。

3. 目的性原则。

明确人力资源规划的最终目标是确保企业的人力资源供给能够满足企业发展的需求。这涉及对人员流动的预测、社会劳动力市场的分析，以及企业内部人员流动的管理，以确保企业能够迅速获得所需的人才资源。

4. 发展性原则。

人力资源规划不仅服务于企业的发展，也服务于员工的职业成长。因此，规划的实施应逐步推进，帮助企业和员工共同达到预期目标。在此过程中，员工的发展和企业的成长应相辅相成，共同推动组织的持续进步。

5. 协作性原则。

人力资源规划的有效实施需要全员的共同参与，尤其是企业领导层的高度重视与支持。各部门之间需要密切合作，共同为实现规划目标而努力。通过各方的协调与配合，企业才能在复杂的内外部环境中保持竞争优势。

7.1.2　人力资源规划的实施者

在现代企业中，人力资源规划已超越了传统的行政管理职能，成为战略性工作的一部分。这一规划的实施需要多方参与，共同推动。

1. 企业领导。

作为战略规划的决策者，企业领导在实施人力资源规划中起着关键作用。他们不仅需要参与规划的制定，还要在执行过程中提供指导和监督，确保规划能够顺利落实。

2. 各部门负责人。

不仅是人力资源部门，业务部门的负责人也需要积极参与人力资源规划的制定和实施。他们需要了解人力资源管理的基本原则，与人力资源部门紧密合作，以确保规划符合部门需求。

3. 人力资源部门。

人力资源部门的职责不仅是制定规划，更要在执行过程中起到咨询和辅导的作用。他们需要为各部门提供支持，帮助其顺利实施规划，同时进行监督和评估，以确保规划目标的达成。

7.1.3　人力资源规划的实施路径

企业在实施人力资源规划时，必须根据组织的发展阶段和内外部环境的变化进行相应的调整。

1. 创业阶段。

在企业初创时期，生存是首要任务。因此，人力资源规划的重点应放在吸引和培养具有创业精神和专业能力的核心人才上，确保企业能够在激烈的市场竞争中站稳脚跟。

2. 成长阶段。

随着企业的发展，组织结构的完善和管理的规范化成为重点。此时，人力资源规划应关注管理人才的培养和团队建设，确保企业能够实现有序扩展。

3. 成熟阶段。

在企业进入成熟期后，战略规划的重点转向提高管理效率和增强核心竞争力。人力资源规划此时应着眼于长远发展，培养具有战略眼光和创新能力的高级管理人才。

4. 衰退阶段。

在企业进入衰退期时，组织面临的挑战更加严峻。此时，人力资源规划的重点应放在重组和优化上，通过引进新的人才和调整现有的人力资源结构，帮助企业重新焕发活力，实现"再生"。

这些路径和原则共同构成了企业在不同发展阶段有效实施人力资源规划的框架，确保企业在不断变化的环境中始终保持竞争力。

7.1.4　人力资源规划实施的战略阶段

随着企业的不断发展，优秀的人力资源开发和储备对企业的长期成功至关重要。因此，人力资源规划逐渐成为企业管理中的核心工具。具体来说，实施人力资源规划可以分为三个关键阶段：完善阶段、改进阶段和持续改进阶段。

1. 完善阶段：建立与完善职业化人力资源管理体系。

在这个初始阶段，企业应全面推动职业化人力资源管理体系的建立和运作。通过系统化的规划和分级管理，企业需要引入先进的管理方法和工具，确保人力资源制度的落实和各项工作的有效开展。此阶段的目标是通过互动和协调提升人力资源管理体系的整体效率，重点加强人才的储备和培养，助力企业在国际化进程中实现阶段性战略目标。

2. 改进阶段：战略牵引与管理升级。

当企业进入发展升级阶段时，人力资源规划应强调前瞻性管理，并发挥战略引导作用。在此阶段，企业应重点围绕人才价值的整合与人力资本的开发，进行人力资源管理体系的全面巩固与提升。通过对内外环境变化的分析，企业需要不断升级和维护现有的人力资源管理系统，以确保其与企业的长期发展战略保持一致。通过这样的改进，企业的人力资源管理水平能够迈向行业前列，使其成为推动企业核心竞争力的重要力量。

3. 持续改进阶段：战略与职业生涯的深度融合。

在持续改进阶段，企业的重点是确保公司战略与员工个人职业生涯规划的深度融合。企业应根据所处的不同环境和战略需求，及时调整和完善人力资源规划，以确保其能够全面支持企业变革与战略目标的实现。这个阶段的核心任务是使人力资源规划不仅服务于当前的企业需求，还要能够灵活适应未来的变化，始终保持企业在竞争中的优势地位。

7.2　人力资源规划的控制

7.2.1　人力资源规划的实施办法

企业人力资源规划是一个不断调整的动态过程，它以企业战略规划为基础。当企业的战略目标和管理方式发生变化时，人力资源规划的实施也应随之变化。人力资源规划的实施是将人力资源规划转化为可执行的行动计划的过程。人力资源规划的具体制定和实施步骤主要包括以下五个方面，即人力资源战略环境分析、企业人力资源现状评估、企业人力资源供需预测、企业人力资源供需不平衡匹配调整、人力资源规划实施监控。

实施企业人力资源规划需要建立在完善的制度和有利条件的基础上。几个关键方面的支持要素如下。

1. 战略规划的引导。

人力资源规划必须紧密围绕企业的整体战略规划展开。作为实现战略目标的重要工具，人力资源规划的目的在于配置和开发适合企业需求的人才。企业的不同战略目标往往需要配备具有特定能力、素质和数量的人员，因此，人力资源规划必须与企业的战略方向高度契合。明确的战略规划为人力资源规划指明方向，是制定有效人力资源策略的基础。

2. 基础功能的完善。

人力资源规划的实施离不开企业人力资源管理基础功能的支持。人力资源规划涉及的内容，如员工数量的调整、技能提升和职业晋升等，都依赖于有效的招聘、培训和绩效考核机制。因此，在实施人力资源规划之前，必须先健全这些基础功能，确保人力资源管理体系的各个环节都能有序运作。这一环节的完善为人力资源规划的顺利开展提供了坚实的基础。

3. 跨部门合作与管理层支持。

成功实施人力资源规划还需要人力资源部门与其他部门之间的密切合作，以及高层管理团队的支持。这种合作与支持不仅体现在共同制订合理的规划实施方案和流程，还需要明确相关责任和权限，确保规划的有效执行。良好的沟通和协作文化是规划成功实施的基础，这种文化能够促进各方在推进规划过程中实现资源的有效整合，确保规划目标的达成。

7.2.2　人力资源规划的实施流程

7.2.2.1　人力资源战略环境分析

人力资源战略环境分析包括外部环境分析和内部环境分析。外部环境分析主要包括：组织所在地区的经济状况和发展趋势；组织所处行业的演变、生命周期、现状和发展趋势；组织在行业中的地位和市场份额；竞争对手的现状和增长趋势，竞争对手的人力资源状况，竞争对手的人力资源政策；预测可能的新竞争对手；组织外的劳动力市场情况；政府人力资源政策法规对组织人力资源战略的影响。外部环境分析通常采取 PEST 分析法。内部环境分析主要包括：企业内部的资源；企业所处的生命周期、发展阶段；企业总体发展战略；企业的组织文化；企业员工的现状和他们对企业的期望等。

7.2.2.2　企业人力资源现状评估

评估企业当前的人力资源状况是人力资源规划的基础，也是确保规划成功实施的重要前提。要深入理解企业现有的人力资源状况，通常可以通过两种主要方式进行：人力资源调研和岗位分析。

1. 人力资源调研。

人力资源调研旨在全面收集企业员工的信息。这不仅包括基础数据，如员工的年龄、学历、职称、能力和专长，还应涉及更深层次的内容，如员工的职业发展意愿、工作满意度、晋升潜力以及离职倾向等。这些信息可以通过多种途径获取，包括查阅档案、发放问卷、员工访谈，以及与直接主管或团队领导的深度讨论。通过系统化的数据收集与分析，企业能够全面了解现有人力资源的数量、质量及其结构性分布，从而为进一步的决策提供支持。

2. 岗位分析。

岗位分析则侧重于理解每个岗位的核心职责以及对员工的具体要求。这一过程包括详细描述岗位的工作内容、所需技能、经验要求和工作条件。岗位分析的结果不仅有助于明确员工是否具备胜任现有岗位的能力，还能识别企业内部可能存在的岗位冗余、技能不足或人才缺口等问题。此外，岗位分析还为企业制定培训计划、晋升标准，以及员工职业发展路径提供了科学依据。

结合人力资源调研和岗位分析的结果，企业可以更精准地配置人力资源，避免人力资源的浪费或错配，最大限度地发挥员工的潜能。同时，评估的过程也是企业识别潜在问题的机会，如哪些部门需要增员，哪些岗位需要优化，这些发现将为后续的人力资源规划提供有力支持。

7.2.2.3　人力资源规划实施的监控

人力资源规划是一个动态的闭环过程，需要持续地跟踪和调整，以确保其与企业战略规划同步，并提高整体运行的有效性。监控的主要目的是及时发现执行中的偏差，并采取相应的纠正措施，从而保证人力资源规划的有效实施。通常，用来衡量战略性人力资源规划进展的常用方法包括计划与实际绩效之间的差异分析，以及对战略实施预算的监控。

1. 人力资源规划实施的监控范畴。

（1）预算监控与资源分配。有效的人力资源规划监控首先需要关注预算的执行情况。企业应严格跟踪人力资源预算的使用情况，确保各项资金按照规划合理分配。这不仅能反映出规划的执行情况，还能预警可能出现的资金超支或不足，从而及时作出调整。

（2）执行进度的追踪。监控人力资源规划实施过程中的各项进度是确保规划目标达成的关键。企业需要制订详细的执行计划，并在整个实施过程中定期对照计划检查进展。通过实时监控，企业可以确保各项任务按时完成，并能够在发现延误或偏差时迅速采取补救措施。

（3）绩效评估与反馈机制。绩效评估是人力资源规划监控的重要环节之一。通过对员工绩效的定期评估，企业能够了解人力资源规划的效果，并据此调整策略。同时，建立有效的反馈机制，鼓励员工和管理层分享他们对规划实施过程的看法和建议，有助于及时发现潜在问题并进行修正。

（4）风险管理与应急措施。在实施人力资源规划时，必须考虑可能存在的风险，并制定相应的应急措施。企业需要定期进行风险评估，识别可能影响规划实施的内部和外部因素，并为这些风险制定应对策略。通过有效的风险管理，企业能够降低意外事件对规划实施的影响，确保目标顺利实现。

（5）法规与政策的合规性检查。人力资源规划的实施必须符合相关法规和政策的要求。企业应在整个过程中进行合规性检查，确保所有人力资源活动符合法律法规和行业标准。定期的合规性审查能够帮助企业避免法律风险，并维护其在市场中的声誉。

（6）员工满意度与组织文化的评估。人力资源规划不仅仅是一个管理工具，它还直接影响到员工的满意度和组织文化的建设。企业应通过定期的员工满意度调查和文化评估，了解员工对规划实施的反应，以及其对组织氛围的影响。这有助于企业及时调整规划内容，增强员工的归属感和工作积极性。

2. 人力资源规划实施的监控步骤。

（1）目标设定。首先，企业必须明确人力资源规划的核心目标，这些目标应与企业的整体战略、使命和愿景紧密结合。管理层和人力资源部门需要根据企业的现状和未来发展方向，制定明确的短期和长期人力资源计划。这些计划应该包含关键绩效指标（KPIs），以及具体的监控标准和目标值，以确保各项人力资源活动能够有效支持企业战略的实现。

（2）关键问题识别。在明确了总体目标后，企业需要识别可能影响目标实现的关键问题。通过分析当前的业务需求和岗位要求，企业可以识别出可能的风险和挑战。这个过程通常包括对组织的流程、资源分配和人员配置的详细分析。目标是确保在规划实施过程中，所有潜在问题都能得到提前预见和有效应对。

（3）指标体系的构建。一旦识别出关键问题，企业应构建一个全面的指标体系来监控规划实施的各个方面。这个体系应覆盖质量、成本和时间等关键维度，并为每个指标设定具体的目标值、权重和评分标准。这样，企业能够在规划实施过程中对各项活动进行实时监控，确保所有行动都朝着既定目标前进。

（4）监控执行。实际监控的执行是确保人力资源规划有效实施的关键环节。企业需要定期（如季度或月度）将实际绩效与设定的目标值进行对比，以识别任何可能的偏差。通过实时的数据分析和反馈机制，企业可以及时发现问题并采取相应的纠正措施。这种持续的监控能够帮助企业保持灵活性，迅速应对变化，确保规划的每个步骤都能顺利推进。

（5）异常问题分析。当监控过程中发现与目标值有较大偏差时，企业需要进行深入的异常问题分析。通过全面的调查和数据分析，企业可以识别问题的根本原因，并采取针对性的措施加以解决。这一过程确保任何偏差都能得到及时处理，防止小问题演变为影响全局的重大风险。

（6）报告与决策支持。企业需要将监控过程中收集的数据和分析结果整合成详细的报告，供管理层决策参考。这些报告应包含各项关键指标的执行情况、问题分析结果以及建议的改进措施。通过这些报告，管理层能够及时调整人力资源规划，确保其持续与企业战略保持一致，并最终推动组织目标的实现。

表 7-1 是一个工具表格，可用于监控和评估每个人力资源组成部分的人力资源计划，以解决任何发现的问题。这个工具要求所有部门定期监控人力资源计划的执行情况，以及报告执行情况，然后评估计划的影响。实施严格的监测和评估需要

使用相关的数据收集、分析和测量工具。

表 7 – 1　　　　　　　　　　监控和评估人力资源规划各组件的工具表格

步骤 1：监控方案
定期监测将需要编写一份报告。根据监测结果编制的报告应包括以下内容： 1. 达成一致的目标总数是多少？ 2. 计划正在按计划实施吗？ 3. 与已实施的举措/战略相比，进展如何？ 4. 是否有一个基线，以便可以衡量进展？ 5. 我们将如何实现目标的实施进度？ 6. 实现目标的数量。 7. 未实现目标的数量。 8. 实施的挑战是什么？ 9. 是否需要调整指标？ 10. 在干预措施或者指标方面，是否需要调整计划？
步骤 2：评估方案
一个部门需要决定评估计划的时间框架。评估应该评估计划的成效，可考虑以下事项： 1. 该计划成功的达到预期效果了吗？ 2. 影响是什么？ 3. 制订计划的假设和目标是否有效？ 4. 策略选择是否恰当？ 5. 是否成功实施并完成了战略目标？ 6. 是否有新的风险需要采取不同的方法？ 7. 他们是否达到了要求的结果？

7.3　人力资源规划实施的未来

人力资源规划的未来发展方向与企业的整体变革息息相关。随着市场环境和技术的快速变化，人力资源规划不再仅仅是一个静态的过程，而是一个动态的、持续改进的战略工具。未来的人力资源规划将更加注重灵活性和适应性，以应对企业在瞬息万变的市场中所面临的各种挑战。

1. 谁来执行人力资源规划。

随着企业管理的逐步成熟，执行人力资源规划的角色也在不断演变。传统上，由人力资源部门承担的所有职能如今逐渐向外包和共享服务转移。这种转变使得人力资源管理者能够从繁杂的行政事务中解放出来，专注于更具战略性的工作。这一趋势表明，人力资源规划的实施将越来越依赖于跨职能的协作，强调战略性思维，而非单一的管理活动。

2. 构建基于战略柔性的人力资源规划体系。

未来的企业必须具备战略柔性，以应对不断变化的市场需求。战略柔性指的是企业在面对外部环境变化时能够迅速作出反应并调整自身策略的能力。这一能力的核心在于对人力资源规划的重视和优化。为了实现这一目标，企业需要建立一个灵活且适应性强的人力资源规划体系，该体系不仅能支持企业的短期需求，还能为企业的长期发展提供强有力的支持。灵活性和敏捷性将成为未来人力资源规划的关键特征，以确保企业在全球化竞争中立于不败之地。

3. 建设人力资源信息系统，实现与企业战略规划的无缝对接。

未来的人力资源管理将越来越依赖于先进的信息技术。人力资源信息系统（HRIS）将成为企业战略实施的核心工具，帮助管理者获取准确、及时的信息，从而作出科学的决策。通过人力资源信息系统，企业可以整合员工数据、工作绩效、技能评估等信息，从而更好地匹配人力资源规划与企业战略目标。此外，随着大数据和云计算的普及，人力资源管理将变得更加数据驱动和透明化，使得企业能够快速适应市场变化，并在激烈的竞争中保持领先。

4. 全球化背景下的人力资源规划。

随着全球化的深入，企业在全球范围内配置人力资源的需求日益增长。未来的人力资源规划不仅需要考虑国内市场，还必须关注全球经济、政治、文化等多重因素的影响。在制定全球化的人力资源规划时，企业需要灵活应对各个国家和地区的不同政策、法规和文化差异。同时，跨文化管理和国际人才的吸引与保留也将成为企业全球化战略的重要组成部分。通过合理的人力资源配置，企业能够在全球市场中保持竞争力，并实现可持续发展。

本章习题

一、名词解释

人力资源规划的环境分析　　人力资源规划的实施路径

二、论述题

1. 假设一个组织预计未来几年内，在关键工作领域将出现劳动力短缺。试讨论该组织在员工招聘与甄选、员工培训与开发、薪酬管理等方面具体会作出的举措。

2. 为什么组织将劳动力需求的统计预测和判断预测结合起来，而不是单独依赖统计或判断？请举例说明。

下篇
工作分析

| 第 8 章 | 工作分析概述

引导案例

美国加州大学的科研团队进行了一项引人深思的实验：他们将六只猴子平均分配到三间空置的房间，并巧妙地在各个房间内设置了不同高度的食物来源。第一间房，食物直接置于地面，触手可及；第二间房，食物则被巧妙地悬挂在多个高度，既有易于获取的，也有需一番努力的；而第三间房，食物则高悬于屋顶，几乎遥不可及。

经过数日观察，结果令人唏嘘：第一间房的猴子因争夺轻易可得的食物而陷入激烈冲突，最终一死一重伤，几近绝境；第三间房的猴子，尽管奋力尝试，却因食物遥不可及，遗憾地耗尽了体力与希望；唯有第二间房的猴子，凭借初期的个体努力与后期的协作智慧——一只猴子辅助另一只猴子跳跃取食，成功地保障了每日所需，生机勃勃地存活下来。

这一实验，虽以猴子为主角，却深刻映射了人才与岗位配置的微妙平衡。岗位设置若过于轻松，易成众人争抢的"安逸之地"，非但不能彰显个体才华，反而可能引发无谓的纷争与内耗，正如第一间房中的悲剧。反之，若岗位难度超乎寻常，即便个体拼尽全力亦难有建树，人才的价值便可能被无形埋没，如第三间房猴子所经历的绝望。

理想的岗位设计，应如第二间房中的食物布局，既有一定的挑战性以激发潜能，又非遥不可及以挫败信心，而是循序渐进地提升难度，让能力与智慧得以充分展现。在这样的环境中，团队成员间的相互依赖与合作成为必然，共同面对挑战，携手突破难关，实现了个人成长与团队目标的和谐统一。这样的岗位配置，方能真正挖掘出人才的深层价值，推动组织的持续进步与发展。

资料来源：猴子的生存：因才定岗　循序渐进〔J〕.农村养殖技术，2006（16）：47。

学习目标

1. 掌握工作分析的基本概念、相关术语

2. 掌握工作分析的性质

3. 了解工作分析的工作结果和表现形式

4. 了解工作分析的现状与前景

本章主要介绍工作分析的概念与相关术语、工作分析的性质与作用、工作分析的结果表现与形式等，对工作分析的概念、过程及其结果有一个概括的了解。

8.1 工作分析的概念、性质、类型与作用

8.1.1 工作分析的概念

工作分析是人力资源管理中一种常见的活动，是人力资源管理部门在短时间内用以了解组织内特定工作或职位的一种科学手段。工作分析是对组织中某个特定职务的设置目的、任务或职责、权力和隶属关系、工作条件和环境、任职资格等相关信息进行收集与分析，并对该职务的工作作出明确的规定，且确定完成该工作所需的行为、条件和人员的过程。

8.1.2 工作分析的性质

工作分析的性质主要体现在以下几个方面：

（1）基础性。工作分析是人力资源管理的基础性工作，为其他人力资源管理活动提供依据。

（2）系统性。工作分析要求全面、系统地收集和分析与工作岗位相关的信息。

（3）动态性。当组织内的工作环境、技术环境、组织环境发生变化时，原先的工作分析就可能不再适应新的情况，需要重新进行工作分析。

（4）目的性。工作分析的目的在于为空缺岗位找到最合适的人选，实现人岗匹配。

（5）经济性。工作分析是一项非常讲究经济效益的人力资源管理活动，通过工作分析可以使企业的人力资源得到合理的分配和使用，从而提高企业的工作效率。

（6）参与性。工作分析一般由人力资源专家、岗位在职人员、岗位直接上级和岗位其他相关人员共同完成。

（7）客观性。工作分析的结果需要客观地反映岗位的情况，尽量避免由于调查者主观意见带来的影响。

8.1.3 工作分析的类型

1. 从内容详细程度上划分。

工作分析有工作描述和工作规格两种形式。工作描述，主要描述工作的内容、

职责、所需技能等基本信息，通常是一个较为概括和常规化的文档；而工作规格更为详细和具体，常用于招聘和评估员工。

2. 从目的上划分。

工作分析有单一目的型与多重目的型两种。单一目的型工作分析侧重于描述某工作岗位的特定方面，通常是为了进行特定的管理决策或者人力资源管理活动。多重目的型工作分析不仅仅关注单一目标，它更加全面地描述工作岗位，同时考虑多个管理决策和人力资源需求以满足多方面的管理和组织需求。这两种区分的主要区别在于细节和记录的内容，共同点在于获取与分析资料的手段及过程是相同的。

3. 从分析切入点划分。

工作分析有岗位导向型、人员导向型与过程导向型三种。岗位导向型，是指从岗位工作任务调查入手，侧重于收集和描述具体岗位的任务、职责和要求；人员导向型，是指从人员工作行为调查入手，关注的是员工的技能、经验等；过程导向型，侧重于工作过程的组织和优化。

8.1.4　工作分析的作用

工作分析被认为是现代组织中的一种重要的管理手段。它不仅仅是一种管理工具，更是组织优化和人才管理的重要基础。工作分析在人力资源开发与管理过程中具有十分重要的作用和意义，主要表现在以下几个方面。

1. 工作分析是人力资源开发与管理科学化的基础。

人力资源管理过程包括岗位设计、招聘、配置、培训、考核、付酬等环节，为确保有效运作和员工绩效，都需要以工作分析为基础。

（1）工作分析是人力资源规划的重要基础和依据。工作分析可以帮助组织确定未来的工作需求以及完成这些工作的人员需求。工作分析通过调查收集分析相关岗位的工作内容、职责、要求等信息，为岗位设计提供了明确的任务和职责范围。

（2）工作分析为人员招聘与甄选提供了基础参照标准，避免招聘到不适合岗位的人员，从而降低了招聘成本。

（3）工作分析使人员培训更具有针对性。工作分析提供了岗位的一般水平标准，可测出上岗人员的能力高低。有了工作分析的基础，会使培训工作将更加具有针对性。

（4）工作分析为建立公正的绩效考评体系提供依据。工作分析对工作的任务、性质以及期望的绩效水平作了相关的规定，从而为制定公正的价值评价体系奠定了基础。同时，也为员工提供了发展方向和晋升机会，激励员工持续提升绩效。

（5）工作分析是岗位评价、薪酬体系设计的基础。工作分析可以帮助确定岗位的重要性和复杂程度，这些因素将影响薪酬水平的设定。合理的薪酬体系可以提高组织的竞争力，避免人才流失。

（6）完整的工作分析对支持雇佣实践中的合法性及建立员工劳动关系具有重要意义。工作分析通过详细描述工作职责和要求，保证了雇佣的合法性，促进建立明确的员工劳动关系。

第 8 章

2. 工作分析是提高现代社会生产力的需要。

随着现代生产过程越来越复杂、环节越来越多，现代社会生产力对劳动协作在空间和时间上的要求也越来越高。提高社会生产力需要提高生产效率，其关键在于简化工作程序，改进生产工艺，明确工作标准与要求，科学地配置与协调不同劳动者的工作，这就要求对生产过程分解后的基本单位——工作岗位进行科学的分析。

3. 工作分析是现代组织管理的客观需要。

传统的管理模式有值得借鉴的地方，但也有不少弊端，例如：凭经验管理；重视物力、财力因素而忽视人力因素的作用。通过工作分析，组织可以更好地制定招聘标准、培训计划、绩效评估和薪酬体系，从而提高员工的工作效率和工作满意度，从而满足现代管理的需要。

4. 工作分析有助于实行量化管理。

现代企业管理实践表明，提高效益既要依靠好的政策和技术进步，更要依靠严格和科学的管理。实行严格和科学的管理需要一系列的科学标准与量化方法。工作分析通过岗位工作客观数据和主观数据分析，有助于详细研究和描述组织中各项工作的内容、要求、流程和环境。通过工作分析，可以帮助组织标准化和科学化。

8.1.5 工作分析与人力资源规划的关系

工作分析与人力资源规划之间存在着密切的关系。工作分析通过对岗位的深入了解，为人力资源规划的各个环节提供了基础数据和依据，从而帮助组织更加科学地制定人力资源管理策略，提高员工的工作效率和满意度，实现组织与员工的共赢。

1. 工作分析与人力资源需求分析。

工作分析提供了关于每个岗位的详细信息，这些信息是进行人力资源规划所必需的基础。人力资源规划需要了解每个岗位的任务、技能需求、工作环境等，人力资源规划者可以了解到组织当前和未来可能的岗位需求，从而确保招聘、培训和发展策略能够有针对性地满足这些需求。因此，工作分析结果直接影响人力资源规划的策略制定过程。

2. 工作分析与培训。

工作分析可以帮助确定员工需要掌握的技能、知识和能力，为培训计划的制订提供依据。而人力资源规划则需要考虑到员工的培训需求，特别是在面临组织发展或变革时，需要通过培训来提升员工的综合素质。因此，工作分析的结果直接影响到培训内容的设计和实施，进而影响到员工的发展和组织的整体竞争力。

3. 工作分析与绩效管理。

通过工作分析，可以明确岗位的绩效标准和评价指标，为绩效管理提供客观依据。人力资源规划需要根据绩效评价结果，及时调整员工的岗位和薪酬待遇，以激励员工的工作表现。因此，工作分析为绩效管理提供了科学的基础，帮助组织更好地实施绩效激励和管理。

4. 工作分析与薪酬管理。

工作分析可以帮助确定员工岗位的薪酬水平，确保薪酬与工作价值相匹配。而在员工职业生涯规划方面，工作分析可以帮助员工了解自己目前的工作状态和未来的发展方向，为员工提供明确的职业发展路径。人力资源规划则需要根据员工的职业规划，制订相应的培训和晋升计划，以激励员工的学习和成长，同时保障组织人才储备的稳定性和可持续发展。

8.2　工作分析的流程和相关术语

8.2.1　工作分析的流程

组织进行工作分析首先要选择恰当时机。一般而言，工作分析主要在以下情况下发生：新组织建立，新工作出现，新技术、新方法、新工艺或新系统出现而使工作发生变化，组织变革或转型期等。工作分析过程中要做到循规蹈矩，按流程办事。工作分析的流程通常包括以下步骤。

1. 确定工作分析的目的。

详细明确工作分析的具体目标，例如，为了优化组织内部的工作流程、提升员工的工作效率、辅助招聘与选拔新员工，或是为了制定更合理的薪酬和绩效管理体系等。

2. 收集背景信息。

收集有关组织结构、岗位设置、工作流程等背景信息。深入了解组织的整体结构，包括部门划分、层级关系以及各岗位的职责范围，研究现有的岗位设置，理解每个岗位在组织中的角色和定位。梳理当前的工作流程，包括各项任务的先后顺序、依赖关系以及关键节点等。

3. 选择代表性职位。

根据分析目的选择具有代表性的职位进行分析。考虑的因素可能包括职位的关键性、复杂性以及改进潜力等。

4. 收集工作分析信息。

通过观察、访谈、问卷调查等方法收集职位的相关信息。可以通过现场观察，了解职位的实际工作环境、使用的工具以及员工之间的互动方式；可以安排与职位相关人员的深入访谈，获取他们对工作职责、挑战以及所需技能的看法；还可以设计并发放问卷调查，广泛收集员工对于工作流程、工作效率等方面的意见和建议。

5. 分析工作信息。

对收集到的信息进行整理、分类和分析，确定职位的职责、任务、工作环境等。对通过各种方法收集到的信息进行系统的整理、分类和深入分析。明确每个职位的核心职责、日常任务、关键绩效指标以及工作环境要求等。识别工作流程中的瓶颈和问题点，为后续的改进提供依据。

6. 编写工作说明书。

根据分析的结果，撰写详细的工作说明书，包括职位描述（如工作职责、工

作内容、工作环境等）和职位要求（如教育背景、技能要求、工作经验等）。确保工作说明书既全面又具体，能够为人力资源管理和员工提供明确的指导。

7. 审核和验证。

对完成的工作说明书进行严格的审核，确保其内容的准确性和完整性。为了验证工作说明书的描述是否准确，可以就实际工作相符情况与工作人员沟通。

8. 应用与维护。

将工作说明书应用于人力资源管理实践中，并定期更新和维护。

在实际操作中，每个步骤都可能需要详细的计划和执行，以确保工作分析的准确性和有效性。同时，根据组织的具体情况和需求，这个流程可能需要进行适当的调整和优化。

8.2.2　工作分析的相关术语

工作分析中会涉及专业术语，这些术语有助于明确描述和理解工作岗位、职责以及与之相关的工作要求。

1. 工作要素。

工作要素，指工作中不能再继续分解的最小动作单位，是工作任务的基本组成元素。例如，速记人员速记时，正确书写的各种速记符号；木工锯木头前，从工具箱中拿出的一把锯。

2. 任务。

任务指工作活动中达到某一工作目的的要素集合，是职位分析的基本单位，是对工作职责的进一步分解。

3. 职责。

职责指由一个人负担的一项或多项相关任务组成的活动，即由一个人负责的几项有所联系的任务集合。例如，人力资源管理人员的职责之一是进行工资调查。这一职责通常由下列任务组成：设计调查问卷、把问卷发给调查对象、收回调查问卷、分析调查结果、将结果表格化并加以解释、把调查结果反馈给调查对象等。

4. 职位。

职位也称岗位，是指某一时间内某一主体所担负的一项或数项相互联系的职责集合，即一个岗位就是一个职位，职位和岗位没有实质区别。例如，办公室主任同时担负单位的人力调配、文书管理、日常行政事务处理等职责。职位一般与职员一一对应，一个职位即一个人。

5. 职务。

职务指一组重要责任相似或相同的岗位，随着语义的拓展，职位和职务也有通用的趋势，如"经理"这个职务也可以是一个单独的岗位。

6. 职业。

职业指在不同组织、不同时间内，从事相似活动的一系列工作的总称，如教师、工程师、医生等。

7. 职业生涯。

职业生涯代表了一个人在其一生中所担任的各种职位、职务或职业的连续过程。这是一个不断发展和变化的过程，涵盖了从初入职场到职业高峰的各个阶段。

8. 职系。

职系也被称为职种，它汇集了那些虽然具体职责、难易程度和资格要求各不相同，但工作性质相近的职位。如人事行政、社会行政等，它们虽然具体任务不同，但都属于行政性质的职系。

9. 职组。

职组又称为职群，它集合了多个工作性质相似的职系。如人事行政与社会行政，虽然有所差异，但都可以归入普通行政这一更大的职组中。

10. 职门。

职门是一个更广泛的概念，它将多个性质相近的职组归并到一起。例如，人事行政、财税行政等多个行政性质的职组，都可以归入一个更大的行政职门下。

11. 职级。

在同一职系中，那些职责难度、重要性以及任职条件相似的职位，被归为同一职级。例如，不论是教数学还是教语文的中学一级教师，他们都属于同一职级，因为他们的工作难度和条件相似。

12. 职等。

职等则是跨越不同职系的，它将那些在不同职系中，但工作难度、重要性和任职条件相似的职位集合到一起。例如，大学的讲师、研究所的助理研究员和工厂的工程师，虽然他们的工作性质完全不同，但由于他们的工作难度和条件相似，因此可以被归入同一职等。职级的设定是为了区分同一性质工作的不同程度，而职等的设定则是为了在不同性质的工作之间找到一种相对的平衡点。

8.2.3　工作分析的结果与表现形式

8.2.3.1　工作分析的结果

工作分析的结果通常是对某个具体职位的全面描述，这种描述可以表现为多种形式，以便于组织内的管理者、员工以及潜在的求职者理解和使用。工作分析的结果通常包括以下内容。

（1）工作描述。详细描述工作岗位的职责、任务和目标。这部分描述通常包括工作内容的具体细节，如日常任务、所需技能和知识。

（2）工作要求。列出适合该岗位的具体条件和要求，包括教育背景、工作经验、技能水平以及可能需要的专业认证或许可证。

（3）工作环境。描述工作所处的物理环境和工作条件，如办公室设施、工作时间安排、可能的加班要求等。

（4）工作关系。说明该岗位与其他部门或人员的关系，包括上下级、同事等。

8.2.3.2　工作分析结果的表现形式

工作分析结果通常有如下几种主要表现形式。

第 8 章

1. 工作说明书。

工作说明书是一份详细描述职位职责、工作内容、工作环境、工作要求等信息的文档。它通常包括职位的基本信息、主要职责和任务、关键绩效指标（KPIs）、工作环境描述、工作时间和地点等。工作说明书是工作分析结果最为直观和全面的体现，对于新员工了解职位、管理者进行员工绩效评估以及求职者了解职位信息都非常有帮助。

2. 工作规范。

工作规范侧重于描述从事该职位的人应具备的基本资格条件，包括教育背景、工作经验、技能要求、个人特质和态度等。它是招聘和选拔过程中筛选候选人的重要依据，也是员工职业发展规划和培训的重要参考，如表 8 - 1 所示。

表 8 - 1　　　　　　　　　某企业管理人员工作规范（技能清单）

部门					
姓名		性别		出生年月	
民族		政治面貌		健康状况	
身高		体重		婚姻状况	
最后学历			毕业学校		
工作经验	年，包括前公司/行业经验				
业务知识与技能	精通具体业务领域，如财务管理、市场营销、供应链管理等的专业知识，持有相关资格证书，如注册会计师（CPA）、项目管理认证（PMP）等，在具体业务领域中取得显著业绩，如提升销售额、降低成本				
沟通与协作	擅长跨部门沟通，有效协调资源，推动项目顺利进行；多次在公司大会上做主题演讲				
特殊技能/爱好					
评价					
需要何种培训	改善目前的技能和绩效				
	提高晋升所需要的能力				

3. 职责清单。

职责清单是一个简洁的列表，列出了职位的主要职责和任务。它有助于快速了解职位的核心工作内容，并可作为绩效评估或工作交接时的检查清单。

4. 工作流程图。

对于某些涉及多个步骤或决策路径的复杂职位，工作流程图可以清晰地展示工作流程、决策点和交互关系。这有助于员工理解他们的工作是如何与其他流程相衔接的，以及他们在整体工作流程中的角色。

5. 关键绩效指标。

关键绩效指标（KPIs）是衡量员工绩效的具体、可量化的标准。它们直接从工作职责中衍生出来，反映了职位的核心目标和期望成果。关键绩效指标不仅用于绩效评估，还可作为员工激励和目标设定的基础。

6. 职位要求与期望成果表。

职位要求与期望成果表是一种表格形式，列出了职位的关键要求（如技能、经验、教育背景等）和期望达成的具体成果或目标。这种表格为管理者和员工提供了一个快速了解职位要求和目标的概览。

7. 职位分析报告。

职位分析报告是对工作分析所得信息的全面综合，它深入剖析了包括职位概述、具体职责、工作要求以及工作环境等在内的所有关键元素。此报告主要为管理层和其他关键利益相关者提供对岗位配置的整体洞察，从而为他们在进行战略规划与资源调配时提供有力支撑。

8. 职务说明书。

职务说明书是对特定岗位的基本状况、所承担的工作内容及职责，以及岗位所需资质与条件的详尽阐述。这一文档形式在内容上极具包容性，能够全面反映和利用工作分析的结果。它不仅涵盖了岗位的任务与责任说明，还包括了对担任这些职务的人员的资质要求。可以说，职务说明书融合了工作描述与人员资格描述的双重内容，甚至更为详尽。通过这样的整合，职务说明书为组织提供了关于岗位及其人员的全方位了解。

一般来说职务说明书包括以下项目：①工作状况；②工作概要；③工作关系；④工作任务与责任；⑤工作权限；⑥考评标准；⑦工作过程与方法；⑧工作环境，包括工作工具；⑨任职资格条件；⑩福利待遇及其他说明。但实践中，说明书并不限于上述 10 个方面的内容。

专栏 8 – 1

某公司销售经理职务说明书

职位名称：销售经理

所属部门：销售部

直接上级：销售总监

职位概述：

负责销售团队的领导与管理工作，制定销售策略，推动销售业绩的达成，并维护客户关系，实现公司销售目标和市场占有率的提升。

职责与工作概要：

1. 制定并执行销售策略和计划，确保销售目标的达成。

2. 领导和管理销售团队，包括招聘、培训和评估销售人员。

3. 开发和维护客户关系，建立并扩大客户群体。

4. 分析市场动态和竞争对手情况，及时调整销售策略。

5. 协调与其他部门的合作，确保销售流程的顺利进行。

6. 定期汇报销售业绩和市场反馈，为公司的战略决策提供数据支持。

职位条件：
1. 本科及以上学历，市场营销、商务管理等相关专业。
2. 5 年以上销售工作经验，其中有 2 年以上销售团队管理经验。
3. 具备良好的市场敏感度和分析能力，能够准确把握市场动态。
4. 优秀的沟通能力和团队合作精神，能够有效地协调和管理销售团队。
5. 具备较强的谈判技巧和业务拓展能力，能够独立开展销售工作。
工作条件：
工作地点：公司办公室或客户现场。
工作时间：周一至周五，每天 9：00～17：00，根据工作需要可能需要加班。
使用工具/设备：电脑、手机、办公软件等。

8.3 数字经济时代的工作分析

随着数字经济的迅猛发展，互联网技术和新理念对各行各业产生了深远影响，人力资源管理领域也不例外。当前的人力资源管理体系，基本上是以工作分析为出发点，核心在于人、事、职三者的有效匹配，并围绕人员的选拔、培育、使用和留存展开，旨在提升组织的整体绩效。然而，随着数字经济的兴起，这一体系也需应时而变、顺势而为。

作为人力资源管理体系的基石，工作分析在数字经济时代必须紧跟时代步伐，不断适应新的需求和挑战。这不仅要求我们对传统的工作分析方法进行革新，还需积极引入互联网技术和先进理念，以更好地为信息时代下的人力资源管理体系奠定坚实基础。通过这样的变革，我们可以更好地选拔和培养人才，优化人员配置，进而提升组织效能，迎接数字经济带来的新机遇。

8.3.1 数字经济时代的特点

数字经济发展于信息时代，是在电子计算机和现代通信技术相互结合基础上构建的宽带、高速、综合、广域型数字化电信网络的时代。关于数字经济时代是信息互联互通、瞬时传递的信息联通时代，是基于大数据的知识经济时代，是客户价值至上、人力资本优先的网状价值时代，是开放、共享的"有机生态圈"时代。

1. 发展速度快。

数字技术加速了创新的步伐，新产品、新服务和新业务模式不断涌现。企业需要不断适应和把握这些变化，以保持竞争优势。

2. 数据驱动决策。

在数字经济时代，数据成为一种重要的资源。通过大数据分析和人工智能技术，企业能够更准确地洞察市场需求、客户行为和业务趋势，从而作出更科学的决策。

3. 高度互联性。

数字经济通过互联网技术实现了全球范围内的即时连接，促进了信息、资本、商品和服务的快速流动。这种互联性不仅加强了企业与客户之间的联系，还推动了供应链、产业链和价值链的深度融合。

8.3.2　数字经济时代创新人力资源管理的意义

1. 优化人力资源管理质量。

在数字化经济的浪潮下，传统人力资源管理的短板愈发显现。过去，人力资源管理常常依赖于低效的手工操作，这不仅加重了员工的工作负担，还增加了出错的概率。然而，现代信息技术的介入，极大地改善了这一状况。数字化工具不仅显著提升了人力资源管理的效率，还大幅降低了工作失误率，从而整体提升了人力资源管理的质量。

2. 加强人力资源管理成效。

随着各类社会组织的发展，信息量呈现爆炸式增长。对这些信息进行全面、准确的统计分析，对于人力资源部门来说是一项艰巨的任务。传统的手工管理方式在面对如此庞大的信息量时显得力不从心。幸运的是，数字化时代的到来为这一问题提供了解决方案。通过运用计算技术，人力资源部门能够高效地整理、评估和分析海量信息，进而制定出更为精准的人力资源管理策略。这不仅缓解了人力资源紧张的状况，还为组织的长远发展提供了坚实的基础。

3. 提升人力资源管理的精度。

由于人力资源部门员工的职业素养和专业能力存在差异，管理工作的质量和效果往往受到影响。而信息技术的引入，有效地提高了管理工作的精确性和一致性，减少了人为因素导致的误差，使人力资源管理工作更为标准化和规范化。

8.3.3　数字经济时代人力资源管理的新特点

在数字经济的时代，人力资源管理正经历着深刻的变革，其精髓远非简单地将技术工具融入管理流程，而是全方位拥抱信息时代的思维革新与策略重构，旨在构建一种前瞻、高效且适应未来发展的人力资源管理体系。数字经济时代的人力资源管理具有这样几个新的特点。

1. 组织中员工角色的灵活多样性。

随着远程工作、自由职业等新型就业形式的兴起，员工角色不再局限于传统的全职岗位。数字经济时代的企业更加注重员工的灵活性和多样性，鼓励员工根据自身特长和兴趣选择适合的工作方式。这种灵活性不仅提升了员工的满意度和忠诚度，也为企业带来了更多元化的视角和创新思维。

2. 人力资源管理规划、决策的数据化。

在数字经济时代，数据成为人力资源管理的核心驱动力。企业能够收集并分析大量关于员工绩效、行为、技能及市场趋势的数据，从而作出更加科学、精准的决策。这种数据驱动的方法不仅提高了管理效率，还使人力资源策略更加贴合企业实际需求和未来发展方向。

3. 组织结构的扁平化。

为了适应快速变化的市场环境，企业纷纷采用扁平化、去中心化的组织结构。这种结构减少了管理层级，加快了决策速度，同时赋予员工更多的自主权和责任感。员工可以在小组或项目中发挥主导作用，推动创新和改进，从而增强企业的竞争力和适应性。

8.3.4 数字经济时代工作分析的变革

在当今人力资源管理的体系之中，工作分析占据着至关重要的地位，其质量深刻影响着从招聘选拔到培训发展，再到绩效评估与薪酬福利等各个环节的效能，进而成为决定组织人力资源管理成效乃至长远竞争力的关键因素。面对数字经济浪潮所带来的前所未有的机遇与严峻挑战，工作分析这一核心活动亟须实现以下关键性的转变。

1. 工作内容的数字化与智能化。

在数字经济时代，工作内容的数字化与智能化是变革的核心。随着大数据、人工智能等技术的广泛应用，传统的工作模式被颠覆。企业不再仅仅依赖人工操作，而是更多地利用智能系统来处理和分析数据，优化工作流程。这种变革要求工作分析不仅要关注员工的技能和经验，还要深入了解他们对数字技术的掌握和应用能力。同时，随着智能设备的普及，员工需要不断学习和适应新的工具和技术，这也使得工作分析需要更加注重员工的持续学习能力和创新能力。

2. 工作环境的虚拟化与网络化。

数字经济时代，工作环境的虚拟化与网络化已成为常态。远程办公、虚拟团队等新型工作模式兴起，打破了传统办公场所的限制。这种变革使得工作分析需要更加注重员工的远程协作能力、时间管理能力以及自我驱动能力。企业需要评估员工在虚拟环境中的工作效率、沟通能力和团队协作能力，以确保团队能够顺畅运作。同时，随着全球化的深入发展，跨国合作项目日益增多，工作分析还需要考虑跨文化交流和合作的能力。

3. 向多元化信息整合系统转变。

在人力资源管理的数字化变革中，工作分析作为人力资源管理的基石，也在逐步从封闭的信息孤岛向多元信息整合系统转变。这一转变不仅提升了人力资源管理的效率与科学性，还为企业的可持续发展注入了新的活力。

在数字经济时代，可以以工作分析为基础，打造一个全环节信息整合和共享机制，具有以下特征。

（1）数据源的多元化。除了传统的岗位说明书、员工访谈外，企业还可以利用社交媒体、在线招聘平台、绩效管理系统等多种数据源，获取更加全面、实时的岗位信息。这些数据源相互补充，共同构成了工作分析的多元信息基础。

第 8 章

（2）信息处理的智能化。借助大数据分析和人工智能技术，企业可以对海量数据进行深度挖掘和分析，发现数据背后的规律和趋势。这有助于企业更加准确地把握岗位需求、员工能力与发展潜力等关键信息，为工作分析提供更加科学的依据。

（3）信息整合的协同化。通过建立数字化的人力资源管理系统，企业可以实现不同部门之间的信息共享与协同工作。这有助于打破信息孤岛现象，提高信息的流通效率和使用价值。同时，通过跨部门协作，企业可以更加全面地了解岗位的实际运行情况，为工作分析提供更加全面的视角和更加精准的结论。

（4）结果应用的动态化。在多元信息整合系统下，工作分析的结果不再是一成不变的文档或报告，而是可以根据实际情况进行动态调整和优化。企业可以根据分析结果制订更加精准的人才选拔、培训和发展计划，以及更加科学的薪酬管理和绩效考核体系。这些动态化的应用不仅提高了人力资源管理的效率，还为企业战略目标的实现提供了有力支持。

当然，虽然数字经济时代的人力资源管理发生了一系列新变化，对工作分析与评价也提出了新的要求，但工作分析的基本理念、基本思想和基本方法仍然有其重要的现实意义。数字经济时代的技术和方法是一种理念和工具，对于进一步完善和创新工作分析、不断提高人力资源管理效率、增强组织竞争力都具有不容忽视的重大作用。因此对于管理者和学习者而言，必须深刻意识到工作分析这项工作的重要性，既要具备扎实的理论素养，又要养成数字经济时代的新思维。

本 章 习 题

一、名词解释

工作分析　工作说明书　职务说明书

二、简答题

1. 工作分析对于一个组织的人力资源管理有什么作用？
2. 目前你了解的组织中的工作分析存在哪些问题？应如何解决？
3. 了解工作分析结果的表现形式，试比较其有何异同之处。

三、论述题

1. 现在理论界存在着一些有关工作分析的观点，认为工作分析已经过时了。试就这种观点谈一谈你的看法。

四、案例分析

价值链视角下的中小企业工作分析

现实中，中小企业进行组织结构设计的时候，总是容易被各种组织结构模式所影响，陷入直线制、直线职能制、矩阵制、事业部制等的选择困境中。在价值链理论指导下，工作分析首先是需要对企业的价值链进行分析，然后设定相应的部门；然后对部门的职能进行层层分解，分解不同的职责；最终将相应的职责进行汇总，形成部门内的岗位。

1. 寻找企业自身的价值链。

首先对中小企业的价值链进行分析，然后确定相应的部门。波特将组织内部业务、工作视为一条价值链，重视价值活动的分工协作，强调各个环节的价值创造与增值。但并不是所有企业均完全具备价值链的各个环节，企业需要根据自身的业务情况进行价值链的确定。例如，一家完全以代工为主并采用劳务派遣的企业，其市场营销职能完全缺失，企业基本活动变为了内部后勤、生产经营、外部后勤和服务；支持性活动中，人力资源管理职能和技术开发职能也基本没有。这样，这家企业的活动就缺失了市场营销、人力资源管理和技术开发等活动，就不必设计相应部门。

2. 根据价值链进行组织结构中部门设计。

这家代工企业可根据价值链中企业基础活动划分为生产管理部、物流与仓储部、售后服务部；支持性活动可划分为采购部、综合管理部。这个过程中，要强化"PDCA 循环"，即强调执行部门与监督部门分设的原则。生产部门一般不能包含原材料的仓库管理职能，否则就会造成监督职能形同虚设。同时对部门的划分要坚持任务饱满原则，比如中小企业的支持性活动是否要划分为法务部、人力资源部、采购部、财务部、行政部、后勤部、总经理办公室，主要取决于各个职能的工作任务量。如果工作任务相对较少，且有些职能采用外包，那么某些职能可以合并在同一个部门内部。

3. 根据部门划分，将职能细化为职责进行岗位设计。

例如，企业将人力资源管理、行政管理、法务、后勤保卫等职能组合成综合管理部。该部门设置后，存在部门定岗问题。首先，将部门进行一级职责、二级职责、三级职责的细化，三级职责已经可以转为可以执行的工作任务。然后，将相关的职责进行组合，在充分考虑各项职责的工作任务量和困难程度的基础上，形成相应的岗位。最终，该部门形成综合管理部部长、行政主管、保卫科长、文员四个岗位。同时，将各个岗位对应的三级职责进行汇总，即可编写各个岗位工作说明书的职责部分，形成工作说明书主体。

经过上述分解过程，在明确各个职责归属的基础上，将综合管理部划分为了 4 个岗位，每个岗位的职责也非常明确、具体，基本上达到了"看到即知道""知道即可操作"的程度。

资料来源：申小缅，焦永纪. 基于价值链的中小企业工作分析研究 ［J］. 市场周刊，2024，37（7）：15 - 18。

思考：

1. 如何通过价值链分析改善中小企业工作分析的效果？
2. 基于价值链的工作分析主要有哪些工作？

第 8 章

| 第 9 章 | 工作分析的组织与实施

小林，毕业于上海某知名高校的人力资源管理专业，在入职 S 公司的次日，便接到了一项极具挑战性的任务。公司管理顾问叶华，一位拥有海外留学背景且刚取得 MBA 学位的专业人士，召集小林与人力资源部经理张凡，共同开展了一次工作分析启动会议。

会上，叶华面带微笑，对小林说道："小林，欢迎你加入我们公司。经我与张凡商议，决定由你主导公司各岗位的工作分析项目，旨在精准明确每个岗位的工作职责。在项目推进过程中，若遇到任何问题，务必及时提出，我们会全力提供支持。"

张凡随即补充道："公司已通过 ISO 9001 质量认证，你可深入研究 ISO 体系文件，其中的规范和要求，对工作分析工作具有重要的参考价值，相信能为你提供诸多思路。"

小林深知此项任务的复杂性，略作思考后，沉着回应："好的，我先着手开展，若有疑问，会及时向二位请教。"

接受任务后，小林首先对公司现有的 ISO 体系文件中的《工作说明书》进行了详细研读。经过深入分析，他敏锐地察觉到其中存在的一系列问题：格式设计过于简单，无法全面涵盖岗位的关键信息；内容存在明显缺失，重要的职责界定和工作细节未能详尽呈现；内容描述不够准确，易引发对岗位工作的理解歧义。基于此，小林果断决定不再单纯依赖这份旧有的《工作说明书》，转而全面开启资料收集工作。

小林首先对公司最新的组织架构图进行了系统梳理，逐一明确每个岗位名称及相关术语的准确含义，并深入了解公司的定岗定编方案，为后续工作奠定基础。随后，小林借助网络资源，广泛搜集与各岗位相关的行业资料，并结合公司实际情况，进行严谨的筛选和适配。在这一过程中，小林积极向人力资源部经理张凡和管理顾问叶华请教，逐步完成了工作分析的资料收集工作。基于所收集的资料，小林精心编制，最终形成了各岗位的工作说明书初稿。

然而，在整个项目准备阶段，小林由于种种原因，既未向各部门经理咨询岗位实际工作情况，也未采用问卷调查等方法收集一线员工的意见。尽管小林在工作分析项目中投入了大量的时间和精力，但 S 公司长期存在的岗位职责不清晰问题，并未得到实质性的改善。

学习目标

1. 了解工作分析的准备工作
2. 掌握工作分析的主体选择
3. 掌握工作分析的组织、实施过程
4. 熟悉工作分析实践中常见的问题与对策

　　工作分析是人力资源管理系统中的一项常规性、基础性工作，同时也是一项烦琐、复杂和极具挑战性的工作。首先，它对工作分析的实施者有非常高的专业素质要求。其次，工作分析远非人力资源管理部门可以独立完成的，它涉及组织中的所有部门和管理者，甚至需要每一位员工的协助才能顺利开展。最后，工作分析的复杂性还要求组织和实施者必须对工作分析的流程有清晰的认识，要对整个工作分析进行统筹规划和有效的过程控制。

9.1　工作分析的前提

9.1.1　工作分析的时机

　　工作分析是一项动态的、连续的工作，工作说明书和资格说明书都需要随着组织结构的调整和部门职能的变化而进行相应调整。那么，在什么情况下，组织有必要进行工作分析呢？

　　1. 建立新组织或产生新部门、新工作。

　　在建立新组织或产生新部门、新工作时，需要进行工作分析。只有对组织、部门、工作进行明确的界定、描述，才可以进行后续的招聘、培训等人力工作。通过工作分析，可以清晰地界定和描述组织或者部门的工作流程、各工作之间的关联、工作的职责、工作者需要的身体素质和心理素质等。

　　2. 组织变革或技术变革导致工作发生变化。

　　当组织进行了结构调整或者工作流程的革新，或者引入新技术后，工作流程以及各工作之间的关系都会发生变化，原有的工作说明书、资格说明书等就会与实际工作情况不相符合，也无法起到有效的指导、监督和管理工作的作用，因此有必要重新进行工作分析。

　　3. 组织的战略计划或者目标得不到有效落实。

　　组织的战略或目标需要分解到具体的工作岗位上，通过具体岗位任务的完成来

第 9 章

保证战略或目标的实现。当战略计划或者工作目标得不到有效落实时，就有可能是岗位职责的设置出现了问题。例如，职责界定不清或者职责交叉重叠，就会经常出现推诿扯皮、决策困难的现象，这时就需要对岗位职责重新厘清。

4. 其他人力资源管理工作缺乏信息基础。

工作分析的一个重要任务就是为人力资源管理的各项工作提供基础性信息和依据。当人力资源管理工作缺乏信息基础时就需要进行工作分析。例如，当需要招聘某个职位上的新员工时，却发现难以确定用人标准；当需要对员工进行绩效考核时，发现考核标准不清；当需要建立新的薪酬体系时，无法将各个职位的价值进行评估。

9.1.2　工作分析的主体

工作分析的实施主体，是指具体实施工作分析，负责收集、分析信息和编写结果性文件的部门或人员。工作分析主体的类型不同，工作方式、效率也会不同，同时对组织的人力、物力、财力的要求也有较大差异。

1. 工作分析实施主体的选择。

在实践中，工作分析的实施主体可以分为以下三类：

（1）实施主体是人力资源部门。即在实施工作分析时，由人力资源部门成立工作分析小组，组织其他部门配合人力资源部门。

（2）实施主体是各部门。即由各部门自己实施工作分析，人力资源部门提供指导。

（3）实施主体是组织外部的咨询机构。即聘请外部咨询机构在组织内部开展工作分析，人力资源部门配合咨询顾问，协调计划的实施。

这三种选择各有利弊，详见表 9 - 1。

表 9 - 1　　　　　　　　　　　　　工作分析实施主体的比较

工作分析实施主体	与组织关系	优缺点	
		优点	缺点
人力资源部门	组织内部	·节省成本 ·实施主体了解组织文化、组织战略和管理现状	·耗费大量人力、时间 ·如果工作分析方面的经验不丰富，会影响工作分析的信度
各部门	组织内部	·节省成本 ·非常熟悉本部门工作，收集的信息全面、内行	·从人力资源管理的角度看，实施过程和形成的工作分析结果文件有可能不专业，影响工作分析的可信度
咨询机构	组织外部	·节省组织的人力 ·作为第三方，处于相对中立位置，员工既易于接受工作分析结果，也相对容易提供真实信息给工作分析人员 ·结果更加客观、有效、可信	·咨询费用较高 ·咨询顾问不了解组织具体情况，需要花时间与他们进行组织文化、组织战略、管理等方面的沟通

2. 工作分析参与人员扮演的角色。

工作分析的实施主体不同，参与人员扮演的角色也会相应地发生变化。详见表 9 - 2。

表 9 - 2 工作分析参与者扮演的角色

工作分析参与者	主要职责
高层管理者	确认工作分析需求；组织内沟通、动员；安排相应的人员协调、组织工作分析过程；确认工作分析时间安排；解决工作分析过程中出现的重大冲突；提供持续的资源支持；确认工作分析结果
人力资源部经理	全程监控工作分析实施过程；向高层管理者反映工作分析遇到的问题，提供有关解决方案的建议；协调相关部门积极配合；参与审核工作分析结果；妥善保管并及时更新工作分析结果文件
各部门主管	提供本部门、跨部门的工作流程、工作职责、工作权限等相关工作信息，反映本部门的管理现状；选择那些能够胜任职位、具备一定表达能力、且愿意配合的员工参与调查，如问卷调查、访谈等；与本部门员工进行沟通，提高员工对工作分析活动的接受度和配合度；审核、认可下属所提供的工作信息，如下属填写的调查问卷、工作日志等的内容是否准确、真实、全面；确认有关工作分析结果文件
工作分析人员	与高层沟通确认工作分析的目的和意义；根据工作分析的目的选择、开发信息收集方法；选择信息提供者；与任职者进行会谈，减轻他们由于工作分析可能产生的压力；收集所需资料并分析结果；编制工作分析结果文件、进行工作分类、构建胜任特征模型等；监控整个工作分析流程
岗位任职者	积极、及时、全面地提供真实的信息；与工作分析人员共同核对工作信息

9.1.3 工作分析的内容

工作分析的内容一般包括以下五项：

（1）工作基本信息。①工作名称；②工作代码；③工作地点；④所属部门；⑤直接的上下级关系；⑥员工数目。

（2）工作内容。①工作任务；②工作责任；③工作量；④工作标准；⑤机器设备；⑥工作时间与轮班。

（3）工作关系。①监督指导关系；②职位升迁关系；③工作联系。

（4）工作环境。①工作的物理环境；②工作的安全环境；③工作的社会环境；④聘用条件。

（5）任职条件。①教育培训情况；②必备知识；③经验；④素质要求。

以上所列分析项目，并非对所有职位进行工作分析时均需包括在内，组织可以根据实际需要来确定相关工作分析内容和工作分析指标。

9.1.4 工作分析的实施原则

为提高工作分析的科学性、合理性，在组织中实施工作分析时应注意遵循以下原则。

第 9 章

1. 目的原则。

工作分析的目的将直接决定具体的实施方案以及最终获得的结果。而且，工作分析的目的不能随意确定，应该以组织的战略目标为导向，结合组织的实际情况慎重决定。因此，进行工作分析之前必须确定其目的到底是什么。

2. 经济原则。

不论出于什么目的而实施的工作分析，最终组织都应能够获得经济上的直接或间接效益。但是，如果选择的工作分析的执行者或实施方法不当，不能合理控制成本，就会导致工作分析失去经济性。

3. 系统原则。

在对某个具体职位进行分析时，不能孤立地对这个职位进行分析，而应注意该职位与组织中其他职位的联系，全面系统地收集、分析职位信息，这样才能提高工作分析的准确性。遵循该原则，必然要求工作分析人员熟悉组织结构与业务流程，能够将组织、流程和职位三者有机地衔接起来。

4. 职位原则。

工作分析的对象是职位，而不是任职者，应从职位出发分析其工作内容、工作性质、工作关系、工作环境及任职资格等，谨记"对职不对人"。当然，这并不意味着工作分析要完全脱离任职者的个人因素，应将人与职位有机融合。

5. 应用原则。

应用原则是指在工作分析活动结束，形成最终的职位说明书、胜任特征模型等系列成果文件后，应按照成果文件的要求，在组织内部严格、全面地执行。有些组织尽管通过工作分析取得了一系列的成果文件，但最后将成果文件束之高阁，执行不力，违背了工作分析的初衷。

6. 动态原则。

工作分析结果在应用的过程中不能一成不变，组织所处的环境、组织自身的战略计划、业务流程及工作方法都可能发生变化。如果组织不能及时地发现变化，作出调整，动态地执行工作分析成果，就会脱离实际，陷入误区。

9.2　工作分析的组织实施

9.2.1　准备阶段

1. 明确工作分析目的。

确定目标是工作分析的首要环节，就是确定进行本次工作分析想要解决什么问题，获取工作分析信息的用途是什么。一般情况下，目的不同，工作分析的侧重点也有所不同。因此，要在获取一般性信息的基础上，充分考虑各项管理活动的特殊性，增强信息的针对性。

工作分析一般出于以下目的：

（1）对特定工作进行如实描述，正确认识它们；

（2）对工作进行设计或再设计，编制或修订工作说明书；

（3）明确对具体岗位的任职者资格、素质的要求，制定招募标准和招聘测试方案；

（4）制订岗位任职者的培训计划，提高培训的针对性和有效性；

（5）明确工作任务、职责、权力及其与相关工作的关系，杜绝争权或推诿等现象的出现，促进协调合作；

（6）进行工作评估，平衡薪资待遇，实现公平、公正；

（7）工作绩效评价，提高评价的客观性、公正性等。

表 9-3 列示了工作分析的目的与信息收集的侧重点。

表 9-3　　　　　　　　　　工作分析的目的与信息收集的侧重点

目的	信息收集的侧重点
组织优化与设计	组织结构、岗位的职责权限、工作流程、岗位的工作范围、岗位与岗位之间的边界、每一个岗位的工作流程
聘用与选拔	岗位任职资格与条件、核心指标、评价标准
培训与开发	岗位任职资格与条件、标准与实际的差距
绩效考核	每一个岗位的性质、特点与价值，明确考核的指标与标准
薪酬管理	每一个岗位的性质、特点与价值，明确薪酬评价要素与标准

2. 制订工作分析方案。

制订工作分析方案通常包含以下几个方面的内容：

（1）工作分析的目的和意义；

（2）工作分析所需收集的信息内容；

（3）工作分析所提供的结果；

（4）工作分析的组织形式与实施者；

（5）工作分析实施的过程或步骤；

（6）工作分析实施的时间计划、活动安排以及预算。

3. 组建工作分析项目组。

为了促进工作分析的实施，建立专门的工作分析项目组是十分必要的。通过组建专门的小组，可以在工作时间、人员配置、组织结构等方面确保工作的顺利完成。

专栏 9-1

第 9 章

工作分析小组成员的选择

在工作分析开始前，最重要的一项工作是确定由谁进行工作分析。一般说来主要有以下两种选择："内部人"和"外部咨询机构"，在实际操作中，由

"内部人"和"外部咨询机构"主导工作分析过程，这两种途径各有利弊，工作分析筹备小组应在充分考虑，论证的基础上作出选择，主要的考虑因素如表 1 所示。

表 1 　　　　　　　　　　确定工作分析参与人员的考虑因素

考虑因素	内容
工作分析目的	工作分析的目的、导向在一定程度上会影响工作分析主体的选择和决策。因为对于某些目的，需要采用比较直接、常规的工作分析方法，组织内部可以自行解决；而对于部分工作分析目标，如工作分析结果运用于岗位评价、绩效考核、培训开发评估、招聘测试等方面，则要求采用相当专业的技术和科学的流程，必须由外部专业咨询机构来承担
工作分析方法的要求	工作分析工具主要有两种类型：有专利权的商业工具和公开的共享工具，因此工作分析方法不同将会影响对工作分析主体的选择。另外，部分信息收集方法采用内部人和外部咨询机构，在效果方面将会产生明显的差异，比如访谈法等。因此，工作分析筹备小组在决策时应考虑预期采用工作分析方法的要求
员工培训对比	内部操作有利于培训组织内部员工，使组织获得自我开发、完善的能力，便于工作分析的动态管理，而外部咨询的培训效果往往较弱。但内部操作的培训工作的进程和质量将会影响整个工作分析过程和结果，往往会带来相当的代价
质量对比	工作分析结果的质量对比主要取决于内部人和外部咨询机构在工作分析领域的实力对比。一般说来外部咨询机构拥有专业技术上的优势，但对于组织的熟悉程度弱于组织内部人，因此对于工作分析质量的预期取决于工作分析筹备小组对技术和经验的偏好和判断
成本对比	对于大多数组织来说，聘请外部咨询机构是相当奢侈昂贵的，尤其是咨询机构的社会声誉有很高的附加值，因此首要考虑因素是"内部操作"和"外部咨询"的成本对比。"外部咨询"的成本主要是合同约定的各项费用，如咨询费、差旅费、交通费、住宿费等；"内部操作"的成本主要是员工薪资、机会成本、办公费用、培训费、购买工作分析工具费用以及其他信息收集、使用费用等
时间对比	工作分析的时限是确定内部、外部的另一个考虑因素，由于外部咨询成本相对较高，因此阶段性、短期的工作分析过程可采用外部咨询的方式，而长期的、动态的工作分析应采用内部操作的方式
可信度对比	一般说来，组织内部进行的工作分析由于分析师的内部人身份，往往在过程和结果方面的公正性会受到来自组织高层和内部员工的挑战；而在公正性方面外部咨询机构具有相当的优势。另外由于外部机构的专家身份，使得工作分析的过程和结果更具权威性，更能获得组织内部成员的信任和积极参与

通常，工作分析小组无论来自内部还是外部，其成员的素质以及整体构成情况会影响工作分析的质量和效果。因此，在成立分析小组时应该充分了解内外部专家的优点、缺点。理想的专家组成员应符合如下任职条件。

1. 必须能够客观地看问题，保证工作分析过程中资料收集分析和岗位分析的真实性和有效性。

2. 应对整个企业的所有岗位有较为全面的了解。

3. 在企业员工中应有一定的影响力，能够调动员工积极性。

　　4. 应具有一定的工作分析知识和相关工作经验，具有人力资源管理学、心理学等理论基础，对工作分析的技术和程序比较了解。

　　5. 应掌握观察、面谈、记录等技巧，具备较强的文字表达能力。

　　6. 具有良好的记忆力、理解力和分析能力。

　　7. 应有获得他人信赖与合作的能力。

　　4. 取得相关人员的理解与支持。

　　工作分析的对象是工作岗位，在实施过程中需要与岗位的任职者与管理者密切联系。只有获取相关人员的理解与支持，才能顺利地开展工作分析。

　　（1）高层管理者的支持和认可。高层管理者的支持是顺利完成工作分析的重要保障。为了保证工作分析工作的顺利进行，高层管理者应该深刻理解工作分析方案，向其他人对计划方案作出解释，并与其下属一起积极推行计划方案。

　　（2）职能部门管理者的支持与配合。职能部门的管理者是岗位任职者的上级，他们的态度会对员工产生一定的影响；他们可以从组织全局的角度提供更多关于岗位的信息，弥补员工由于组织层级较低所提供信息的不足之处；工作说明书内容的审核与确认需要他们的支持与帮助；职能部门的管理者是工作说明书的重要使用者之一，工作分析小组需要得到他们在使用过程中的反馈信息，并对其进行进一步的补充和完善。

　　（3）员工的理解与支持。员工是岗位工作的执行者，大量的工作分析任务需要员工的直接协作与参与，员工的态度与行为将直接决定能否获取足够翔实的信息。

　　5. 收集和分析工作的背景资料。

　　在明确了工作分析的实施目的后，可以通过获取组织内部资料和外部资料去掌握关于工作的背景信息，为工作相关信息的收集、分析整理及结果的形成奠定基础。一般来说，工作分析的基础信息内容分为两部分，一部分是工作外部环境信息，另一部分是与工作相关的信息。工作外部环境信息又分为组织内和组织外的环境信息，如表 9 - 4 所示。

表 9 - 4　　　　　　　　　　　　工作外部环境信息

组织内的环境信息	组织外的环境信息
1. 组织的愿景、目标与战略 2. 组织的经营管理模式 3. 组织结构和业务流程 4. 人力资源管理、财务管理、营销管理等状况 5. 组织所提供的产品或服务 6. 组织研发、采购、生产、销售、客户服务的有关信息 7. 组织文化和价值观	1. 行业标杆工作状况 2. 经销商信息 3. 客户信息（最终用户的内在需求等） 4. 外部供应商信息 5. 主要合作者与战略联盟的信息 6. 主要竞争对手的信息

第 9 章

　　（1）通过组织内部资料调查获取工作相关信息。通过调查组织内部资料，可以获得与工作相关的背景信息。这些内部资料包括：组织战略、组织文化、各项制度和政策、组织结构图、作业流程说明、ISO质量文件、各部门职能职责分工、岗位配置图、岗位办事细则、劳动合同，以及原有的对部门/职位的职责界定等。有效地利用这些背景资料，不仅有利于工作分析人员对组织现状进行快速、全面的了解，还可以在很大程度上降低工作信息搜集的难度和工作量。例如，组织结构图可以提供下列信息：部门或职位之间的关系，某个部门或职位应该向谁负责，某个部门或职位的下属是谁，发生关联的部门和职位有哪些，各个职位在组织中的位置，如图9-1所示。

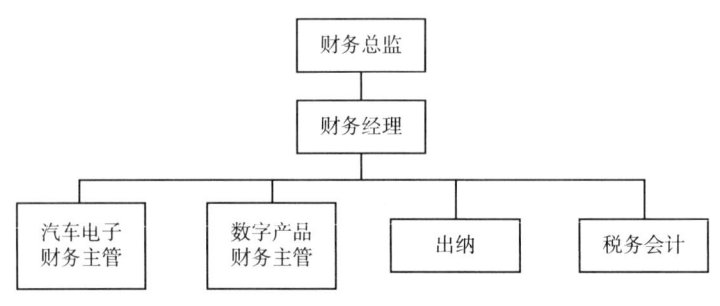

图9-1　X公司财务部组织结构图（节选）

（2）通过组织外部资料调查获取工作相关信息。通过阅读一些组织外部资料也能够获得有用的工作相关资料。①行业内或专业领域内的相关政策规定：包括行业政策、法律法规、职业资格准入制度等。②外部组织相似工作的信息：同行业其他单位的网站、有关招聘的门户网站等，利用这些信息时，要注意职位的相似性，在职责、任务、组织中的位置等方面是否相同。③国内外的工作分类标准：职业分类是采用一定的标准方法，依据一定的分类原则，对从业人员所从事的各种专业化的社会职业进行全面、系统的划分与归类。例如，我国的《中华人民共和国职业分类大典》、国际劳工组织制定的《国际标准职业分类》等。

6. 确定拟收集的信息和工作分析方法。

（1）确定收集的信息。关于工作的最关键的信息往往不能从现有的资料中得到，而需要从调查研究中获得。在开展具体工作分析前，需要事先计划一下要收集哪些信息。主要从以下几个方面考虑：①根据工作分析的目的和侧重点，确定要收集哪些信息；②根据对现有资料的分析，找出一些需要重点调研的信息或进一步澄清的信息；③按照6W1H的内容进行考虑，看看在每一方面需要收集的信息。

（2）确定工作分析的方法。工作分析的方法可以分为三大类，即通用的信息收集方法、以人为基础的系统性方法和以任务为基础的系统性方法。每种方法都有其适用的人力资源管理工作及使用场景。根据学者卡肖（Casio，1992）的研究成果，整理分析了不同的工作分析方法对于不同人力资源管理工作的成效，如表9-5所示。

表 9 − 5　　　　　　　　工作分析方法所适用人力资源管理领域的比较

方法	观察法	面谈法	问卷法		写实法	特殊事件法
目的			行为导向	任务导向		
工作说明书	O	O		O		O
测验的发展	O	O	O	O	O	O
面谈的发展	O	O	O	O	O	O
工作评价		O	O	O	O	
训练的设计		O	O	O	O	O
绩效评估的设计		O	O	O	O	O
生涯路径的规则			O			

　　在选择收集工作信息的方法时需要考虑以下几点：①工作分析的目的。选择与工作分析目的相匹配的分析方法能节约成本、提高效率。例如，以培训和绩效评估为目的的工作分析可选用关键事件法，因为它对于培训内容的确定和绩效评估的行为锚定与行为观察较为适用；而职位分析问卷法则适用于以人力资源调查和薪酬制定为目的的工作分析。②工作性质。不同工作其复杂程度、技术水平及周期长短各不相同，工作分析方法也有差异。例如，观察法和参与法适用于工作简单、技术水平不高和周期较短的工作；而对于工作复杂、技术水平高及周期较长的工作可选用面谈法、工作日志法等。③成本。由于不同的分析方法对时间、精力的消耗不同，成本也就不同。企业应量力而行，选择经济实用的方法。例如，成本较低的方法有资料分析法、问卷调查法、工作日志法等；而面谈法和关键事件法都需要花费大量时间和精力，成本较高。④分析客体。客体不同，其分析水平有差异，主要是指分析客体能否理解并接受这种方法。例如，对于一般员工常选用问卷调查法、工作日志法；对于高层次的管理者，职位分析问卷法和面谈法更为适用。

　　实际上，每一种工作分析的方法都有其独特之处，也都有其适用的场合。在进行工作分析时，应根据具体的目的和实际情况等，有针对性地选择一种或几种方法，这样才能取得更好的效果。

专栏 9 − 2

一份工作分析的具体实施方案

　　1. 背景。

　　M 公司是一家大型的电子产品集团公司。最近，X 咨询公司项目组为其进行了组织诊断与再设计工作。通过该项工作，M 公司形成了新的组织结构、职能权限体系和业务工作流程。为使 M 公司实现有效地组织运行，需进行工作分析。

　　2. 目的。

　　通过工作分析，使 M 公司组织的设计结果进一步细化，将部门的工作职

第 9 章

能分解到各个职位，明确界定各个职位的职责与权限，确定各个职位主要的工作绩效指标和任职者的基本要求，为各项人力资源管理工作奠定基础。

3. 工作分析的内容与结果。

本次工作分析将完成下列工作：

（1）了解各个职位的主要职责与任务；

（2）根据新的组织机构运行要求，合理清晰地界定职位的职责、权限以及职位在组织内外的关联关系；

（3）确定各个职位的关键绩效指标（KPI）；

（4）确定对岗位任职者的基本要求。

工作分析的最终成果为形成系列职位的《工作说明书》。

4. 工作分析的方法。

工作分析涉及的方法有：

（1）背景资料调研；

（2）工作日志法；

（3）访谈法；

（4）职位调查表；

（5）现场观察。

5. 工作分析的实施者。

本次工作分析由X咨询公司项目组和M公司有关人员共同组成工作分析小组。该小组的成员为：X公司专家（负责项目的总体策划与实施）；M公司人力资源部人员（负责项目的协调与联络）；M公司的管理层（提出总体原则并对工作结果进行验收）。

6. 工作分析的实施程序。

（1）本次工作分析主要分为三个阶段进行，即准备阶段、实施阶段和结果整合阶段。

阶段一：准备阶段（4月5日~15日）。①对现有资料进行研究；②选定待分析的职位；③设计调研用的工具。

（2）阶段二：实施阶段（4月16日~5月16日）。①召开员工会议，进行宣传动员；②制订具体的调研计划；③记录工作日志；④实施访谈和现场观察；⑤发放调查表。

（3）阶段三：结果整合阶段（5月17日~6月5日）。①对收集来的信息进行整理；②与有关人员确认信息，并做适当的调整；③编写工作说明书。

7. 需要的资料。

（1）组织结构图；

（2）各部门职能说明书；

（3）职权体系表；

（4）职位责任制；

（5）人员名单。

9.2.2 工作分析的实施阶段

经过充分的准备之后，就可以进入工作分析的实施阶段了。在实施阶段，应重点做好如下几项工作。

1. 培训工作分析人员。

组织实施工作分析的一个重要前提就是对工作分析人员进行培训，通过培训，可以使工作分析人员思想统一，就工作分析的程序、内容和最终的工作分析文件达成共识。

（1）培训内容。由于不同分析人员的工作思路和方案存在一定的差别，以及工作分析小组成员构成的复杂性，培训的内容需要根据具体工作的实际情况进行选择，一般包括以下方面：①整个工作分析流程和安排方面的培训；②对工作分析对象背景知识的培训；③工作分析理论知识的培训；④沟通技能和相应的观察，记录能力的培训；⑤文字表达能力的培训。

（2）培训目标要求。通过以上相关培训后，工作分析人员应具备以下素质：①熟知工作分析的相关知识；②熟悉所要分析的工作，并能采取各种方法得到所需的资料；③具有分析整合资料和处理信息的能力以及良好的语言表达能力；④具有与专家、管理人员及各类员工进行面谈的能力，并能观察、记录与工作有关的资料及信息。

2. 运用工作分析法收集工作相关信息。

每种工作分析方法都有一定的适用范围。例如，观察法适用于工作简单、标准化、重复性的操作类工作或者基层文员的工作；问卷调查法和文献分析法适用于非操作类工作；工作分析问卷法适用于操作类工作与基层管理工作；主题专家会议法、管理工作分析问卷法、工作任务清单分析法及工作要素法都适用于中高层管理职位；而访谈法、工作日志法、能力要求法及关键事件法等适用范围比较广泛，几乎适用于各类性质的工作。

在确定了适当的工作分析方法之后，需要选择组织中的典型职位，并运用这些方法首先对典型职位进行分析，收集这些职位的工作活动、职责、工作联系、工作环境和任职资格要求等信息，对被分析职位进行全方位了解。这些信息的真实性和准确性直接关系到工作分析的效果。

专栏 9 - 3

以问卷法和访谈法为例简单说明如何收集与工作相关的信息

1. 编制、修订调查问卷。

职位分析调查问卷的编制是建立在对职位分析导向、用途的把握以及前期文献分析、探索性问卷调查结果分析的基础之上的，具有个性化的特点。问卷的编制力求完整、具体、逻辑严密。

2. 问卷调查。

在问卷调查阶段，主要有以下关键控制点：

（1）选择调查样本。

（2）调查对象辅导：在职位分析问卷中，已经详细说明各信息板块的填写方法。在条件允许的情况下，可将调查对象集中讲解、辅导，通过讲解可以增加调查对象对职位分析重要性的认识，确保其认真、负责、如实填写问卷。

（3）发放问卷。

（4）中期跟踪辅导：在填写过程中，应及时跟踪填写过程，为调查对象解决疑难问题；职位分析师可提前收取部分问卷，分析其中存在的问题，召开中期分析会议，尽早排除可能出现的问题。

（5）收取问卷。

3. 初步提炼分析信息。

接下来应对回收的问卷进行初步分析整理。

按照职位说明书各信息板块提炼书写标准梳理职位分析问卷的信息，对于问卷中存在的信息残缺、有悖常理、差异较大的问题应详细记录；在分析提炼信息的基础上，初步填写职位说明书模板，对其中出现的模糊信息应详细记录。

在上述记录的基础上编写访谈提纲，访谈提纲应力求完整，对于问卷调查已明确的信息也应通过实地访谈加以确认，对于模糊或不完整信息应重点标示，作为访谈的重点。

4. 标杆职位访谈。

在上述初步问卷分析的基础上进行的访谈具有较强的针对性和目的性。

专栏 9 - 4

工作分析的过程控制

在工作分析的实施过程中，工作分析人员需要从以下五个方面做好控制工作。

1. 消除员工戒备心理。

在工作中被分析人员观察，员工往往会产生不安情绪。工作分析人员应该提前向员工介绍工作分析的意义、对于管理工作的好处，扭转他们对工作分析的认识，消除内心的顾虑和压力，在信息收集过程中予以支持和配合。

2. 选择合适的分析程序。

工作分析人员在正式进行工作分析时，应该采取适合工作分析小组人员能力构成和组织实际情况的分析程序，并把工作分析的具体步骤告诉参与的员工，使所有人员能够积极配合，确保工作分析协调、顺利地进行。

3. 合理安排工作时间。

工作分析人员要明确工作分析活动大致需要多长时间，时间进度是怎样的。时间安排合理清晰，可以让员工清楚自己在什么时间做什么工作，便于事先做好规划，留出足够的时间配合和支持工作分析。

4. 正确使用工作分析方法。

让参加工作分析活动的有关人员初步了解工作分析过程中可能会使用的方法，以及各种工作分析方法的操作要点和注意事项，有利于他们明白自己要如何配合工作，如何分析相关资料和信息，从而使工作分析方法的运用更有效。

5. 选择员工参与方式。

工作分析人员在进行工作分析时很容易与员工产生隔阂和矛盾。在这种情况下，工作分析人员应该让员工知道如何参加活动，遇到问题找谁解决，以减少工作阻力，使工作分析活动能顺利进行。

9.2.3　工作分析的整理和分析阶段

在工作分析信息收集完成之后，需要对工作信息进行整理和分析。

1. 整理工作信息。

在工作分析信息收集完成后，工作分析员需要首先对工作信息进行核对、辨别真伪。然后送交工作的任职者和任职者的上级主管进行审查、核对和确认，才能避免偏差。信息核对的过程有助于确定工作分析所获得的信息是否正确、完整。核对信息完成之后需要对信息进行归类，甄选出与工作分析关系密切的信息。这是由于收集工作信息的人可能并没有实际从事过所分析的工作，因此对工作中的一些实际问题和标准也不了解，而在这些方面，恰恰是工作任职者和任职者的上级主管更有发言权。此外，经过这样的过程，可以修正初步收集来的信息中的不准确之处，使工作信息更为准确和完善；另外，由于工作任职者和任职者的上级主管是工作分析结果的主要使用者，请他们来审查和确认这些信息有助于他们对工作分析结果的理解和认可，为今后工作分析结果的使用奠定基础；也有利于发现他们对工作的一些不一致的看法，使他们能有沟通的机会，以便协调他们的意见，便于今后更好地开展工作。

2. 分析工作信息。

这是工作分析的核心阶段。对获得的资料进行汇总、整理、分类、总结，并进行必要的判断，从而得出对岗位的全面、准确和有条理性的认识。

专栏 9-5

工作信息的标准化

工作信息的标准化就是将工作信息按照人力资源管理各个环节对信息使用的要求进行标准化处理。通过标准化，工作信息就可以作为人力资源管理其他模块开展工作的现成有用的信息进行使用。例如，在进行岗位评价时，在确定了评价职位的各个维度后，还需要确定该工作在某一维度上处于哪一级别，而这些信息就需要通过对原始信息的标准化处理而获得。

工作信息的标准化首先要明确界定工作信息的各项内容，包括所涉及的名词、概念和要素等。例如，"工作强度"可以定义为"工作的繁重、紧张和密集程度"；"设备责任"可以定义为"工作中使用的设备、仪器对工作任务完成的影响程度，以及任职者对其维护和保养的责任"。一般地，这些定义要采用学术界和行业内所共同认可和接受的定义。

在明确定义各种概念之后，还要对其进行等级划分，即根据该指标标志值的不同程度划分为不同的等级，如表1就对工作负荷的等级进行了4级划分。

表 1　　　　　　　　　　　　　　工作负荷的等级划分

等级	等级名称	等级解释
1	轻松	工作的节奏、时限自己可以掌握，没有紧迫感
2	正常	大部分时间的工作节奏、时限可以自己掌握，有时比较紧张，但持续时间不长，一般没有加班情况
3	满负荷	工作的节奏、时限自己无法控制，明显感到紧张，出现少量加班
4	超负荷	完成每日工作必须加快工作节奏，持续保持注意力高度集中，经常感到疲劳，有经常加班现象

在确定了各个指标的等级之后，就可以根据具体工作的特点确定其所处的级别，这样就可以为不同的人力资源管理工作提供更为准确、现成的有用信息。

3. 描述与编制。

根据对收集整理的信息进行分析，可以获取本岗位的工作名称、工作职责、工作关系、任职条件等信息。然后，按照工作分析的专业规范与要求将这些信息进行分类，填入设计好的标准格式，形成工作说明书。

4. 审核与批准。

为确保工作说明书和资格说明书的正确、清楚、易理解，编写完成的工作说明书应由管理者和员工检查一遍，有助于获得对职务分析结果的认可和接受，并根据有关建议和意见，对工作说明书进行修订。

修订后的工作说明书，按照一定的程序，经过负责人的批准后，正式公布执行。可以通过公告板、文件、会议等多种形式公布相关信息，方便各部门与员工从多个渠道了解工作说明书的有关内容。

这部分内容将会在第13章中详细介绍。

9.2.4　工作分析的运用与评估

1. 工作分析结果运用的指导和培训。

工作分析结果的表现形式包括职务说明书、任务分析表、工作辞典、工作定义、职业分类、资格说明书或其他方式。组织及相关人员需要了解工作分析结果在人力资源管理中的作用及应用，充分发挥其使用价值。工作分析结果的指导和培训，是工作分析程序中的一个重要组成部分。它包括何时何地以及怎样使用工作分析资料和结果，以便实现人力资源管理的目的。在进行工作分析成果应用指导与培训时，组织需要注意两个方面的内容。第一，让使用者了解工作分析资料与结果的意义和内容，了解工作分析成果中各部分的含义，明晰工作分析成果文件中相关条目的具体内容。第二，让使用者了解如何运用工作分析的成果。例如，如何在招聘员工时使用工作说明书、资格说明书；如何根据工作说明书与下属员工确定工作目标与标准；如何根据职位说明书考核员工并提出员工培训需求等。

2. 工作分析结果的反馈与修订。

在应用工作分析结果时，要时刻谨记工作分析的动态原则，即根据组织战略调整、组织结构变化、流程变化、技术变革等诸多因素的影响，对工作说明书等成果文件进行及时的修订和调整，以保持工作分析成果的时效性。一些实施过工作分析的企业，在形成文件后就忽略了及时跟踪反馈，文件如何要求，就如何机械地执行。事实上，尽管这些成果文件都是经过细致分析与反复修订才形成的，具有一定的权威性，但在实际应用的过程中有可能发生各种意想不到的变化，因此，需要工作分析主管人员建立畅通的信息反馈渠道，对工作分析成果文件进行及时的调整。另外，还需要建立动态的工作分析成果文件管理机制，对成果不断完善调整。

3. 工作分析结果的评价。

工作分析是实现某种管理目的的手段，而不是目的本身。对工作分析活动及其成果的评价，取决于工作分析结果使用者的意见。

在每个工作分析程序开始前，应该制订详细计划，以便进行阶段性考察并分析结果，看其是否有积极的成果，是否有助于达到预期目的，工作信息是否按计划获取，误差是否能够及时纠正。在对结果的评价中，应该阐明工作分析带来的效益情况以及计划和实施工作分析活动中所有花费的投入产出对比。

效果评价就是看工作分析的目的是否已经实现，是否解决了人力资源管理中需要解决的问题。

第 9 章

9.3　工作分析实践中存在的问题及应对策略

工作分析的操作性较强，实践中遇到的问题也较多，因此，我们需要对工作分析实践中常见的问题进行分析和探讨。

9.3.1　员工恐惧

员工恐惧是工作分析实践中经常遇到的重要问题。员工恐惧是指员工由于害怕工作分析会对其已熟悉的工作带来变化或者会引起自身利益的损害，而对工作分析小组及其调查活动采取不合作，甚至敌视的态度。在工作分析实践中常表现为：员工对工作分析小组成员抱有冷淡、抵触、怀疑等情绪；员工所提供的信息存在明显的错误或故意歪曲。

1. 产生员工恐惧的原因。

企业对工作分析结果的不当使用是产生员工恐惧的主要原因。

（1）企业利用工作分析结果进行减员降薪，这是员工恐惧产生的根本原因。正是因为长久以来，工作分析一直是企业减员降薪时经常使用的一种手段。因此，员工在观念中通常认为工作分析会对他们的就业安全、工作内容、工作责任、薪酬水平等造成威胁。

（2）测量工作负荷是员工恐惧产生的现实原因。企业发现某些部门工作量不饱满，为了增加员工工作负荷，也经常使用工作分析。员工由于担心自己的工作将会太辛苦，因而对工作分析产生恐惧。

2. 缓解员工恐惧的策略。

（1）让员工了解工作分析的目的，参与工作分析活动。工作分析人员需在工作分析活动开展前通过会议、网络信息发布、座谈等方式与员工充分沟通，使员工了解实施工作分析的实际目的，并不在于了解现有的任职者水平，而是了解岗位要求，从而改进工作方法、规范工作内容等。与此同时，要让员工尽可能地参与工作分析活动。

（2）对员工适当承诺，消除顾虑。在工作分析实施前及过程中，管理者及工作分析小组向员工承诺，其所提供的资料不会给他们带来负面影响，例如不会因此而降薪、减员与缩编、提高工作量，让员工有一定的安全感。

（3）给予员工一定的信息反馈。在工作分析过程中和工作分析完结之后，及时向员工反馈工作分析的阶段性成果及最终结果。这样员工才会有参与感，也才会对自己参与的工作分析过程和工作分析结果的执行持支持态度。

9.3.2　动态环境

动态环境是指由于政治、经济、社会等方面的发展变化，引起企业内外部环境发生变化，进而引发企业组织结构、工作流程、工作内容、人员结构的不断变动。工作分析过程中经常遇到由于企业处于动态环境之中而对工作分析造成影响的问题。

1. 动态环境的影响。

（1）外部环境变动对工作分析实践的影响。现代组织处于高速变化的外部环境中，在企业为了使管理更科学、更合理而进行工作分析时，企业可能就会因为外部环境的变化而产生组织战略或结构的变革需求，这就使刚取得的工作分析成果已不能适应企业变化后的实际状况，最终只能被束之高阁。

（2）企业生命周期对工作分析实践的影响。企业处于不同的组织生命周期阶段，其战略目标和组织结构相应地会有所不同，从而使得工作的实际内容、从事该岗位工作的员工的主要职责等也都发生变化。而这些变化会使工作分析更加复杂，工作分析者必须着眼于企业的未来发展，而不仅仅是对企业现在工作的实际情况进行分析。

（3）员工能力和需求层次的提高对工作分析实践的影响。随着经济、社会的发展，员工队伍的素质越来越高。员工不但要求组织提供工资、津贴，他们还追求更多的工作责任、更好的工作环境、更多的信任和尊重、更高的工作满足感和组织归属感等，而且他们的这些需求并不是一成不变的。所有这些都要求企业对现在的工作予以调整，从而引发进行工作分析的条件需求。

此外，工作设计、管理人员的发展等也会对工作分析造成一定影响。

2. 对动态环境问题解决办法。

由于企业内外部环境的变化速度日益加快，工作分析结果的应用周期也越来越短，这就要求我们在实施工作分析的过程中及时把握这些变化。对于动态环境的问题，可以有以下两种解决办法：一是年度工作分析；二是适时工作分析。

年度工作分析，即每年一次实施的工作分析。在一个工作分析间隔期内，各部门主管准确、详细地记录、汇总本部门工作的变化情况，人力资源部门据此制订工作分析的详细计划，具体实施年度工作分析。

适时进行工作分析，即让部门主管随时提交本部门工作中的变化情况，并进行工作分析。部门主管发现本部门工作有所变化或有必要进行改变，立即以书面形式递交人力资源管理部门，人力资源管理部门常设组织——工作分析小组根据该部门主管的要求，实施工作分析。

两种办法在实施过程中都有各自的缺陷。如年度工作分析使一些亟须变革的岗位只有等到下一次工作分析开始时才能得到解决，这不仅影响了岗位员工的实际工作过程，也产生了绩效与工资、福利等不相匹配的现象。适时工作分析会造成工作分析的无计划性，从而提高实施成本等等。解决办法是综合交叉使用年度工作分析和适时工作分析这两种方法。例如，可以每隔两年进行一次定期的工作分析，而在此期间可以对各部门主管认为非常有必要的工作进行不定期的工作分析。

专栏 9-6

工作分析中常出现的误区与问题

1. 工作分析缺乏目标导向。

虽然大家都知道工作分析在人力资源管理体系中的基础性作用，但是当落实到具体的工作分析上时，人们对于自己所从事的工作分析的具体目的并不十分清楚，这是一个普遍存在的问题。

（1）问题分析。工作分析目的不清楚的原因可能有以下几个：①为了工作分析而工作分析，属于"跟风"行为。②工作分析的目的太多、太杂，以至于不清楚应该以哪一个为重点。③工作分析的目的只有少数几个组织者知道，大部分参与者不清楚。一方面，会影响到信息的收集广度与深度，因为工作分析是一项"全员工程"，需要得到多数员工和管理者的积极支持才能收集到足够且有效的信息；另一方面，当大部分员工对工作分析的目的不清楚的时候，很容易产生员工恐惧等问题，影响工作分析的顺利实施和最终结果。

（2）对策。针对这一问题，可以采取以下应对措施：①对工作分析的理念、操作流程、技巧等进行彻底的研究。只有当我们真正对工作分析的思想和操作有了一定程度的理解的时候，才能真正明确工作分析的价值，在实践过程中才不会犯错误或少犯错误。②在进行工作分析前，对组织的结构、活动流程等进行分析，找出问题，然后有针对性地进行工作分析。③工作分析的目的确定以后，应该及时通知所有相关的人员，并对来自员工的疑问进行解释。

2. 工作分析缺乏系统思考与整体思维。

工作分析缺乏系统思考与整体思维，即缺乏对战略、组织、流程的整体适应能力。职位是组织中的基本单元，它存在的价值在于帮助企业实现整体目标。职位目标是组织目标的分解和细化。有效的工作分析必须理顺职位与组织、组织目标、目标实现手段之间的关系。而这一点，正是常常被企业所忽视的。

（1）问题分析。这一问题主要表现如下：①工作分析缺乏战略导向。职位不能脱离企业的战略、文化、组织与流程等而独立存在和运行，工作分析也不例外。然而在实际操作过程中，许多企业却将其本末倒置，不是遵循先确定战略、组织与流程，再开展工作分析的逻辑次序，而往往是将工作分析作为战略、组织与流程变革之前的先导步骤。②工作分析未与工作流程的衔接与磨合。现代企业越来越重视通过面向市场与客户的流程变革，提高为客户创造价值的能力。作为流程衔接与传递的节点，任何职位都必须在流程中找到自身存在的价值和理由，必须根据流程来确定其工作内容与角色要求。这就要求工作分析必须与流程相呼应。而中国企业在开展工作分析时，大多缺乏对流程的系统分析，没有把握流程中职位与周边的互动联系，而是片面强调对职位内在要素的详尽描述，结果将完整的流程分割得支离破碎，大大削弱了流程的速度与效率。这样，就形成了工作分析与流程的脱节。

（2）对策。针对孤立进行工作分析的问题，可以采取以下应对措施：①将工作分析与组织战略结合起来。工作分析一方面要以战略为导向，强调在工作分析中明确体现职位对战略的价值和贡献；另一方面也要充分考虑企业目前的组织管理模式和职位的历史与现状。因此，以战略为导向的工作分析在实际操作中也应该是一个理想与现实、战略要求和职位实际紧密互动的过程。②将工作分析与工作流程结合起来。在工作分析前，先对工作流程进行梳理，找出工作流程中的关键岗位，剔除多余的岗位，把能合并的岗位进行合并，在此基础上再进行工作分析。这样的工作分析不但具有整体性，而且能够给组织管理奠定科学的基础。

3. 缺乏成熟的职位信息收集与处理技术。

（1）问题分析。信息收集与处理技术是工作分析技术的核心。但在国内企业所采用的工作分析技术中，职位信息的收集与处理技术还停留在较为初级的阶段。一方面，缺乏定量化的技术与方法；另一方面，对传统的、定性的信息收集与处理方法如观察法、访谈法、问卷法等缺乏系统性的总结，工作分析专家在实践中所获得的经验性认识还仅仅停留于自身的脑海中，尚未能进行总结，以对人力资源管理人员进行有效的培训。这导致工作分析的效果在很大程度上还取决于工作分析人员的个人能力尤其是对工作的感性认识，这是目前国内企业中的工作说明书形式五花八门、质量参差不齐的重要原因。另外，在数字经济时代，它们也是难以满足应对变化的时效性要求。

（2）对策。针对上述问题，可以采取以下应对措施：①有针对性地使用工作分析方法。在选择工作分析方法时需要考虑的因素一般有：待分析对象的规模、成本、工作性质等。企业应根据自身的能力，量力而行，选择经济实用的方法。②将多种工作分析方法相结合。在一次对有工作分析经验的工作分析者的问卷调查中，大部分人都表示倾向于结合使用两种或多种工作分析方法。常用的工作分析方法的组合包括：关键事件技术与职能工作分析、职位分析问卷与任务清单、工作分析问卷与关键事件技术等。③利用数字经济时代的信息优势与数据优势，建立多维度、全方位的工作信息采集系统，还要建立符合实际的数据分析系统，把数据转化为指令，把数据转化为效益。

4. 重描述，轻分析。

工作分析的核心环节在于对职位要素的系统分析，而非对其进行简单的罗列与描述，常常需要对信息去粗取精、去伪存真。而这一点恰恰又是国内企业目前在工作分析中的通病。

（1）问题分析。这一问题主要表现为：①忽视对工作职责间的内在逻辑关系的系统把握。任何职位的工作职责都是一个有机的系统，而非简单的拼凑组合。对职责之间内在逻辑的把握，一是有利于形成对职责的系统理解，使任职者能够按照职责的逻辑顺序来安排工作；二是有利于把握不同职责对整体目标的贡献，找到努力的方向，优化资源的配置；三是有利于找到履行职责中的难点，为绩效改进寻到切入口。而目前国内企业在进行工作分析时，一方面由于任职者本身的参与度较低，另一方面由于工作分析人员缺乏系统性的训练，因而往往难以形成对职责逻辑的把握。②忽视对职责与业绩标准、胜任能力之间关系的把握。将职位看作一个投入产出系统，而员工的胜任能力就是投入，职责就是过程，业绩标准就是产出。只有在对三者的内在关系进行系统分析的基础上，才能真正实现胜任能力与业绩标准的科学化与标准化。但国内很多企业在进行工作分析时，往往割裂了它们的内在联系，仅凭借感觉与经验来建立业绩标准与胜任能力体系，使得工作说明书本身的系统性、准确性和可信度受到影响，并进而使工作说明书在招聘、录用、考核等组织与人力资源管理中的运用受到限制。

第 9 章

（2）对策。针对以上问题，可以采取以下措施。①科学规划工作分析的过程。合理的计划可以确定工作分析的目的和结果适用的范围，明确分析对象。组建具有代表性的工作分析小组是保证工作分析结果质量的重要基础。良好的设计可以选择适当的工作分析方法和人员，选择适宜的信息来源。全面的信息分析包括对工作信息的调查收集、记录描述、分解、比较和综合。如果每一步骤都能够精心设计和良好控制，最后得到的工作分析结果的质量就会得到保障。②编写工作说明书要符合逻辑顺序，尤其体现在对工作职责的描述上。较常见的做法是按重要程度和所花费的时间来排列各项工作职责，并注意将相近的职责排列在一起，这样有助于人们对工作说明书的理解和使用。③发掘工作分析过程中可以为人力资源管理带来价值的地方。例如，工作分析需要发动组织上下共同来参与，在分析的过程中，不但能够让大家明确工作任务与工作目标，而且增加了组织上下的沟通和互动，提高了员工的积极性，塑造了和谐的劳动关系。

本 章 习 题

一、名词解释

工作分析主体　工作分析目标　员工恐惧　动态环境

二、简答题

1. 在何种情况下需要进行工作分析？
2. 参与工作分析的人员有哪些？
3. 选择工作分析方法时应考虑的因素有哪些？
4. 实施工作分析的基本流程是什么？

三、论述题

1. 试述如何选择工作分析主体？
2. 工作分析实践中常会遇到哪些问题？探讨解决策略。

四、案例分析

A公司是某集团公司的全资子公司，成立于20世纪80年代，为适应改革需要，公司在组织结构和人员配置上进行了比较大的调整。改革前，公司下设职能部门17个、直属分公司13个，长期职工412人、外包人员78人、临时工56人。根据集团公司对 A 公司定员编制情况的规定，A 公司对机构、人员进行了调整，职能部门精简为 6 个，分公司根据业务需求重新整合为 5 个，相应的人员调整配置工作已完成。

A 公司的当务之急是编写一份科学的工作说明书。结合工作说明书在编写过程中存在的问题以及工作分析的相关理论和技术，本着适合本企业、趋利避害、高效科学的编制原则，本文尝试为 A 公司编制工作说明书提供总体思路和具体操作步骤。

1. 工作说明书编制前的准备工作。

（1）组建工作分析小组。工作分析小组主要由 A 公司人力资源部门主管、其他职能部主管、分公司经理和外部聘请的工作分析专家组成。小组成员确定之后，需要赋予其相应的权限，以保证工作分析的有效进行。该小组需要确定工作说明书模板，编制工作说明书编写标准。同时，工作分析小组还要牵头组织相关部门共同审核工作说明书初稿并修订发布。

（2）获得公司总经理的支持与推动。工作分析小组需抓住每次会议的机会，从组织结构重组切入，结合当前招聘、绩效、培训、薪酬设计等工作中所遇到的问题，强调编制工作说明书在解决人、财、物集约化管理中的重要作用。每当 A 公司召开工作分析动员大会时，总经理要向所有部门主管和分公司经理强调编制工作说明书的重要性，并印发正式通知，要求各位中层管理者给予高度重视和积极配合，并提出具体的考核要求。这里需要强调的是，不仅在工作的开始就需要总经理的支持和推动，工作实施过程中更离不开总经理的具体参与。

（3）确定工作说明书的模板。事先确定模板可以省去事后很多不必要的调整工作。模板主要有两方面内容：一是项目，二是格式。项目包括岗位标识信息、工作说明书、任职资格三大方面，格式要清晰、美观、实用。

（4）培训相关人员。一是对撰写工作说明书初稿的岗位任职者进行培训，二是进行工作分析小组培训。对前者的培训重点是对工作说明书各项目的含义、编写规范进行介绍。主要规范包括：用主动性的功能动词描述职责和任务、使用专业术语、注意岗位工作职责的排序等。工作分析小组培训除了上述培训外，还需针对工作分析中的常见问题、工作分析说明书初稿中所出现的问题进行相关的培训，使小组成员在短时间内掌握审查和修改的原则与方法。同时，工作分析小组还要制定进度计划，列明各项任务及其完成时间、负责人。

2. 确定组织结构与业务流程，编制部门职能说明书。

组织结构重建背景下，编写工作说明书之前要先确定组织结构，梳理业务流程，明确各类业务的接口关系（尤其是跨部门的接口关系），编制好部门职能说明书，防止职责的交叉与遗漏。

A 公司原来下设 17 个职能部门、13 个分公司，现调整为 6 个职能部门、5 个分公司。这种结构上的巨大变化，必然在业务流程上也发生重大变动，需要重新编制部门职能说明书。工作分析小组要了解并审核各类业务流程，尤其是关键业务流程。在审核过程中通过辩论，与经理和部门主管、分公司经理进行沟通等方式来加深对公司业务流程的理解。因为只有充分深入地理解，工作分析小组成员才可能对提交的工作说明书初稿进行审查和修订。在对业务流程梳理后，列出公司各个部门所承担的主要职能，编制部门的职能说明书，并与总经理进行交流，确定部门职能。部门的整体职能确定后，对部门职能进行细化，根据所设的岗位进行职能分配，编制工作说明书应以此为依据。

3. 收集岗位信息，拟定工作说明书初稿。

A 公司刚刚进行了组织结构、人员配置方面的重大调整，员工对其目前所在岗位了解得不透彻，还不清楚自己应该做哪些工作、职责权限怎么分配。对于部门主管来说，虽然通过部门职能说明书可以知道岗位的职责权限划分，但对下级的每一项职责所包含的具体工作任务却不一定非常清楚，所以采取单纯的问卷调查和访谈法以及其他收集信息的方法在 A 公司不可行。建议 A 公司尝试采用目标管理的思路，在参照部门职能说明书和梳理部门业务流程的基础上，让各部门、各分公司召开讨论会，对本部门的职责进行分解，明确岗位职责，并按照本部门、分公司的岗位设置情况，从各岗位工作人员中选定本岗位的工作说明书拟稿人。拟稿人要按标准完成初稿编制，提交工作分析小组。A 公司各职能部门主管和分公司经理的工作说明书由各自岗位任职者初拟。普通员工的工作说明书拟稿人应该至少由二人组成：一人为对岗位业务相对熟知的员工，负责对工作内容的具体写作；一人为其直接上级，负责从部门职能和业务流程上把关。员工与其直接上级应当把握好沟通面谈这一环节，并达成一致意见，避免敷衍了事。

4. 对工作说明书初稿进行审查与修订。

工作分析小组对 A 公司各职能部门和分公司所撰写的工作说明书初稿进行初步审查和修改，主要对工作说明书初稿中存在的问题、基本格式等进行审查。在此基础上，工作分析小组需要分析汇总工作说明书存在的问题，提出修改建议。在初步审查并修改后，工作分析小组要对工作说明书进行第二次审查，重点是依据公司业务流程图、部门职能说明书进行修订，对于有问题的地方做好记录，以便工作说明书的全面审查与修订。

5. 与管理层进行访谈，全面审查与修订工作说明书。

工作说明书在定稿之前，还需要和 A 公司部门主管和分公司经理进行具体访谈。访谈的内容：一是补充和确认上一阶段修订的工作说明书；二是对部门内外流程接口所涉及的工作职责进行访谈，讨论与流程规定相矛盾之处，确定岗位的职责范围和职责描述。与部门主管、分公司经理完成访谈后，工作分析小组应挑出各个有跨部门职责的岗位，同时按流程进行归类。为了保证审查归类的科学性，还必须与总经理召开讨论会，对归类的岗位职责进行讨论和确认，随后工作分析小组再对所有的工作说明书进行全面审查与修订。修订结束后，在征求公司管理层意见的基础上进行调整，最终完成工作说明书的定稿。

资料来源：刘剑锋. 企业组织结构重建中工作说明书的编制：以某集团公司全资子公司 A 为例 [J]. 晋中学院学报，2013 (2)：42 - 44。

思考：

1. 在什么情况下需要进行工作分析？
2. 试分析案例中工作分析实施过程的优点。
3. 案例中工作分析实施过程还有哪些需要完善的地方？

第 10 章 工作分析的基本方法与工具

B 公司的工作分析

B 公司是坐落于东部沿海发达城市的一家互联网科技企业。在当下数字化浪潮的推动下，行业发展迅猛，公司凭借创新的产品和服务，业务量呈爆发式增长，短短几年间便从一家初创企业成长为颇具规模的中型互联网企业。随着公司规模的急剧扩张，员工数量大幅攀升，各类组织和人力资源管理难题接踵而至。鉴于此，人力资源部门决定从工作分析入手，明确各职位价值，以此推动人力资源管理的全面变革。

首先，人力资源部在众多工作分析工具与技术中筛选。经过对市面上主流工作分析资料的研究，选定了一款线上工作分析问卷，期望借助其便捷性高效收集职位信息。随后，问卷通过公司内部办公系统发送至各部门负责人，并在公司内部即时通信群组发布通知，强调此次问卷调查的重要性，恳请全体员工积极配合。

然而，问卷发放后状况频出。问卷在各部门负责人处长时间滞留，未能及时传达给基层员工。直到人力资源部反复催促，才匆忙下发。由于员工日常工作节奏快、任务繁重，多数人拿到问卷后，未认真研读就仓促填写。部分员工因外出办公或项目紧急，直接委托同事代填。更为关键的是，问卷中充斥着诸如"关键绩效指标拆解""业务流程优化职责"等专业且晦涩的表述，员工普遍对问卷意图不明，面对疑难问题无处咨询，只能凭借自身理解随意作答，致使问卷填写缺乏规范性和准确性。最终回收的问卷，部分内容空缺，部分回答偏离主题，还有相当一部分石沉大海。

与此同时，人力资源部也同步开展了职位访谈工作。但在实际操作中，困难重重。受限于沟通层级，能够与部门负责人进行访谈的仅有人力资源部负责人，其他人力资源主管和普通员工难以直接与部门负责人对接，这极大限制了访谈工作的推进。而且，部门负责人日常事务繁杂，协调双方时间极为不易，两周时间仅完成了两个部门负责人的访谈。

在对基层员工的访谈中，情况同样不容乐观。访谈过程中，员工大多在抱怨公司管理混乱，如项目流程不清晰、绩效考核不合理等，对自身薪资待遇也存在诸多不满。而当谈及与工作分析直接相关的工作内容、职责边界等问题时，员工却态度含糊，不愿深入交流，对人力资源部的访谈目的心存疑虑。访谈结束后，访谈人员表示对相关职位的理解依旧模糊，未能获取有效信息。

问题：B 公司的工作分析出现了哪些问题？

学习目标

1. 掌握观察分析法、写实法、访谈法的概念和操作流程
2. 掌握问卷调查法和文献资料分析法的概念和操作流程
3. 熟悉各种工作分析方法的适用范围和优缺点
4. 熟悉各种工作分析方法的应用技巧

"工欲善其事，必先利其器"。科学的工作分析方法是工作分析成败的关键，对工作分析结果的科学性、有效性和规范性有着重要影响。工作分析的内容主要取决于工作分析的目的和用途，且依据不同组织所进行的工作分析的侧重点也会有所不同。因此，根据不同的工作分析内容选定恰当的分析方法显得尤为重要。工作分析方法依据不同的标准有不同的形式，根据分析对象、数据来源、结构设计和分析深入程度的差异，可以将工作分析方法分为基本工作分析方法、以任务为导向的工作分析方法和以人员为导向的工作分析方法。

基本工作分析方法是在工作分析过程中常见的收集职位信息的方法，应用较多的是观察分析法、访谈法、问卷法、写实法、资料分析法等。这类方法通常具有灵活性强、易操作、适用范围广等特点。一般来说，在工作分析中较少只使用单独一种信息收集方法，往往是将不同的工作分析方法加以组合，取长补短，以更好地获取各种所需要的工作信息。

本章就几种基本的工作分析方法与工具进行介绍。

10.1　观察分析法

10.1.1 观察分析法概述

1. 观察分析法的含义。

观察分析法是指工作分析人员借用人的感觉器官、观察仪器或计算机辅助系统实地观察、记录某一时期内观察对象的工作内容、工作环境以及人与工作的关系等信息，并在此基础上分析与工作有关的工作要素，达到工作分析目的的一种方法。观察分析法是一种较传统的工作分析方法。

2. 观察分析法的种类。

按照观察对象的工作周期和突发性的不同，观察分析法可分为直接观察分析法、阶段观察分析法和工作表演法。直接观察分析法是工作分析人员直接对具体职位工作的全过程进行观察，适用于工作周期较短的职务。例如，保洁员的工作基本上是以一天为一个周期，工作分析人员可以选择某一整天跟随保洁员，进行直接工作观察。有些职位的工作具有较长的周期性，为了能完整地观察到任职者的所有工作，必须分阶段进行观察，即阶段观察分析法。例如，行政文员，在每年年终时筹备企业总结表彰大会是岗位任职者的典型工作内容，工作分析人员就应在年终时再对该职位进行观察。对于工作周期很长或者突发性事件较多的工作，工作表演法更为合适。如保安工作，除了有正常的工作程序以外，还有很多突发事件需要处理，如盘问可疑人员等，工作分析人员可以让保安人员表演盘问的过程。

按照结构化的程度来划分，观察分析法可以分为结构化观察法和非结构化观察法。观察分析法的结构化程度是指观察过程、记录方式、结果整理等环节在多大程度上得以事先确定和统一。结构化观察法，需要在现有理论模型和对与职位相关的资源进行分析整理的基础上，针对目标职位的特点开发个性化的观察分析指南，对观察过程进行详细规范，严格控制观察分析的全过程。非结构化观察法，只需根据观察的目标定位、对所要收集的信息进行观察，这种方法方式灵活，在国内经常使用。

3. 观察分析法的适用范围。

一般来说，观察分析法比较适用于对短时期的外显行为特征的分析，常用于工作内容相对简单、重复性高且容易观察的职位的分析，而不适合于对隐蔽的心理素质的分析，不适合于没有时间规律与表现规律的工作的分析。如果需要对复杂性较强的工作进行分析，最好与其他方法结合使用。

10.1.2　观察分析法的基本程序

一般来说进行工作分析观察主要包括五个操作阶段（见图 10 - 1）。

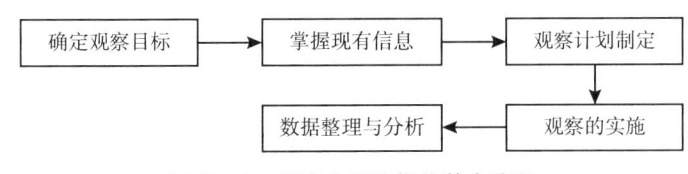

图 10 - 1　观察分析法操作基本流程

1. 确定观察目标。

针对不同的分析目的，将会有不同的观察对象、观察角度和内容。因此必须首先明确观察的基本目标。一般来说，观察的对象主要有个体、部门和组织三个层面。应根据目标职位的影响范围来确定观察的层面，若目标职位涉及整个组织的运行，则将其置于组织层面，以此类推。

2. 掌握现有信息。

（1）检查现有的文件资料，形成工作的总体概念，包括工作目标、主要职责、工作流程、工作关系等。

（2）选择一个主管或有经验的员工进行面谈，以便了解工作的整体情况。

（3）准备一个初步的观察任务清单，作为观察的框架。

（4）对现有资料和数据不清楚的项目作出重点标注。

3. 观察计划的制订。

由于所观察的工作应具有代表性，所以观察前应确定观察计划工作，计划工作中应含有观察对象、观察提纲、观察内容、观察时刻、观察位置等。

（1）确定观察对象。从目标职位任职者中选择合适的观察对象，一般选择 3 ~ 5 位典型的任职者作为观察对象，或者是选取工作表现和绩效典型的任职者作为观察对象。

（2）设计观察提纲。明确观察的具体内容，开发便于记录、分析信息的结构化表格。观察提纲应结构简单，并反映工作有关内容，避免机械记录。观察提纲通常用于工作内容简单的岗位，任务观察清单通常用于重复性工作内容比例较高的岗位。

（3）确定观察时间、地点。观察的时间、地点应为该职位的典型、常规的工作时间和地点。对于周期性工作岗位，观察的时间最好能够覆盖某一典型的工作周期。

（4）设备工具的确定。在观察过程中，常常采用一些辅助的手段帮助观察员进行记录，常用的设备包括摄像机、摄像头、计算机辅助系统等。各种记录设备应放置在不影响任职者工作的位置。另外其他计时、度量的工具应根据实际观察的需要予以配备。

第 10 章

专栏 10 -1

工作分析观察提纲（部分）

被观察者姓名：_____　　　　日期：_____

观察者姓名：_____　　　　观察时间：_____

工作类型：_____　　　　工作部门：_____

观察内容：

1. 什么时候开始工作？_____

2. 上午工作多少小时？_____

3. 上午休息几次？_____

4. 第一次休息时间从_____到_____。

5. 第二次休息时间从_____到_____。

6. 上午完成产品多少件？_____

7. 平均多少时间完成一件产品？＿＿＿＿＿＿＿＿＿＿＿＿＿＿＿＿＿

8. 与同事交谈几次？＿＿＿＿＿＿＿＿＿＿＿＿＿＿＿＿＿

9. 每次交谈多长时间？＿＿＿＿＿＿＿＿＿＿＿＿＿＿＿＿＿

10. 室内温度＿＿＿＿＿＿＿＿＿＿＿＿＿＿＿＿＿摄氏度。

11. 上午喝了几次水？＿＿＿＿＿＿＿＿＿＿＿＿＿＿＿＿＿

12. 什么时候开始午休？＿＿＿＿＿＿＿＿＿＿＿＿＿＿＿＿＿

13. 除了多少次品？＿＿＿＿＿＿＿＿＿＿＿＿＿＿＿＿＿

14. 搬运了多少次原材料？＿＿＿＿＿＿＿＿＿＿＿＿＿＿＿＿＿

15. 工作地噪声是多少分贝？＿＿＿＿＿＿＿＿＿＿＿＿＿＿＿＿＿

专栏 10 - 2

确定观察的时间、地点

为了不影响组织日常运行，观察时间、地点应事先确定。时间、地点的确定应遵循以下原则：

1. 典型性：观察的时间、地点应为该职位的典型、常规的工作时间、地点，而不是偶然发生的工作时间和地点。

2. 经济性：在选择时间和地点时，应考虑观察法的经济性，尽量不要影响组织的日常运营过程，同时在收集完整信息的前提下，尽量减少时间跨度和空间的转移。

3. 全面性：为了使观察的覆盖面能涵盖任职者的全部工作内容，因此观察的时间、地点尽可能全面、完整，尤其在描述性观察法中，时间、地点的完整性对结果会产生重大的影响。一方面，对于周期性工作岗位，观察的时间最好覆盖某一典型的工作周期；另一方面，对于非周期性的工作岗位，应从多方面收集其典型工作发生的时间段，在这些时间段中，对其进行观察。例如，可通过与上司、本人进行沟通讨论，确定典型时间段，作为观察时间。

4. "民主性"：观察的时间和地点的选择可以征求本人和上司的意见，在双方沟通交流的基础上确定，这样做可以增加观察对象的参与程度，降低其抵触情绪。

第 10 章

4. 观察实施。

（1）观察分析人员的选拔与培训。观察分析人员的选拔和培训，在观察分析法的操作过程中是最重要的环节，培训质量的高低将直接影响职位分析的成败。一般来说，选拔的观察人员需要具备公正客观的态度、较强的语言和文字表达能力，以及对行为理解把握的能力。对于某些特殊的工作，还需要有较强的体力等。

（2）观察过程。观察记录质量的好坏直接影响工作分析的结果，在观察记录的过程中，工作分析人员一定要严格遵守观察记录的流程要求，完成对目标职位每个环节的记录工作。观察过程中要注意以下事项：

第一，尽量不要影响任职者的工作。这是最基本的原则。如果不能保证观察者的隐秘性，可以用适当的方式介绍给任职者，将对工作可能的影响降到最小。

第二，工作分析人员应与任职者保持一定距离，应选择便于观察且不影响工作的位置。

第三，观察后的沟通是十分必要的，工作分析人员可以在工作间歇（如喝水、简短休息）时，与任职者就观察过程中的某些疑问进行探讨。

第四，与任职者建立良好的信任关系是观察工作能否顺利开展的基础。为了保证任职者积极主动地配合观察工作，工作分析人员应承诺尊重隐私权并保证信息的匿名性。

5. 数据的整理与分析。

（1）观察结束后应对收集的信息数据进行归类整理，检查最初的任务和问题清单，确保每一项均已被观察到和得到确认。

（2）对于结构化的观察结果，进行编码，录入电脑，进行数据分析；对于非结构化调查，则应按照一定的逻辑顺序进行整理排列，形成一份描述性的报告。

（3）进行信息的合并，把收集到的各种工作信息合并为一个综合的工作说明书，可以加上个人意见。

（4）把工作说明书分发给工作承担者及其主管，并附上反馈意见表。

（5）根据反馈意见表，进一步分析观察数据，补充遗漏、明确含糊的地方，形成完整的工作说明书。

10.1.3 观察分析法的优点和缺点

1. 优点。

（1）通过对工作的直接观察和任职者介绍能使工作分析人员更多、更深刻地了解工作要求，适用于那些主要由体力活动来完成的工作，从而使所获得的信息比较客观和准确。但这也需要观察者具备一定的实际操作经验，工作人员也需要较高的素质。

（2）观察分析法具有真实性、深入性、灵活性、有效性等特点。观察法在收集信息目的性方面具有较大的灵活性，可根据工作分析的目的有选择性地收集各种不同的信息。运用观察法可以在工作过程中与任职者面对面地交流，当任职者对其工作说明书出现问题时，可以通过形体语言给予正确的解答，这样可以避免信息二次加工带来的失真现象，提高信息收集的有效性。

2. 缺点。

（1）观察分析法不适用于脑力劳动成分比较高的工作和处理紧急情况的间歇性工作，如科学研究者、律师、教师、急救站的护士等。

（2）观察分析法耗时长、成本花费高、难度大且不能得到有关任职者资格要求的信息。虽然观察法所用时间部分取决于观察的规模和广度，但无论多大的规模，观察法都包含一些必备的操作程序。同等规模的工作分析采用观察法所需的时间要远远多于运用访谈法和问卷法所需的时间。观察法的成本与时间是相对应的。通常观察分析人员如果由外部专业人士担任，其费用成本相对较高；若从组织内部培训观察分析人员，培训时间相对较长，而且往往会影响工作分析的效果。在任职者和组织其他成员看来，观察法必然带有分析人员主观评价成分，因此展示出错误信息，由此造成工作分析失真。

10.2　写实分析法

10.2.1　写实分析法概述

写实分析法主要通过对实际工作内容与过程的如实记录，达到工作分析的目的。它主要分为两种形式：如果做写实、描述工作的是任职者自己，则称为工作日志法；如果由主管人员对任职者的工作进行记录与分析，则称为主管人员分析法。

写实分析法的主要用途是作为原始工作信息的收集方法，为其他工作分析方法提供信息支持，特别是在缺乏相关文献资料时，写实分析法的优势更加突出。

10.2.2　工作日志法

10.2.2.1　工作日志法的概念

工作日志法也称现场工作日记法，是由任职者本人自行记录的一种信息收集方法，由任职者将自己每天所从事的每一项活动按时间顺序以日志的形式记录下来，要记录的信息一般包括所要进行的工作任务、工作程序与方法、工作职责、工作权限以及各项工作所花费的时间等，一般需要填写 10 天以上的工作日志。

工作日志的对象既可以是高绩效的员工，也可以是一般的或后进的员工。工作日志的对象还可以是对设备的运转进行记录。工作日志记录的范围，可以是个人的，也可以是集体的；工作日志记录的内容，可以是典型的，也可以是全面的。采用工作日志的方法，甚至可以对全体员工的工作信息进行收集、整理和分析，并在个人工作信息整理和分析的基础上，形成岗位工作清单和部门工作清单。具体要采取何种形式、收集哪些信息，都要根据工作分析的目的和要求决定。

10.2.2.2　工作日志法的设计与运用

1. 编写工作日志填写说明。

在填写工作日志表格之前，适当地对填写者进行培训，规范工作日志填写方法，将会大大提高日志法收集信息的质量。另外，清晰的工作日志填写说明，也会达到提升信息规范程度、减少分析阶段工作量的目的。另外，某种意义上说，也会打消填写者对工作分析的疑虑。一般说来，工作日志填写说明主要包括前言、任职者信息和有关要求。

2. 编写工作日志填写内容。

工作日志通常包括以下内容：

（1）编号：记录工作任务的顺序。

（2）任务名称：工作任务概述。

（3）任务内容：准确描述如何完成该任务，工作任务的对象，工作结果。

（4）起止时间：每项工作活动发生的起止时间。

（5）工作联系：与内部人员、外部人员发生的工作联系的内容以及对方的身份。

（6）活动地点：任务发生的地点及转移地点。

（7）备注：需要特别说明的内容，如重要性程度。

3. 工作日志法运用时应注意的问题。

（1）应加强对操作者的写实辅导。为了尽可能地使收集的信息更加规范与完整，在工作日志下发前和记录过程中，应由职位分析小组组织召集填写者进行填写辅导，辅导的内容为如何规范填写工作日志。

（2）工作日志表填写时间的掌控。工作日志填写的时间范围要求总体时间跨度适中，时间太短会造成大量信息缺失，时间太长则会对组织正常工作的开展带来较大的影响，造成职位分析成本上升。应根据具体情况，选择一个工作周期作为填写工作日志的总体时间跨度。对于填写者来说，每日填写的时间间隔的选择不能过长，过长会导致填写者因为遗忘而导致信息不准确甚至"创造"信息。因此，应在尽可能不影响日常工作的前提下，每做完一项工作便进行记录，确保工作信息的完整准确。

10.2.2.3　工作日志法的优缺点

1. 优点。

工作日志法的优点主要有：信息可靠性高，适于确定有关工作职责、工作内容、工作关系、劳动强度等方面的信息；所需费用小；对分析高水平与复杂的工作，比较经济有效。

2. 缺点。

工作日志法的主要缺点是：将注意力集中于活动过程，而不是结果；从事这一工作的人必须对工作的情况与要求最清楚；使用范围小，工作状态稳定；整理新鲜数据的工作量大，归纳工作烦琐；工作执行者在填写时，会因为不认真而遗漏很多工作内容，从而影响分析结果；若由第三者进行填写，人力投入量会很大，不适于处理大量的职位；存在误差，需要对记录分析结果进行必要的检查。

第 10 章

专栏 10 - 3

×公司员工工作日志实例

您好，感谢您在繁忙的工作中抽出时间参与本次职位分析活动，在接下来的两周内，您填写的工作日志将帮助我们全面界定此岗位的主要职责。请认真阅读下列要求。

续表

1. 本表格是为了收集有关您所在职位的工作信息，请根据要求提供真实的信息，避免填写内容和实际情况出现出入，从而损害您的利益。

2. 请您在每天工作开始前将工作日志放在手边，按工作活动发生的顺序及时填写，切勿在一天工作结束后一并填写。

3. 请严格按照表格要求进行填写，不要遗漏，尤其是那些细小的工作活动，以保证信息的完整性。

4. 请您注意保留，防止遗失。

您在填写过程中遇到困难时，请及时与我们联系，再次感谢您的真诚合作！

××工作分析小组

工作日志

姓名：

年龄：

岗位名称：

所属部门：

直接上级：

从事本业务工龄：

在本公司工作的司龄：

填写日期自　　月　　　日　　　至　　　月　　　日

序号	工作活动名称	工作活动内容	工作活动结果	时间消耗	备注
1	复印	协议文件	4 页	6 分钟	存档
2	起草公文	贸易代理委托书	8 页	1 小时 15 分钟	报上级审批
3	贸易洽谈	玩具出口	1 次	40 分钟	承办
4	布置工作	对日出口业务	1 次	20 分钟	指示
5	会议	讨论东欧贸易	1 次	1 小时 30 分钟	参与
⋮	⋮	⋮	⋮	⋮	⋮
16	请示	贷款数额	1 次	20 分钟	报批
17	电脑录入	经营数据	2 屏	1h	承办
18	接待	参观	3 人	35 分钟	承办

6 月 20 日　　工作开始时间 9：00，工作结束时间 17：00

10.2.3　主管人员分析法

1. 主管人员分析法概念。

主管人员分析法是指主管人员通过日常的管理权力来记录和分析所管辖人员的工作任务、责任和要求等因素的方法。

该方法的理论依据是，主管人员对这些工作有深刻的了解。他们与所分析的工作天天打交道，非常了解，尤其以前从事过这些工作，因此他们对被分析的工作有双重的理解，对职位所需要的工作技能的鉴别和确定非常内行。但是，主管人员的分析中也许会存在一定的偏见，尤其是那些只做过其中部分工作而无法全面了解所有情况的人。一般来说，主管此时往往侧重于他做过的那部分工作。如果采取将主管人员分析法与工作日志法相结合的方法，则可以有效消除这些偏差。

2. 主管人员分析范例。

专栏 10－4

×公司主管人员分析调查表

一、职位名称

部门：　　　　　　　　　　　工作地点：

任职者姓名：　　　　　　　　日　期：

主管人姓名：　　　　　　　　签字：

二、基本职责

　　＿＿＿＿＿＿＿＿＿＿＿＿＿＿＿＿＿＿＿＿＿＿＿＿＿＿＿＿
　　＿＿＿＿＿＿＿＿＿＿＿＿＿＿＿＿＿＿＿＿＿＿＿＿＿＿＿＿

三、能够用于确定本职工作范围的各种指标，包括定性角度和定量数据

　　＿＿＿＿＿＿＿＿＿＿＿＿＿＿＿＿＿＿＿＿＿＿＿＿＿＿＿＿
　　＿＿＿＿＿＿＿＿＿＿＿＿＿＿＿＿＿＿＿＿＿＿＿＿＿＿＿＿

四、填写下面的内容，以表明各职位间的工作关系

监督职位名称：

直接主管职位名称：

同一直接主管之下的其他职位名称：

直接下级职位名称：

简要说明下属职位的主要功能：

　　＿＿＿＿＿＿＿＿＿＿＿＿＿＿＿＿＿＿＿＿＿＿＿＿＿＿＿＿
　　＿＿＿＿＿＿＿＿＿＿＿＿＿＿＿＿＿＿＿＿＿＿＿＿＿＿＿＿

五、列举主要职责活动与代表性的工作项目

　　＿＿＿＿＿＿＿＿＿＿＿＿＿＿＿＿＿＿＿＿＿＿＿＿＿＿＿＿
　　＿＿＿＿＿＿＿＿＿＿＿＿＿＿＿＿＿＿＿＿＿＿＿＿＿＿＿＿

六、如果上述栏目无法说明，请在此举出几个典型事例或任职时所遇到的事例

　　＿＿＿＿＿＿＿＿＿＿＿＿＿＿＿＿＿＿＿＿＿＿＿＿＿＿＿＿
　　＿＿＿＿＿＿＿＿＿＿＿＿＿＿＿＿＿＿＿＿＿＿＿＿＿＿＿＿

七、说明本职位工作权限与自主性

　　＿＿＿＿＿＿＿＿＿＿＿＿＿＿＿＿＿＿＿＿＿＿＿＿＿＿＿＿
　　＿＿＿＿＿＿＿＿＿＿＿＿＿＿＿＿＿＿＿＿＿＿＿＿＿＿＿＿

八、完成本职位工作需要说明的其他情况与要求

　　＿＿＿＿＿＿＿＿＿＿＿＿＿＿＿＿＿＿＿＿＿＿＿＿＿＿＿＿
　　＿＿＿＿＿＿＿＿＿＿＿＿＿＿＿＿＿＿＿＿＿＿＿＿＿＿＿＿

第 10 章

10.3　访谈分析法

10.3.1　访谈分析法概述

1. 访谈分析法概念。

对于许多工作，分析者不可能实际去做观察（如飞行员的工作），或者不可能去现场观察，或难以观察到（如建筑师的工作）。在这种情况下，必须访问工作者，了解他们的工作内容，由此获得工作分析的信息。

访谈分析法又称面谈法，它是通过工作分析者与被访人员就相关工作内容进行面对面沟通，加深对员工工作的了解以获取工作信息的一种工作分析方法。访谈分析法是应用最为广泛的一种工作信息搜集方法，在很多工作分析系统中也是一个非常重要的步骤。

2. 访谈分析法的分类。

根据不同的分类标准，访谈分析法可以分为多种类型：

（1）按对访谈的控制程度划分。按照对访谈的控制程度，访谈分析法可以分为结构化访谈和非结构化访谈。结构化访谈又称标准化访谈，是指访谈题目、访谈实施程序、访谈评价、访谈人员构成都有统一明确的规范，由访谈者按事先设计好的访谈提纲依次向访谈对象提问，并要求访谈对象按规定标准进行回答。结构化访谈最显著的特点是访谈提纲的标准化，它可以将调查过程的随意性控制到最小限度。结构化访谈能够全面地收集信息，但是不利于任职者思维的发散。非结构化访谈，又称非标准化访谈、深度访谈或自由式访谈，它是一种无控制或半控制的访谈，一般事先不制定完整的调查问卷或详细的访谈提纲，也不规定标准的访谈程序，而只有大致范围或一个粗线条的问题大纲，由访谈者与访谈对象在这一范围内自由交谈。非结构化访谈较有弹性，访谈者可以根据需要灵活安排提问方式和顺序，追问重要线索，所以这种访谈方式收集的资料更加深入和丰富，但信息缺乏完备性。在实践运用中，一般将结构化访谈与非结构化访谈结合起来使用。

（2）按访谈对象划分。根据访谈的对象，访谈可以分为个体访谈、群体访谈和主管人员访谈。个体访谈，一般指单独进行的访谈，适用于分析时间充分、各项工作之间差别明显的情况。员工作为某一工作的直接承担者，往往可以提供更为直接和完整的工作信息。群体访谈，指对从事同类工作或在同一生产线上工作的所有人员进行的访谈，适用于存在多名员工从事同样或者类似的工作的情况。主管人员访谈，一般指访谈对象为待分析职位的直接上级主管，要求被访谈的主管人员熟悉待分析职位的工作。在工作分析的时间紧张时，往往可以对一个或多个主管进行较深入的访谈，以便在相对短的时间内最大限度地获得工作信息。

3. 访谈分析法的适用范围。

与其他分析方法或工具相比，访谈分析法能够对任职者的工作态度和工作动机等深层次信息进行详细的收集。访谈分析法可以用于对组织中各层次各类工作进行工作分析，具有较为普遍的适用性。特别是对脑力工作类岗位，如开发人员、设计人员、高层管理者等，它是最为有效的收集相关工作信息的方法。另外，访谈分析法还能帮助任职者对工作进行系统性思考、总结和提炼。

10.3.2　访谈分析法的操作流程及技巧

使用访谈法进行工作分析的程序包括如下几个阶段。

10.3.2.1　访谈准备阶段

在准备阶段，需要制订访谈计划、组建访谈小组和培训访谈人员、编制访谈提纲。

1. 制订访谈计划。

（1）确定访谈目标。访谈是为工作分析服务的，目标有两种：一是直接目标，即完成工作分析成果的编写，如编写职务说明书、部门职责说明书；二是最终目标，即工作分析的目标。

（2）了解访谈对象。先了解访谈对象有哪些、有多少，他们的综合素质及个体差异程度如何，然后确定具体的访谈对象。如要对基层员工进行访谈，可通过与主管领导的密切配合，找出最了解工作内容和最能客观描述自己工作的员工。

（3）选择访谈方法。通过非结构化访谈可以根据实际情况灵活地收集工作信息，但信息缺乏完备性，而通过结构化访谈虽能够收集全面的信息，但不利于任职者进行发散性思维。在实践中，往往将两者结合使用。

（4）建立时间框架，为访谈过程确定明确时间表。

（5）逐步分解、分阶段实施。通常的访谈顺序为：高层—中层—基层。

（6）安排访谈的时间、地点。时间安排以不打扰被访者正常工作为宜，并要事先通知对方以便做好准备及工作安排。要选择合适的访谈环境，保持安静和整洁，在无人打扰的环境中进行访谈效果更佳。

（7）准备访谈所需的材料和设备。

2. 组建访谈小组和培训访谈人员。

（1）对工作分析团队进行分组。成立多个访谈小组，明确小组工作任务、目的及时间安排。

（2）确定小组成员的角色分配。当两人或两人以上同时对一个被访者进行访谈时，要确定主问和次问。

（3）培训访谈人员。工作分析访谈是一项系统性的、技术性的工作，在准备阶段，应对访谈者进行系统的培训，内容包括：工作分析访谈的目的、意义及时间安排；访谈过程的技巧及注意事项。

3. 编制访谈提纲。

事先编制访谈提纲可以防止访谈中出现严重的信息缺失，保证访谈过程的连续性。访谈提纲大致分为通用性问题（封闭式）和个性化问题（开放式），通用性问题主要列举需要收集的各方面信息，个性化问题主要列举与工作相关的各项职责和任务，据此启发被访谈者思路。

专栏 10 -5

X 公司高管访谈提纲示例（部分）

1. 您分管的业务是什么？
2. 请您简单介绍公司的发展历程和当前的经营状况。
3. 请您简单介绍公司的整体战略目标和业务组合情况。
4. 您认为公司当前的优势是什么？当前存在的问题是什么？
5. 如果用几个词形容一下公司的文化氛围，是什么？
6. 公司的人员构成情况如何？
7. 公司的部门设置和组织结构是如何演变的？
8. 公司的业务流程是否清晰，办事效率如何？
9. 公司的人事任免和竞聘程序是否科学和合理？
10. 当前的考核体系存在何种问题？
11. 薪酬体系存在什么问题？
12. 员工期望什么样的激励方式？

专栏 10 -6

X 公司中层管理者访谈提纲（部分）

1. 您所在部门的工作目标是什么？如何更好地实现该目标？贵部门的具体职责是什么？关键考核指标是什么？

2. 组织赋予部门的权限（知情权、参与权、建议权、执行权、决策权、审核权、监督权）有哪些？你认为是否合理？哪些需要改进和重新界定？

3. 贵部门的工作流程有哪些？您认为在这些工作流程当中有哪些是不顺畅的？您认为哪些可以清除、简化、整合以及形成自动化？

4. 贵部门和哪些部门存在工作联系？在这些具体工作中，贵部门处于怎样的地位（建议、协调、配合、监督、控制等）？同时您认为和其他部门进行工作联系的时候，哪些工作受到阻碍，需要进行怎样的修改？

5. 您所在的部门有哪些岗位？这些岗位对于部门工作目标的实现起哪些作用？您又是如何来考核这些岗位工作完成情况的？

6. 您是如何来协调这些岗位之间的关系？您在协调内部岗位之间关系时有无阻碍？如果有阻碍的话，您是如何来调整的？

最后，非常感谢您接受我们的访谈。

第 10 章

专栏 10 –7

访谈分析法中的问题设计

工作分析中的许多信息收集工作是通过对任职者或其他人员的提问来完成的。观察法、访谈法和问卷调查法这三种最基本的信息收集方法都或多或少地依赖于调查问题的设计。因此，问题设计便成为一个工作分析者的一项必备技能。

下面是一些有关问题设计的建议：

1. 保持设计问题的热情，直到认为问题已经足够为止。不妨自我提问：我想知道的是什么、为什么，还有哪些适合于调查或访谈的问题？

2. 根据预备的资料和先前的经验检测所设计的问题。这里主要指的是可以得到的现存的问卷和调查表、先前的工作分析计划书，以及发表的统计资料。如果书面资料无法获取，那么可以通过 CIT 体系中的相关方法来收集关键事件。

3. 只选择那些与所需调查信息直接相关的问题。

4. 按一定的逻辑顺序排列问题，将那些必要的，但相对容易、没有挑战性的问题排在前面。

5. 对少量的被访者进行一个先导性的试验访谈或问卷发放。

6. 检查结果，修改或删除问题。

7. 修改不清楚的问题，包括：

（1）删除重复的问题，除非有需要检查被访者的诚实性；

（2）把有双重含义的问题分成两个问题，如果无法分开就删除；

（3）删除被访者能力范围之外的那些问题；

（4）将那些如果放在一起会造成被访者回答偏向的问题分开。

8. 在做了上述修改后，设计一个问题清单。

9. 通过整理资料的方式来选择问题的回答方法。对定性资料，只要采取"是"或"否"两种回答形式即可。对于顺序的或更高水平的资料，可以考虑选择性回答。

10. 进行第二次试验访谈或问卷试测，这次的重点是检查问题和回答项是否足够。

11. 通过检查第二次试测的结果来构建最终的访谈提纲或问卷。

10.3.2.2 访谈开始阶段

访谈者应该营造轻松舒适的访谈气氛，因为访谈是双方面对面的交流互动的过程，访谈双方的情绪和心态对于访谈的效果起着关键作用。一般在访谈的开始阶段，访谈者会介绍访谈的程序，强调工作分析的目的、预期目标和收集的信息的用途等；作出访谈承诺，告知被访谈者本次访谈已经征得其上级的同意，并且参与访谈的全部人员将保证访谈的内容除了作为工作分析的基础外，将对其上级和组织中的任何人完全保密。

访谈中常用的技巧（简称 SOLAR 模型）：

（1）S（social）——从日常话题开始，让被访者能够轻松起来。例如，讨论天气、社会新闻等，借以消除被访谈者的戒备心理。

（2）O（objective）——解释访谈的目的和内容。例如，告诉被访谈者为什么会参加访谈、访谈的内容有哪些等，避免员工产生心理恐惧。

（3）L（listen）——仔细倾听。访谈过程中要引导被访谈者的谈话兴趣，访谈者以倾听和记录为主。

（4）A（advise or ask）——建议或询问。为了获得更多的信息，访谈者可以使用建议、询问或追问等方式提出更多问题，以便更深入地了解关键内容。

（5）R（record）——记录。详细记录被访者回答或讨论的内容，与被访谈者确认信息，以保证记录是客观的、真实的。

10.3.2.3　访谈主体阶段

访谈主体阶段的任务包括：寻找访谈"切入点"、询问工作任务及工作任务的细节。这一阶段的目的是收集到关于目标工作的准确而全面的信息。

10.3.2.4　访谈结束阶段

工作分析人员应根据访谈计划把握访谈进程，若超过计划时间，应及时与被访谈者及其上司沟通，征得其同意。在访谈结束阶段，访谈者应就如下问题与被访谈者沟通：允许被访谈者提问；就细节问题进一步追问并与被访谈者确认信息的真实性与完整性；重申工作分析的目的与访谈收集信息的用途；感谢被访谈者的帮助与合作。

专栏 10-8

访谈过程中的技巧

运用访谈法来收集工作信息，需要访谈者具有一定的专业素养和实际操作经验，所以了解访谈过程中一些具体的注意事项和访谈技巧，对于我们更好地进行访谈和工作分析是很有帮助的。

1. 正式访谈之前的沟通。

沟通的目的在于与被访者建立良好的合作关系，打消其疑虑，取得信任。

（1）自我介绍，感谢被访者抽空接见，限定访谈时间。例如："您好，我叫××，来自××单位（如有其他成员，也要顺带介绍），这次我们是同项目组长××过来给我们××（企业）做一个××项目，现在想向您了解××方面的情况，打搅您××时间，好吗？"

（2）事先告知被访者，访谈过程中需要记录或录音，说明记录或录音的用途，并重申将严格对访谈的内容保密。

第 10 章

（3）向被访者介绍工作分析及访谈的目的，消除被访者的疑虑，使其提供最真实的信息。一般来说，介绍工作分析的目的时，尽量避免反复提到"工作分析""职责"之类的话语，大多数被访者对这些是不了解也不感兴趣的。

2. 尽量遵循访谈提纲。

在整个访谈过程中，应根据具体情况不断修改和完善访谈提纲。

（1）当被访者跑题时，可用"不好意思，您刚才说的……是怎么一回事呢？"等语句，委婉地打断他并扭转话题，让访谈重新回到正题上。

（2）当被访者提出一个与访谈目的关系紧密的问题时，可适当加以追问，如"您能否举一些例子说明？"学会质疑，鼓励被访者提出新观点，获得实例证明。

3. 对不同反应的对策。

（1）当被访者产生焦虑或出现紧张情绪时。先消除被访者的顾虑，建立相互信任的关系。可以向被访者明确解释工作分析及访谈目的，尤其是强调被访者将获得的益处。在可能时适当让步，让被访者尽量详细描述他的工作，甚至允许一些夸大，然后再通过其他信息判断访谈信息的真实性并进行筛选。

（2）当被访者充满敌意或拒绝回答时。首先勇于承认错误，稳定对方的情绪，如说"真抱歉，可能我有些急躁，表达不全面，让您误会了"，然后向他解释项目背景等内容，强调调查是对工作本身的了解，不会针对具体员工，与减员降薪等无关。

（3）当被访者滔滔不绝时。避免提很广泛的问题，将大的问题分解成具体的小问题，并清晰、明确地向对方表达，以此缩小对方的思维范围，并提醒被访者时间有限。当被访者偏离主题时，委婉地扭转话题。

（4）当被访者沉默不语时。大部分出现这种情况的原因是被访者性格内向或不善于表达。可以在访谈前适当地闲聊，找出共同经历或共同感兴趣话题，建立良好的交流氛围。提问时尽量避免使用专业术语，注意口语化，鼓励被访者主动提供信息。例如，如果直接询问部门主管"员工满意度高吗？"他只会说"还好"，无法获得有效的信息。如果将问题转变为"近年来，部门员工有离职的现象吗？如果有，去年、前年共有多少人离职？您认为是什么原因呢？"或"员工有迟到早退的现象吗？"等，让被访者有话说，打破沉默。

4. 访谈者是两人或两人以上时。

（1）确定主问和次问。访谈期间，工作分析团队内部要首先分清角色，由主问负责整个访谈的过程，其他小组成员暂时不要插问，在访谈将要结束时再一一补充。万不得已需要插问时，也要控制次数，建议插问总数不超过三次，不能过于频繁。一般来说，多人一起访谈的对象往往是中层以上的管理人员，目标是了解大致信息，对细节的把握时最好是由一两个人慢慢访谈了解。

（2）如果成员的身份构成复杂，既有资深的、经验丰富的人员，又有新进的、无经验的人员（下面简称老师和学生）一起访谈，尤其要注意：其一，当学生主问时，老师最好不要插问，时不时通过眼神对学生给予鼓励，让学生自信地完成访谈工作。其二，当学生初次去各部门访谈时，应由老师带领引见，请求部门主管支持。这样，学生将更有信心并积极投入工作，被访部门也会因为受到尊重和重视而更加配合工作。

5. 有效倾听并记录。

（1）细心聆听。注意被访者的潜台词，广泛地联想，找出没有用语言表达的线索。

（2）记录要点。不要奢求记住被访者说的每一句话，用关键词总结听到的信息。若记录不清楚或发现遗漏、含糊之处，应大胆地询问被访者，请对方补充或澄清，对重要信息可逐字重复，检验理解是否正确。

6. 结束访谈。

（1）提出最后一个开放式问题，如："有没有什么没谈到的问题您需要补充？"

（2）总结要点，请被访者浏览核对访谈记录，并及时修改补充。

（3）向对方的支持表达谢意。

7. 其他注意事项。

（1）对高层管理者进行访谈时，初期最好让项目组所有成员都参与，充分了解高管的意图，让每位成员对组织的运营情况、战略及相关问题有较全面的了解，有利于后期工作的开展。

（2）对同一部门或同一被访者的访谈次数最好不超过三次。顺序为访谈 – 核对补充 – 敲定。一般对部门主管（访谈内容包括部门职责、流程及部门内岗位职责的核对）才需要进行三次访谈，第一次访谈时间可稍长，但最好控制在两个小时之内，第三次访谈则要尽快，十几分钟即可完成。这就要求访谈提纲的设计要尽量细致，有针对性。

（3）通过点头或语气词表达自己的态度，如"对""嗯""我明白了"。与被访者保持适当的眼神交流，集中注意力，保持微笑，态度友好，始终重视保持良好的访谈气氛。

（4）尊敬被访者，处处为被访者考虑，访谈时不迟到，注意时间的控制，尽量不超时。

（5）注意提问方式。要采取启发式提问，避免命令式提问，学会旁敲侧击，使被访者有交谈的意愿。

（6）故意或敢于将自己的某些错误理解暴露出来，由被访者给予解答或纠正，这样会起到查缺补漏的效果，也可以激发被访者表达的欲望。

（7）对重大的原则问题，如当被访者对工作内容或管理者不满，向访谈者诉苦时，要认真倾听，避免发表个人观点和看法，但要及时将谈话内容引回正题。

（8）如需借用某些资料文件，应事先通知被访者，并及时、完好无损地返还。

第 10 章

10.3.2.5　访谈整理阶段

访谈信息的整理是整个访谈过程的最后环节，通常由工作分析人员在速记员的协助下，整理访谈记录，为下一步信息分析提供清晰、有条理的信息记录。

1. 及时整理访谈记录。

（1）首先确保访谈记录数据和信息的真实性和客观性，要能充分反映出被访者的主观看法。

（2）访谈纪要的内容。其一，背景介绍：访谈目的；参加人员、主问、地点、时间始末；被访者的背景，包括学习、工作经历、所在部门、岗位等；访谈气氛。其二，总结关键成果：被访者的判断和结论；访谈者的结论；支持结论的事实论据。

（3）在访谈纪要中不能仅局限于被访者的回答，需要提及被访者对问题的反应和态度。引用被访者原话，以此强调重要观点。对被访者的观点和评论持必要的怀疑态度。通过对被访者的个性特征、访谈时的态度及非语言信息的分析，筛选访谈信息，确定其真实性和准确性。

（4）遵循80/20原则记录访谈要点，即80%有价值的信息来源于20%的访谈内容。

2. 与项目组分享访谈结果。

与项目组分享访谈纪要，找出访谈反映出的共同问题，并探讨这些问题存在的背景、原因和解决方案。对问题进行分类，确定哪些是需要迫切解决的，并讨论解决方案的可行性，哪些是需要进一步证实的，明确下一步工作。

10.3.3　访谈分析法的优缺点

1. 访谈分析法的优点。

（1）访谈是双方面对面的交流，因而对工作方面的信息了解得更深入，尤其可以对被访者进行心理特征分析，对其工作态度、工作动机等深层次内容有较详细、深刻的了解。

（2）应用面广，可以简单而迅速地收集多方面的工作分析信息。

（3）便于双方沟通，能够及时进行控制和引导，消除被访者疑虑。

（4）访谈者可根据实际情况及时地修正访谈提纲中的信息缺陷，并通过态度及个性特征判断信息的真实性及准确性，筛选信息，使得到的信息具体、准确，直观性强。

（5）能够使被访者更加了解工作分析的目的和必要性，同时对工作进行系统性的思考、总结与提炼。

2. 访谈分析法的缺点。

（1）容易受到被访者个人因素的影响。被访者容易将个人利益与访谈联系起来，尤其是对任职者本人的访谈，他们往往会夸大工作的重要性与难度。

（2）费时费力，工作成本较高。多轮访谈一般会占用被访者的正常工作时间，可能造成一定的生产损失。

（3）对访谈者本人要求较高，需要访谈人员接受有关访谈技巧的专项训练。

如果访谈人员不具备良好的访谈沟通技巧，易导致工作信息收集失真、不完整。

10.4　问卷调查分析法

10.4.1　问卷调查分析法概述

1. 问卷调查分析法的概念。

问卷调查分析法又称问卷法，是指分析人员根据工作分析的特定目的而预先设计一套可行的、丰富的问卷，然后下发问卷，由任职者或任职者主管人员填写，从而达到收集、分析工作信息的目的。问卷调查法操作程序简单，成本较低，因此大多数组织都采取此方法来收集工作相关信息。

2. 问卷调查法的分类。

按照结构化程度划分，调查问卷分为定量结构化问卷和非结构化问卷。

定量结构化问卷，又称封闭式问卷，是在一定的假设前提下，问题的答案事先加以限制，只允许在问卷所限制的范围内进行挑选，即采用封闭式的问题收集信息。定量结构化问卷具有较高的信度和效度，便于职位之间的相互比较。常见的定量结构化问卷有职位分析问卷（PAQ）和管理职位分析问卷（MPDQ）。

跟定量结构化问卷相对比，非结构化问卷中的问题是开放式的，问卷由自由作答的问题组成，是非固定应答题。非结构化问卷能全面完整地收集信息，最终满足不同组织的个性化设计的信息需求，因此其适应性强、灵活性高。但非结构化问卷也存在精度不高及随意性强等不足。

3. 问卷调查法的适用范围。

问卷调查法可以用于对组织各个层次各类工作进行工作分析，尤其适用于脑力工作者、管理工作者或工作不确定因素较大的员工，如程序员、行政经理等。同时与观察分析法相比，问卷调查法更便于统计和分析。因此，问卷调查法具有较为普遍的适用性，也是目前运用最广泛、实施效果最好的工作分析方法之一。由于问卷调查法收集的信息完整、系统、操作方便简单、经济可靠，因此几乎所有的结构化分析方法在信息收集阶段都会采用问卷调查的形式。另外，由于问卷调查法与访谈法具有极高的互补性，通常将二者结合使用能够提高工作分析的可靠程度，这也是目前工作分析方法选取的主流。

10.4.2　问卷调查法的操作流程

1. 问卷设计。

通过问卷法获得的工作信息质量取决于问卷设计的质量，只有设计良好的问卷才能确保对各类信息进行有效的归纳和分析，并最终形成合格的职务说明书。因此，用于工作分析的问卷最好请有关专家进行设计与编制，或者是借鉴已经被广泛

第 10 章

使用的工作分析问卷来提取工作信息。另外，问卷填写者的文化素质及填写时的态度也会影响到收集的工作信息质量，所以需要在问卷发放和填写时给予必要的说明和指导。根据经验，附上一个范例可以有效地减少填写者在问卷填写过程中的疑惑。

问卷设计主要包括职位基本信息、职位目的、工作职责、绩效标准、工作联系、组织架构、工作特征、任职资格、所需培训和职业生涯等。除此之外，问卷设计应该考虑问卷的难度、长度等内容。

2. 问卷测试。

正式下发问卷之前，选取部分职位任职者填写问卷初稿以测试问卷，针对测试中的问题及时修订和完善。

3. 样本选择。

针对某一职位进行分析时，若目标职位任职者较少（3人以下），则全体任职者均为调查对象；若任职者较多，则选取 3~5 人为宜。

4. 问卷发放与回收。

问卷发放与回收主要包含三个阶段：首先，对填写者进行培训并下发问卷；其次，跟踪填写情况，对调查过程严密控制，对填写者的问题及时反馈；最后，回收问卷前将问卷反馈到被调查职位的直接上级，请求其确认，以确保信息的真实性和准确性。

5. 问卷处理及运用。

剔除回收的问卷中不合格问卷，或重新进行调查，将相同职位的调查问卷进行比较分析，提炼正确信息，编制工作说明书。

专栏 10 - 9

X 公司工作分析问卷

姓名：　　　　　　　　　　　岗位名称：

部门：　　　　　　　　　　　工　号：

主管姓名：　　　　　　　　　主管职位：

1. 任务综述：请用你自己的语言简要叙述你的主要工作任务，如果你还负责写报告或做记录，请同时完成第 8 部分内容。

2. 特定资格要求：请举例说明为完成由你的职位所承担的哪些任务，需要具有哪些证书、文凭或许可证。

3. 设备：请列举为了完成本职位工作，你通常使用的所有设备、机器、工具（比如计算机、汽车、车床、叉车、钻机等机器名称）。平均每周使用＿＿＿小时，次数＿＿＿。

4. 常规工作任务：请用概括性语言描述你的常规工作任务，请根据各项任务的重要性以及每个月每项任务所花费时间的百分比将其从高到低排列，并请尽可能多地列出工作任务。

5. 工作接触：你所从事的工作要求你同其他部门和其他人员、其他公司或机构有所接触吗？如果是，请列出要求与他人接触的工作任务并说明其频繁程度。

6. 监督：你的职位负有监督职责吗？（　　　）有（　　　）没有。如果有，请另外填写监督职位问卷。如果你的职位对他人的工作还负有责任但不是监督职责的话，请加以解释。

7. 决策：请解释你在完成常规工作的过程中所要作出的决策有哪些？

续表

（a）如果你所作出的判断或决定的质量不高，那么可能会带来的后果是什么？

（b）如果你所采取的行动不恰当，那么可能会带来的后果是什么？

8. 文件记录人：请列举需要由你准备的报告或保存的文件资料有哪些，并请概括说明每份报告都是递交给谁的？

（a）报告递交给

（b）保存的资料

9. 监督的频率：为进行决策或决定采取某种正确的行动程序，你必须以一种怎样的频率同你的主管或其他人协商？

（　　）经常　　　（　　）偶尔　　　（　　）很少　　　（　　）从来不

10. 工作条件：请描述你是在一种什么样的条件下进行工作的，包括内部条件、外部条件、空调办公区域等。请一定将所有令人不满意或非常规的工作条件记录下来。

11. 资历要求：请指出为令人满意地完成本职位的工作，工作承担者需要达到的最低要求是什么？

（a）教育

最低学历＿＿＿＿＿＿＿＿＿＿＿＿＿＿＿＿＿＿＿＿＿＿＿＿＿＿＿＿＿＿＿＿

受教育年限＿＿＿＿＿＿＿＿＿＿＿＿＿＿＿＿＿＿＿＿＿＿＿＿＿＿＿＿＿＿＿

专业和特长＿＿＿＿＿＿＿＿＿＿＿＿＿＿＿＿＿＿＿＿＿＿＿＿＿＿＿＿＿＿＿

（b）工作经验

工作经验的类型＿＿＿＿＿＿＿＿＿＿＿　年限＿＿＿＿＿＿＿＿＿＿＿＿＿＿＿

（c）特殊培训

类型＿＿＿＿＿＿＿＿＿＿＿　　　年限＿＿＿＿＿＿＿＿＿＿＿＿＿＿＿

（d）特殊技能

打字：＿＿＿＿＿＿＿＿＿＿字/分钟　速记：＿＿＿＿＿＿＿＿＿＿＿＿＿字/分钟

其他：＿＿＿＿＿＿＿＿＿＿＿＿＿＿＿＿＿＿＿＿＿＿＿＿＿＿＿＿＿＿＿＿

12. 其他信息：请提供各项目中所未能包括，但你认为对你的职位来说是十分重要的其他信息。

＿＿＿＿＿＿＿＿＿＿＿＿＿＿＿＿＿＿＿＿＿＿＿＿＿＿＿＿＿＿＿＿＿＿＿＿

＿＿＿＿＿＿＿＿＿＿＿＿＿＿＿＿＿＿＿＿＿＿＿＿＿＿＿＿＿＿＿＿＿＿＿＿

员工签名　　　　　日期

专栏 10 - 10

X 公司开放式工作分析调查表

填表日期：　　　年　　月　　日

工作部门　　　　　　　　　　　职位名称

一、职责内容：

1. 概述：

2. 所任工作：

工作项目	处理方式及程序	所占每日工作时数

续表

二、职责程度：
1. 工作复杂性：
2. 所受监督：
3. 所循规章：
4. 对工作结果的负责程度：
5. 所需创造力：
6. 影响范围：
7. 监督对象与范围：

对上述内容的确认		填表人		（签名盖章）
检查以上所填内容是否正确，如有问题请直接指正。				
所属部门		所属部门		
上一级主管	（签名盖章）	直接主管		（签名盖章）

10.4.3　问卷调查法的优点和缺点

1. 优点。

（1）费用低、速度快、节省时间，可以在工作之余填写，不影响正常工作。

（2）调查范围广，可用于多种目的、多样用途的职务分析。

（3）调查样本量很大，适用于需要对很多工作者进行调查的情况。

（4）调查的资源可以数量化，可以用计算机进行数据处理。

（5）不影响正常工作。

2. 缺点。

（1）设计理想的调查表要花费较多时间，人力、物力、费用成本高。

（2）在问卷使用前，应进行测试，以了解员工理解问卷中问题的情况，为避免误解，还经常需要工作分析人员亲自解释和说明，降低了工作效率。

（3）填写调查表是由工作者单独进行，缺少交流和沟通。

（4）被调查者可能不积极配合，不认真填写，从而影响调查的质量。

10.5　文献分析法

10.5.1　文献分析法概述

文献分析法，也称资料分析法，是一种经济且有效的信息收集方法。它是指通过对与工作相关的现有文献进行系统性的分析来获取工作信息。在工作分析中，为了降低工作分析的成本，可以尽量利用原有资料，例如，岗位责任制文本、原有工作说明书等文件，以对每一项工作的任务、责任、权力、工作负荷、任职资格等有一个大致的了解，为进一步调查、分析奠定基础。文献分析法可以使工作分析人员提前对岗位信息有一个比较全面的了解，将会使下一步分析更有针对性。

另外，由于它是对现有资料的分析提炼、总结加工，所以采用文献分析法无法弥补原有资料的空缺，也无法验证描述的真伪，因此文献分析法一般用于收集岗位的原始信息，编制任务清单初稿。

10.5.2　文献分析法的操作流程

1. 确定信息来源。

信息来源包括内部信息和外部信息。内部信息包括《员工手册》《公司管理制度》《岗位职责说明》《绩效考核》《公司会议记录》《作业流程说明》《ISO 质量文件》《分权手册》《工作环境描述》《员工生产额记录》《工作计划》《设备材料使用与管理制度》《行政主管、行业主管部门文件》《作业指导书》等；外部信息可以从外部类似企业相关工作分析结果或原始信息中收集，并作为原始信息加以利用，但必须注意目标职位与"标杆瞄准职位"的相似性。

2. 确定并分析有效信息。

进行文献分析时，需要快速浏览文献，从大量的文档中寻找有效信息点。当发现有效信息后，可以根据收集信息内容的不同，使用各种符号进行标示，或者采用不同的颜色标示，以便以后快速查找。针对文献中信息不完整和缺乏连贯性的情况，应及时重点标出，在编制工作分析提纲时，作为重点问题加以明示；对于文献中隐含的工作内容以及绩效标准，应深入挖掘，在以后的分析中得以求证。

10.5.3　文献分析法的操作注意事项

1. 判断信息的真实性、可靠性和适当性。

资料作为工作分析过程的外部信息来源，其内容要进入到工作分析中，首先就需要对其进行筛选和评价。外部信息尽管获取成本较低，但信息质量并不由工作分析主体所控制，同时，在外部信息的基础上再采用新的分析工具，也不能改变信息的质量。所以，在分析之初，对外部资料进行必要的筛选和判断，有助于提高分析效果。筛选和判断的原则是：外部资料的权威性，权威性越高，可靠程度越高；外部资料的使用频度，使用频度越高，真实性越高；外部资料的可辨识性，可辨识程度越高，适用性越强。

2. 注意资料来源渠道的多元化。

一般来说，资料来源渠道越多，资料之间相互印证的可能性就越大，文献资料分析的有效性也就越高。收集资料要全面，要与分析岗位有较高的关联性。

3. 形成对岗位的规范表述。

通过对外部和内部资料的收集整理，应当能够初步形成对岗位的工作任务、职责和责任的规范表述，以此作为后续的分析工具应用的基础。

4. 探讨与岗位胜任力的关系。

文献分析中，应当探讨岗位的工作任务、职责和责任与岗位胜任力之间的联系，但这种探讨仅限于提供两者之间的可能联系，并不进行最终的判断。文献资料分析的结果应配合其他工作分析工具，不应成为工作分析结果的主要来源。

10.5.4　文献分析法的优点、缺点比较

1. 优点。

（1）工作分析成本较低。分析人员只需要调用历史资料和现在的动态资料即可开展工作分析。它对工作分析对象的工作时间、工作地点没有要求，也不会影响工作分析对象的当前工作。文献分析法可通过资料邮寄和网上传送方式，甚至不需要分析人员前往分析对象的工作地区，因此可以节省大量的工作分析成本。

（2）工作效率较高。分析人员在获得工作分析所需的全部资料后即可开始工作。由于许多历史资料特别是职位说明书中已经有很多可以直接利用的工作分析结果，因此采用资料分析法的工作效率较高。

（3）岗位的核心胜任力的一般结构尚在不断完善过程中，通过不断比较历史资料，可以更好地总结实践经验。

（4）文献资料分析的结果可以数据化，作为信息化工作分析的基础数据，可以为未来的工作分析开展奠定基础。

2. 缺点。

（1）一般收集到的信息不够全面。尤其是在小型部门或管理落后的组织与部门，往往无法收集到有效、及时的信息。有些部门或单位的职位资料不够健全，或者不够规范，难以为文献资料分析法提供有价值或者包含足够信息的资料。也有一些部门的职位是新近设立的，历史上的职位资料不足，使分析人员难以采用文献资料分析法进行逆向比较。

（2）一般不能单独使用，要与其他工作分析法结合起来使用。文献资料分析法的特点表明了其更适用于工作分析的初期准备工作阶段。通过文献资料分析，可以为后续的工作分析提供选择分析方法和工具的依据，也可以指出后续工作分析的重点和难点。

不同的工作分析方法各有利弊，组织很多方面都会对其产生影响。通常，工作人员在实践中需要综合考虑各方面因素，将各种方法结合起来使用，以获得最好的效果。例如，在分析生产性工作时，可能采用广泛面谈法和广泛观察法来获得必要的信息。由于工作的性质不断变化，对工作者的知识技能提出了更高的要求，因此，未来的工作分析方法的发展趋势是综合考虑影响工作的诸多因素，实现多种方法的有机结合。

第 10 章

本 章 习 题

一、名词解释

观察分析法　写实分析法　访谈分析法　问卷调查法　文献资料分析法

二、简答题

1. 工作分析的基本方法有哪些？
2. 写实法的优缺点有哪些？
3. 如何利用问卷调查法进行工作分析？
4. 运用文献分析法的注意事项有哪些？

三、论述题

1. 试述如何利用观察法进行工作分析？
2. 访谈分析应该怎样进行，需要注意哪些问题？

四、案例分析

A 公司是一家多元化、综合型跨国企业集团，创始于 1957 年，其前身是国家"一五"期间的重点工程之一。历经多年的发展，企业已经由原来单一的军用品生产向军民用品结合的战略转变，成为集电视、空调、冰箱、IT、通信、网络、数码、芯片、能源、商用电子、电子产品、生活家电等产业研发、生产、销售、服务为一体的多元化、综合化集团。

随着全球经济一体化进程的加快，公司的发展也更加迅速，公司的管理层逐渐意识到公司的管理制度在很多方面已经不能适应新的发展，改革势在必行。作为管理制度改革的基础，工作分析被首先提到了日程上。公司希望通过工作分析，使 A 公司各个职位的职责、权限、主要工作绩效指标和任职者基本要求等内容得到明确清晰的界定，为各项人力资源管理工作打下基础。在此过程中，理顺和调整一些不合理的岗位职责设置，并将新增加的岗位信息及时补充进去。

为确保工作分析的专业性、全面性与科学性，A 公司特别成立了工作分析专项小组。小组成员涵盖人力资源部门的专业骨干、各业务部门经验丰富的资深员工代表以及外部资深的人力资源管理专家顾问。其中，人力资源部门肩负统筹协调的重任，负责精心制定工作流程与标准；业务部门员工代表凭借对实际工作的深入理解，为工作分析提供翔实的岗位工作细节；而外部专家则凭借其广阔的行业视野和深厚的专业知识，引入先进的工作分析方法与行业前沿经验，为项目的顺利推进提供有力保障。

公司人员被分成了六大类，包括生产流水线上的工人、技术人员、销售人员、售后服务人员、研发人员和管理人员。鉴于 A 公司人员构成的复杂性，针对不同岗位类别，将采用差异化的工作分析方法组合。

第 10 章

讨论：

把全班同学分成工作分析的小组（可以每个小组负责一类岗位），根据各岗位的不同特征，讨论各岗位适合的工作分析方法，并说出为什么，然后利用选择的方法收集相应的信息，进行整理和分析，为每一类岗位形成岗位说明书。各小组形成工作分析结果以后，全班展开讨论。

|第11章| 任务分析

引导案例

　　某知名快递网点业务量持续增长，近期却频繁收到客户投诉，如包裹派送延迟、错发漏发等问题。经初步调查发现，包裹分拣环节效率低下，错误率高。在分拣流程中，涉及多个岗位，如卸车员、分拣员、扫描员等，各岗位工作任务和职责划分不够清晰，信息传递也存在障碍。例如，卸车员将包裹卸车后，不能及时准确地告知分拣员包裹的大致品类和目的地范围，导致分拣员在分拣时耗费大量时间去辨别；扫描员有时也会因包裹堆放混乱，扫描不及时，造成包裹信息录入延迟。这些问题不仅降低了客户满意度，还增加了运营成本。为解决这些问题，网点决定引入任务分析。组建了由各岗位员工代表、管理人员和流程优化专家组成的项目团队，通过现场观察、员工访谈、工作记录查阅等方式，全面收集包裹分拣各环节的工作信息，包括工作步骤、所需时间、工具设备、常见问题等。经过分析，明确了各岗位在包裹分拣流程中的任务边界和职责，制定了标准化的操作流程和信息传递机制。例如，卸车员卸车时需按包裹目的地进行初步分类，并向分拣员交接关键信息；分拣员按规定路线和标准动作进行分拣，确保高效准确；扫描员在包裹分拣完成后及时扫描，保证信息实时更新。实施任务分析和流程优化后，该快递网点包裹分拣效率提高了30%，错误率降低了50%，客户投诉率大幅下降，运营成本显著降低。

　　资料来源：李明. 快递行业流程优化实践研究［EB/OL］. http：//www.expressanalysis.html。

学习目标

　　1. 掌握任务分析的概念

　　2. 掌握任务分析的方法与步骤

　　3. 了解任务分析的应用

本章主要讨论什么是任务分析，如何进行任务分析，以及如何应用任务分析。

11.1　任务分析概述

11.1.1　任务分析的概念

任务分析是一种对工作任务进行深入研究和分解的方法。主要聚焦于特定工作中需要完成的各项具体任务，包括任务的内容、步骤、顺序、所需的时间、执行任务的频率以及任务的重要性等方面。通过任务分析，可以清晰地了解完成一项工作所涉及的具体活动和操作，明确各项任务的要求和标准。

11.1.2　相关术语

1. 任务。

任务是指为了达成特定目标而进行的一项具体的工作活动。任务通常具有明确的开始和结束点，有特定的操作步骤和要求。它可以是独立的工作单元，也可能是一个较大项目或流程中的一部分。

例如，在软件开发项目中，"编写特定功能的代码"就是一个任务，任务的完成往往需要特定的技能、知识和资源，并且其结果可以被衡量和评估，以确定是否达到了预期的目标。

任务一般具有以下特点：

（1）明确的目标性。任务通常有一个具体的目标要达成。这个目标可以是短期的，如在一天内完成一份报告；也可以是长期的，如在一个月内完成一个项目。目标明确使得执行者能够清楚地知道努力的方向，例如，建筑工人接到的任务是在特定时间内建成一栋大楼，他们就会围绕这个目标进行施工。

（2）特定的时间限制。大多数任务都有时间要求，时间限制可以是严格的截止日期，也可以是相对灵活的时间段。这促使人们合理安排时间和资源，以确保任务按时完成。例如，学生需要在一周内完成一篇论文，就会根据这个时间来规划自己的写作进度。

（3）明确的范围界定。任务具有明确的范围，包括任务所涉及的具体活动、对象和成果要求等。明确的范围界定有助于执行者集中精力在特定的工作内容上，避免不必要的分散和浪费。例如，软件开发任务可能明确规定要开发的功能模块、适用的技术平台以及最终的软件性能指标等。

（4）可衡量性。任务的完成情况通常可以通过一定的标准进行衡量。这些标准可以是定量的，如生产一定数量的产品、完成一定金额的销售额；也可以是定性的，如达到一定的质量标准、获得客户的满意度等。可衡量性使得任务的进展和结果能够得到客观的评估。

（5）层次性。任务可以分为不同的层次，高层次的任务可以分解为多个低层次的子任务，形成任务的层级结构。例如，一个公司的年度销售目标是高层次任务，它可以分解为各个地区的销售任务、不同产品的销售任务等低层次子任务。

（6）相互关联性。在一个系统或项目中，不同的任务之间往往存在相互关联。一个任务的完成可能依赖于其他任务的进展，或者会对其他任务产生影响。例如，在汽车生产线上，组装任务依赖于零部件生产任务的完成，而设计任务的变更可能会影响到后续的生产任务。

2. 子任务。

子任务是对一个较大任务进行分解后得到的更具体、更细化的工作单元。子任务通常是为了更好地完成上级任务而设立的。它们具有明确的目标和具体的行动步骤，其完成有助于推动上级任务的进展。

例如，在组织一场大型会议这个任务中，"确定会议场地""邀请参会嘉宾"等都是子任务，每个子任务都有其特定的工作内容和要求。

子任务一般具有以下特点：

（1）从属性。子任务是从属于一个更大的总体任务或项目的一部分，它的存在是为了实现总体任务的目标，其方向和重要性由总体任务决定。例如，在建造一座大楼的项目中，总体任务是完成大楼的建设，而设计建筑图纸、进行基础施工、安装水电设施等都是子任务，这些子任务的完成都是为了实现大楼建设这个总体目标。

（2）明确性。子任务通常具有较为明确的目标和具体的工作内容，与总体任务相比，子任务的范围更加局限和具体，能够清晰地界定出需要完成的工作。例如，在软件开发项目中，一个子任务可能是编写特定功能模块的代码，其目标是实现该功能模块的正常运行，具体工作内容包括需求分析、代码编写、测试等环节，都有明确的定义和要求。

（3）独立性。子任务在一定程度上可以独立进行，虽然子任务从属于总体任务，但在实际操作中，很多子任务可以单独分配给不同的人员或团队进行处理，各自有独立的工作计划和进度安排。例如，在举办一场大型会议的任务中，场地布置、嘉宾邀请、宣传推广等子任务可以分别由不同的小组负责，每个小组可以独立开展工作，只要在规定的时间内完成各自的任务，就能确保整个会议的顺利进行。

（4）关联性。在各个子任务之间往往存在一定的关联，它们共同构成了总体任务，相互影响、相互制约。一个子任务的完成情况可能会影响到其他子任务的进展。例如，在生产制造过程中，零部件加工、组装、质量检测等子任务之间紧密关联，零部件加工的质量和进度会直接影响到组装任务的进行，而组装的效果又会影响到质量检测的结果。

（5）可度量性。一般可以通过具体的指标进行度量和评估，可以设定明确的时间期限、质量标准、工作量等指标来衡量子任务的完成情况。例如，在一个营销活动策划的任务中，子任务"设计宣传海报"可以用完成时间（如三天内完成）、海报的设计质量（如色彩搭配合理、主题突出等）、宣传效果（如预期的点击率、转化率等）等指标进行度量。

第 11 章

3. 非连续性任务和连续性任务。

非连续性任务是指那些不具有连贯性、间歇性发生且通常没有固定规律可循的任务。要求一个人按照某种程序性文件的规定，完成一系列独立的子任务，但不必按照固定的顺序进行。这类任务在时间上相对分散，执行的频率可能不固定，可能相隔较长时间才会出现一次。其完成往往需要特定的触发条件或者特定的情境出现。例如，设备的紧急维修任务通常是非连续性的。只有当设备出现故障时，才会触发维修任务，而且故障发生的时间和频率难以预测。

非连续性任务的特点包括在时间上呈现出明显的间断性，它不像连续性任务那样具有持续的进程，而是由一个个相对独立的阶段组成，阶段之间可能存在较长的时间间隔。例如，一个企业的设备更新项目，可能会在设备出现重大故障或技术明显落后时才启动，任务的各个阶段并非紧密相连。目标的明确性突出但缺乏长期稳定性是其另一特点，非连续性任务通常有具体而明确的目标，在任务启动时可以清晰地界定。然而，由于任务的非连续性，其目标往往是针对特定情境或问题而设定，而随着情况的变化，目标可能会在不同的任务执行阶段有所调整。例如，应对突发的自然灾害进行救援行动，初期的目标可能是抢救生命和提供紧急物资，而后期可能转变为恢复基础设施和重建家园。资源需求的阶段性和不确定性也是非连续性任务的显著特征。在任务执行的不同阶段，对资源的需求差异较大。有时可能需要大量的人力、物力在短时间内集中投入，而在任务间歇期资源需求则大幅减少。并且，由于任务的非连续性，很难准确预测每个阶段具体需要哪些资源以及资源的数量，这增加了资源管理的难度。非连续性任务还具有较高的灵活性，由于任务的间断性和目标的可调整性，在执行过程中可以根据实际情况灵活地改变策略和方法。例如，在进行市场调研的非连续性任务中，如果在某个阶段发现新的市场趋势或竞争动态，可以及时调整调研方向和重点，以更好地适应变化。此外，非连续性任务往往对执行者的应变能力要求较高。因为任务的启动和执行可能受到多种不确定因素的影响，执行者需要能够迅速适应不同的任务情境，在短时间内作出决策并采取行动。

连续性任务是指那些在时间上具有延续性、不间断或很少间断地持续进行的任务。连续性任务在执行者的耐力、专注度和应变能力等方面往往有较高要求。

连续性任务具有一系列显著特点，首先，连续性任务具有时间上的延续性。它不是在短时间内能够一蹴而就的，而是需要持续投入时间和精力，可能跨越较长的时间段，从几天、几周甚至到几个月、几年。在这个过程中，任务的推进如同一条不断流动的河流，始终保持着前进的态势，不能轻易中断，否则就可能会影响任务的整体进度和质量。其次，连续性任务通常具有目标的稳定性。在任务开始时确定的总体目标在整个过程中一般不会发生重大变化，这为任务的执行提供了明确的方向。例如，一个长期的科研项目，其目标是研发出一种新型材料，从项目启动到最终完成，这个目标始终指引着研究人员的工作方向。再次，连续性任务往往需要分阶段进行。由于任务的持续时间较长，为了更好地管理和推进任务，通常会将其划分为不同的阶段，每个阶段都有特定的任务和目标。这些阶段相互衔接，前一阶段的完成是后一阶段的基础。比如在建筑工程中，依次包括规划设计、基础施工、主体建设、装修装饰等阶段，每个阶段都有具体的工作内容和质量要求。此外，连续性任务对资源的需求较为稳定。在任务执行过程中，需要持续投入人力、物力、财力等资源。这些资源的供给需要保持相对稳定，以确保任务的顺利进行。例如，在企业的生产经营活动中，原材料的供应、人员的配备、资金的支持等都需要持续满足任务的需求。最后，连续性任务强调过程的监控和调整。由于任务持续时间长，过程中可能会出现各种不确定因素和变化。因此，需要对任务的执行过程进行密切监控，及时发现问题并进行调整。通过不断地优化和改进，确保任务能够按照预定的目标和计划顺利完成。

11.1.3　工作与任务的区别

1. 范围不同。

工作通常是一个较为宽泛的概念，涵盖了一系列相关的任务和活动，往往代表着一个人所承担的职责范围或一个岗位的整体职能。例如，"教师"是一种工作，涵盖了教学、备课、批改作业、与家长沟通等一系列长期持续的活动。工作往往具有一定的稳定性和长期性，是个人在职业生涯中的主要活动领域。任务则相对具体和明确，是为了实现特定目标而进行的一项具体活动或行动。例如，教师在一周内完成一篇教学论文就是一个任务。任务通常有明确的开始和结束时间、具体的目标和要求，是工作中的具体组成部分。

2. 持续时间不同。

工作一般具有相对较长的持续时间，可能是长期的职业活动或者在一个较长时间段内持续进行的职责履行。例如，医生的工作是一个长期的职业选择，在其职业生涯中持续为患者提供医疗服务。任务则通常有较为明确的开始和结束时间，相对较短。

3. 复杂性不同。

工作往往具有较高的复杂性和综合性，涉及多个方面的活动和技能，需要综合运用各种知识和能力。例如，教师工作不仅要掌握专业知识进行教学，还要具备管理班级、与家长沟通等能力。任务相对较为单一和具体，通常只聚焦于一个特定的方面。如教师准备一堂课的任务，主要涉及教学内容的选择、教学方法的设计等方面，相对较为集中。

4. 目的和意义不同。

工作通常与个人的职业发展、组织的目标实现以及社会的价值创造相关联，具有更宏观的目的和意义。

11.1.4　描述性信息和分析性信息

描述性信息是对事物的特征、状态、性质、过程等进行详细描述和说明的信息，可以用文字、图像、图表等形式呈现，旨在让人们对特定的对象有更清晰、具体的认识。描述性信息通常包括对事物外观、结构、功能、行为、变化等方面的描述。

描述性信息的特点包括以客观的态度呈现事物，如同一位忠实的记录者，不添加主观的评判与情感色彩，纯粹地展示事物原本的样子。其内容丰富且具体，宛如一幅细致入微的画卷，涵盖了大量的细节，使读者能够清晰地感知所描述事物的方方面面，无论是外在的形态、颜色、大小，还是内在的结构、组成等。描述性信息还具备高度的准确性，犹如精准的测量仪器，使用确切的语言和数据来刻画事物，避免模糊不清和模棱两可的表述，从而为读者提供可靠的信息基石。同时，它具有一定的静态特征，主要聚焦于某一特定时刻或状态下事物的特征描绘，尽管如此，通过对不同时间点的描述性信息的对比，依然能够展现事物的动态变化过程。此外，描述性信息拥有强大的可感性，它仿佛拥有神奇的魔力，能够触动读者的各种感官，让读者仅凭文字就能在脑海中构建出逼真的画面，仿佛身临其境般地感受到事物的存在，无论是视觉上的色彩与形状、嗅觉上的芬芳与气息，还是听觉上的声音与韵律，都能通过描述性信息生动地传达给读者。

分析性信息是根据描述性信息、有关执行任务能力的信息以及影响任务完成的信息进行深入研究和推理归纳得出的，多数情况下是由任务分析专家或者有经验的人提供的。

分析性信息通常具有以下特点，首先，分析性信息具有主观性。它是基于分析者的认知、经验、价值观以及特定的分析方法和视角得出的结论。不同的分析者由于背景和立场的不同，对同一事物可能会产生不同的分析结果。例如，对于一项经济政策的影响，不同的经济学家可能会有不同的分析观点。其次，分析性信息具有深度性。它不仅仅停留在事物的表面现象上，而是深入挖掘事物的本质、原因、影响等方面。通过对大量描述性信息的整合、梳理和推理，分析性信息能够揭示事物背后的逻辑关系和发展趋势。例如，对一家企业的业绩下滑进行分析，不仅要考虑市场环境等外部因素，还要深入分析企业内部的管理问题、产品竞争力等因素。再次，分析性信息具有抽象性。它往往将具体的事物进行概括和提炼，形成更具普遍性的概念和理论。这种抽象性使得分析性信息能够适用于不同的情境和问题，为决策提供更广泛的参考。例如，通过对多个企业成功案例的分析，总结出企业创新的关键因素，这些因素可以为其他企业的发展提供指导。此外，分析性信息还具有前瞻性。它不仅仅是对过去和现在的总结，还能够对未来的发展趋势进行预测和判断。通过对各种因素的综合分析和趋势判断，分析性信息可以为未来的决策提供依据。例如，对某一行业的市场前景进行分析，预测未来的市场需求、竞争态势等，帮助企业制定战略规划。最后，分析性信息具有动态性。随着新的信息的不断出现和情况的变化，分析性信息也需要不断地更新和调整。分析者需要持续关注事物的发展变化，及时修正和完善分析结果，以确保分析性信息的有效性和实用性。

11.2　任务分析的方法与步骤

11.2.1　任务分析的方法

在介绍任务分析的方法之前，先设定任务分析方法的评价标准。

1. 标准。

（1）准确性。能否准确地识别任务的各个关键要素，包括任务目标、步骤、所需资源、涉及人员等。如果遗漏重要内容，会影响后续的任务规划和执行。对任务时间和难度的评估是否准确，准确的评估有助于合理安排进度和分配资源。

（2）完整性。是否涵盖了任务的所有方面，从任务的开始到结束，包括可能出现的各种情况和变化。对任务的前置条件和后续影响是否有充分的考虑，完整的任务分析应该能够清晰地展示任务在整个工作流程中的位置和作用。

（3）清晰性。分析结果是否易于理解。无论是专业人员还是非专业人员，都应该能够通过任务分析报告清楚地了解任务的内容和要求。所用的术语和表述方式是否规范、统一，避免产生歧义。

（4）实用性。任务分析结果能否直接应用于实际工作中，为任务的执行、培训、流程优化等提供有效的指导。是否有助于提高工作效率和质量，降低成本和风险。

（5）灵活性。能否适应不同类型的任务和工作环境的变化。不同的任务可能具有不同的特点和要求，任务分析方法应具有一定的通用性和可扩展性。当任务发生变化时，是否容易对分析结果进行调整和更新。

（6）可重复性。由不同的人使用相同的任务分析方法，是否能够得到相似的结果，这有助于确保任务分析的可靠性和一致性。在不同的时间进行任务分析，结果是否稳定。

2. 任务分析的基本方法和工具。

任务分析有五种基本方法和工具。

（1）决策表。决策表是一种用于任务分析的工具，它通过将任务的各种条件和对应的行动进行罗列和组合，以帮助分析人员作出决策和规划任务执行方案，通常由以下几个部分组成。

①条件栏。列出影响任务执行的各种条件因素，这些条件可以是任务的前提、环境因素、资源限制等。例如，对于一个生产任务，条件可能包括原材料是否充足、设备是否正常运行、人员是否到位等。

②行动栏。对应不同条件组合下应采取的行动或决策。每个行动都明确了在特定条件下的具体任务步骤或处理方法。例如，如果原材料充足且设备正常运行，行动可能是启动生产流程；如果原材料不足，行动可能是安排采购等。

③规则说明。对决策表中的规则进行解释和说明，确保分析人员能够正确理解和应用决策表。这包括对条件的定义、行动的含义以及决策的逻辑依据等方面的说明。

（2）流程图。流程图也称为逻辑树，是一种通过图形化的方式展示工作分析过程的工具，图 11－1 是流程图的一般形式。

（3）语句描述。语句描述是用文字组成的语句来对特定的事物、现象、过程、状态等进行表达和阐释的方式。

（4）时间列。时间列是一种按照时间顺序排列的数据或信息的列表形式，揭示整个工作流程中各项任务的重要性和相互关系。

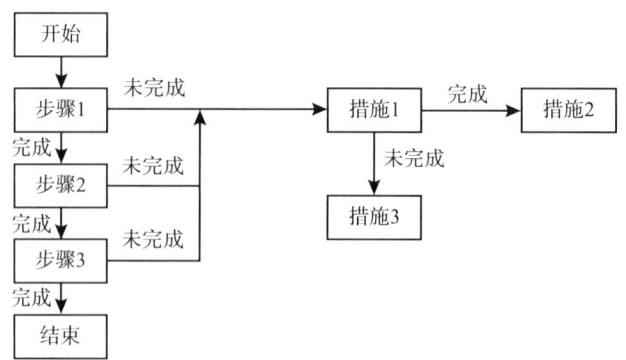

图 11-1　工作流程分析示例

（5）任务清单。任务清单是一种将需要完成的各项任务以列表形式呈现的工具，让受访者选择并指出顺序、重要性或难度等。

3. 任务分析的方法比较与应用。

决策表的逻辑性强，能够清晰地展示在不同条件下的决策路径和结果；同时，结构严谨，有助于明确任务中的各种情况及其对应的处理方式。对于复杂任务，决策表可能会变得庞大而难以理解。决策表适用于具有明确条件和决策结果的任务，如业务流程中的审批环节、故障诊断等。当任务需要根据多个条件进行判断和决策时，决策表可以提供清晰的指导。

流程图以图形化的方式展示任务的流程和顺序，易于理解，能够体现任务执行过程中的流转和交互，局限性在于对于复杂的逻辑关系和条件判断，可能需要结合其他方法进行补充说明。流程图广泛应用于各种业务流程和工作流程的分析，如生产流程、项目管理流程等。对于需要明确任务执行顺序和流转关系的情况，流程图是很好的选择。

语句描述可以用文字详细描述任务的各个环节和操作步骤，可以根据需要进行详细程度的调整，适应不同的任务需求。对于不擅长图形理解的人来说，语句描述更容易理解。语句描述的局限性在于描述可能较为冗长，不够直观。语句描述适用于对任务进行详细说明和解释，如培训材料、操作手册等。当需要对任务进行深入的文字阐述时，可以选择使用语句描述。

时间列的时间性明确，能够清晰地展示任务在时间轴上的分布和进度；同时便于安排，有助于合理安排任务的时间和资源。时间列的局限性在于对于复杂的任务关系和逻辑，可能无法全面反映。时间列适用于项目进度安排、任务计划等需要明确时间节点的情况。对于需要监控任务进度和时间管理的场景，时间列非常有用。

任务清单简洁明了，以列表的形式列出任务的各项内容，一目了然。任务清单便于检查，可以方便地核对任务的完成情况，局限性在于缺乏任务之间的关系和流程展示。任务清单适用于简单的任务管理和日常工作安排，可以作为任务分配和跟踪的工具，确保各项任务得到落实。

综上所述，不同的任务分析方法各有特点和适用场景，在实际应用中可以根据任务的性质和需求选择合适的方法，或者结合多种方法进行综合分析。

11.2.2　任务分析的步骤

1. 确定分析目的和范围。

明确为什么要进行任务分析，如为了改进工作流程、培训员工、设计新的工作系统等。同时，确定要分析的任务范围，是单个任务、一组相关任务还是整个工作岗位的任务。

2. 收集任务信息。

收集任务信息可采用观察法，直接观察员工执行任务的过程，记录任务的步骤、时间、操作方法等。通过访谈法与执行任务的员工进行面谈，了解任务的具体内容、难点、要求等。可以询问员工在执行任务过程中遇到的最大挑战是什么，需要哪些资源支持等问题。通过问卷调查法设计问卷让员工填写，收集关于任务的信息。问卷可以包括任务的重要性、频率、所需时间等方面的问题。也可通过查阅文档资料，查看相关的工作手册、流程文件、操作指南等，获取任务的书面信息。

3. 形成任务分析结果的描述。

将复杂的任务分解为更小的子任务，以便更好地理解和分析。用清晰、准确的语言描述每个任务的具体内容、操作步骤、输入和输出等。

4. 分析任务。

首先，确定任务的关键要素，包括任务的目的、所需技能、知识、工具和设备等。其次，分析任务的难度和风险，包括评估任务的复杂程度、执行难度以及可能存在的风险等。最后，确定任务的绩效标准，明确任务的完成标准和质量要求。

5. 编制任务分析报告。

将任务分析的结果整理成报告，内容包括任务分析的目的、范围、方法、任务描述、分析结果等。报告可以为后续的工作改进、培训设计、绩效评估等提供依据。

11.2.3　任务分析描述书

1. 任务分析描述书的内容。

任务分析描述书是一份详细记录和阐述工作任务相关信息的文件，它为任务的理解、执行、评估以及培训等提供了全面且系统的指导。一份完整的任务分析描述书通常包含以下几个关键部分。

（1）任务概述。对任务进行简要介绍，包括任务的名称、所属工作领域、任务的重要性和目标等，让读者对任务有一个整体的认识。例如："客户投诉处理任务是客服部门的核心工作之一，旨在及时、有效地解决客户的问题，提高客户满意度，维护公司的良好形象。"

（2）任务步骤。将任务分解为一系列具体的操作步骤，按照先后顺序进行详细描述。每一步骤都应清晰明确，包括动作、对象和操作方法等信息。例如："步骤一：接听客户投诉电话。拿起电话，在电话铃响三声内接听，并使用礼貌用语问候客户，如'您好，这里是客服中心，请问有什么可以帮您？'"

（3）任务条件。说明执行任务所需的各种条件，包括人员资质、设备工具、环境要求、时间限制等。例如："执行本任务的人员须具备良好的沟通能力和问题解决能力，熟悉公司产品和服务。工作时需配备电脑、电话等办公设备，并在安静、无干扰的办公环境中进行。客户投诉需在 24 小时内响应并处理完毕。"

（4）任务标准。明确任务完成的质量标准和验收标准，以便评估任务的执行效果。这可以包括任务的准确性、完整性、及时性、客户满意度等方面的要求。例如："处理客户投诉时，需确保问题得到彻底解决，客户对处理结果表示满意。投诉处理记录应完整、准确，包括投诉内容、处理过程、处理结果等信息。投诉处理的及时率应达到95%以上，客户满意度应达到85%以上。"

（5）任务相关信息。提供与任务相关的其他信息，如任务的风险与注意事项、与其他任务的关联关系、任务的历史数据和经验教训等。例如："在处理客户投诉时，需注意保护客户隐私，避免泄露客户信息。本任务与客户关系管理任务密切相关，处理结果将影响客户对公司的整体评价。过往经验表明，及时响应客户投诉并积极解决问题，有助于提高客户忠诚度和口碑。"

2. 任务分析描述书的作用。

任务分析描述书在人力资源管理、培训与开发、工作流程优化等领域具有重要的应用价值，它能够帮助企业提高工作效率、保证工作质量、提升员工绩效，其作用一般体现在以下几个方面：

（1）明确任务目标与范围。任务描述书详细地阐述了任务的具体内容、目标和预期结果，使执行者能够准确理解自己需要完成的工作。例如，在软件开发项目中，任务描述书可以明确指出要开发的软件功能、性能要求以及交付时间，避免开发人员在工作过程中出现方向偏差。明确任务的边界，防止执行者超出或遗漏任务范围。又如，在市场调研任务中，任务描述书可以规定调研的对象、区域、时间范围等，确保调研工作的针对性和有效性。

（2）提供任务执行指导。任务描述书可以列出任务的执行步骤和方法，为执行者提供具体的操作指南。例如，在设备安装任务中，任务描述书可以详细说明安装的顺序、注意事项和调试方法，使安装人员能够按照标准流程进行操作，提高工作效率和质量。明确资源需求，指出完成任务所需的人力、物力和财力资源，帮助管理者合理分配资源。例如，在举办一场大型活动的任务中，任务描述书可以明确需要的工作人员数量、活动场地、设备器材以及预算等，确保活动的顺利进行。

（3）促进沟通与协作。统一各方认知，任务描述书作为一种书面文件，可以在不同部门、团队和人员之间传递一致的任务信息，避免因信息不对称而产生误解和冲突。例如，在跨部门项目中，任务描述书可以让各个部门的成员清楚了解自己在项目中的角色和职责，促进部门之间的协作与配合。为便于沟通交流，任务描述书为执行者与管理者、团队成员之间的沟通提供了基础。执行者可以根据任务描述书向管理者提出问题和建议，管理者也可以通过任务描述书对执行者进行指导和监督。例如，在项目执行过程中，执行者如果对任务描述书中的某些内容存在疑问，可以及时与管理者沟通，确保任务的顺利进行。

（4）评估任务绩效。确定评估标准时，任务描述书中通常会明确任务的绩效标准和验收条件，为评估任务的完成情况提供依据。例如，在销售任务中，任务描述书可以规定销售额、客户满意度等绩效指标，以及达到这些指标的标准和验收方法。为了便于考核评价，管理者可以根据任务描述书中的绩效标准对执行者的工作进行考核评价，激励执行者提高工作绩效。又如，在员工绩效考核中，任务描述书可以作为重要的参考依据，对员工的工作表现进行客观、公正的评价。

（5）利于风险管理。识别潜在风险，在任务分析描述书中，管理者可以对任务执行过程中可能出现的风险进行分析和预测，提醒执行者注意防范。例如，在工程项目中，任务分析描述书可以列出可能影响工程进度和质量的风险因素，如天气变化、材料供应中断等，让执行者提前做好应对措施。制定风险应对策略，任务分析描述书可以针对识别出的风险制定相应的应对策略，降低风险对任务的影响。例如，在面对材料供应中断的风险时，任务分析描述书可以规定提前储备一定数量的材料、寻找替代供应商等应对措施，确保工程的顺利进行。

11.3 任务分析的应用

11.3.1 任务分析的应用范围

1. 岗位设计与优化。

通过对各个岗位任务的详细分析，可以明确岗位的职责和工作内容，合理设计岗位，避免职责重叠或空白。根据任务的难度、重要性等因素，优化岗位设置，提高工作效率。例如，将一些简单重复的任务进行合并或自动化处理，减少岗位数量。

2. 招聘与选拔。

任务分析确定了岗位所需的技能、知识和能力，为招聘提供了明确的标准。招聘人员可以根据这些标准筛选候选人，确保招聘到最适合岗位的人才。在面试过程中，可以围绕与岗位任务相关的问题进行提问，考察候选人对岗位任务的理解和执行能力。

3. 培训与发展。

基于任务分析的结果，可以确定员工的培训需求。针对岗位任务所需的技能和知识，设计培训课程和培训计划，提高员工的工作能力。培训后，可以通过对员工在实际任务中的表现进行评估，检验培训效果，进一步改进培训内容和方法。

4. 课程设计与教学方法选择。

对特定职业或学科领域的任务进行分析，可以确定学生需要掌握的知识和技能，为课程设计提供依据。按照任务的难易程度和逻辑关系组织教学内容，使课程更加系统和实用。例如，在职业教育中，根据不同专业的岗位任务需求，设计相应的课程体系。根据任务的特点选择合适的教学方法。对于操作性强的任务，可以采用实践教学、案例教学等方法；对于理论性较强的任务，可以采用讲授、讨论等方

第 11 章

法。任务分析还可以帮助教师确定教学重点和难点，有针对性地进行教学。以任务为基础设计学习评估标准，考查学生对任务的完成情况和掌握程度。可以通过作业、项目、考试等方式进行评估，确保学生具备完成实际任务的能力。

5. 工作流程优化。

对生产、制造、服务等领域的任务进行分析，找出工作流程中的瓶颈和问题，进行优化改进。例如，通过分析生产线的任务流程，合理安排工序，减少生产时间和成本。

6. 系统设计与开发。

在软件、机械、电子等系统的设计与开发过程中，任务分析可以帮助确定用户需求和系统功能。根据用户在不同场景下的任务需求，设计出易于使用、高效的系统。例如，设计一款办公软件时，通过分析用户的日常办公任务，确定软件的功能模块和操作界面。

7. 医疗与康复领域。

对医疗诊断、治疗、护理等任务进行分析，优化医疗流程，提高医疗服务的质量和效率。例如，通过分析急诊室的任务流程，缩短患者等待时间，提高救治成功率。对患者的康复任务进行分析，制订个性化的康复治疗方案。根据患者的病情和康复目标，确定康复训练的内容、强度和进度。为一位骨折患者制订康复方案时，分析其在不同康复阶段的任务需求，如关节活动度训练、肌力训练等。

8. 机器人和智能自动化系统开发。

通过任务分析优化人机界面设计，提高操作的便捷性和安全性。例如，在设计汽车仪表盘时，根据驾驶员在驾驶过程中的任务需求，合理布局仪表和控制按钮，方便驾驶员操作。

任务分析的每个应用都是任务分析记录表的不同要素的组合。表 11 - 1 列出了一些在几种不同形式应用中涉及的任务分析要素。

第 11 章

表 11 - 1　　　　　　　　不同形式应用中涉及的任务分析要素

要素	应用									
	1	2	3	4	5	6	7	8	9	10
1. 任务及步骤	√	√	√	√	√	√				
2. 目标	√			√	√		√			
3. 动作	√	√		√	√	√	√			
4. 需控制装置的种类	√					√				
5. 需显示装置的种类						√				
6. 环境	√	√	√	√	√	√	√		√	√
7. 起始	√									
8. 反馈	√	√		√	√	√	√			
9. 终端事件	√	√		√	√	√	√			

续表

要素	应用									
	1	2	3	4	5	6	7	8	9	10
10. 所需设备		√			√	√	√			
11. 参考资料		√			√	√	√			
12. 系统反应时间	√				√	√	√	√		
13. 人员反应时间	√				√	√	√			
14. 系统绩效标准	√	√			√	√	√			
15. 危险程度	√	√		√	√	√	√			√
16. 任务难度	√	√						√	√	
17. 任务频率	√			√				√	√	
18. 最可能发生的错误	√	√		√	√		√		√	
19. 发现错误的难易程度	√			√						
20. 错误最可能导致的结果	√			√						√
21. 错误的严重程度	√			√						√
22. 错误发生概率	√			√						√
23. 涉及的其他人员	√	√		√		√	√	√		
24. 沟通方式		√	√							
25. 知识要求									√	√
25. 1 系统知识										
25. 2 理论知识										
25. 3 应用知识										
26. 生理要求	√								√	√
26. 1 体力										
26. 2 身高										
26. 3 臂长										
26. 4 视力水平										
26. 5 听力水平										
26. 6 色彩分辨率										
27. 个性要求										
28. 培训方式										

应用栏中的数字含义说明如下：1－职能分配；2－人机系统设计；3－沟通系统设计；4－错误评估；5－程序；6－辅助系统设计；7－工作绩效标准衡量；8－任职资格；9－培训；10－安全措施。

11. 3. 2　任务分析应用中的人员及其分工

1. 项目负责人。

整体统筹任务分析项目。确定项目的目标、范围和进度安排。

协调各方资源，包括人力、物力和财力等。确保项目顺利进行所需的资源得到保障。

监督项目进展，及时解决项目中出现的问题和风险。对项目的各个阶段进行监控，确保项目按计划推进。

2. 任务分析师。

进行具体的任务分析工作。通过观察、访谈、问卷调查等方法收集任务相关信息。

对收集到的信息进行整理和分析。将任务分解为具体的步骤和子任务，确定任务的关键要素、难度和风险等。

撰写任务分析报告。清晰地阐述任务的内容、要求、绩效标准等，为后续的应用提供依据。

3. 领域专家。

提供专业知识和经验支持。由于他们对特定领域的任务非常熟悉，能够为任务分析提供准确的信息和深入的见解。

验证任务分析结果的准确性和合理性。对任务分析师得出的结论进行审核，确保任务分析符合实际情况。

4. 被分析任务的执行者。

配合任务分析师进行信息收集。如接受访谈、填写问卷、展示任务执行过程等。

提供实际工作中的感受和建议。从执行者的角度出发，提出任务执行中存在的问题和改进的方向。

11.3.3　任务分析在培训中的应用步骤

1. 确定培训需求。

与业务部门负责人交流，了解他们对员工能力的期望和当前工作中存在的问题。与员工进行访谈或问卷调查，收集他们对自身能力提升的需求和对现有工作的看法。对员工的工作任务进行详细分析，确定完成各项任务所需的知识、技能和态度。明确工作的绩效标准，即优秀员工在完成各项任务时应达到的水平。可以通过观察优秀员工的工作表现、查阅相关文件或与上级领导讨论来确定。

2. 设计培训课程。

根据培训需求分析的结果，明确培训的具体目标。基于任务分析确定的知识、技能和态度要求，选择合适的培训内容。这可以包括理论知识讲解、案例分析、模拟演练、实地考察等多种形式。培训内容应具有针对性和实用性，能够直接应用于员工的工作中。根据培训内容和培训目标，选择合适的培训方法。常见的培训方法有讲授法、讨论法、案例分析法、角色扮演法、模拟演练法等。不同的培训方法适用于不同的培训内容和培训目标。

3. 实施培训。

根据培训课程设计，准备相应的培训材料，如讲义、案例、练习题、参考书籍等。培训材料应具有清晰的结构和易于理解的内容，能够帮助员工更好地掌握培训知识和技能。根据培训内容和培训目标，选择具有相关专业知识和教学经验的培训师资。培训师资可以是内部专家、外部讲师或专业培训机构的教师。培训师资应具备良好的教学能力和沟通能力，能够有效地传授知识和技能，并与员工进行互动和交流。按照培训计划组织培训活动，包括培训时间、地点、培训方式等的安排。在培训过程中，要注意营造良好的学习氛围，鼓励员工积极参与讨论和互动，增强培训效果。

4. 评估培训效果。

根据培训目标，确定评估培训效果的指标。评估指标可以包括知识掌握程度、技能提升水平、工作态度改变、工作绩效提高等方面。评估指标应具有可操作性和可衡量性，以便对培训效果进行准确的评估。在培训结束后，通过考试、问卷调查、实际操作考核、工作绩效评估等方式收集评估数据。评估数据应具有真实性和可靠性，能够反映员工在培训后的实际表现和能力提升情况。对收集到的评估数据进行分析，评估培训效果是否达到了预期目标。如果评估结果不理想，要分析原因并提出改进措施，以便在今后的培训中进行调整和优化。

5. 持续改进。

对整个培训过程进行总结，分析成功经验和不足之处。总结经验教训可以为今后的培训提供参考，不断提高培训质量和效果。在培训结束后，要对员工的工作表现进行跟踪和观察，了解他们在实际工作中是否应用了培训所学的知识和技能。如果发现员工在实际工作中存在问题，要及时提供指导和支持，帮助他们解决问题。根据评估结果和员工的实际表现，对培训课程和培训方法进行持续改进和优化。持续改进培训可以使培训更加符合员工的实际需求和企业的发展要求，提高培训的针对性和实效性。

本 章 习 题

一、名词解释

任务分析　子任务　连续性任务

二、简答题

1. 试述任务分析的基本步骤。
2. 举例说明任务分析的具体应用。
3. 任务分析有哪些具体的方法？

三、论述题

任务分析在培训中应用的步骤中哪一步存在难度，应该如何解决？

四、案例分析

某连锁餐饮企业的菜品研发与上新

某知名连锁餐饮企业为拓展市场、吸引更多消费者，决定投入资源研发一系列新菜品并推向市场。在项目启动前，企业通过市场调研了解到，消费者对健康、特色、口味丰富的菜品需求日益增长，同时竞争对手也在不断推出新菜品以抢占市场份额。基于此，企业设定目标：在半年内完成 3~5 款新菜品的研发与上市，且新品上市后首月销售额达到总销售额的 15%。为实现目标，企业进行了如下任务分解：

（1）市场调研：组建专业调研团队，通过线上问卷、线下访谈、实地探店等方式，收集消费者对菜品口味、食材、价格的偏好，以及对竞争对手新菜品的评价。

（2）食材与供应商筛选：由采购和厨师团队共同挑选优质食材，与可靠供应商建立合作，确保食材供应稳定、质量可靠，且成本可控。

（3）菜品研发：厨师团队依据市场调研结果，进行菜品创新与试制，不断调整口味、摆盘，邀请内部员工和部分忠实顾客试吃，收集反馈意见。

（4）成本核算与定价：财务部门协同厨师团队，核算新菜品的食材、人力、制作成本，综合市场情况、品牌定位和消费者接受程度，制定合理价格。

（5）门店培训：培训部门为各门店员工开展新菜品知识与制作工艺培训，确保员工熟悉新菜品特点、制作流程和销售话术。

（6）市场营销：营销团队制订推广方案，利用社交媒体、线下海报、会员活动等渠道宣传新菜品，吸引顾客关注。

在项目执行中，各部门定期沟通，及时解决出现的问题。例如，在研发时发现某种特色食材供应不稳定，便迅速寻找替代食材并重新测试口味；培训时发现部分员工对新菜品制作掌握较慢，就增加培训课时和实操练习。经过半年努力，企业成功推出 4 款新菜品。新品上市首月，销售额占总销售额的 18%，消费者好评率达80%，有效提升了品牌竞争力和市场份额。

资料来源：王强. 连锁餐饮企业新品研发策略研究［EB/OL］. http：//www. foodresearch. com。

思考：

1. 该案例中任务分析是如何助力连锁餐饮企业实现新菜品研发与上市目标的？请结合案例具体说明。

2. 若在新菜品上市后，发现实际销售额未达预期，运用任务分析思维，应从哪些方面查找原因并提出改进措施？

第 11 章

第 12 章 | 人员分析

自 1987 年成立以来，华为技术有限公司（以下简称"华为"）虽然经历了一些起起伏伏，但总体发展势头如日中天，这与其卓越的人才管理体系密不可分。1997 年，华为作为中国第一家试点推行企业，开始引入英国国家职业资格证书（National Vocational Qualification，NVQ）标准体系，着手建立企业的人员分析标准，为其后续的人才选拔、人才开发、岗位体系建设等方面进行努力。那么，华为的人事分析体系和人才发展之间是怎样联动起来的呢？

1. 追根溯源，剖析华为标准发展史。

（1）在 NVQ 标准引入初期，基本条件（学历、经历、职务）、标准项目（知识、行为、技能）、参考项目（业绩、素质、品德）是纳入标准维度的因素。

（2）华为人员分析体系 2.0 版（1998—2001），主要以"以学促考"的形式构建人事分析系统，加大了绩效考核的权重，将基础条件参考因素调整为职业、经历、业绩，将原有的"学历"因素删除，这也是其不拘一格的用人风格的由来，华为人员分析体系 2.0 版（1998—2001）从"通才"到"专才"的转变，参考项中将素质改为个性。

（3）标准引入中期，更加注重培养人才后备力量。华为在形成一定的能力和经验积累后，又开始了另一种创造性的方式——促培训。分层设计要求，以现有的知识、技能、行为、素质标准体系为基础，建立和打通不同序列、不同层次、激励学习和成长的人才发展通道，更加巩固了华为人才梯队建设成果。

（4）制度固化，人员分析体系推出后的另一个重要举措是与岗位实际价值挂钩，华为在 2002~2015 年突出贡献与能力/技能相匹配、岗位价值与标准体系相匹配、以绩效贡献为基础、以关键能力为导向的人员素质标准与岗位价值相匹配。此后，华为一套以人员分析、以岗位价值、以人事为基础的人员发展体系也初具雏形。

（5）持续进行配置优化。2016 年开始，为了避免故步自封、人员分析失去价值，华为开始着力于强调聚焦业务贡献，突出贡献的有效性。对不同族裔、不同类别的劳动者，简化现有人才考核的实施路径和办法，区别评判。

2. 华为人员分析标准制度落地与应用。

人员分析的标准是建立在有效使用的基础上的，否则它只是一纸空文。华为在推动人员分析标准体系落地方面的几个核心举措如下。

（1）基于公司实际建立人员分析标准。人员分析标准有两个来源，一是领先的行业对标，二是公司业务本身。华为公司在这方面采用了后者，将公司内部各岗位职类卓越的绩效标准和行为纳入到人员分析标准中，记录特定工作能够取得时效的关键能力维度。

（2）空缺岗位以内部竞聘上岗为主，评价标准透明并强调内部公平性。有了特定层级的评价标准后，华为开始在企业内部建立人才的职位层级，一来打通人员晋升的通道，二来建立不同序列人员转岗的胜任力参考，结合岗位绩效表现，追溯历史工作业绩，作出晋升和转岗的决定。这有两个好处，一方面建立了公开透明的人力资源管理机制；另一方面提升了人员的激励水平和保留力度，奠定了华为不拘一格的用人和管人的管理风格。

（3）人岗匹配是关键。人员分析标准的另一项重要作用在于对特定人员的胜任力评估，要确保评估标准公平性、可靠性，同时要将评估匹配结果反馈给被评估人员，为后续任用、培训与发展以及后继力量培养奠定良好的基础。

3. 建职级，不同序列岗位分类管理。

（1）梳理与合并岗位，建立岗位体系。华为岗位体系包含专业岗位名称、职责与贡献、期待解决的问题、职位能力要求四个组成部分，共同构成了华为的岗位/职位体系。

（2）清晰定义每一职级的角色与期望，避免造成角色错位与角色模糊。华为人员分析级别一共九级，逐次递增，例如，二级定义为在指导下承担特定工作职能，六级定义为承担华为公司某一领域的发展职能与任务，随层级提高定义和要求也逐渐提高。

（3）区分高低层级的人员分析要点。随着职级提高，从五级开始，华为逐渐强调历史责任贡献、发展潜力、学习能力的标准。众所周知，华为是众多国内企业中对文化重点关注的企业之一，尤其是对高层级人员更是如此。

4. 不同岗位的层级对应关系。

华为不同的岗位序列中，每一个岗位都有严格的层级对应关系，不同的岗位层级也同时建立了一一对应的薪酬对应关系，形成了人员分析－岗位－薪酬体系，是华为人力资源管理中重要的基础。

华为工程师对应三级职级，高级工程师对应两级，主任工程师对应一级，高级技术专家对应两级，资深技术专家对应两级。

资料来源：苗光照. 华为变革史［Z］. 华夏基石 e 洞察，2019。

学习目标

1. 熟知人员分析的概念与基本思想

2. 掌握人员分析的流程与方法
3. 了解人员分析的操作与实践

12.1　人员分析概述

12.1.1　基本概念

（1）人员特点：是指与人员分析有关的个人属性，如能力、技能、知识、品性等。

（2）特征：通常理解为个性的维度和范围，具体表现为个人的行为特征——稳定性。在描述人员时，还可以泛指机体等属性。

（3）KSAO：知识、技能、能力等性格特点的英文简称，是指个人与工作有关的性格特点。

（4）人员分析：分析和描述与工作相关的人员的性格特点。用通俗的话来说，这样的描述对工作也是一种描述。但由于描写对象是工作人员，所以仍称为人员分析。

（5）测试：将个体所使用的量表、试卷、面试、求职登记表等工具、过程或方法，按照特定的个性特征加以区分。

（6）工作分析者：了解工作者和工作情景要素的专家。这些专家既可以是高级人员，也可以是工作人员等。

以上就是关于人员分析最基本的概念的基础——人员分析的进一步阐述。人员分析不同于人员测验，人员分析的对象是工作关系、个体特征等不同层次、不同工种的人员分析；而人员测验只是一种判断工具，用来判断具体的个体是否具有某种特征，或者在什么程度上具有什么特征。例如，人员分析的结果可能会指出需要微积分的知识才能从事某一项工作，但通过测验就能判断出某一个体是否拥有所需的知识。

人员分析在人力资源管理中扮演着决定性的角色。人力资源管理工作如招聘、选才等，都离不开人员分析，二者缺一不可。

12.1.2　人员分析的内容

人员分析，就是为了在某项工作中能够顺利地找到自己的个人特征。如果个人能力一览表已经在我们手中，那么就能顺利完成人员分析。图 12-1 显示了个人特征和潜在工作表现两个系列之间的联系。图中与工作表现相关的个人特征在一定程度上表现出来，彼此之间存在着依存关系。

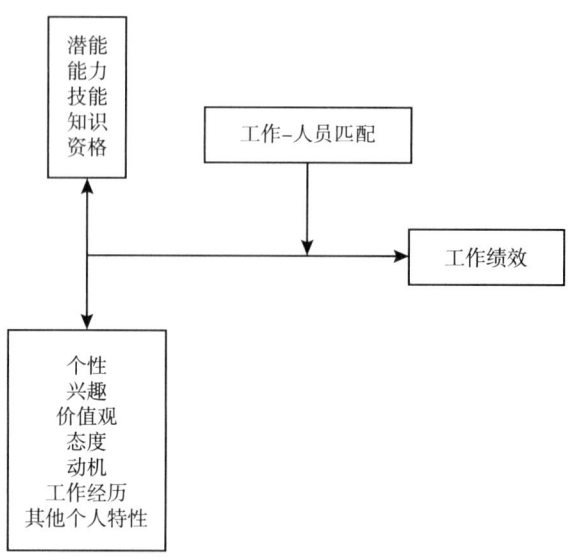

图 12 - 1　个人特征的两个系列与工作绩效的关系示意

潜能与能力是认识个人其他特征的基本概念，是描述个人天赋的根本所在。潜能是潜在的能力，可以是智力上的，也可以是体能上的，可以是做一件事情，也可以是学习一项工作。但是，具有某种潜能并不意味着一定能胜任与此种潜能相关的活动。能力的概念在此时涉及。与潜能相反，本节中的"能力"一词是指通过训练或有一定的经验，如能提高说话、唱歌、跳高等方面的能力等，从事某项工作时已具备的标准，即通过训练或具备一定的实践能力而产生的。

技能，是潜能或能力在体力或运动上的展现，或在做一件事时所表现出来的娴熟的技巧，是一种具有潜能或能力的技能。

知识，是个人拥有的能够直接应用于某项工作任务完成的信息系统。

资格，是指在某一特定岗位上所要求的知识、技能、能力，或者三者之间的个人条件和相关特点的结合。

前面论述的特点恰恰反映了个人工作或学习的情况，既有能力，又有潜在的能力。从应用的角度来看，单凭这些了解和预测特定个体的行为是不够的，还必须运用到图 12 - 1 列出的一系列的个人特征。

总体而言，潜能与能力的评估可以确定一个人在某一特定领域所能达到的专业程度，而对于一个人是如何达到当前的专业水平，以及在组织中能够成功发挥这些能力的，则可以用人格与相关特征的分析来说明。

个性，有广义和狭义之分。广义的个性是指个人的行为特征、个人才能等社会魅力；狭义的个性是指个体对不同的对象、不同的环境，作出的反应。个性，与个人天赋及个人能力无关。个性的不同可以通过个体的特质反应量表测评出来。表 12 - 1 提供了一些用于区分个体的个性特质的维度。

表 12 - 1 16 组基本个性特质

序号	个性特质差异	
1	内向的	外露的
2	乏智的	智慧的
3	冲动的	情绪稳定的
4	顺从的	支配的
5	焦虑的	欢快的
6	随便的	谨慎的
7	胆怯的	冒险的
8	理性的	感性的
9	坦率的	多疑的
10	务实的	幻想的
11	直率的	掩饰的
12	自信的	忧郁的
13	保守的	开放的
14	依赖性的	自强的
15	纵容的	自律的
16	轻松的	紧张的

兴趣，指特殊的活动意向，如个人的爱好、消遣方式、休闲内容等价值观。

态度，是指对环境因素的倾向和感受，如人、社会团体、社会组织、社会风俗等，以下列出了兴趣、价值观和态度这三个概念的区别。

兴趣是特定的活动意向。下面是与兴趣有关的一些表述：

我与其写封信，不如去修块表。

我更愿意指导其他人工作。

我喜欢集邮。

我更喜欢在户外工作，而不是待在办公室里。

价值观反映的是生活目标和生活方式的倾向，也是进行价值比较时的倾向性。下面是与价值观有关的一些表述：

我认为赢得人们的尊敬比让人们喜欢更为重要。

一个人的家庭责任要优先于社会责任。

我认为某些人的财富大大地多于其他人是不公平的。

对我来说，为他人服务要比谋取个人利益重要。

态度是对自然现象和政治、经济、文化、风俗习惯等社会现象的感觉和倾向。下面介绍几种与态度有关的描述：

联合国已经成为世界的主导力量。

我国加入 WTO 对经济的影响很大。

大学里面社团组织的存在利大于弊。

中国足球一定会冲出亚洲，走向世界。

动机，是指将精力投入到所期望的活动或目标上并发挥能力的意愿。有强烈动机的工作者，在执行自己所负责的工作时，会付出更多的心血。动机和工作活动的关系如图 12 - 2 所示。

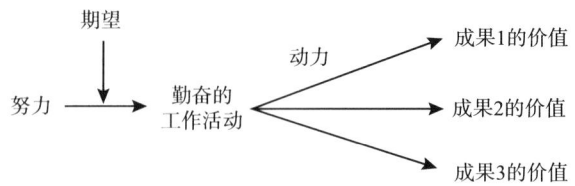

图 12 - 2　动机与工作活动的关系分析示意

注：努力——工作的动机；价值——回报或工作成果的吸引力；动力——关注工作成果的感受；期望——对努力程度在工作成果中得以体现的可能性的估价。

工作经历，是指个人获得的工作经验，包括工作熟练程度、工作项目、工作方法和工作水平等。个人特点，是指身高、体重、性别、年龄等身体特点所未涵盖的上述工作相关特点。

12.1.3　人员分析在人力资源管理中的应用

人员分析是一种基本的人力资源管理工具。在 1916 年发表的一篇文章中，R. J. 布克特别说明了人员分析的必要性。他说，买东西的时候，它的量和质对于某个价位来说是必要的，因为它有一定的用武之地，所以就买下来了。购买物品的种类、长度、大小等特征，可以根据某种需要和给定的金额来精确描述。这种特殊商品与价格的关系，在招聘人才时，完全是两码事。在某种报酬条件下，由于要根据个人的素质和适合程度来确定具体工作的最佳选择，所能得到的人才很可能是唯一的。

在人力资源管理中，历史上就曾使用过人员分析来开展人员甄选的工作。它的重要地位在人力资源管理过程中，在近几年的人力资源管理工作中表现得更为突出。图 12 - 3 为现代人力资源管理中人员分析在多个方面的运用情况。

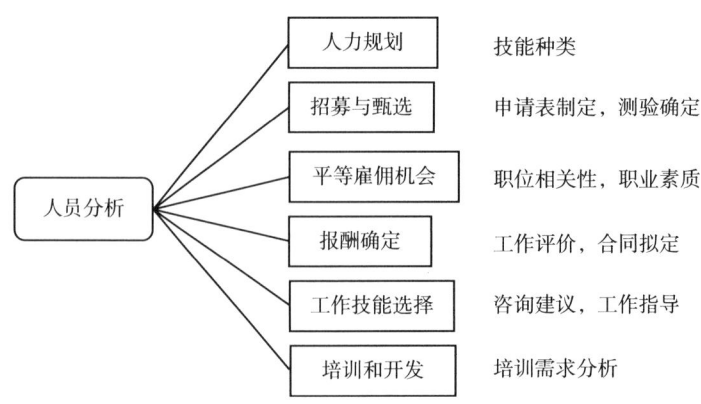

图 12 - 3　人员分析在人力资源管理中的应用

人员分析在制订人力资源计划时，可以提供包含人员素质等详细条目的 KSAO 一览表；在招募和选拔中，KSAO 提供了制定职位申请和有关测试的资料；与报名表和测验密切相关的是平等就业机会的要求，分为职位相关性和职业素质（BFO-QS），这两项都是通过 KSAO 分析得出的；报酬的确定需要对工作岗位和工作者两个方面的情况进行综合考察，而可以用来量化报酬和工作者职责的人员分析则可以提供与报酬有关的工作变量；KSAO 还可以提供一套标准，让管理者在选择工作技能时对员工的工作进行指导；培训计划可以通过对比人员分析和员工实际情况来制订。总之，系统而明确的人员分析是获得良好的培训效果的基础。

只有在被决策者重视和研究的情况下，人员分析才能发挥其效用，只有结合其他工作分析的结果，如职位描述、职责等，才能发挥其多种功效。

12.1.4　人员分析的步骤

现有人员分析的技术、方法可谓五花八门。一般情况下，根据分析的出发点，可以把所有的人员分析方法分为两类，即职位定位和工作者定位。

这两种出发点都基于这样一个假定，即人员分析是一个推断过程。而且这个推断是由工作分析者来做的。但这两种方法有很大的不同，如图 12 - 4 所示。

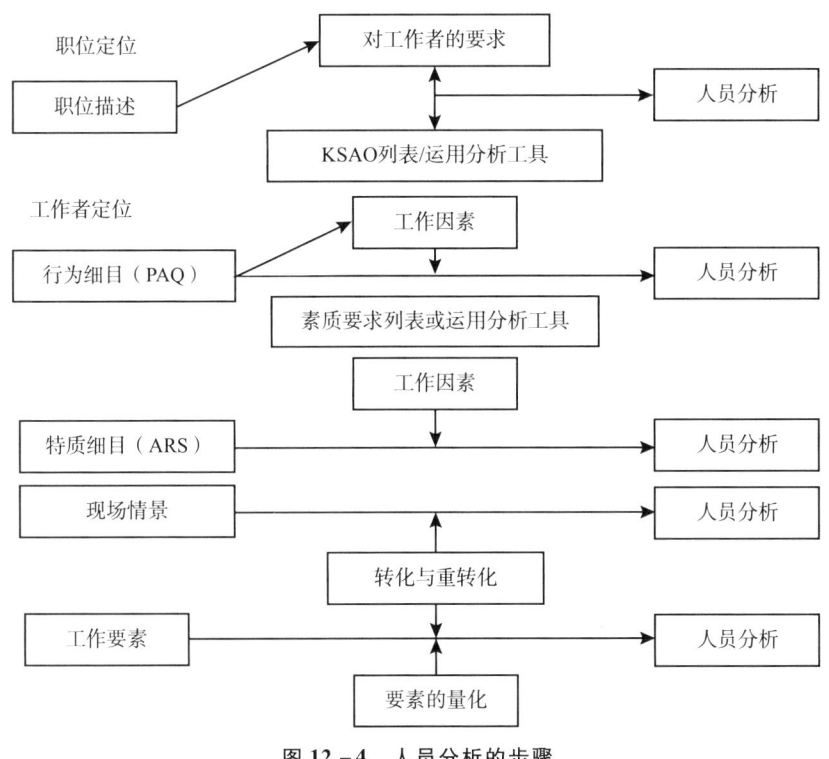

图 12 - 4　人员分析的步骤

1. 职位定位步骤。

人员分析中的职位定位依靠清晰的描述所要完成的工作来区分工作者的特点。

这就是职务对劳动者所要求的认识的实质。工作分析者将这些要求作为权威与 KSAO 列表进行对比和比较，最终作出推断。

采用这种方法也是考虑到在分析数据的方法和方式等方面存在的问题，比如使用的工具的构成和范围、信息的采集量。

2. 工作者定位步骤。

这种方法的操作是根据 KSAO 或现场情境中与工作有关的事件和元素的明细表来进行的。这些明细表既能按要求使用现有的表也能进行再编制。工作者描述是通过比较明细表中的项目与其他分析方法、管理人员的描述，甚至是具体职位的描述而得来的。这种方法的中介因素很多，无论是以行为为基础，还是以特色项目为基础，都要有充分的考量。运用此法时，为了鉴别和交叉验证，要进行职位描述。这里的职位描述与职位定位不一样，不作为切入点进行分析。

12.2　人员分析的方法与技术

上一节介绍了人员分析的基本概念，在此基础上，本节针对目前的实际应用，介绍一些国外典型的人员分析工具及技术。

12.2.1　DOL 系统

DOL 是一种职位定向分析系统，DOL 也是美国劳工部的缩写，由美国劳工部开发并使用，以工作描述的形式表现人员分析的内容。标准的工作说明中包含了工作概况、工作任务、工作等级量化三个方面的工作要素。工作描述要讲述与之相关的各种因素，并在此基础上提炼出六个方面的个人特点，如教育与培训、才能、气质、兴趣爱好、身体要求、环境状况等，以便在人员分析时能有的放矢。表 12-2 提供了一个完整的分析实例，此例所针对的职位是揉面师。

表 12-2　　　　　　　　　　　对揉面师的工作的描述

工作名称：揉面师
产业类别：面包制作
SIC 码及名称：2051 面包业及其他面包产品
DOT 码：520-782

工作概要	操作机将纯面粉和酵母粉按设定程序搅拌均匀，指导其他工友操作发酵面粉，手工切块
任职条件量化描述	GED：1 ② 3 4 5 6
	SVP：1 2 3 ④ 5 6 7 8 9
	才能：G3 V3 N3 S3 P3 Q4 K3 F3 M3 E4 C4
	气质：D F I J Ⓜ P R S Ⓣ V
	兴趣：①ⓐ 1b 2a 2b 3a 3b 4a ④ⓑ 5a ⑤ⓑ
	身体要求：S L Ⓜ Ⓗ V 2 ③ ④ 5 ⑥

资料来源：DOL。

下面依次介绍 DOL 系统提出的六种个人特征。

1. 教育与培训。

某一特定职位对任职者应具备的一般学历教育与特殊职业培训的平均要求量。

（1）学历教育。学历教育是指一般教育（GED）中没有特定职业定位的普通的学历教育。GED 开发了工作者的推理水平和继续学习的能力，使工作者掌握基础性的知识（如语言、数学等）。GED 量表包含推理、数学、语言 3 个变量，每一个变量的量又分为 6 个层次。GED 的得分由 3 个变量合成，表 12 - 2 中揉面师工作的 GED 得分为 2。

（2）职业培训。职业培训是指在特定的工作场合（SVP）中获得平均职业资格的职业训练。SVP 包含几个方面的内容，如职业教育、培训、工厂培训、在职培训和从事其他相关工作的经历（不包括适应环境的学习）。SVP 将实测结果分为 9 个等级。水平 1 是最短的（1～30 小时）；水平 9 是最长的（指超过 10 年）。揉面师工作的 SVP 量值为 4，是 3～6 个月的培训时间。

2. 才能。

才能指工作者具有一定的从事或学习从事某项任务的能力。本系统共列出 11 种才能，各种才能又分为 5 个水平。水平 1 是指全部人员中前 10% 所具备的水平，水平 5 是指后 10% 所具备的水平。从表 12 - 2 可以得出揉面师工作的才能量化要求。字母表示各种才能的代号，例如，C 表示辨别颜色的能力；数字表示才能的水平。一般来讲，揉面师的工作所需的才能水平为 3，属于中等要求。

3. 气质。

这里所说的气质，指的是符合不同的工作环境和工作要求的个人特质。事实上，气质的描述是工作场所对行为要求的体现。这套体系给出的气质说明有 10 种。就揉面师而言，有两类与气质相关：①M，指符合概括、评价、数量决定的性格特点；②T，指符合严格要求的个性特征，如限制、宽容和标准等。

4. 兴趣。

兴趣是指个人在对与之相反的活动或经验产生排斥倾向的同时，对某一类型的工作活动或经验选择产生的内在倾向。本系统共列举了 5 个方面的利益因素。在每一对因素中，同时选择某一方面，就意味着排除了另一方面的因素。表 12 - 2 显示了与揉面师工作有关的利益因素：la 是倾向于与事和物打交道的活动；4b 是倾向于与过程、机械、技术有关的活动；5b 是倾向于能预测结果和成效的工作。

5. 身体要求。

身体要求是指工作对工作人员身体素质的要求，也是其身体所必需的身体素质。该系统对身体的要求有 6 项之多。如表 12 - 2 所示，它们都以量化的形式表现出来。

第一要素（强度）是指工作的繁重程度对身体的要求，分为极轻、轻、中、重、极重五个等级，也就是工作的繁重程度（powerful）。表 12 - 2 中对揉面师工作的身体要求的"H"被圈起，表示揉面师的工作处于"重"这一类别。H 是指最多可以举起 100 磅的物品，也经常是举起 50 磅或携带 50 磅的物品。

其他 5 个身体要求因素对应于其他体力和感官功能，它们是依据频数量表来量化的。对揉面师工作来说,第3、第4和第6个因素具有实际意义(在表 12-2 中被圈起)。

6. 环境条件。

环境条件在 DOL 系统中是和身体要求挂钩的。在实际使用过程中,我们可以看到人员分析中 DOL 系统所起到的效果。首先,它在很大程度上是工作分析的基础系统,美国劳工部应用它指导美国地方各级政府的工作分析实践,产生了很大的影响。其次,它也是一个可扩展的系统,易于理解和使用。其研制者率先提出了信息结构的要求,这些要求与绝大多数的工作有关,并对这些内容的有效性进行了确认。据我们目前所知,没有任何其他系统可在观念上、工作情境的描述上和技术手段上完全取代它。最后,对于下面要介绍的其他分析系统的认识,DQL 系统所提供的方法和细节都有很大的帮助。

但是,DOL 系统也有其局限性。它粗糙的尺度是最明显的缺陷之一。它处理气质、兴趣和身体要求的尺度,只用数字角标的字母来标识。就身体要求和工作人员在工作情境中的特点来说,名词混淆的问题也比较严重。在分析工作时,要分清与人员分析有关的标准,既很难用身体描述出来,也很难用情景要求描述出来。

DOL 系统在人员分析中最根本的缺陷,是它在量化工作方面的不足。此系统要求有工作分析者的积极参与来完成工作,但它并未制定规则来决定什么样的人有资格做量化工作,理想的工作分析者的数目是多少,评定者达成共同决议的方法是什么,采纳评定结果的标准是什么等。正是由于这些规则的不明确,这个系统还不是一个严格和完善的系统。

12.2.2 职能分析系统

职能分析系统提出了具体的实践要求,并对工作人员作了多种剖析。在此主要有两方面的贡献:一般教育(GED)量表;个人技能分类方法。

12.2.2.1 普通教育量表

与美国劳工部系统中的同类表格相比,功能分析系统中的普通教育量表要短得多。其语言更贴近实际生活,更具口语性,语言更直观,操作更简便,与劳动部门的量表相比,具有很强的互动性。表 12-3 是普通教育量表的一个实例。

表 12-3   某系统的工作分析结果

数据	人员	事件	数据	人员	事件	工具	推理	数学	语言	任务编号
工作者因素水平			工作者因素定位				普通教育			
3B	3A	1A	35%	60%	5%	3	3	1	4	4 E 6
目标:						对象:				

任务:向当事人建议保持良好外表的理由,并劝导其按当地社会标准和期望采取特殊措施,以使当事人采取得体的着装前去求职。

续表

作业标准	培训内容
定性的： 提供给客户的材料必须完整，准确，清楚。 ·恰当的方法、举止和态度 定量的： 1% 以下的比例出现了这样的情况：由于劳动者提供的信息不准确、不完整、不明确，用人单位反映求职时服装出错。 少于 1% 的顾客投诉工作者的行为举止	职业上的： ·如何向求职者说明着装标准 ·如何劝说顾客遵循适当的着装标准 特殊的： ·当事人对职业背景的知识 ·对当地社区的着装标准的知识

从表 12 - 3 可以看出，按照各项工作任务的要求，编制了普通教育量表。表 12 - 3 所列任务要求的考核结果为：推理能力 3 分，数学能力 1 分，语言能力 4 分。故从事此职，数理才能可以差一些，推理才能应中等，但语言能力应较强。

12. 2. 2. 2　个人技能分类

职能分析系统除了在普通教育因素上具有特色外，还提供了个人特征的定义方法，指出人在从事某项工作时所具有的技能分为三种：适应技能、职业技能和特殊技能。

1. 适应技能。

适应技能是指个体根据自身在工作中所遇到的身体、交往、组织安排等方面的变化，对相关问题所具有的技能进行灵活的处理，是适应技能的一种技能。包括自己与上司的关系，冲动的控制，与人的亲近、疏远、抵触，时间的掌握（即对守时和自我作息习惯的调整），理财时的小心谨慎，衣着（款式和修饰）等等。这些技能源于性情，在学校生活、家庭环境、与同辈交往中得到强化。

2. 职业技能。

职业技能是指根据个人喜好和能力水平，由个人综合而成的处理事务、数据、人际关系等方面的技能。包括一些技能操作的技巧，资料的比较，编制与分析，以及沟通的指导等。这些技能，都是在具体的工作情境中，经过教育、锻炼、适应岗位而锻炼出来的。

3. 特殊技能。

特殊技能是指个体达到某一特定工作要求的技能，符合业务需要的标准。该技能一般是在大学或研究所，通过培养大量的从事某项工作的经验，并培养出先进的技术而获得的一种技能，一般是在大学或研究所从事某项工作的经验。这类技能的种类与特定产品和服务的种类一样多，雇主在这种标准和条件下建立起来的各种特定产品和服务所对应的特殊技能的产生，其标准和条件也相对应于各种特定的产品和服务。

从表 12 - 3 中可以看出，职业技能和特殊技能是与表中描述的任务相对应的。职能分析系统认为，一名工作者在工作中能否成功地运用其职业技能，很大程度上依赖于他的适应技能在何种程度上使他接受和融合了特殊技能的要求。

12. 2. 3　医疗人员分析系统

医疗人员分析系统（HSMS）提供了 18 个量表。其中有一个量表用来测查任务出现的频率，另一个量表用来测查知识水平，其他 16 个量表则都用来测查人的一般性技能。

12.2.3.1 基本概念

技能是个体在进行智力或体力活动时，为了完成某项任务而显露出来的一种可传授的行为特征。我们假定等级和数量可以评定完成任务所需要的技能，并且随着学习，技能也会不断提高。

知识在 HSMS 中指的是信息、事实、概念、理论的细节。这类理论是阐述具体学科或领域的信息的一部分，阐述了事物的作用，以及具体信息是如何被应用的。

如果说技能和知识都是可传授的，那么技能的学习必须通过实践，而知识却基本上是通过讲解式的传授方法与个体的了解和理解获得的。但在工作中要运用知识，这是要有技巧的。

这些定义强调了技能是那些需要在从事某项任务时才表现出来的特性，而知识却是在完成某项任务时用到的信息。这一概念在 HSMS 的量表编制中占主导地位。考察 HSMS 的决策量表可以发现，在这些量表的设计中，人们认为决策的前提是根据情景需求来完成任务，而不是基于人的能力。

12.2.3.2 方法、程序与结果

HSMS 是通过对任务所需技能等级进行确定的一系列精心制定的规则、准则和操作流程系统，并利用现成的量表，对每项任务所需技能进行识别。以下列出一般的规则来量化任务，以确定技能。

（1）任务中的各项要素要作为量化工作的一部分，包括任务中的各个阶段，也包括任务中的事务。

（2）分析员应充分考虑可能的极小量化数值，使每项在零以上时都能对应地量化，才能量化到每一项，然后再对每一项进行量化。每个项目的量化方式应该分开来考虑，量化的档次应该是从左往右递增的。

（3）从某种技能上来说，任务和要素所要达到的最高量值，应由任务的定量来确定。而不是按照一般的、通用的或高层次的作业结果来确定这个量值，而是按照完成任务所能达到的程度以及能够接受的标准来确定这个量值。

每项任务的技能的量化要依据与任务相关的法则、过程和特定的问题来完成。表 12-4 提供的是针对某项任务的技能量化数据卡的例子。

表 12-4   针对某一任务的技能量化数据卡

任务名称：钡餐透视的结果   任务号：3

机构：   分析者：

测量项目	圈定恰当的量表值																		
	0	1	1.5	2	2.5	3	3.5	4	4.5	5	5.5	6	6.5	7	7.5	8	8.5	9
频率	0	1		2		3		4		5		6		7		8		9
活动量	0		1.5							5				7				9
对象把握	0		1.5				3.5			5					7.5			9

续表

测量项目	圈定恰当的量表值																	
	0	1	1.5	2	2.5	3	3.5	4	4.5	5	5.5	6	6.5	7	7.5	8	8.5	9
指导	0		1.5			3					5.5			7				9
交往	0	1				3				⑤				7				9
领导	0	①				3			4.5				6.5				8.5	
口头表述	0			2				4							7.5			
阅读	0			2						⑤				7				9
书面表达	0			2						⑤			6.5					9
决策方法	0		1.5			③			4.5					7				9
决策质量	0		1.5	2			3.5				5.5			⑦				9
图像的辨认	0	1					3.5				5.5			⑦				9
符号的辨认	0		1.5				3.5			5				7				9
分类	0			②							5.5			7				9
关联的	0	1		2				4		⑤						8		9
错误：与财务有关的错误例子	0	①						4				6			7.5			9
错误：与人交往有关的错误例子		0	1		2		3				5.5			7		8		9

检查本卡是否为标准卡

请圈定每一项中最接近实际情况的量值

12.2.4　职位分析问卷

职位分析问卷（PAQ）是一套职位分析系统，定位于工作人员。它包含了一个直接与人员分析相关的信息系统，这个信息系统源于职位分析问卷本身，由 6 个组共 187 个工作要素组成，每个要素都对工作相关的工作人员行为进行了描述。另外，职位分析问卷的开发人员还收集了 68 个与工作人员相关的人员特点，并一一对应了工作分析中的 187 个要素。为了解释职位分析问卷为人员分析提供了哪些功能，我们有必要对职位分析问卷的总体思路和编制技术做简要的说明。

12.2.4.1　总体思路

编制职位分析问卷是工作分析方法的一部分，设计思路如下。

（1）制定职位分析调查表这一客观合理的工作分析方法。在这份调查问卷中，工作者对应的人员特点可以通过各种不同性质的工作要素进行勾画。

（2）筛选与他人交往密切者的特征。

（3）判断各工作要素在有关特性上的高低。

（4）计算各特征等级的平均值或中位数，针对问卷中的各个工作要素，进而得出各工作要素的特征分布（由各特征等级的平均数或中位数组成）。

（5）对所给职位进行分析，采用职位分析问卷。

（6）对各职位综合特征值按其对应的各工作要素进行累加计算。

通过以上步骤可以看出，前四步是在职位分析问卷中确定要素和特征需求的一般方法；第五步和第六步，利用要素和职位分析问卷的相关特征，对承担岗位工作的个体所需要的特征进行结构分析，对所需要的要素和岗位进行综合分析。

12.2.4.2　特征的筛选

总体而言，职位分析问卷的研究者对 68 种人员特征进行了界定。这些特征并非针对某项具体工作，而是被认为具有潜在联系的职员所具有的普遍属性。这些特征基本上取自《职业名称大辞典》。这 68 个特征是由 29 位心理学家参与并筛选后确定的，他们草拟了一份特征清单，按照特征定义上的可分性、可测性、与工作的关联性以及可接受性等方面进行分析。

在这 68 个特征中，属于智能特征的有 41 个，兴趣、气质特征的有 27 个，在不同的工作类型中，人的行为调节必须是智能的，表 12 - 5 列举了若干特征。

表 12 - 5　　　　　　　　　　68 种人员特征举例

智能特征	兴趣、气质特征
1. 词语理解	42. 责任感
8. 智力	47. 交际
11. 审美	51. 灵感
12. 嗅觉	58. 独立工作
39. 爆发力	60. 舞台表现

12.2.4.3　量化过程

量化流程，即把筛选出来的特征和要素的关联度确定在职位分析问卷中。它的大致方法，参考总体思路的第三步、第四步，就是将与 68 个特征相关的职位分析问卷中的 187 个要素，按照相关的等级条例，请一定数量的专家，将其等级值逐个给出，经过专家测评，量化后，再对其进行排名。所分等级如下：

0——特征与此工作元素无关；

1——微弱相关；

2——有些相关；

3——中等相关；

4——颇为相关；

5——极为相关。

参与等级评定的人员是心理学专家。一般由 8 ~ 18 人共同评定某一特征中某一工作要素等级的高低。

12.2.4.4　结果处理

对上述流程的处理是，在表中标出对人员各特点要求的职位分析问卷中的平均或中位数的 187 个要素。表 12 - 6 为部分处理结果。

表 12 - 6　　　PAQ 编制中三位专家对有关元素的人员特征等级
评价结果的处理一览表（部分）

职位分析问卷元素	特征					
	（1）词语理解		（21）听觉		（28）手指灵活性	
	平均值	中位数	平均值	中位数	平均值	中位数
1. 分析资料	4.73	5.00	0.00	0.00	1.39	1.00
36. 决策	4.55	5.00	1.33	0.00	0.46	0.00
53. 装置操作	0.27	0.00	0.56	0.00	3.85	4.00
72. 机动车驾驶	1.09	1.00	2.89	3.00	3.15	3.00
100. 谈判	4.46	4.50	4.22	4.50	0.00	0.00
108. 信号处理	2.55	3.00	4.11	4.50	2.77	3.00
133. 指挥	4.36	4.00	3.78	4.00	0.69	0.00
145. 冒险	0.00	0.0	1.89	0.00	1.31	0.00
187. 工作结构	3.36	3.50	0.89	0.00	0.46	0.00

　　针对职位分析问卷中的各个元素，给出了三种特征（词语理解、听觉、手指灵活性）的得分，在这个相关性评价表中，较高的得分表示此工作元素与相对应的特征有着较大的关联。从表 12 - 6 中可知，高水平的词语理解能力对分析资料、决策、指挥这样的工作是必需的，而此项特征在装置操纵、冒险、机动车驾驶等工作元素上的得分较低。听觉与谈判、信号处理、指挥等工作要素的关联度很高。手指灵活性与装置操纵、机动车驾驶等精确性较高的作业元素具有中等程度的关联。

　　确定职位分析问卷中的工作要素及其特征需求，标志着在六个步骤中的前四个步骤的工作中，涉及职位分析问卷的个人特征类别。但需要强调的是，分析员需要在职位分析问卷中建立职位与各工作要素之间的联系，而这仅仅是一个知识系统的归纳总结，以求找出某一特定职位（从第五步到第六步）的人员特征。假设某职位在"决策"（表 12 - 6 中职位分析问卷第 36 个工作元素）特征上通过职位分析问卷等级评定后获得高分，则说明该职位在"词语理解"特征上获得高分。当然，分析者也可能会在 68 种特征中找出更多的高分特征，因为表 12 - 6 中只列出了 68 种特征中的 3 种。

12.2.4.5　综合评价

　　职位分析问卷作为人员分析的工具，在一定程度上起到了推波助澜的作用。职位分析问卷的工作要素涵盖了许多与工作相关的工作行为，其系统中的等级量表具有广泛性和系统性，其系统中的职位分析问卷要素及其对应的人员特征量表提供了一种简便的职位分析操作方法。其系统中的等级量表具有广泛的系统性，等级量表应用职位分析问卷表明，在这一系统中适用的工作岗位有很多种，工作情况也各不相同。

　　职位分析问卷方法的缺陷在于篇幅过长、解释繁杂，而且在要素、特点等方面存在一定局限性。这一工具足有 28 页之多，在答题时过分苛求阅读能力。不适用于所有的工作情境，因为它的工作要素和人员特点数量多，而且在内容上规定得太死，不够灵活。

12.2.5 关键事件技术

关键事件技术（CIT）以第一手的工人行为调查为基础，对各类工作进行了人员分析。这种方法先把重点事件集合起来，然后变成行为，然后再变成个人的特征。

12.2.5.1 关键事件的定义

关键事件的早期研究者认为，所谓事件是可以被观察到的行为，而对应的人员特征，人们完全可以从行为本身出发进行推断，并在实际操作中进行预测。而关键事件则相对于某一目的、某一问题而有所取舍，能使观察更明确，更直接地说明行为结果。做重点场次分析时要分出胜负。表 12 - 7 给出了两个职位的关键事件示例。

表 12 - 7 两个职位的关键事件

关键事件	内容
会计工作的关键事件	1. 在数据的收集和处理上遇到困难时，找到经理，说明问题所在，寻求解决办法 2. 雇员从联邦政府和其他部门获取信息，并迅速、正确地对各种需求作出反应 3. 在接到有关社会保险的电话时，雇员应及时作出回答而不是现去寻求答案
推销员工作的关键事件	1. 推销员从顾客那里收到了对某种型号的 U 盘质量的抱怨。他未能对事件加以调查和协调，导致劣质 U 盘退货到批发商或零售商处。虽然经济利益未受损失，但顾客却长时间耿耿于怀 2. 大批顾客对我们的 U 盘质量加以抱怨并决定购买我们竞争对手的 U 盘。公司证实了抱怨的原因并决定采取新的营销方案。推销员向顾客宣布了这一新举措并答应将在下一订单中实施。但是，并未与批发商及时协调，导致顾客订单到达时批发商仍按原方案执行 3. 推销员在街头看到一辆卡车上的设备可能会用到自己公司的产品，便尾随卡车找到了设备的使用地点，从而促成了一份新的订单的签订

12.2.5.2 分析过程

表 12 - 8 中对编制关键事件信息的有关方法做了一个概括。

表 12 - 8 关键事件技术：形式和过程

项目	内容
通过面谈来收集有效关键事件的形式	"请你回想一下你下属最近的行为，谈谈其中对你们的产品产量有重要影响的一件事。"（停顿，直至他表示他心目中确实有这么一件事）"他们这一行动的结果使得产品产量在×月增加了 1%，是吗？"（如果回答"不"则说）"你是不是再想想最近一次你的员工××做了某件事，使得产量提高了这么多？"（当他表示他心中确实想起这么一件事时，说） "当时是在什么情况下发生这件事的？" "为什么这件事对你们的工作影响这么大？"＿＿＿＿＿＿＿＿＿＿＿＿ "这件事是什么时候发生的？"＿＿＿＿＿＿＿＿＿＿＿＿ "这个人的具体工作是什么？"＿＿＿＿＿＿＿＿＿＿＿＿ "他做这种工作有多长时间了？"＿＿＿＿＿＿＿＿＿＿＿＿ "他的年龄是多大？"＿＿＿＿＿＿＿＿＿＿＿＿

续表

项目	内容
关键事件分析技术操作的五个步骤	1. 确定某项工作任务的总体目标。这一总体目标应当是这一领域的专家提出的一份简要陈述，陈述中所表达的目标应得到大多数人的认可 2. 制订收集与此项工作活动有关的事件的计划。其中，给观察者提供的说明要尽可能明确 3. 信息的采集。事件可以通过访谈得到，也可由观察者自己描述。无论是哪种形式，都要保证表达的客观性并包含所有相关的细节 4. 信息的分析。分析的目的在于以直观的方式来总结和描述所得到的资料，使分析结果可以有效地应用于不同的目的。一般来说，分析结果中的客观性会受到分析者的影响，难以保持上一步骤的水平 5. 解释和报告此项分析活动中受到的影响。对以上四个步骤的分析过程中存在的偏颇和受到的影响，都应加以明确的说明。研究者不仅有责任指出最终结果的局限，也有责任阐明其可信程度与价值

关键事件的来源可以是管理者，也可以是在职员工，或者是更熟悉所分析工作的其他人，或者是有机会观察到具体情况的人，这些都是关键事件的源头。在收集材料的时候，一般都会把事件的内部人员集合起来，每位事件知情人都叙述一个事件，叙述中应该包括：

（1）事件发生的原因和条件。

（2）准确地讲出工作者的什么行为产生了正面或负面的效果。

（3）关键行为产生的影响与效果。

（4）这种结果是否真的是由工作者的行为引发的。

事件编写完后，要把它们转化为用个人特征条目来描写的行为类别或行为维度，要参照事件知情人的意见，把事件转化为人的基本行为属性。最后，对关键事件技术的应用要求有两组工作分析者。其中一组由工作分析专业人员、事件的提供者及其他具备这种经验的人组成，把所有的事件按某种解释归纳到 5~10 种同质的行为类别或维度中，在采用关键事件技术进行人员分析的时候，特别注意挑选那些具有明确相关意义的知识、技能或个性特质维度。

第二组工作分析员对这些重点事件进行再转换或再细分。这一群人要命名和描述各个维度的事件（而不是这个维度的事件），这一步要确保再转化或细分的成效。是否将某一事件划入某一维度下，应视两个维度人员报告的结果相符程度而定，一般情况下，当两个维度人员所划结果的相符程度达到一定的百分比（50%~80%）时，可以保留将该事件划入某维度下。

12.2.5.3　分析结果

维度确定以后，我们就要考虑关键事件技术所要达到的目的。关键事件技术的最大用途是构造操作性的能力分析量表，如行为等级量表（behaviorally anchored rating scales）。表 12-9 提供了一个这方面的例子。文秘、打字员的能力可以用实践中的一些关键事件来推断。

表 12 – 9	应用关键事件制定的能力评价指标实例

工作：文秘、打字员
维度：工作的精确性、条理性

关键事件	1. 能够觉察出信件或报告中的用词不恰当并修改 2. 能将草稿装订得四边整齐，看上去如同一册印刷品 3. 辨别顾客通信录中的正误 4. 不能按常规为图表和信件归档 5. 打字员用打字机打出关键信息，比如尺寸、位置和由于不小心而排反了的数据 6. 从来不在意拼写，不查词典 7. 由于打字错误和过分的歪扭不齐而重打第 600 ~ 800 页

12.2.5.4 评价

工作人员在描述中使用关键事件技术的主要好处在于，这些项目本身就反映了实际情况，为关键人物 KSAO 的推断提供了一个合乎逻辑的基础。但也有关键事件技术上的瑕疵。首先，在要求工作分析员关注工作中的极端事件时，工作者的一些基本行为可能会被忽视。其次，重点事件是阐述过去发生过的事情，存在失真的可能性。从概念中提取实际的东西，需要极强的记忆力，对分析者的描述技巧要求极高。正因为如此，该法还采用第二次转换，两重转换工作成为这种方法极为重要的组成部分，虽然不可能消除所有的主观性，但它确实提供了不同观点和交叉验证的机会。

12.2.6 胜任特征分析

胜任特征分析是在人员招聘中常用的一种测评标准分析法。我们可以把它看成是人员分析方法中的一种特定形式。

在人员招聘和人才选拔中，一般是通过职位分析（包括知识、技能、能力等特点）来确定招聘岗位所需具备的职位要求，并在此基础上对人员进行选拔、培养和考核。胜任特征（competency）是指职位要求在某一职位中能够区分出业绩优劣的人和业绩平平的人。它们可是某一领域的动机、特征、自我形象、态度或价值观、知识、认知或行为技巧，即显著区分个体特征的卓越表现和一般表现的任何可靠的可以测量或操作的事物。而胜任特征模型（competency model）则是指担任特定任务角色所需具备的胜任特征的总和。

胜任特征模型的建立方式多种多样，既有专家小组的方法，也有问卷调查的方法，更有观察的方法，可以通过多种方式建立起一种胜任特征模型的能力。但目前公认最有效的方法，是美国心理学家麦克利兰（McClelland）结合关键事件法，提出的行为事件访谈法（BEI）。行为事件访谈法采用开放式的行为回顾式探视技术，让被访谈者找出并描述自己在工作中最成功、最失败的三件事情，然后将当时发生的事情进行详细阐述。具体包括：这种情况是如何造成的？到底牵涉到了什么人？被采访的人当时的想法和感受是怎样的？想在当时的情况下完成的事情，其实又是怎么做的？结果是怎么样的？最后分析面试内容，确定面试者所展示的胜任特点。该职位的胜任特征模型是通过对担任某一职位的突出成就和表现平等者所反映的胜任特点的差异进行比较后确定的。行为事件访谈法作为建立胜任特征模型的最主要方法，其可信性和有效性也在研究结果中得到了佐证。

12.3　人员分析的操作与实践

前两节分别介绍了人员分析的有关理论与技术，本节将介绍如何将上述理论和技术运用于管理实践，并对如何应用人员分析技术提供一些建议。

12.3.1　人员分析结果的表述

人员分析的结果应该详尽地说明有效地从事某项工作所需要的个体特征，包括知识、技能、能力与品性等。在进行人员分析结果的表述时，要考虑所要描述因素的范围、具体的水平和描述形式。

12.3.1.1　基本才能与优秀水平

在表述人员分析结果时，要区别基本才能与优秀水平。基本才能，是指从事这项工作的 KSAO 的最低要求。优秀水平，是指对从事这项工作的 KSAO 的较高要求。表 12 – 10 给出了标准差异的两种类型的例子。

表 12 – 10　　　　基本才能与优秀水平：文秘打字员或前台接待员的例子

职责、任务	才能	与本才能有关的任务
Ⅰ．打字 1. 打出信件备忘 2. 打出或刊印信件、备忘录、报告 3. 打出表格和起草信件 Ⅱ．回电话和接待来访 4. 校对和勘误 5. 回电话 6. 接待来访 Ⅲ．文件管理 7. 归档 8. 找文件、取公文	基本才能 1. 打字格式的知识 2. 把手稿转成打字稿的能力 3. 打字员操作电子打字机时的手、眼协调性 4. 打出表格的能力 5. 同时操作打字机和刊印设备时的眼、手、脚的协调性 6. 使用标准参考书（字典、格式手册）的能力 7. 用英语打电话、接待来访者、刊印指定文件的能力 8. 组织文件归档和形成系统的能力 9. 正确地运用英语的语法、拼写和标点符号来改正语言错误、打出口述文件的能力 10. 校正和勘误自己的文字的能力 11. 操纵电话交换机（接转电话）的能力 12. 英语阅读能力达到理解格式和打出原稿，并按主题进行文件、公文归档的能力 13. 依字母顺序归档和检索文件材料的能力 14. 识别和区分数字和数字系列来归档和检索材料的能力 15. 运用英语读、写，按一定格式打出特定信息的能力 16. 比较和理解两份原稿的差别的能力	 1，2，3 1，3 1，2，3 3 2 1，2，3，4，5，6 2，5，6 7，8 2，4 4 5 1，2，3，4，7 7，8 7，8 3，5 4
	优秀水平 1. 在有干扰（电话、来访）的情况下工作的能力 2. 在打字纸上设计口述材料形式的能力 3. 在很少监督和引导下工作的能力 4. 在原稿中指出并更正拼写和标点符号错误的能力 5. 运用并适应他人的介绍或方法的能力 6. 愉快地与顾客或来访者交往而表现出的社会交往能力	 全部 1，2，3 全部 1，2，3 全部 5，6

第 12 章

12.3.1.2　成文体例

在描述能力的时候，这里给大家提几点建议：

（1）句子以某项能力结尾，即××技能、××能力、××知识。

（2）保证描述中包含所需能力的特定类型与水平。例如，阅读能力，达到标准的阅读测验规定的等级水平。

（3）显示所描述能力与所从事的工作之间的联系。这一点，在某项工作中按特殊方式运用一般能力的情况下更应引起重视。

（4）描述中所强调的应该是所期望的最基本的特征，而不是对特征的演绎。例如，如果数学知识与工作有关，则强调工作对数学知识的需求的种类和层次，而不叙述有关数学知识的训练、考试和经验，因为经验或教育并不一定能保证求职者具备所期望的某种能力。相反，个体即使没有受过相关的教育，也能够具备所要求的能力特征。另外，单纯地对学历提出要求也会受到法律的制约。

（5）需要特别提出某些要求（如某种执照或公民身份）时，要注明对这方面提出要求的权威部门。当这些要求由政府、社会或其他力量作出规定时，人员分析结果要说明这些要求，并指出这些要求是由哪些外部条件规定的。

12.3.2　人员分析中 KSAO 的选取

一般来说，在最后的结果中，所有的工作分析方法都会形成一个与工作有着密切联系的个体特征清单。下面是一些有关如何选取 KSAO 特征的要求。

（1）把任务与工作因素联系起来。特征的挑选原则是把它与特定的任务、关系和其他工作因素联系起来。如果缺乏这方面的衔接，这个特点的必要性和有效性就很难得到保证。

（2）分析其对工作的重要性。备选项与工作的重要程度不同，其特点也不同。有一些是有决定性的，而有些只具有补充性，没有并不会有太大的影响，如具备则对完成工作更有利。在进行人员分析时，应该根据其相对工作的重要程度来区分它们。这样就可以有的放矢地根据这位人士分析的结果来进行人员上的取舍。

（3）考虑市场人员供求情况。所列出的人员特征应该适应劳动力市场人员供求的实际情况。如果某个要求很高的特征不可能在这个岗位的求职者中出现，这个特征就是不必要的。

（4）可起到区分作用。这一点一定要考虑到。所选取的人员特征应该对优良、一般、不及格的有水平差异的人员有明显的区分作用。

12.3.3　KSAO 级别的确定

有些与工作相关的个体特性是定性的，例如，性别、民族。当这些特征与人力资源管理决策相关时，可以方便地对它们进行"是"或"否"的判断。另一方面，有些特征既是定量的，又是有程度差异的。例如，才能、能力、技能，能力水平越高的个体往往越有可能从事或学习某项任务。

在人力资源管理的决策上，量化的取舍也是有问题的。往往因为某些特征的值越大越好，便形成了招聘者要求求职者具有较高水平特征的倾向。所以，持有大专文凭的求职者就比持有高中文凭的求职者更受青睐，工作经验丰富的求职者也就更有优势。

虽然有这种倾向存在，但是未必合理。例如，就一项循环重复的任务而言，有10 年工作经验的未必就比只有 6 个月工作经验的更有才能。此外，有些经历或许与工作无关，甚至过高的特征要求会对工作产生不良影响。例如，雇用大学毕业生做那些无法发挥其才能的工作，会使他们对工作产生厌倦感。

为了有效地克服这种倾向的不良影响，工作分析者应尽可能突出人员分析中的核心标准要求，即注意那些对工作绩效具有关键影响的特征。在要求应聘者满足这些要求时，应考虑到以下几点。

1. 事业阶梯与机会。

一方面，对没有发展前景的工作，最佳策略是按最基本的才能要求来招聘人员。若超出了基本水平，将会导致任职者的不满与厌恶。另一方面，对处于上升状态的工作，由于工作中带有升迁的机会，那么招聘具有较高才能水平的人是恰当和可行的。

2. 提拔策略。

这是从上一点引申出来的。有些机构采取了内推的策略，有些机构则采取了外招的策略。有些情况下，这是由工作本身决定的。例如，在国外工作的高级技术人员不太可能被提拔到工程管理或政府管理的岗位上，因为这些岗位一般来说是要凭本国学位和执业证书应聘的。另外，从组织以外招聘既可能是一种管理倾向，也可能是受人员流动等环境因素影响的结果。那些采取外部招聘方式的组织应按最低标准来选择求职者，而那些采用内部提拔方式的组织则应招聘具有较高才能的人。

3. 单位内部工作的变动程度。

在那些工作内容和方法变化频率较高的组织中，招聘具有较高才能的人是恰当的，变化的频率越高，对任职者适应能力的要求也就越高。

12. 3. 4　工作分析者的遴选

人员分析是一个依赖于人的判断过程，所以，选择既有能力又可信赖的分析者是相当重要的。然而，要选择符合标准的工作分析者是件相当困难的事情。

1. 选择工作分析者的有关要求。

（1）对所分析的工作岗位具有丰富的经验。显然，任职者和管理者必须符合这一标准。那些从这一职位上提拔上来的管理者由于有这项工作的第一手材料，因此更为合适。

（2）是专家。专家包括人力资源管理人员、工作规划设计人员、研究人员以及其他具备劳动力市场或工作相关知识的专业人员。这些人虽然不一定熟悉所分析的工作，但可以为人员分析带来宽阔的观察视野和相近工作情境的知识。

（3）不带偏见。偏见可能源于性别、地域等的差别。在选择工作分析者时，应首先考虑到作为一个工作分析者，不能带有任何先入为主的观念。当然，完全摆脱偏见是不大可能的。尽管如此，我们还是要努力使工作分析者尽量减少偏见。

（4）有弱势与少数人团体的代表。让少数人团体的代表参与人员分析活动，会大大提高其可信度和公正性。这也属于很多国家的法律强制性要求。

（5）具有一定的理论水平。人员分析是一项很特殊的工作，它要求人员分析者对刺激作出正确的反应，按照标准的格式来描绘工作和工作情境。所以，被选择担任这一工作的人对书面语言的理解要具备相当的水平。

2. 工作分析者资格的考量，需要关注以下两点。

（1）一般来讲，上述各点要求可能难以完全达到。但是，一个有工作经验却目不识丁的人肯定是不宜做工作分析者的。也就是分析师，必须要有学历的要求。

（2）代表弱势、小众化可能会带来对人员分析过程的一些比较全面的看法，但如果这些代表不能客观地进行分析，而是把参加人员分析作为自己小组争取权益的一个座谈会，这样的人员分析的可信度就会受到一定的损害。因此，客观、公正是必需的。

12.3.5　质量鉴定

前面各节所阐述的人员分析技术只属于一种方法系统，它本身并不能保证得到的所有结果都是可靠、有效和公正的。只有从方法和结果两个方面都获得好评后，才能称得上是一次好的工作分析。

个人特征是否有效，最终取决于评估目标达到何种程度。这是人员分析的最后一道程序，同时也是一种无法在其系统之外实施的验证。下面是进行人员测评与选拔程序之前对个人特征进行内部检验的方法。

（1）请工作分析者重新打分，比对两次分析后的得分情况。如果这两项分析结果出入不明显，则可以肯定该人员的分析值得信任。

（2）把工作分析者按种族、性别等潜在偏见倾向进行分类，并比较他们的分析结果。如果各种人员分析结果之间无显著的统计差异，则可以认为原人员分析结果是恰当的。

（3）让另一组工作分析者再次对指定工作与个人特征的相关性同前一组进行讨论。如两组间达成高度共识，便可认为前面的人员分析结果是有效的。

12.3.6　分析报告

人员分析的结果最终要形成人员分析文件，否则人员分析的努力就毫无意义。按照标准的做法，人员分析报告的形成要涵盖全部的方法与技术，而且进行决策时更要做好文件工作。下面是人员分析报告按规定应该提供的内容。

（1）人员分析中考虑到的工作因素一览表，挑选这些工作因素的方法和规则的详尽记录。

（2）制定人员分析时所涉及的个人特点一览表，并对分析时所采用的方法、规则等作出解释。

（3）工作分析者个人材料的汇总报告。

（4）统计结果报告，包括测评检验方面的材料。

所有内容构成了与挑选人员相关的决策的基础。

本 章 习 题

一、名词解释

人员分析　DOL 系统　职位分析问卷　关键事件技术

二、简答题

1. 简述人员分析的步骤。

2. 简述 DOL 系统提出的几种个人特征。

3. 选择工作分析者的要求。

三、论述题

试论述人员分析的方法与技术。

第 12 章

第 13 章　职务说明书的编制与应用

　　近年来，X 制药公司人力资源管理问题频出。公司业务虽高速发展，但人力资源管理受多重因素制约，严重滞后。企业用人机制僵化，人才选拔任用难以适配岗位，优秀人才难有出头之日；激励机制陈旧，无法有效点燃员工工作热情与创造力，致使大量优秀人才流失。公司人力资源基础工作薄弱，尚未建立科学的工作分析体系。这造成定岗定员无据可依，薪酬激励与岗位价值脱节，绩效管理也难以做到科学合理。部分岗位人浮于事，工作效率低下，员工付出与收获失衡，极大地挫伤了员工积极性。

　　企业现有的少量职务说明书质量堪忧。下面是其中的一份，如表 1 所示。

表 1　　　　　　　　　　　X 制药公司财务部经理职务说明书

工作名称	财务部经理	工作代码	CW

工作概要
在行政副总领导下，负责公司会计核算和财务管理工作

工作职责

1. 会计核算
· 遵守国家财经纪律，贯彻执行国家有关财务会计法规和制度
· 制定并实施公司财务管理制度、会计核算办法和相应实施细则
· 完善公司会计核算体系，处理各项会计核算业务
· 汇总、编制并上报公司月度、季度、年度会计报表

2. 财务分析
· 编制财务分析报告，为公司领导经营决策提供依据

3. 预决算管理
· 编制公司年度财务预算，并监督预算的执行
· 制订公司季度、月度财务收支计划，资金计划和成本费用计划
· 组织公司年度决算

续表

工作名称	财务部经理	工作代码	CW

4. 资金管理
· 负责公司资金的筹集和调度，加强资金管理，提高资金使用效率
· 负责公司现金出纳和处理有关银行往来业务

5. 资产管理
· 管理公司固定资产，定期组织公司固定资产的清查盘点工作
· 管理公司应收账款，控制应收账款风险
· 管理公司其他资产，确保资产的安全、完整

6. 税务工作
· 负责公司税收筹划
· 公司纳税申报和缴纳工作
· 协调和税务部门的工作关系

讨论：案例中的职务说明书存在哪些问题？为什么在实际工作中职务说明书难以达到预期效果？

学习目标

1. 熟悉工作说明书的主要内容
2. 熟悉资格说明书的主要内容
3. 掌握职务说明书编制的原则
4. 了解职务说明书编制的注意事项
5. 熟悉工作分析结果在人力资源规划、招聘、培训等方面的应用

工作分析通过对工作信息的收集、整理、分析与综合，形成的最终结果主要包括两种：工作分析报告和职务说明书。工作分析报告的内容较为自由广泛，主要用来阐述在工作分析过程中所发现的组织与管理上的问题和矛盾，以及对这些问题和矛盾的解决方案。职务说明书是工作分析的另一种结果，是以一定的格式对职位的工作及其任职者的资格条件进行描述的陈述性文件。在规范化程度较高的组织中，职务说明书是必备文件之一。

职务说明书包括工作说明书和资格说明书两个部分。工作说明书主要是涉及工作执行者实际在做什么、如何做以及在什么条件下做的有关内容。资格说明书说明工作执行者为了圆满完成工作所必须具备的知识、能力、技术等各项要求。

13.1　工作说明书

13.1.1　工作说明书概述

工作说明书（job description），又称工作描述，是指以书面形式对组织中岗位

的工作名称、工作目的、工作活动和任务、使用的物品和材料以及工作环境等所做的描述。一份合格的工作说明书通常包括该项工作区别于其他工作的信息，即从事的工作是什么、为什么做、在哪儿做、如何做，以及在什么条件下履行其职责等内容。它的主要功能是让员工理解工作概要，建立工作程序与工作标准，阐明工作任务、责任与职权，为将来员工的聘用、考核与培训等工作打下基础。

工作说明书对员工和管理者均具有价值。从员工角度来看，工作说明书可以帮助他们理解工作任务，并且能够时刻提醒他们组织对他们的期望。从管理者的角度来看，书面的工作说明书能够尽可能减少在工作要求上与员工的冲突，当工作说明书中所包含的任务没做到时，管理者就有了采取救助行动的依据。

13.1.2　工作说明书的内容

工作说明书包括核心内容和选择性内容。核心内容是指任何一份工作说明书都必须包含的部分，这些内容缺失，会导致我们无法将本职位与其他职位加以区分。选择性内容是工作说明书中非必需的内容，可由工作分析专家根据预先确定的工作分析的具体目标或者职位类别进行选择性的安排。工作说明书的核心内容与选择性内容的划分如表 13 - 1 所示。

表 13 - 1　　　　　　　　　　　工作说明书的内容

分类	内容项目	项目内涵	应用目标
核心内容	工作标识	工作名称、所在部门、直接上级职位、工资、代码、工作雇员数量、工作所在部门雇员数量等	
	工作概要	关于该职位的主要目标与工作内容的概要性陈述	
	工作职责	该职位必须获得的工作成果与必须承担的责任	
	工作关系	该职位在组织中的位置	
选择性内容	工作权限	该职位在人事、财务和业务上作出决策的范围和层级	组织优化、岗位评价
	绩效标准	职责的评价性和描述性量化信息	岗位评价、绩效考核
	工作压力	职位对任职者造成的工作压力	岗位评价
	工作环境	职位存在的物理环境	岗前培训/岗位评价

工作说明书的基本内容通常包括工作标识、工作概要、工作职责、工作联系、工作绩效标准、工作环境与条件等 6 个方面。

13.1.2.1　工作标识

工作标识又称工作认定、工作识别，是关于职位的基本信息，是一个职位区别于其他职位的基本标志。通过工作标识，可以向工作说明书的阅读者传递关于该职位的基本信息，使其能够获得对该职位的基本认识。

1. 工作名称。

工作名称是工作标识中最重要的项目，表明了工作人员在组织中所扮演的角色，它是区分一项工作与其他工作的身份标记。好的工作名称应能够准确反映工作内容，并能把一项工作与其他工作区别开来。确定工作名称时，应注意：

（1）工作名称应该较准确地反映职位主要工作职责。比如"招聘专员""设备管理员"。

（2）工作名称应该明确地指出职位在组织中的相关等级。例如，"招聘专员""招聘主管""人力资源经理"，这些职位名称都表示了工作性质相同或相似的职位的不同等级。

（3）工作名称应尽量按照社会上通行的做法来拟定。

（4）在能准确反映工作内容的前提下，工作名称的拟定还应讲求艺术性。

2. 工作代码。

工作代码又称职位编号。工作代码的设置没有规定模式，一般是按照工作分析的结果对各类职位进行编码。组织中的每一个职位都应该有一个相应的编码，这些编码既要体现职位的一些重要特征，如职位类别、职位等级及薪酬等级，同时也应便于管理的规范化。

3. 工作地点。

工作地点是指工作在实际中被放置的物理位置。一般情况下，工作的地点在工作所在部门或分支机构的命名中已经明确。

4. 直接上下级职位名称。

直接上下级职位名称就是确定职位在工作组织结构中的地位，这是一种工作名称间的关系，它表明了组织中的权力链，表明任职者在上下级汇报关系中的位置。

工作标识的内容除了职位名称、职位编号、所在部门、直接上下级的职位名称、工作地点、该职位的职位等级、该职位薪酬范围等基本信息之外，有时也会注明职位分析的时间、人员、有效期等。示例见表 13 - 2。

表 13 - 2　　　　M 公司人力资源部招聘主管职位说明书工作标识示例

基本信息			
职位名称	招聘主管	所在部门	人力资源部
目前任职者	×××	职位等级	高级主管级
工作代码	H0001	工作地点	M 公司总部
职位分析员	M 咨询有限公司	分析时间	××××年×月

专栏 13 - 1

工作标识中的其他信息

除了上述一些关于工作标识的信息外，有时工作还需要其他一些标识。下面列举了根据有关文献确定的附加标识：

（1）《职业名称大辞典》中规定的代码；

（2）企业所在行业出版物中规定的代码；

（3）由传统或习惯形成的副标题和替换名称；

（4）由工资类别形成的在工作群中的等级（如一级秘书、三级办事员）；

（5）管理类、专业技术类和工勤类的区别；

这些附加细节的内涵构成了广泛的工作识别圈。事实上，记入特定工作说明书中的工作识别标志，其理解范围在企业与企业之间和行业与行业之间变化非常大，应根据企业的实际需要来做决定。

13.1.2.2　工作概要

工作概要又称工作目的，就是用简练的语言文字概括工作的总体性质、中心任务和要实现的工作目标。工作概要一般紧随标识项目后，通常用一句话对工作内容和目的进行归纳，目的是作为一个结构上的单元，为工作提供一个概括描述。

任何职位存在的价值，都在于它能够帮助组织实现战略目标，因此，对该职位工作目的的获取可以通过战略分解的方式得到。在战略目标分解的过程中，一般需要回答以下几个问题：

（1）该职位与组织整体目标的哪一部分高度相关？

（2）该职位如何对这部分组织目标作出贡献？

（3）如果该职位不存在，组织目标的实现将会出现什么问题？

（4）我们究竟为什么需要该职位的存在？

工作概要的规范写法为"工作行为＋工作对象＋工作目的"或"工作依据＋工作行为＋工作对象＋工作目的"。例如，对于市场策划主管来说，其工作概要为"负责市场信息的收集、整理、分析，提交市场调查报告，为市场战略提供决策支持"。再如，薪酬福利专员的工作概要可以为"根据公司的发展规划，协助人力资源部部长制定相关薪酬福利政策，负责薪酬福利管理、社会保险手续办理、员工绩效考核等工作，为公司的正常运行提供人力资源保证"。

专栏 13-2

工作概要编制的注意事项

分析人员在编制工作概要时有较大的自由度，决策中主要考虑服从于用户的需要。但是，为了避免重复并保持工作概要作为工作说明书一部分的独立性和唯一性，需要注意：

（1）工作概要须简练，一般只需用一句话叙述。

（2）使用工作概要来明确工作的基本工作目的和其存在的理论基础，或为什么要做。

（3）如果工作说明书是根据某种理论框架构建的，或是某个分析系统的一部分，则应使用适合于这个系统的语言。

（4）应避免将预期成效、任务、时间组织和其他超出工作目的和理论基础范围的细节包括进来。

13.1.2.3　工作职责

工作职责，主要指任职者所从事的工作在组织中需承担的责任、所需要完成的工作内容及其要求。它说明了该职位需要通过什么样的活动去实现组织目标，并应取得什么样的工作成果。工作职责通常包括工作活动内容、工作权责以及对机器和设备的使用情况等。工作职责描述，是工作说明书的主体，是在工作标识和工作概要的基础上，进一步对职位的内容进行细化的部分。

对工作职责的分析和梳理的方法主要有两种：一种是基于组织战略的职责分解，另一种是基于工作流程的职责分析。基于战略的职责分解，它侧重于对具体职责内容的界定，主要回答的是该职位需要通过完成哪些职责，才能为组织创造价值。基于流程的职责分析，侧重于理解每项工作职责中的角色与权限，主要回答的是"在每项工作职责中，该职位应该扮演什么样的角色？应该如何处理与流程上下游之间的关系？"在实践中，往往将两种方法结合起来使用，互为补充。

第 13 章

专栏 13-3

基于战略的职责分解过程

（1）确定职位目的。根据组织的战略和部门的职能、职责、定位，确定该职位需要达成的目标。

（2）分解关键绩效领域。通过对职位目的的分解得到该职位的关键绩效领域。关键绩效领域是指一个职位需要在哪几个方面取得成果，以实现职位目的。关键绩效领域可以采用鱼骨图分析法作为工具，对职位目的进行分解而得到。

（3）确定职责目标。即确定该职位在特定关键绩效领域中必须达成的目标（取得的成果）。由于职责描述是要说明这项职责主要做什么以及为什么做，因此，从成果导向出发，应该在关键绩效领域中进一步明确所要达成的目标，并且确保所有关键绩效领域的目标都与职位的整体目标之间存在整体与部分的逻辑关系。

（4）确定达成职责目标的行动方案。即确定该职位为了达成这些职责目标需要采取哪些行动。

（5）形成初步的职责描述。通过将上述四个步骤得到的职责目标与行动相结合，就可以得到关于该职位的基本职责的初步描述。

工作职责的规范性描述一般为：行动或角色（动词）、具体对象、职责目标（成果）三个部分。例如，某公司人力资源部部长的工作职责有"完善组织结构设计和人力资源战略规划，为重大人事决策提供建议和信息支持"，"组织拟定、修改和实施公司薪酬制度及经营者年薪管理办法，以达到激励和约束经营者的目的"。

进行工作职责描述时一般须注意以下问题：

（1）应以成果为导向，而非以过程为导向，即它要表达的是该职位要完成什么工作，以及为什么要完成这些工作，而不是如何完成这些工作。

（2）注意完整性和稳定性，工作职责表达了该职位所要取得的所有关键成果及稳定的工作内容，不包含那些临时授权的、动态的工作内容。

（3）每一项工作职责应直接指向一个唯一的工作成果，避免职责之间的交叉或重叠。

（4）必须尽量避免使用任职者或其上级不熟悉的专业化术语。

（5）尽量避免使用模糊性的动词和量词，如"管理""领导"和"大量""许多"等。

（6）应采用主动句式来描述工作职责，避免使用被动语态。

专栏 13－4

某公司设备采购管理员的工作职责描述

1. 根据公司各部门的要求，按照公司实际能力，判断需外部采购或内部加工制作，确保设备及时更换、增加。

2. 根据外部采购需要，收集内部资料（需要）和外部资料（供应商与设备情况），确保采购设备及时立项。

3. 跟踪供应商报价，提供资料，负责生产设备的推荐，协助组织设备认证会，为上级决策提供帮助。

4. 设备采购后，督促供应商按时安装和改进设备，根据认证结果，提供设备完好认证报告，并根据工艺或设备情况制定操作规程，确保设备正常运转。

5. 设备发生故障时，安排人员对设备进行维修，确保设备及时修复，满足生产需要。

6. 按照检修制度，定期检修设备，为设备提供保养；跟踪设备使用情况，直至设备报废。

7. 及时向有关部门（如人力资源和社会保障局）申报购置特殊设备，确保申报顺利审批。

8. 根据公司内部用户的电话修理申请单，做好公司内部电话的维修，及时办理外部电话报装手续，确保通信畅通。

9. 根据需要，向供应商下达部分设备配件的零星采购，验收并办理相关财务手续。

10. 根据要求定期向上级质监部门申报设备的定期检测。

13.1.2.4　工作关系

工作说明书中的工作关系主要包括两个内容：一是该职位在组织中的位置，用组织结构图进行反映；二是该职位任职者在工作过程中，与组织内外部各单位之间的工作联系，包括联系的对象、联系的方式、联系的内容和联系的频次等。前者属于工作说明书的核心内容，后者可以根据组织实际需要选择是否采用。

（1）工作职位在组织中的位置。它反映该职位在组织中上下左右的关系，通常用组织结构图来表示。

（2）任职者与组织内外部的工作联系。组织内部的工作联系包括：此工作受谁的监督、指挥，此工作监督、指挥谁，职位上下左右的关系，本职位任职者的升降迁移方向等。组织外部的工作联系一般包括与主管部门或相关业务部门的联系。对组织外部工作联系的描述可以在一定程度上反映出该职位工作的难度和重要程度。在工作分析的实践中，主要关注工作联系的对象和内容。表 13 - 3 列举了某公司人力资源部门经理的工作联系描述。

表 13 - 3　　　　　　　　XX 公司人力资源部门经理的工作联系描述

工作联系		
直接上级	行政总监	
直接下级	招聘专员、绩效专员、薪酬专员、培训专员、培训师、人事文员	
	职位/部门/机构	内容
本部门内沟通关系	招聘专员、绩效专员、薪酬专员、培训专员、培训师、人事文员、招聘专员	指导、接受汇报
本公司内沟通关系	公司各部门	关系协调、人力资源管理
本公司外沟通关系	人才市场	招聘、获知人才信息
	高校就业办公室	招聘、获知人才信息
	人力资源和社会保障局	手续办理、政策学习
	保险经办机构	保险办理与缴纳

13.1.2.5　工作权限

工作权限，是指根据职位的工作目标与工作职责，组织所赋予该职位的决策范围、层级与控制力度。职责与权力在配置到相应职位时，应确保责权对等。工作权限的描述主要用于对管理人员的工作说明书与岗位评价，以确定职位"对企业的影响大小"和"过失损害程度"。另外，通过在工作说明书中对职位所拥有的工作权限的明确描述，可以进一步提高组织的规范化管理，提升任职者的职业意识。

工作说明书中的工作权限往往并非来自对工作本身的分析，而是来自组织内部"分权手册"赋予该职位的权限。

工作权限按种类可以分为：业务决定权限、人事管理权限、财务管理权限和经营管理权限。在不同的权限中，可按授权程度来分，如财务管理权中有提议权、审批权；经营管理权中有审判权、审核权、执行权、建议权、修改权、会审权等。表 13 - 4 列举了某公司采购部经理的部分工作权限。

表 13 - 4　　　　　　　　　　**XX 公司采购部经理工作权限示例**

权力项目	主要内容
选择权	对原材料供应商的选择具有决定权
申请审批权	对原料采购经费有审批权，有原料采购费用预算的申请权
监察权	对所属下级的任用权、解聘调配权、奖惩权、奖惩建议权，对管理水平、工作水平和业绩的考核权
财务权	公司财务管理制度规定的相应财务权力

第 13 章

专栏 13 - 5

美的的分权手册

管理本质上是三个字"责权利"。

美的机制建设的核心在于责权利的"三位一体"。"责"就是简单明了的高绩效目标考核；"权"就是细化清晰的分权手册；"利"就是可量化的计算公式，绩效奖金 = 经济利润 × 计提比例 × 考核分数。高绩效目标、高授权、高激励，让真正有能力的人完全发挥自己的才华。

美的对组织上下的权力分配进行了细致的机制设计。对各个部门进行层层分权，并出台了详细的分权手册，其中包含目标管理、组织人事、工资福利、财务管理、投资管理、技术开发、市场营销等多项企业业务，详细规定了集团、事业部、子公司、中高基层各级组织单元和管理者的权力安排，比如提案、裁决、审核、备案等，面面俱到。

在美的，作为管理者每个人都清楚地为自己的权力划下边界，大到事业部总经理几千万的审批权，再到后来逐步放开的数亿资金额度，小到一个培训经理和他的副总监在一个培训计划方案设计上的权力划分。

《经营单位—集团重要信息报送规范》								
序号	信息报表名称	填报部门	填报	报送时间	报送形式	报送范围	密级	转送部门	备注
一	日常运营与综合管理								
1	经营单位月度重点工作计划及上月工作	经营单位营运管理	月度	每月 4 日前	电子/计划总结	集行*	秘密	集管委会**	
2	半年/年度工作总结和计划		年度	7 月 10 日前/12 月 10 日前	电子/计划总结	集行	秘密	集管委会	
3	总经理办公会会议纪要		月度	会后 3 日内	电子/会议管理	集行	机密	集管委会	
4	经营分析会会议纪要		月度	会后 3 日内	电子/会议管理	集行	机密	集管委会	
5	经营单位总经理月度工作安排		月度	每月 4 日前	电子/知识文档	集行	普通	CEO	
6	以本单位名义编号下发的各类制度和文件		及时	下发 3 日内	电子/公文流转	集行	秘密		
7	重要会议或大型庆典活动通知		及时	会议或活动前 5 日	电子	集行	秘密		
8	季度出国（境）计划		季度	每季度末最后一天	电子/知识文档	集行	秘密	集行	
9	各单位内部自办出版物		月度	出版后 3 日内	书面/电子	集行	普通		
10	集下属法人企业的成立、股权设置、注册、变更、年检以及注销		及时	报批后 10 日内	电子/计划总结	集行	普通	集行	集行办理的除外

注：*集行为集团行政部门的简称；**集常委会为集团管委会的简称。——编者注

这种分权模式被美的称为"玻璃箱式控制的分权机制"，企业是一个玻璃箱，每个员工都是透明的，相互干涉必须基于制度和程序，这种分权和透明的机制形成了企业与职业经理人之间高度的信任和承诺关系。

资料来源：王式华. 名企绩效——美的集团，导向贡献与激发责任的绩效模式 [EB/OL]. https：//www. sohu. com/a/564152552_120500315，2022 - 07 - 05。

13. 1. 2. 6　绩效标准

绩效标准，是用来衡量员工绩效目标完成具体情况的尺度，用来说明员工在实现绩效目标时应该达到什么样的水平，怎样是合格，怎样是优秀，怎样是不合格。它应当与工作职责相对应。一般来说，对于工作说明书中的每一项职责和任务都应

列出具体的绩效要求，从而形成一套完整的绩效标准。绩效标准是提取岗位绩效考核指标的重要基础和依据。

确定绩效标准需遵守 SMART 原则，具体来说：

（1）S 代表具体（specific），指绩效考核要切中特定的工作指标，不能笼统。

（2）M 代表可度量（measurable），指绩效指标是数量化或者行为化的，验证这些绩效指标的数据或者信息是可以获得的。

（3）A 代表可实现（attainable），指绩效指标在付出努力的情况下可以实现，避免设立过高或过低的目标。

（4）R 代表现实性（realistic），指绩效指标是实实在在的，可以证明和观察。

（5）T 代表有时限（time bound），指注重完成绩效指标的特定期限。

13.1.2.7　工作环境与条件

工作环境多指工作所处的物理环境、安全环境和社会环境等。物理环境包括：工作场所是室内还是户外；工作场所的温度、湿度、照明、噪声、粉尘等情况，以及与这些因素的接触时间、舒适程度。安全环境包括：工作环境的危险性，对人员伤害的具体部位、发生的频率，以及危险性原因；从事本工作可能患得的职业病及轻重程度；精神紧张程度，工作时间波动性，出差比率，是否经常加班；工作负荷，体力消耗大小等。社会环境包括工作地点的生活方便程度；工作环境的孤独程度；部门同事间的关系等。

工作条件主要涉及两项：一是任职者主要使用的设备名称；二是任职者运用信息资料的形式。

为了提高员工工作的积极性，工作说明书除了以上必备的内容和常见的可选内容外，有时还列出该工作职位的工资结构、工资支付办法、福利待遇、晋升机会、休假制度及进修机会等内容，这些内容往往是直接影响员工工作态度和工作积极性的因素。

13.1.3　工作说明书的编写示例

表 13-5 是一个某公司车间技术组长的工作说明书示例。

表 13-5　　　　　　　　×公司第一车间技术组长工作说明书

岗位名称	技术组长	岗位编号	
所在部门	技术部	岗位定员	
直接上级	技术部主任	工资等级	
直接下级	维修工程师	薪酬类型	
所辖人员	6 人	岗位分析日期	

工作概要：负责组织维修工程师对车间设备进行维修和保养，负责车间操作员的培训工作，对生产过程进行必要的工艺控制

续表

职责与工作任务：

	职责表述：负责组织实施车间所有设备的日常维护保养及维修工作，确保设备正常运转		工作时间百分比：
职责一	工作任务	对车间所有设备的日常维护保养工作进行监督检查	频次：
		协调维修工程师对车间设备常见故障进行维修	频次：
		协助品质分析师对客户投诉质量问题进行技术分析	频次：
		当机器设备出现重大故障时，组织维修工程师进行抢修，并与机器原生产厂家的工程师联系解决	频次：
职责二	职责表述：负责组织工艺流程、技术文件执行情况的监督检查，确保正确执行		工作时间百分比：
	工作任务	负责组织监督车间生产工艺及技术规范的执行	频次：
		参与组织机器的维修及工艺参数的调整	频次：
职责三	职责表述：零配件及工具的使用管理，避免不必要的重置和浪费		工作时间百分比：
	工作任务	记录零备件及耗材领用数量，适当控制备件及耗材费用	频次：
		审批并申请购买必要的工具	频次：
		按时提交生产设备备件国产化工作及备件采购工作计划，并组织实施	频次：
职责四	职责表述：负责技术组的日常管理工作，确保生产过程的技术支持		工作时间百分比：
	工作任务	负责各维修工程师的考勤工作，并对日常工作进行考评	频次：
		向供应部门提出采购零部件的请求和清单	频次：
		编制修订零备件最低库存量清单	频次：
		组织编制修订设备保养手册	频次：
职责五	职责表述：组织进行工程技术人员，生产线操作工人，品管人员的技术培训工作，确保生产质量		工作时间百分比：
	工作任务	按照公司的安排对新员工进行培训	频次：
		编制员工培训教材，编制员工考试题库	频次：
		参与组织知识技术讲座	频次：
职责六	职责表述：参与技术创新和新产品的开发，研究，试制		工作时间百分比：
职责七	职责表述，完成上级领导交办的所有临时性工作任务		频次：

权限：

权限一，根据设备运行状况，有停止生产的决定权和解释权

权限二，有对下属员工工作情况的考核权

权限三：下属员工工作纠纷的裁决权

工作联系：各生产班组，动力车间，业务部、办公室、供应部、库房

第 13 章

内部协调关系	生产班组
外部协调关系	国内外有关设备制造商、设备供应商、零部件的供应商等

所需记录文档，设备运行日志，技术工作日志，设备保养日志、培训教材、考试题库

13.2 资格说明书

13.2.1 资格说明书概述

资格说明书是职务说明书的重要组成部分，与工作说明书不同，它关注的是完成工作任务所需要的人的特征。资格说明书又称岗位规范，或任职资格，是指为了保证工作目标的实现，任职者必须具备的知识、技能、能力和个性等方面的要求。资格说明书说明了胜任职位的任职者在教育程度、工作经验、知识技能、身体素质、个性特征等方面的最低要求，而不是最理想的任职者的形象。

构建职位的任职资格的方法主要有以下两种。

（1）以工作为导向的推导方法。即从工作本身的职责和任务出发，去分析为了完成这些工作职责与任务，需要任职者具备什么样的条件。然后，将这种基于职责、任务推导出来的任职者特点与企业事先所构建好的素质清单进行对照，将对素质要求的普通描述转化为系统化、规范化的任职资格，这样就形成了该职位的任职资格。

（2）以人员为导向的推导方法。即从促使任职者获得成功的关键行为或高频率、花费大量时间的工作行为出发，去分析任职者要从事这样的行为，需要具备什么样的素质特点。然后，再将这样的素质要求与事先构造的素质清单进行对照，将其转化为系统化、规范化的任职资格，从而形成该职位的任职资格。

其他的方法还有基于定量化职位分析方法的任职资格推断，基于企业实证数据的任职资格体系确定和基于公共数据资源的任职资格体系确定。基于定量化职位分析方法的任职资格推断，是依赖于定量化问卷所测得的该职位的工作维度得分，根据已经建立的各维度与素质之间的相关性，来判断该职位需要什么样的素质，是一种介于逻辑推导与严格的统计推断之间的一种技术。基于企业实证数据的任职资格体系确定，目的在于通过建立任职资格中的各项要素与任职者的实际工作绩效的关系，对任职资格要素进行筛选。基于公共数据资源的任职资格体系确定，是借助现有管理学、组织行为学、人力资源管理实证研究中的成熟结论来判断某职位的任职资格。

任职资格标准不是一成不变的，要根据内外部环境对员工的需求变化而作出相应的调整。

13.2.2 资格说明书的内容

资格说明书中任职资格可以区分为显性任职资格与隐性任职资格。

1. 显性任职资格。

显性任职资格是指可通过检验、测量和审查等方法来进行证明或衡量，具有很高准确性的人员特征。主要包括身体素质、教育程度、工作经验、工作知识、工作技能等方面。

（1）身体素质。身体素质要求是指从事体力或脑力劳动所需要的身体条件。最基本的要求是身体健康状况，有时一些特殊工作也要求考虑身高、体型、力量大小、耐力等因素。例如，对安检执勤人员要求"能经常举起 30 公斤以上的重物"和"能够连续站立 2 个小时"。

（2）教育程度。教育程度是指岗位任职者需要的接受教育的程度。衡量正规教育的度量方法主要有两种：一种是用完成正规教育的年限与专业来界定，例如，对工程设计人员的教育程度的要求是"大学本科毕业，电子自动化专业"；另一种是以任职者实际达到的受教育程度与职业培训来确定。

（3）工作经验。工作经验是指任职者在从事该职位之前所需的工作经历。它可以通过工作年限和所从事的具体工作来表述。例如，对工程人员要求"1 年以上工程调试经验"。对工作经验的度量可以采用不同的尺度：社会工作经验、司龄或公司内部职业生涯。

不同组织、不同岗位对工作经验的要求不尽相同，描述工作经验可以从三个方向来描述：社会工作经验、管理工作经验和专业工作经验。

表 13-6 列示了某游戏制作公司项目经理的工作经验要求。

表 13-6　　　　　　　　×游戏制作公司项目经理的工作经验要求

工作经验	必备条件	理想条件（期望条件）
一般工作经验	3 年以上社会工作经验	5 年以上社会工作经验
相关工作经验	2 年以上游戏行业从业经验	3 年以上游戏行业从业经验
专业工作经验	1 年以上游戏项目经理经验，参与过知名游戏项目的制作	3 年以上游戏项目经理经验；1 年游戏测试/策划/美工/程序经验；领导过知名游戏项目的制作
管理工作经验	1 年以上担任 10 人项目小组领导者，有很强的协调能力，熟悉游戏项目的操作流程与管理方法	3 年以上担任 10 人项目小组领导者，有管理 20 人以上团队的经验；能迅速适应并领导新组建的团队，有很强的协调能力；十分熟悉游戏项目的操作流程与管理方法

（4）工作知识。工作知识是指任职者在其关键工作领域拥有的事实型与经验型信息，它包括任职者通过学习、以往的经验所掌握的事实、信息和对事物的看法。这里的知识包括基础理论知识、专业知识、政策法律知识、管理知识和相关知识等。

对工作知识的评定，一般采用六级表示法，即精通、通晓、掌握、具有、懂得、了解。例如，对工程设计人员的工作知识的要求是"了解电站的一次、二次设备及运行方式；掌握继电保护及变电站微机监控系统的构成、原理、应用及二次设计方面的知识"。对人力资源部门经理要求"熟练掌握国家劳动法规政策，恰当处理员工劳动争议"。

（5）工作技能。技能要求是指对各种相关的工具、技术和方法的运用。在实际运用中，虽然职位所要求的工作技能会随着岗位的不同存在很大的差异，但在职务说明书中，为了便于对不同职位的技能要求进行比较，往往只关注对所有职位均通用的技能。例如，计算机技能、外语技能与文字处理技能。

2. 隐性任职资格。

隐性任职资格主要是指承担工作所需的内在的能力、素质要求，它们往往难以测量或者测量的准确性较低，但是与工作绩效相关性更高的任职要求，现在一般与任职者的胜任能力联系起来。

"胜任能力"这个概念最早由哈佛大学教授戴维·麦克利兰（David C. McClelland）于 1973 年正式提出，是指能将某一工作中有卓越成就者与普通者区分开来的个人的深层次特征，它可以是动机、特质、自我形象、态度或价值观、某领域知识、认知或行为技能等任何可以被可靠测量或计数的并且能显著区分优秀绩效与一般绩效的个体特征。其中，能力是指在特定领域或任务中，个体能够完成的任务和达成目标的潜在表现。能力包括各种技能、知识和经验，是实现工作目标的基础，是属于外显性的特征，观察、测量较为容易，在前面的内容中已有介绍。动机、特质、自我形象、态度或价值观等属于隐性特征，测量的难度较高，也是胜任能力研究更为关注的方面。动机是指个体在达成目标或满足需求时所具有的内在驱动力，是个体行为的重要推动力量，直接影响个体的工作表现和职业发展。动机包括内在动机和外在动机，内在动机更容易持久且强大，外在动机则更容易受到外界因素的影响。特质是指个体固有的性格特征和行为习惯，对个体的行为和表现有着重要影响。特质包括外向性、责任感、坚韧不拔等维度，不同的特质在不同的工作场景中有着不同的作用。个体的特质是相对稳定的，并在个体成长和经历中逐渐形成。

不同组织和不同职位对胜任能力的要求等级也不尽相同，这需要根据组织的性质和各类职位的特点，提出任职者需要具备什么样的能力，从而形成组织的胜任能力库。组织整体能力模型的构建可以参考已经成熟的能力模型。目前，应用最为广泛的能力模型主要包括 HAY 咨询公司的冰山模型（见表 13-7）和美国 GATB 能力倾向模型（见表 13-8）。

表 13-7　　　　　　　　　　冰山模型能力维度与要素

维度	要素
知识与技能	主动性（initiative）
	领导能力（team leadership）
	指导他人（directing others）
	人才培养（developing others）
	建立政治联盟（political coalition building）
	企业家精神（entrepreneurship）
	建立关系（relationship building）

第 13 章

续表

维度	要素
认知过程	演绎思维（analytic thinking）
	归纳思维（conceptual thinking）
	试错能力（error detection）
	战略思维（strategic thinking）
	发现机会（opportunity spotting）
感知	信息搜寻（information secking）
	人际理解（interpersonal understanding）
	组织意识（organuation awareness）
自我观念动机	成就动机（achrevement motive）
	权力动机（power motive）
	对秩序与质量的关注（concern for order，quality）
	客户服务精神（customer service）

表 13 - 8　　　　　　　　　　美国 GATB 能力倾向模型要素及定义

要素	定义
智力（G）	一般的学习能力。对说明、指导语和各种原理的理解能力、推理判断能力，以及迅速适应新环境的能力
语言表达能力（V）	理解语言的意义及与之相关联的概念，并有效掌握它的能力。对语言相互关系及文章和句子意义的理解能力。表达信息和自我想法的能力
数学计算能力（N）	在正确快速进行计算的同时，能进行推理、解决应用问题的能力
空间能力（S）	对立体图形以及平面图形与立体图形的关系的理解能力
形体感（P）	对实物或图像的细微部分有正确知觉的能力。根据视觉能够比较、辨别的能力。对图形的形状和阴影的细微差异、长宽的细小差异，进行辨别的能力
文书处理能力（Q）	对词语、印刷物、票据等的细微部分有正确知觉的能力。直观地比较辨别词语和数字，发现错误或校正的能力
动作协调（K）	正确而迅速地使眼和手或手指协调，并迅速完成作业的能力。正确而迅速地做出反应动作的能力。使手能跟随着眼所看到的东西迅速运动，进行正确控制的能力
手指灵活性（F）	快速而正确地活动手指，能很好地用手指操作细小东西的能力
手工灵巧性（M）	随心所欲地灵巧地活动手及手腕的能力。拿取、放置、调换、翻转物体时手的精巧运动能力和手腕的自由运动能力
眼、手、足的配合（E）	根据视觉刺激，而使手和足彼此协调动作的能力
颜色辨别能力（C）	觉察或辨别颜色或同一颜色的浓淡或其他色调的异同的能力，鉴别某一特定颜色，或辨别各种调和的或对比性强的颜色组合，或准确调配颜色的能力

上述两种模型分别代表了对于能力的两种不同内涵界定。前者为素质，后者为一般能力倾向。从二者比较中可以看出，一般能力倾向主要适用于基层工作人员，如一线操作工人和低层文员职位，而冰山模型在知识型企业的管理中，则有更为广阔的应用空间。

专栏 13 -6

阿里的能力魔方

在基于价值创造的角色认知的基础上，阿里加上知识和技能，形成了牵引员工发展、打开员工发展之路的立体化的能力素质魔方。

角色：反映了员工工作中由于价值创造方式的不同所需要具备的不同能力。

知识：如同武林秘籍，就是员工还需要掌握的一些如公司知识、专业知识、行业知识等知识水平，提高认知能力。

技能：如同武器装备，体现了员工专业的技能水平。

如下以 P7 产品经理为例来进行说明（能力层级仅为示例）：

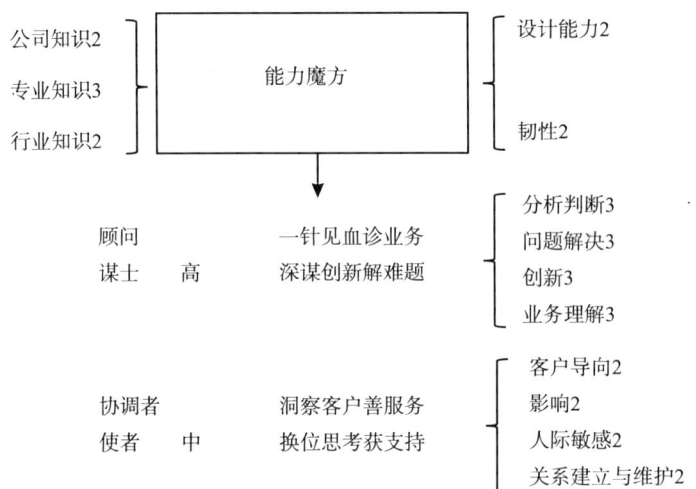

图 1 产品经理能力魔方

资料来源：胡劲松. HR 人力资源实战整体解决方案：精彩案例全复盘 [M]. 北京：中国法制出版社，2018。

13.2.3 资格说明书的示例

表 13 -9 列举了 M 公司财务经理资格说明书示例。

表 13 - 9		M 公司财务经理资格说明书	
职位标识			
职位名称	财务经理	所在部门	财务部
职位编码	FM - 002	编制日期	2019 年 5 月
任职资格			
教育背景		会计、财务或相关专业本科以上学历	
经验	工作经验	5 年以上跨国企业或大型企业集团财务管理工作经验，有跨行业财务工作经历者更佳	
	培训经历	受过管理学、战略管理、管理能力开发、企业运营流程、财务管理等方面的培训	
知识	专业知识	1 具有全面的财务专业知识、财务处理及财务管理经验 2. 精通国家财税法律规范，具备优秀的职业判断能力和丰富的财会项目分析处理经验	
	业务知识	1. 擅长资本运作，有证券融资以及兼并收购的实际经验和综合投融资方案设计能力，并有多次投融资成功 2. 熟悉企业财务制度和管理流程	
	基础常识	1. 熟悉国内和国际会计准则以及相关的财务、税务、审计法规、政策 2. 熟悉财税法律相关规范	
能力	基础能力	1. 熟练操作 Office 办公软件 2. 熟练使用各种财务软件	
	通用能力	1. 有较强的组织协调能力及团队协作能力 2. 有一定的逻辑分析与解决能力 3. 具备一定的系统思考能力	
	管理能力	1. 具有良好的管理能力 2. 有优秀的组建、带领和培训团队的能力 3. 具备一定的战略管理能力	
技能	上岗技能	具备高级会计师职称	
	业务技能	1. 具有一定的财务管理及财务分析能力 2. 具有一定的会计核算能力 3. 具有一定的财务风险控制能力	
素养	自身素养	心理素质良好、思维清晰敏锐、有较强的抗压能力	
	职业素养	诚信廉洁、勤奋敬业、作风严谨	

13.3 职务说明书的编制

职务说明书的编制，是对工作分析的结果（工作说明书和资格说明书）加以整合以形成具有企业法规效果的正式文本的过程。一般来说，职务说明书一旦形成，即可作为人力资源管理活动的起点。

13.3.1　职务说明书的编制原则

职务说明书是从"工作"和"人员"两个方面来考虑人力资源管理工作的，因此编制时应遵循以下原则。

1. 准确性原则。

职务说明书要准确地说明某项工作的具体要求和任职者的资格条件。这里的准确性有两个方面的含义：其一，它所描述的工作要求及任职者资格条件首先应是正确的，能真实反映该工作的基本情况和主要特征；其二，职务说明书应是明确的，即要表达清楚，不能模棱两可、含糊其词。有了准确性，职务说明书才能为人力资源管理中的其他工作奠定坚实的基础。

2. 逻辑性原则。

编写职务说明书要有逻辑性，尤其体现在对工作职责的描述上。一般来说，一个职位通常会有多项工作职责，这些工作职责的排列并非随机的、杂乱无章的，而是要按照一定的逻辑顺序来编排的。较常见的是按重要程度、所花费的时间来排列，并注意将相近的职责排列在一起，这样有助于人们对职务说明书的理解和使用。

3. 实用性原则。

职务说明书应该讲究实用性，真正实现"任务明确好上岗，职责明确易考核，资格明确好培训，层次清楚能评价"的作用。要达到实用的要求，职务说明书在形式、内容的选择和编排上都要具有实用性，便于使用。

4. 完整性原则。

结构完整性主要体现在两个方面。一是指在职务说明书的编写程序上要保证客观性和全面性，即在编写过程中通过全方位参与（任职者、主管领导、专家、人力资源部门经理），以避免对工作说明书的扩大或缩小，以及任职资格带有主观性等问题。二是职务说明书应对该项工作的基本概要、工作职责及任职者资格条件等必备内容做一个全面完整的描述，不能有遗漏或省略的内容。

5. 统一性原则。

职务说明书的内容可以根据工作分析的目的加以调整，内容可繁可简，可以用表格形式表示，也可用叙述形式，具体形式在实践中确定。企业内部各职位的职务说明书文件格式要求统一，注意整体的协调与美观。

6. 动态管理原则。

工作是在不断地变化和发展的，职务说明书中也应体现出这一变化特点。它既要严格真实地反映工作的现实特征，又要具备一定的柔性和弹性，以便应对未来的变化趋势。因此，企业在编写出职务说明书后，应建立动态管理机制，由专人负责职务说明书的更新。

13.3.2　职务说明书的内容安排

一份完整的职务说明书包括工作说明书和资格说明书两大方面的内容。由于工作分析是各项人力资源管理活动的基础，因此，在时间、成本等各方面条件允许的前提下，应该编写出尽可能详尽、完备的职务说明书。但如果受条件的限制，也可以对职务说明书的内容进行选择和取舍。一般来说，工作标识、工作概要、工作职责、工作关系为任何一份职务说明书必备的核心内容，而其他内容则可以根据工作分析研究的不同目的来进行选择。

关于工作分析的直接目的与职务说明书所需包含内容的对应关系见表 13 – 10。

表 13 – 10　　　　工作分析的直接目标与职务说明书内容的对应关系

职务说明书内容	工作分析的直接目的				
	组织优化	招聘甄选	培训与开发	绩效考核	薪酬管理
工作标识	√	√	√	√	√
工作概要	√	√	√	√	√
工作职责	√	√	√	√	√
工作关系	√	√	√	√	√
工作权限	√				
责任细分（履行程序）	√				
工作范围					√
职责的量化信息	√		√		
业绩标准				√	
工作条件					√
工作压力因素					√
工作特点与领域		√			
任职资格		√	√		√

13.3.3　职务说明书编制的注意事项

为了编写一份合格有效的职务说明书，一般需要注意以下几个方面的内容。

1. 对工作分析的结果取得一致意见。

职务说明书是对工作分析所获得的各种资料加以整理、分析、判断，并将其所得结论以书面形式表达出来的一种文件。工作分析小组成员对调查所得结果进行总体统计、审核、分析与评估，尤其是在对同一职位的调查出现较大差异时，应对有关项目进行商议，直到意见统一。

2. 定位清晰，高层认同。

工作分析小组或人力资源部门在组织编写职务说明书时，应有明确的定位，即工作说明书是着眼于对现状的描述还是对未来应有状态的描述，即工作职责"是什么"还是"应是什么"的问题。因此，在编制职务说明书之前，人力资源部门应和相关的高层领导进行讨论，认清规范职位工作职责的意义，明确职务说明书的定位，并取得领导对职责变革的理解和支持。在工作说明书实施过程中高层领导应率先树立岗位责任意识，对各项工作实行归口管理。

3. 格式统一，用词准确，内容得当。

在职务说明书编写的具体格式上，应统一基本的格式，注意整体的协调，做到美观大方。在语言的使用上，要做到简明、直接，表意精确，不能含糊其词，更不能有歧义。在内容安排上要注意使其具有实用性、条理性和逻辑性。

4. 及时沟通。

定期、定时进行全组成员沟通，以便及时纠正偏差，并形成统一风格。同时，每个成员在编写过程中要及时与相应部门主管及相应职位工作人员进行沟通，使职务说明书尽可能与职位的实际情况相符合，并取得工作承担者的理解和认同。

5. 总结与修改。

工作分析小组要对完成的职务说明书进行审核，将初步拟写的"职务说明书"与实际工作进行对比，根据对比的结果决定是否需要进行再次调查研究，并进行修改，汇总后向领导小组汇报。如有必要则要对职务说明书进行个别修正和调整，最后对说明书进行编辑存档，以备后用。

第 13 章

专栏 13-7

职务说明书编制的常见误区

1. 单纯地为编而编为写而写。

在部分企业当中，由于领导间职责分工不明确，谁有空谁多管的行为导致了管理混乱和随意性，各部门间经常出现推诿扯皮等问题。部分企业只关注了职务说明书的有或无，使得职务说明书流程不清，员工操作困难，形同虚设。实际上，职务说明书的内容，应该侧重于工作分析的过程，让员工知道怎么做，把编写职务说明书作为企业现有岗位的一次盘点，或者说是一次业务流程的重组，从而明确各职位的职责与权限，规范业务流程，以实现提升管理水平的目的。

2. 未对工作人员开展专业培训。

职务说明书编写工作是人力资源管理工作中的一项专业技术工作，是一项专业要求非常高的工作，大部分企业都缺乏对参与该项工作的工作人员的专业培训，所以编写出来的职务说明书存在大量表述不准的情况。特别是职位的概述、职责、工作能力要求、基本技能要求等描述不准确。例如，笼统地使用"负责、全面负责、相关工作、管理、提高、完成"等模糊概念的词语，造成职位不同但职务说明书的描述却很相近，使相近岗位间无法明确自己的准确职责。

3. 对编写工作认识不到位。

职务说明书的编写应是一个自上而下的过程，涉及企业管理的各个环节，编写职务说明书的目的是要使员工明确自己的工作职责、上岗要求、技能要求、各岗位的上下级关系等，因此，在编制职务说明书时应得到全体员工的支持、参与和理解。但在实际中，不少企业在开展这项工作时并没有与员工充分交流，没有让员工充分参与，所以作用不大。

4. 定位不准确。

当前，在很多企业都能找出多样式的职务说明书，但细读后就会发现，这些并不是职务说明书而仅仅是岗位职责。岗位职责侧重于岗位任职者应该完成的任务，并不能全面反映岗位的信息，并没有具体行为或工作活动的结果。职务说明书则可以全面反映岗位职责、工作经验要求、工作能力要求、基本技能要求、岗位协调等相关信息。

5. 职责与任务交叉。

为了把工作任务完成得更好，提高企业的竞争能力，许多企业就以具体的工作设计，即公司的某项工作任务，把多个部门和岗位的员工抽调到一起共同完成，这就形成了职责交叉。正确处理好职责交叉有助于发挥协作效应，取长补短，提高工作效率。但很多企业在撰写工作说明书时，对某些职责与任务交叉的工作没有明确或者明确不清，造成工作中岗位职责不清，领导多，员工不知道该听谁指挥，一旦出现问题，各部门、岗位之间就会互相推诿扯皮，大大降低了工作效率。

6. 职责重叠，不区分细节。

在企业中，一些工作任务性质相同或相近，工作量非常大，在岗位设置时就会出现"一岗多人"的现象。在进行岗位描述时，很多企业一般都采取了同一类岗位只设置一个岗位的方式，归纳总结出该岗位的共同特征，定义出岗位的共性要求，就此编写了一份具有放之四海而皆准的职位说明书，却忽视了该岗位的不同任职者之间工作任务的差别，导致职位描述不准确。

7. 脱离实际，结果被束之高阁。

在实际的管理过程中，较多的企业已经认识到工作说明书的作用，较好地开展了工作分析、职责分类，但编写出来的职务说明书却并没有发挥应有的作用。不少企业对工作分析缺乏正确的认识，觉得其他企业因开展这项工作而提高了企业管理水平，所以就盲目地随大流；有的企业由人力资源部门独家"打造"每个岗位的说明书，脱离企业实际状况时有发生。尤其是对任职者资格的界定没有明确的标准，结果职务说明书无法在实际工作中应用，成为企业的"废物"。

8. 缺乏系统思考。

职务说明书编写的过程，是对企业管理流程的一次重新认识。一套成体系的工作说明书，可以给企业的各项管理工作特别是人力资源管理工作提供重要依据。但是，很多企业的工作说明书中对职位的描述不准确，要么夸大职责、要么缩小职责、要么就归纳不完整，任职资格因人而定，不具有统一的、客观的标准；还有的企业为节约经费，只对重要岗位进行说明书编写，造成后续岗位评价、岗位培训、岗位薪酬、人员招聘、职业生涯规划等工作缺乏统一的标准，造成"缺胳膊少腿"现象。

资料来源：肖斗金. 浅析职位说明书的编写［J］. 劳动保障世界（理论版），2011（5）：82－84，笔者改编。

13.3.4　职务说明书范例

职务说明书的范例如表 13－11 所示。

表 13－11　　　　　　　×公司人力资源部经理职务说明书（节选）

岗位描述

岗位名称	人力资源部经理	所属部门	人力资源部	职等	中层管理
直接上级	行政总监	本部门编制		直辖人数	5
业务相关部门	公司所有部门	工作地点	公司总部办公楼	岗位说明书编号	
制作日期		批准日期		批准人	

工作概要	依据公司的经营战略与业务发展需要，通过整合相关资源并组织实施人力资源开发与管理各项工作，实现人力资源合理科学配置与有效开发，为公司战略目标的实现提供人力资源保障
本岗位在公司组织架构中的位置	详见本公司组织架构图

工作职责描述

规划与目标	1. 根据公司战略发展长远规划，分析和把握公司现实人力资源状况，通过组织对人力资源数量、质量和结构的分析，对人力资源战略发展规划提出建议 2. 组织调研、沟通，了解业务部门对各类人力资源的需求信息，制订年度人力资源需求计划 3. 结合公司年度经营目标，编制本部门年度工作计划，并结合合理分解与安排至月计划中
组织制度建设	1. 根据公司人力资源发展规划，对组织机构、人员编制调整提出建议方案，以满足组织对人力资源的需要，实现人力资源的最佳配置 2. 对中层管理人员/关键岗位任职人员的聘任条件和任用标准提出建议 3. 把握组织对人力资源的管理需要，有计划建立并持续完善管理制度，理顺人力资源管理组织机构和业务流程
主要业务管理	一、招聘与面试业务管理 1. 负责组织拟定内部和外部招聘管理制度及招聘流程，并确保制度和流程的有效运行 2. 协助招聘/培训主管进行年度用工需求调查，并结合公司年度目标及调查内容，制订年度人力资源需求计划，且对计划的实施、调整负责 3. 审核并批准招聘所选择的信息发布渠道及各类工作用表的使用与管理规范 4. 负责组织建立公司招聘面试题库和笔试题库，并对题库的及时更新进行监督 5. 参与管理人员/关键岗位人员面试甄选，并对甄选提出评估建议 6. 监督各类人员的入职手续的办理及试用期间新人的座谈工作，确保招聘达成率的实现

续表

主要业务管理	二、培训管理 1. 负责组织制定公司的培训管理制度及培训流程，并确保制度和流程的有效运行 2. 协助招聘/培训主管进行年度培训需求调查，并结合公司年度目标及调查内容，制订年度培训计划及培训预算，且对计划和预算的实施与运用、调整负责 3. 负责指导招聘/培训主管对培训方案与师资的甄选标准，并对实施培训的组织、协调、过程控制工作给予支持 4. 负责内部师资系统的建立与开发，针对内部师资的研究领域，协助其开发新的课题，以满足公司人才培训的需求 5. 监督每次培训的出勤人数与计划人数比例、培训师资授课评估、现场学习情境掌握、行政支持的到位情况，确保培训出勤率与效果达成率的完成 6. 协助岗前培训工作的实施完成工作 三、绩效管理 1. 负责组织制定绩效管理制度及绩效流程，并确保制度和流程的有效运行 2. 协助薪酬/绩效主管组织有关人员对每月汇总的绩效结果进行诊断与问题研究 3. 会同薪酬/绩效主管进行各部门绩优人员与绩差人员进行绩效访谈，就访谈结果与被访人员直接主管进行沟通，以期予以绩效管理改进 4. 答复各位考核者、被考核者对于绩效管理实施过程中的各种疑惑及投诉问题 5. 监督薪酬/绩效主管对各部门绩效考核的日常抽查执行情况 6. 汇总、总结、报告结果，提出绩效发展建议方案 四、薪酬管理 1. 对同行业市场本地区薪酬水平进行调查，同时实施企业内部薪酬满意度调查；结合外部市场调查与内部薪酬满意度调查汇总结果，草拟公司薪酬政策的改革建议方案或公司每年调薪的幅度建议报告 2. 通过科学的工作分析及岗位评估方法，有针对性地建议部分岗位薪酬进行优化与改善 3. 薪酬制度的有效实施与管理、调整与改革的执行及建议工作 4. 人事异动、新进转正薪酬调整的建议审批工作 5. 其他有效激励机制研究/制度建设/管理 五、劳动关系管理 1. 劳动关系建立与协调，受理员工投诉及劳动争议解决 2. 组织提供有关职业安全与法律保障的咨询与宣传、监督执行情况 3. 组织建立内部沟通渠道；与高层管理人员和关键技术人员经常保持沟通，及时了解他们的思想动态及需求 4. 每年进行两次员工满意度/敬业度管理调查工作 六、企业文化建设 1. 为企业文化诊断与问题研究提供建议 2. 制订、传播企业文化推广建设的宣导计划 3. 开展与企业文化建设主题/专题员工竞赛或联谊活动
关系管理	1. 与直接上级（行政总监/授权人）保持良好沟通，定期/及时汇报组织结构及人员调整情况以及重大人力资源管理事宜 2. 组织宣传贯彻公司的人力资源政策程序，并向其他部门提供相关的咨询 3. 适时保持与组织内相关部门的沟通 4. 组织本部门工作人员及时回应其他部门对人力资源的需求 5. 适时保持与政府劳动人社部门、人才中介机构、人才培养单位的沟通，维护良好关系
队伍建设与人员管理	1. 为行政总监向董事会/总经理聘任或解聘有关人员提供专业意见 2. 负责本部门工作分工与安排，建议聘任或解聘直接下属工作人员 3. 合理提拔和甄选下属，指导、培养下属，促进下属职位胜任与发展力的提高 4. 辅导下属编制工作计划，审定下属的工作报告、费用与报表，考核下属实际完成状态与表现并根据规定予以恰当的奖惩 5. 辅导下属职业生涯发展规划
其他	1. 在招聘、办理劳动关系手续等对外联络活动时，主动维护公司形象 2. 确保员工福利和社会保障计划有效执行 3. 完成总经理/副总经理交办的任务

权限

1. 对公司组织机构调整及人员编制的建议权
2. 对用工考勤的监督权
3. 对《员工手册》等有关用工制度的解释权
4. 对直接下属的聘任或解聘建议权，对公司聘任或任免其他人员的任免建议权
5. 对直接下属奖惩的决定权，对其他员工关于奖惩申诉的调查权
6. 对直接下属之间工作争议的裁决权
7. 对直接下属的管理水平、业务水平和业绩考核的评价权
8. 对其他人员/关键岗位员工绩效考评结果的核实权
9. 对管理人员/关键岗位人员离职原因的调查权
10. 部门预算内的费用使用权

基本任职资格

1. 教育程度：大学本科以上学历
2. 专业：人力资源管理专业或企业管理相关专业
3. 专业知识与技能要求
a. 必备专业知识：行政管理知识、企业管理知识、人力资源开发与管理知识、劳动法规知识
b. 必备专业技能：计算机操作技能、熟练运用相关办公软件
c. 相关专业知识：本企业生产销售的产品基本知识、本企业各部门相关业务及工作流程的基本知识、基本的心理学知识
4. 职业经验要求
a. 三年以上相当规模企业中层管理岗位人力资源工作经验
b. 二年以上服装行业企业工作经历优先考虑

职业能力要求

序号	能力名称	能力等级	分级说明
1	亲和力	5　4　3　2　1	
2	领导能力	5　4　3　2　1	
3	激励能力	5　4　3　2　1	
4	学习能力	5　4　3　2　1	
5	计划能力	5　4　3　2　1	1. 基本不需要
6	沟通能力	5　4　3　2　1	2. 比较不重要
7	协调能力	5　4　3　2　1	3. 一般 4. 比较重要
8	组织人事能力	5　4　3　2　1	5. 非常重要
9	公文写作能力	5　4　3　2　1	根据该职位所需能力的要求，在相应的等级代码上打√
10	信息管理能力	5　4　3　2　1	
11	指导能力	5　4　3　2　1	
12	冲突管理能力	5　4　3　2　1	
13	时间管理能力	5　4　3　2　1	

品行素质要求：责任心、公正性、缜密性、全面性、整体性、顾全大局

必要的培训：
招聘与面试技巧、绩效与薪酬管理、实用心理学、领导艺术、本公司内部管理制度

第 13 章

续表

工作环境、工具和特性
工作地点与环境：公司总部办公室（室内） 工作工具与设备：计算机、一般办公设备（电话、传真、网络等） 工作特性：烦琐事务多、心理压力大、沟通强度大、人际关系复杂、对外联系较为频繁

职务发展变化方向：
1. 晋升：具有丰富经验和行政管理才能的人力资源部经理，可晋升为行政总监
2. 职务轮换：可专任其他部门经理，但须具有必要的教育程度、培训和经历

13.4　工作分析结果的应用

　　工作分析是人力资源管理中的一项基础性工作，它是进行人力资源管理活动的前提和保障，一切人力资源管理活动都需要建立在工作分析的基础上。通过工作分析所形成的文件对人力资源规划、人员招聘、培训与开发、控制与激励都发挥着重要作用。本节主要对工作分析结果在人力资源规划和人员招聘两个领域的应用进行分析。

13.4.1　工作分析结果与人力资源规划

　　人力资源规划是企业发展战略的重要组成部分，也是企业各项人力资源管理工作的依据，而工作分析是人力资源管理中一项重要的常规性技术，是整个人力资源管理工作的基础，两者密不可分。人力资源规划的制定及各个步骤都与工作分析的结果紧密联系。

　　人力资源规划与工作分析文件的关系如图 13-1 所示。

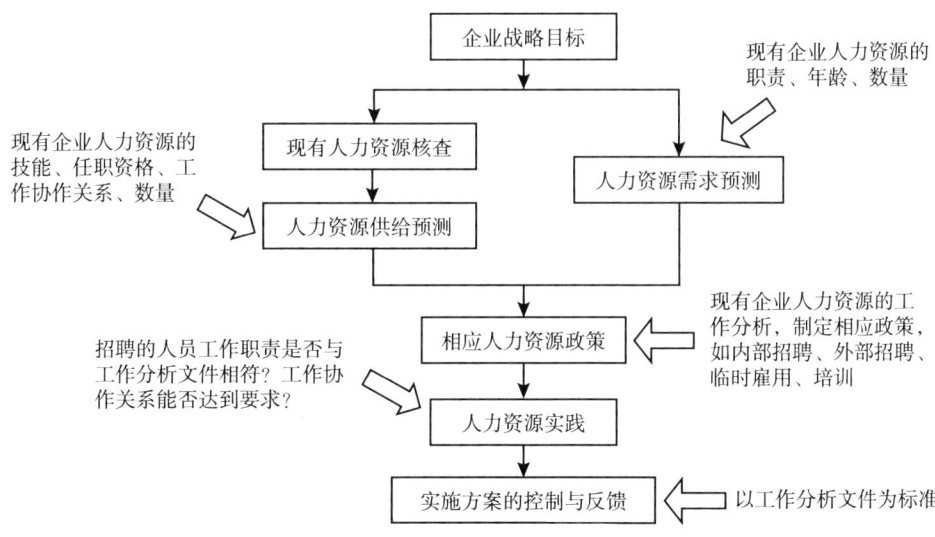

图 13-1　工作分析与人力资源规划的关系

1. 工作分析结果与需求预测分析。

进行人力资源需求预测分析，首先要收集相关的信息资料，具体包括企业的经营战略目标、组织结构、职务说明书、现有人力资源等，关键在于弄清人力资源的数量、质量、结构及分布状况。通过对工作分析文件的研究，企业可以获得现有人力资源的整体状况，掌握各类人员的职责能否实现企业未来的发展目标，企业现有人员是否具备实现企业发展战略的技术和能力等。进而可以确定企业是否需要进行人员的补充、需要补给哪种类型的人才，并设计未来所需人员的职责。

2. 工作分析结果与供给预测分析。

人力资源供给预测分析的信息主要来自两个方面：一是企业外部人员的招聘；二是企业内部人员的晋升、调配。

（1）确定适合人员的标准。在对企业外部人员的招聘信息进行分析时，各个企业可以根据本企业的工作分析成果，如工作说明书、任职资格等对所需的人员标准、条件进行分析，掌握企业外部未来能够满足本企业发展需要的人员数量。如资格说明书中规定了工作的任职资格，只有具备了该资格的人员才能符合岗位的要求，那么在进行供给预测时，只需对具备了该资格的人员的流动性进行分析即可。

（2）提供供给预测分析的资料。一份完整的工作分析文件，还会对职位的上下晋升关系、所受的培训等进行描述，通过对这些信息资料的整理，可以进行相应的供给预测。

3. 工作分析结果与人力资源政策。

企业在完成需求预测与供给预测，比较平衡后会制定相应的人力资源政策。这些政策制定的目的是保障企业未来发展上人员的有效供给。

（1）当供求平衡时。企业的人力资源政策可以保持现有的工作分析文件，并且对其进行一些必要的维护，保障各岗位的主持人能够按照工作分析文件上的职责、任职资格及工作协作等进行日常工作。

（2）当供给不足时。企业人力资源政策主要有两种选择，一是招聘增人，二是进行工作职责的扩展。如果企业招聘增人的话，那么企业应根据所缺人员所应掌握的技能、工作环境、工作背景等基本情况编制相应的工作分析文件，人力资源部门根据这些文件制订相应的招聘方案，确定招聘人员的标准，如资格条件、工作职责等。如果是进行职责的扩展，企业也将要借助于工作分析文件。

（3）当供给过剩时。企业的人力资源政策主要有两种，一种是精简人员，另一种是进行工作职责的分解。如果企业进行职责的分解，那么如同工作职责的扩展一样，需要对原有的工作分析文件进行重新调整，然后根据调整后的文件进行各岗位的操作。

4. 工作分析结果与控制反馈。

人力资源规划的最后步骤——工作分析结果控制与反馈，主要是控制人力资源规划最终能否保障企业的发展战略。控制与反馈的内容是多方面的，但其中重要的问题是各岗位主持人能否按照各自的职责开展工作：各岗位主持人是否能够胜任该岗位工作？各岗位的工作能否最终实现企业的战略目标？这些都要靠工作分析结果所形成的规范性文件来进行衡量。

13.4.2　工作分析结果与人员招聘

企业招聘的最终目的是要寻找和获取合格的工作候选人，如果企业人力资源部门对所要招聘的岗位工作职责不清、资格要求模糊，招聘工作将很难展开。因此，要获得招聘的成功，就要尽可能准确地对岗位进行定义，这就要求依据工作分析的有关文件进行全面的资料整理。招聘、工作分析与人力资源规划三者间的关系如图 13 - 2 所示。

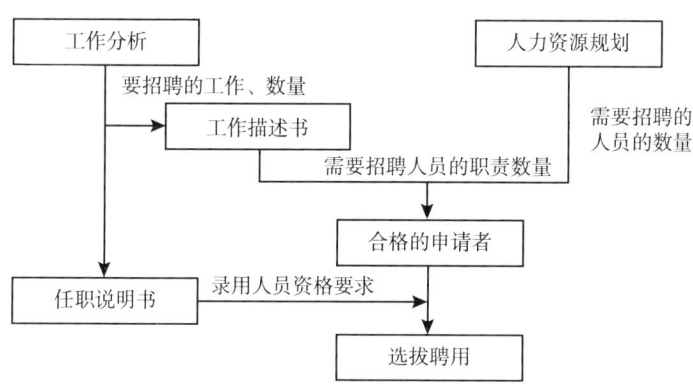

图 13 - 2　招聘、工作分析与人力资源规划之间的关系

1. 工作分析与招聘前准备。

（1）工作分析提供了招聘的依据。企业要招聘什么样的人、需要招聘来的人具备哪些素质，这些都是由该职位的关键职责来决定的，不同的岗位职责需要具有不同能力和性格的人去完成。

（2）工作分析提供了招聘职位的描述。工作分析的结果文件——工作说明书、资格说明书、职务说明书等能够清晰地提供该职位的工作职责、工作任务、工作的条件、工作关系及胜任资格等信息，这些信息有助于招聘人员对招聘职位进行确切的了解。

（3）工作分析提供了沟通所需的信息。当一个企业内出现职位空缺时，企业人力资源部门需要向潜在的职位候选人提供相关职位的信息资料，包括工作的职责、工作条件、任职资格等。利用工作分析的结果——工作说明书、资格说明书、职务说明书等，可以向有关人员清晰、明确地表达这些资料。

2. 工作分析与招聘计划。招聘计划的制订除了要根据企业发展要求、内外部环境的分析、企业外部人才市场的分析外，还需要依靠企业内部现有的工作分析文件制订有效的招聘计划。制订招聘计划时需要注意以下几点。

（1）不同职位对应聘者的不同要求。不同的职位对于应聘者的工作能力和素质有不同的要求，在制订招聘计划时，需要依据不同要求制订适宜的招聘计划。

（2）工作分析结果与招聘标准。仅知道企业缺少哪类人员是不足以制定招聘计划的，还需要了解空缺岗位需要何种经验，学历如何、技术等级如何？需要具备哪些能力，掌握哪些知识？并且是否对工作人员有特殊要求。工作分析文件有助于说明空缺岗位的这些要求。

本 章 习 题

一、名词解释

职务说明书　资格说明书　工作说明书　工作标识　工作概要　工作职责　技能

二、简答题

1. 资格说明书的内容有哪些？
2. 工作说明书的内容有哪些？
3. 职务说明书编制的原则是什么？
4. 工作分析结果在招聘方面的作用有哪些？

三、论述题

1. 试述编制职务说明书的常见的误区与解决策略。
2. 试分析工作分析结果在人力资源规划中的运用。

四、案例分析

部门职责划分方案分析

　　安森（化名）医药集团公司是一家以药品、生物制品、保健品等产品批发、零售连锁、药品生产与研发及有关增值服务为核心业务的大型企业集团，已连续多年位列中国医药商业企业前列。到目前为止，该公司拥有总资产 60 多亿元，员工 5000 余人，下属子公司 30 余家，其中直营和加盟的零售连锁药店 200 余家。该医药集团具备向上下游客户提供需求解决方案及增值服务的能力，并逐渐将技术增值服务延伸到了上下游产业链，形成了独具特色的物流管理、供应链管理、医院管理三大产品线，可以满足客户对技术的高要求。近年来，该医药集团公司发展迅速，业务量逐年增加。

　　人才是企业发展的第一动力，随着企业的迅速发展，其对各类优秀人才的需求也日益强烈。为适应企业发展对人才的需求，该集团公司原有的人力资源部转型为内部人才培训开发中心，其主要定位是为企业提供专业的人才开发与培养，其主要业务包括研发管理、人才评价、培训发展三个模块。但是，经过近两年的运行，该中心仍存在一些管理问题，诸如组织定位不清晰、职责不明确等。具体表现在以下几个方面：

（1）组织工作绩效低下，员工工作积极性差。各部门员工加班工作已成常态，员工也都反映工作量难以承受，甚至有的员工全年无休，员工的工作积极性也每况愈下。

（2）各部门开展的职责偏离战略定位，员工也不清楚自己该做什么工作，大多忙于事务性工作，与传统的人力资源部门并无区别，真正的职责往往没有开展，例如，研发管理部的主要职责是为集团公司的人才培训开发提供方向性指导，整合协调资源促进管理项目实施等，但实际上该部门员工的工作职责多为组织培训活动等执行性工作。

（3）各部门/岗位之间推诿扯皮现象严重，难以追究责任。现有岗位说明书的描述较为模糊，各部门/岗位人员的职责也难以区分，很多工作职责没有明确到底该由哪个部门/岗位来承担。例如，研发管理部的工作职责之一是"为培训项目的开展实施提供支持"，但是，"支持"的具体事项没有明确约定，这就给各部门/岗位之间的推诿扯皮提供了契机，各部门/岗位人员相互推卸工作职责和工作责任，难以保证该中心各项工作职责的顺利履行，甚至很多时候需要领导出面协调。另外，工作质量难以保证，履职过程中出现问题也难以追究责任，在这种情况下，也难怪员工的工作责任心不强了。

（4）配合协作效率低下。该中心的工作项目大多都涉及跨部门协作配合，或是跟外部其他部门协作配合，但是员工经常反映对方以"不是自身职责"的原因不配合工作，或是不情愿配合，也有员工反映不清楚自己应该找哪个部门或是哪个具体人员来协调配合，工作也难以顺利开展。

基于以上情况，该集团公司邀请专业的咨询公司进入企业，帮助企业解决人力资源管理问题，提升企业管理水平。

资料来源：华恒智信人力资源顾问有限公司. 医药企业部门职责划分的方案：案例分析［EB/OL］. www. sohu. com/a/493804002_121123773。

思考：

如何编制和运用工作说明书这一工具避免工作中出现职责不清现象？

| 第 14 章 | 工 作 评 价

引导案例

    某互联网科技公司专注于软件开发，随着业务拓展，新老员工薪资矛盾凸显。老员工抱怨自己经验丰富、技术熟练，而薪资却与新入职员工相差无几；新员工则认为自己承担的工作任务重、压力大，理应获得更高的报酬。除了薪资问题，岗位晋升也缺乏明确标准。公司此前仅依据领导主观印象决定晋升人选，引发员工不满，有人觉得自己工作成果显著却未得到晋升机会，有人则认为晋升者能力并不突出。公司管理层意识到问题的严重性，邀请专业咨询团队介入。咨询团队决定先从工作评价入手，通过对各岗位的工作内容、职责、所需技能和工作强度等多方面进行系统分析，确定每个岗位在公司中的相对价值，为科学制定薪酬体系和晋升标准提供依据。

资料来源：李明. 互联网企业人力资源管理问题及对策研究［J］. 企业管理评论，2023（5）：45 – 50。

学习目标

1. 掌握工作评价的概念与目的
2. 掌握工作评价的基本方法
3. 了解工作评价在实践中的应用

14.1　工作评价的准备

14.1.1　工作评价的概念

    工作评价是一种系统地确定岗位在组织内部相对价值的方法和过程。通过对岗位的工作内容、职责范围、技能要求、工作强度、工作环境以及对组织的贡献等多方面因素进行综合分析和评估。这些因素通常被转化为具体的评价指标，如工作复杂性、责任大小、知识技能水平、努力程度等。

评价者运用特定的评价方法，对各个岗位进行打分或评级，以确定不同岗位之间的相对价值高低。工作评价的结果可以为组织的人力资源管理决策提供重要依据，包括薪酬制定、岗位调整、员工晋升、培训需求确定等方面。

14.1.2　工作评价的目的

1. 确定岗位价值，建立公平薪酬体系。

工作评价通过对不同岗位的工作内容、职责、技能要求等进行评估，确定各个岗位在组织中的相对价值，为制定公平合理的薪酬标准提供依据。确保员工的薪酬与其所承担的工作价值相匹配，避免出现薪酬不公平的现象。通过对不同岗位的工作进行评价，可以确定各个岗位在组织中的相对价值。这有助于建立公平合理的薪酬体系，确保员工在不同岗位上所获得的薪酬与其工作的价值相匹配。例如，对于技术含量高、责任重大的岗位，其薪酬水平应相对较高；而对于一些辅助性岗位，薪酬水平则可以适当降低。工作评价还可以参考同行业、同地区其他组织的薪酬水平，以确保本组织的薪酬具有竞争力。这样可以吸引和留住优秀人才，提高组织的整体竞争力。

随着企业的发展和外部环境的变化，岗位的价值也可能发生变化。工作评价可以定期进行，为薪酬调整提供依据，确保薪酬体系始终保持公平性和竞争力。

2. 优化人力资源配置。

工作评价可以帮助企业了解各个岗位的工作特点和价值，从而更好地进行岗位调整和优化。将合适的人安排到合适的岗位上，提高员工的工作满意度和绩效水平。工作评价过程中，需要对各个岗位的工作职责、工作内容、工作难度等进行详细分析。这有助于明确每个岗位的具体要求，为员工招聘、培训和绩效管理提供依据。例如，在招聘新员工时，可以根据岗位要求制定明确的招聘标准，确保招聘到合适的人才。

3. 促进员工发展。

工作评价可以帮助员工了解自己所在岗位的发展前景和晋升机会，为员工制定职业规划提供参考。同时，通过对员工的工作表现进行评价，可以发现员工的优势和不足，为员工的培训和发展提供针对性的建议。公正的工作评价可以让员工感受到自己的工作得到了认可和重视，从而激发出员工的工作积极性和创造力。此外，工作评价还可以为员工提供晋升和奖励的机会，进一步激励员工努力工作。

4. 绩效改进。

工作评价可以为员工的绩效评估提供客观的标准和依据，员工可以通过了解岗位的要求和价值，明确自己的工作目标和重点，努力提高工作绩效。同时，企业也可以根据工作评价结果为员工提供具有针对性的培训和发展机会，帮助员工提升能力。

5. 支持企业战略规划。

工作评价可以帮助企业确定哪些岗位是对企业战略实现至关重要的核心岗位。

企业可以加大对这些岗位的资源投入和支持力度，确保核心岗位的人才稳定和绩效提升。

随着企业战略的调整，岗位的价值和要求也可能发生变化。工作评价可以及时反映这些变化，为企业的战略调整提供支持。企业可以根据工作评价结果调整岗位设置、优化人力资源配置，确保企业战略的顺利实施。

14.1.3　工作评价与工作分析的关系

工作评价与工作分析密切相关，二者相辅相成。工作分析是工作评价的基础，提供信息支持，工作分析通过对工作岗位的深入研究，明确了岗位的职责、任务、工作流程、任职资格等详细信息。这些信息为工作评价提供了重要的依据。例如，在进行工作评价时，需要了解不同岗位的工作复杂度、技能要求等，而这些信息正是通过工作分析获得的。

工作分析有助于确定工作评价的关键要素。通过对岗位工作内容的分析，可以提炼出影响岗位价值的主要因素，如工作责任、知识技能、努力程度、工作环境等。例如，对于一个软件开发岗位，工作分析可能会发现该岗位需要具备较高的编程技能、承担较大的项目压力等特点，这些因素将成为工作评价中重要的考量要素。

工作评价是工作分析的深化和应用，工作评价通过对岗位价值的量化评估，可以验证工作分析的准确性和有效性。如果工作评价结果与工作分析中对岗位的描述存在较大差异，可能需要重新审视工作分析的过程和结果。例如，若工作分析中认为某个岗位的工作难度较低，但在工作评价中该岗位的价值却较高，这就需要进一步分析岗位的实际工作内容和要求，以确保工作分析的准确性。工作评价的结果可以直接应用于人力资源管理的各个方面，如薪酬设计、岗位调整、员工培训与发展等。这些决策都需要以准确的工作分析为基础。例如，根据工作评价结果确定不同岗位的薪酬水平，可以使薪酬体系更加公平合理，激励员工更好地履行工作职责。同时，通过工作评价还可以发现岗位之间的价值差异，为岗位调整和优化提供依据。

总之，工作分析和工作评价是人力资源管理中不可或缺的两个环节。工作分析为工作评价提供了基础信息，工作评价则是对工作分析结果的深化和应用，二者共同为组织的人力资源管理决策提供有力支持。

14.1.4　工作评价的基本原则

工作评价的基本原则是工作评价过程中必须遵循的一些行为标准和指导思想，为保证工作评价的准确性和公平性，一般遵循以下基本原则。

1. 明确性原则。

工作评价在工作标准、工作程序、方法选择、操作人员等各个方面都必须明确无误，最好有明确可行的书面计划和文件规定。

2. 一致性原则。

评价标准和方法应在不同岗位、不同时间和不同评价者之间保持一致。这有助于确保评价结果的可比性和可靠性。

3. 客观性原则。

工作评价必须基于客观事实，避免主观偏见和个人情感的影响。评价者应依据明确的评价标准和方法，对各个岗位进行公正的评估。

4. 动态性原则。

随着组织的发展和变化，岗位的工作内容、要求和价值也会发生变化。因此，工作评价应是一个动态的过程，需要定期进行调整和更新。

5. 代表性原则。

代表性包括工作评价委员会成员的代表性、被评价岗位及其评价要素的代表性、工作价值评价结果的代表性。简而言之，就是要保证考核结果或评价结果最受员工支持和理解。

6. 准确性原则。

工作评价的评价分数必须准确，以准确的信息为基础，以正确的处理为过程，以准确的分数计算为结果，正确使用。

7. 实用性原则。

工作评价的结果应具有实际应用价值，能够为组织的人力资源管理决策提供有效的支持。评价方法应简单易行，便于操作和理解。

14.1.5　工作评价的依据

工作评价的依据是指工作评价所依据的组织要求，可以概括为以下几个方面。

1. 组织的发展战略。

组织发展战略是工作评价的基本导向，工作评价的最高标准是该职位对组织战略实现的贡献程度。对组织战略的贡献越大，任务评价就越高，获得的薪酬就越高，这样就可以保证薪酬体系的激励效果。组织发展战略明确了组织的长期目标和发展方向，将其作为工作评价的依据，可以确保员工的工作与组织的整体目标保持一致。通常会确定关键的业务领域和优先发展的方向，在工作评价中考虑组织发展战略，可以突出这些关键领域的工作重要性。组织发展战略往往伴随着变革和调整，将其纳入工作评价依据，可以激励员工积极参与组织变革，适应新的工作要求。组织发展战略反映了组织的核心利益和长远发展需求，员工在实现组织战略目标方面的贡献是衡量其对组织价值的重要指标。

2. 阶段性目标。

组织的发展战略要划分为阶段性目标来执行，战略目标是各阶段目标的累积结果。阶段性目标可以作为衡量工作进展的重要标志，在一个较长的工作周期中，很难直接判断整体工作的完成情况。而阶段性目标通常具有明确的时间节点和具体的成果要求，通过评估员工在各个阶段是否达成这些目标，可以清晰地了解工作的推进程度。能够给员工带来成就感和激励，当员工完成一个阶段性目标时，会感受到自己的努力得到了回报，从而增强工作的积极性和自信心。同时，阶段性目标也为员工提供了明确的努力方向和奋斗目标，使他们在工作中有更强的动力和紧迫感。阶段性目标可以在工作过程中及时反映员工的工作表现和能力水平，使工作评价更加全面和客观。阶段性目标可以在工作过程中及时提供反馈信息，使管理者能够根据实际情况调整工作策略和资源分配。

3. 关键绩效指标。

组织战略和年度目标要分解为每个部门的关键绩效指标，根据职位的不同，这些关键绩效指标的选择可能会有所不同。关键绩效指标能够明确地指出工作中的关键重点，在复杂的工作环境中，员工往往面临着众多的任务和目标，可以帮助他们聚焦于对组织整体绩效最为重要的方面。关键绩效指标为工作评价提供了统一的标准，使得不同员工、不同部门之间的工作表现可以进行比较和评估。通过对关键绩效指标的对比分析，管理者可以发现工作中的优势和不足，从而有针对性地进行资源分配和改进措施。通过对关键绩效指标的定期监测和分析，组织可以及时发现问题和差距，进而采取相应的改进措施。

4. 职务说明书。

职务说明书详细地列出了特定职务的职责范围、工作内容、工作目标等，在进行工作评价时，依据职务说明书可以明确该岗位的具体工作任务是什么，从而判断员工是否完成了这些任务，以及完成的质量如何。职务说明书通常会设定该职务的工作标准和绩效指标，为工作评价提供了具体的衡量尺度。工作标准明确了工作应该达到的质量水平，绩效指标则量化了工作的成果和效果。职务说明书不仅涵盖了工作任务和绩效要求，还会对员工在工作中的行为规范和职业素养提出要求，这包括遵守公司规章制度、具备团队合作精神、保持良好的沟通能力等。在工作评价中，这些方面也是重要的考量因素。职务说明书是由公司管理层或相关部门制定的，具有一定的权威性和规范性，在工作评价中依据职务说明书进行评价，可以避免评价者的主观偏见和随意性，保证评价的公正性和客观性。同时，员工也可以通过职务说明书了解自己的工作职责和评价标准，从而更好地规划自己的工作，提高工作绩效，这是工作评价的基本和直接依据。

5. 在岗员工基本情况。

在岗员工为公司业务运转的核心力量，其基本情况是工作评价的重要基础。了解在岗人员的专业技能水平是评估其工作表现的重要方面，如果一名员工具备与岗位要求高度匹配的专业知识和技能，那么在工作中更有可能高效地完成任务。在快速发展的现代社会，行业知识和技术不断更新，具有较强学习能力的员工能够更快地适应新的工作要求和变化。例如，一名市场专员能够迅速掌握新的营销渠道和推广方法，为企业拓展市场提供有力支持。另外，在岗员工的责任心也直接影响工作质量和效率。责任心强的员工会认真对待工作中的每一个细节，确保任务的准确完成，减少错误和失误的发生。良好的沟通能力是团队协作的基础，在岗员工能够清晰地表达自己的想法和意见，同时也能倾听他人的建议，有效地与团队成员进行沟通合作。通过了解在岗员工的基本情况，可以评估其未来的发展潜力。如果员工具有较高的学习能力和积极的工作态度，那么他们可能在未来承担更重要的工作职责，为企业的发展提供持续动力。

6. 组织的人员结构。

了解组织员工的概况、明确专业系统员工的数量和类别，这对于判断员工在监督管理方面的评价结果和进行职位排序非常重要。不同的人员结构意味着组织拥有不同专业背景、技能水平和经验层次的员工。工作评价需要考虑这些因素，以确定岗位的具体要求是否与现有人员的能力相匹配。通过分析组织的人员结构，工作评价可以判断各个岗位上的员工是否得到了合理的安排。如果发现某些岗位上的人员过剩，而另一些岗位却存在人才短缺的情况，就可以及时进行人员调整，提高组织的整体效率。不同的人员结构会影响团队的协作方式和效果。工作评价需要考虑员工之间的协作能力，以确保团队能够高效地完成工作任务。组织的人员结构也会影响不同部门之间的合作。工作评价可以通过考察员工在跨部门项目中的表现，衡量他们的合作能力和对组织整体目标的贡献。这有助于打破部门之间的壁垒，促进组织内部的沟通与协作。随着组织的发展，其人员结构也会不断发生变化，工作评价需要适应这种变化，以确保评价标准能够反映组织的当前需求和未来发展方向。通过分析人员结构，工作评价可以发现组织在人才培养和储备方面的不足。不同的人员结构意味着员工具有不同的背景和特点。工作评价需要充分考虑这些差异，以确保评价结果的公平公正。如果不考虑人员结构，单纯以统一的标准来评价员工，可能会导致评价结果出现偏差。

14.1.6 工作评价的价值

工作评价的价值是指工作评价在人力资源管理理论和实践中的作用，主要体现在以下几个方面。

1. 有利于确定岗位价值，建立公平薪酬体系。

工作评价能够明确各个岗位在组织中的相对价值，为制定公平合理的薪酬体系提供依据。通过对不同岗位的工作内容、技能要求、责任大小等进行评估，可以确定不同岗位之间的薪酬差距，确保员工的薪酬与其岗位价值相匹配，从而提高员工的满意度和忠诚度。

2. 优化人力资源配置。

工作评价有助于组织了解各个岗位的需求和特点，从而更好地进行人力资源配置。根据岗位的价值和要求，将合适的人员安排到合适的岗位上，提高员工的工作效率和绩效，实现人力资源的优化配置。

3. 支持组织发展战略。

工作评价可以与组织的发展战略相结合，为组织的战略规划和决策提供支持。通过对不同岗位在组织战略中的作用进行评估，可以确定关键岗位和核心人才，加大对这些岗位和人员的投入和培养，为组织的发展提供有力保障。

4. 有利于员工明确职业发展方向。

工作评价结果可以让员工清楚地了解自己所在岗位的价值和要求，以及与其他岗位的关系。这有助于员工明确自己的职业发展方向，制定合理的职业规划，通过提升自身能力和绩效，争取晋升到更高价值的岗位。

第 14 章

5. 促进公平竞争。

工作评价为员工提供了一个公平竞争的平台，使员工在相同的评价标准下进行竞争。这有助于激发员工的潜力，提高员工的工作绩效，同时也促进了组织内部的公平竞争氛围，为组织的发展注入活力。

14.1.7   工作评价的展望

从技术应用角度来看，随着人工智能和大数据技术的不断发展，工作评价将更加精准和高效。通过对大量工作数据的分析，可以建立更科学的评价模型，准确衡量不同岗位的价值和贡献。例如，利用大数据分析员工的工作行为、绩效表现等多维度数据，为工作评价提供更客观的依据。

从评价标准角度来看，未来的工作评价将更加注重多元化和综合性，不再仅仅局限于传统的工作任务完成情况，而是会考虑员工的创新能力、团队合作能力、适应能力等软技能。同时，也会更加关注工作对企业战略目标的贡献度，使工作评价与企业的长期发展紧密结合。

在评价方法上，会更加注重员工的参与和反馈。让员工参与到工作评价的过程中，不仅可以提高评价的公正性和透明度，还可以增强员工的认同感和归属感。收集上级、同事、下属以及客户的意见，可以全面了解员工的工作表现。

14.2   工作评价的方法与技术

本节主要介绍工作评价的方法与技术，包括方法的含义和使用方法的步骤。本节将介绍的方法包括排列法、归级法、因素比较法、因素评分法等。

14.2.1   排列法

1. 排列法的定义。

排列法也称序列法，是由评价人员凭借自己的主观判断，根据岗位的相对价值大小，按照一定的顺序对各个岗位进行排列。通常是从最重要、最高价值的岗位开始，依次排列到最不重要、最低价值的岗位。

排列法的优点在于它是一种相对简单的工作评价方法，不需要复杂的数学计算和专业知识。评价者只需要根据自己对各个岗位的了解和判断，将岗位按照重要性或价值进行排列即可。这种方法易于理解和操作，能够快速地得出评价结果，适用于规模较小、岗位数量较少的组织。排列法的结果直观易懂，能够清晰地展示各个岗位在组织中的相对位置。评价者和员工可以很容易地理解岗位的重要性排列，从而为薪酬调整、晋升决策等提供直观的依据。这种直观性有助于提高员工对工作评价结果的认可度和接受度，不需要使用昂贵的评价工具和软件，也不需要进行大量的数据收集和分析工作。因此，它的实施成本相对较低，适合那些预算有限的组织。

缺点在于主观性强，排列法主要依赖评价者的主观判断，不同的评价者可能会对岗位的重要性有不同的看法，从而导致评价结果的差异。缺乏定量分析，排列法只能提供岗位的相对排列，无法给出具体的量化价值。这使得评价结果难以与市场薪酬水平进行比较，也难以进行精确的薪酬调整和预算规划。难以处理大量岗位，当组织中的岗位数量较多时，使用排列法进行评价会变得非常烦琐和耗时。评价者可能难以对所有岗位进行全面的了解和比较，从而影响评价结果的准确性。

2. 排列法的应用步骤。

（1）准备阶段。明确评价目的，确定进行岗位评价的原因，如制定薪酬体系、优化岗位设置等。组建评价小组，小组成员应包括对岗位有深入了解的管理人员、专家及员工代表，以确保评价的客观性和公正性。确定评价范围，明确哪些岗位需要进行评价。

（2）岗位分析。收集岗位信息，通过查阅岗位说明书、与岗位任职者及上级进行访谈等方式，了解每个岗位的职责、任务、工作条件、任职要求等信息。分析岗位特点，对收集到的岗位信息进行分析，总结每个岗位的主要特点和关键要素。

（3）选择评价标准。进行初步排列，评价小组成员根据评价标准，对各个岗位进行初步的比较和排列，可以采用直接排列法或交替排列法。讨论调整，小组成员对初步排列结果进行讨论，对存在争议的岗位进行深入分析和比较，调整不合理的排列。确定最终排列，经过反复讨论和调整，确定各个岗位的最终排列结果。

（4）结果应用。根据岗位排列结果，确定不同岗位的薪酬水平和薪酬差距。根据岗位排列结果，对岗位设置进行优化调整，合理分配人力资源。为员工的职业发展提供参考，激励员工提升自身能力和绩效。

14.2.2 归级法

1. 归级法的定义。

归级法是一种通过对多个具体工作岗位的特征进行观察、分析和总结，从而得出一般性结论或评价标准的方法。通常会先收集大量不同岗位的信息，包括工作任务、职责、所需技能、工作环境等方面。然后对这些信息进行分类、整理和比较，从中找出共同的特征和规律。最后，根据这些共同特征和规律，归纳出适用于一类或多类岗位的评价标准或指标体系。

归级法的优点首先有助于对复杂的任务进行系统整理和分类。面对大量繁杂的任务时，归级法可以将相似的任务归为一类，使得任务体系更加清晰有序，便于理解和管理。例如，在企业的项目管理中，可以将不同阶段的类似任务归为一组，方便进行整体规划和资源分配。其次，归级法能够提高任务分析的效率。通过对任务进行归类，可以快速识别出任务的共性和差异，减少重复分析的工作量。同时，在后续的任务执行和监控过程中，也可以根据任务的类别进行有针对性的管理和调整。最后，归级法有利于知识的传承和共享。将任务归类后，可以形成标准化的任务描述和操作流程，方便新员工学习和掌握，促进团队内部的知识交流和经验积累。

归级法的缺点主要有以下两个方面。一方面，可能会导致任务的过度简化和笼统。在归类过程中，为了追求共性，可能会忽略一些任务的独特性和细节，从而影响对任务的准确理解和执行。例如，某些特殊的任务可能因为被强行归入某一类别而失去其个性化的要求。另一方面，归级法的准确性依赖于分类标准的合理性。如果分类标准不科学、不恰当，可能会导致任务的错误归类，进而影响任务分析的质量和结果的有效性。此外，归级法在面对动态变化的任务环境时可能不够灵活。一旦任务的性质、要求发生变化，原有的分类可能不再适用，需要重新进行调整和归类，这可能会带来一定的成本和时间消耗。

2. 归级法的应用步骤。

（1）收集岗位信息。划分岗位的等级需要了解每个需要评价的岗位的详细信息，这些材料要提前准备好，包括有关该岗位的工作任务和责任的描述材料。一旦确定了评价因素，还要准备有关这些评价因素的说明材料。

（2）分类整理信息。在收集必要的工作岗位说明和其他相关信息的基础上，先将各个职位划分为职业群，然后将职业群进一步划分为不同的岗位系列，将每个岗位系列进一步划分为岗位级别，特定职位级别中包含的各个岗位具有的特征包括工作任务、要求、责任大体相当，可使用相同的等级序号。

（3）编写岗位等级说明。首先，明确岗位分类，确定组织内的岗位类别，如管理岗、技术岗、操作岗等。其次，设定岗位等级数量，根据组织规模和岗位特点，确定合理的岗位等级数量。再次，定义等级名称，为每个等级起一个简洁且能体现其特点的名称，如初级、中级、高级等。最后，描述等级特征，如职责与权限、技能与能力要求、工作经验要求、业绩标准等。

（4）岗位归级。岗位等级的数量和说明书准备好后，要把工作评价范围内的所有岗位划分到适当的等级。具体做法是将岗位概要与岗位级别的说明进行比较，以确定每个职位最适合哪个等级。一般由工作评价委员会来开展这项工作，遇到比较复杂的问题或员工投诉时及时作出反应和调整。

14.2.3　因素比较法

1. 因素比较法。

因素比较法是先确定几个关键的报酬因素，如技能、责任、工作条件等。然后选择若干标准岗位，按照每个报酬因素分别对标准岗位进行排序并赋予相应的货币价值。接着，将待评价的岗位与标准岗位进行比较，确定每个岗位在各个报酬因素上的位置，并根据标准岗位的货币价值确定待评价岗位的工资水平。

因素比较法的优点在于通过对多个报酬因素进行比较和量化，能够相对准确地确定不同工作之间的相对价值。它避免了主观判断的随意性，使评价结果更具客观性。因素比较法的评价过程相对较为直观，容易被员工理解和接受。员工可以清楚地看到不同工作在各个因素上的得分情况，从而更好地理解自己的工作价值和工资水平的合理性。因素比较法适用于各种类型的组织和工作岗位，无论是制造业、服务业还是其他行业，都可以采用因素比较法进行工作评价。因素比较法可以明确各个工作岗位的价值和重要性，使员工更加清楚地认识到自己的工作对组织的贡献，这有助于激励员工努力工作，提高工作绩效。

第 14 章

因素比较法的缺点在于需要确定多个报酬因素，并为每个因素赋予相应的权重。然而，因素的选择和权重的确定往往具有一定的主观性，不同的人可能会有不同的看法。因素比较法的评价过程相对较为复杂，需要对每个工作岗位在各个因素上进行逐一比较和打分，这需要耗费大量的时间和精力，尤其是在组织规模较大、岗位数量较多的情况下。一旦确定了报酬因素和权重，就相对固定，难以适应组织内部和外部环境的变化，当组织的战略、业务模式、市场环境等发生变化时，原有的因素和权重可能不再适用。

2. 因素比较法的应用步骤。

（1）选择评价因素。分析岗位的特点和要求，确定对岗位价值有重要影响的因素。常见的因素包括技能要求、工作责任、工作强度、工作环境等。对确定的因素进行明确的定义和说明，确保评价者对每个因素的理解一致。

（2）选择标准岗位。从组织中的各个岗位中挑选出具有代表性的标准岗位。这些岗位应涵盖不同的工作性质、层级和价值范围。标准岗位的数量一般在 15 ~ 20 个为宜，以便能够充分反映组织中各类岗位的特点。

（3）对标准岗位进行排序。针对每个评价因素，将标准岗位按照其在该因素上的重要程度进行排序。例如，对于技能要求因素，可以将技术含量高的岗位排在前面，技术含量低的岗位排在后面。可以采用专家打分、小组讨论等方式进行排序，确保排序结果的客观性和准确性。

（4）为标准岗位分配货币值。确定一个总工资额度，通常可以参考市场薪酬水平或组织的薪酬预算，根据标准岗位在各个因素上的排序，将总工资额度分配到每个因素上。例如，如果总工资额度为 10 万元，技能要求因素占比 40%，则该因素的分配额度为 4 万元。再根据标准岗位在每个因素上的排序，将该因素的分配额度进一步分配到各个标准岗位上。又如，在技能要求因素上，排名第一的标准岗位可能分配到 1.5 万元，排名第二的岗位分配到 1.2 万元，以此类推。

（5）对其他岗位进行评价。将待评价岗位与标准岗位进行比较，确定其在各个评价因素上的位置。然后，根据标准岗位在各个因素上的货币值，确定待评价岗位在每个因素上的货币值。将待评价岗位在各个因素上的货币值相加，得到该岗位的总货币值，进而确定其工资水平。

（6）验证和调整。对评价结果进行验证，检查是否存在不合理的地方。可以通过与市场薪酬水平对比、员工反馈等方式进行验证。如果发现评价结果存在问题，对评价过程进行调整，如重新确定评价因素、调整标准岗位的排序或货币值分配等。

14.2.4 因素评分法

1. 因素评分法。

因素评分法通过确定多个报酬因素，并对每个因素进行分级和赋予相应的分值，然后根据岗位在各个因素上的表现进行评分，最后将各个因素的得分相加得到岗位的总得分，以此来确定岗位的相对价值。

因素评分法的优点在于客观性强，准确性高且易于理解和接受。因素评分法通常基于明确的评价因素和标准进行打分，减少了主观因素的影响，使评价结果更加客观、公正。每个因素都有具体的定义和评分尺度，评价者可以根据这些标准进行客观的判断，降低了个人偏见对评价结果的干扰。通过对多个因素进行综合评价，可以更全面地反映工作的特点和价值。能够对工作的不同方面进行细致的分析，如工作难度、责任大小、技能要求等，从而提高评价结果的准确性。评价过程相对透明，员工可以清楚地了解评价的因素和标准，以及自己的工作在各个方面的表现。

因素评分法的缺点在于因素选择和权重确定困难，评价过程耗时费力，可能存在误差。尽管因素评分法力求客观，但在实际操作中，评价者的主观判断仍然可能会对结果产生一定的影响。例如，不同的评价者对同一工作的评价可能会存在差异，这就需要进行多次评价和校准，以减少误差。难以反映工作的动态变化，因素评分法通常是基于静态的评价因素和标准进行的，难以及时反映工作的动态变化。随着组织的发展和工作环境的变化，工作的要求和价值也可能会发生变化，这就需要定期对评价因素和标准进行调整和更新。

2. 因素评分法的应用步骤。

（1）确定评价因素。对岗位进行全面分析，确定影响岗位价值的主要因素。这些因素可以包括工作责任、技能要求、努力程度、工作条件等。确保所选择的因素能够全面、准确地反映岗位的特点和价值。

（2）定义因素等级。对于每个评价因素，进一步划分出不同的等级。例如，对于技能要求因素，可以分为初级技能、中级技能、高级技能等几个等级。明确每个等级的具体定义和标准，以便在评价过程中能够准确判断岗位在该因素上所处的等级。

（3）分配权重。根据各因素对岗位价值的重要程度，为每个因素分配相应的权重。权重可以通过专家评估、问卷调查等方式确定。权重的总和通常为100%，以确保评价结果的准确性和可比性。

（4）进行评分。组织评价小组，对每个岗位在各个因素上的表现进行评分。评分可以采用定量的方式，如从1分到10分进行打分。在评分过程中，评价小组成员应严格按照因素等级的定义和标准进行判断，确保评分的客观性和一致性。

（5）计算总分。将每个岗位在各个因素上的得分乘以相应的权重，然后相加得到该岗位的总分。总分越高，说明该岗位的价值相对越高。

（6）结果分析与应用。对评分结果进行分析，检查是否存在异常值或不合理的情况。如果有必要，可以对评分过程进行复查和调整。根据评分结果，确定岗位的相对价值排序，为薪酬体系设计、岗位调整等人力资源管理决策提供依据。

14.3　工作评价的应用

14.3.1　工作评价在组织结构设计中的应用

1. 明确岗位价值层级。

工作评价能够对组织内的各个岗位进行价值评估，确定不同岗位在组织中的相对重要性。通过这种评估，可以清晰地划分出岗位的价值层级。例如，在一家企业中，高级管理人员、核心技术人员的岗位价值通常较高，而基层操作人员的岗位价值相对较低。明确了岗位价值层级后，在组织结构设计中可以更好地确定各岗位在组织中的位置和汇报关系。高价值岗位通常处于较高的层级，拥有更多的决策权和资源调配权，而低价值岗位则处于较低的层级，主要负责执行具体的任务。

2. 优化部门设置。

工作评价结果可以为部门设置提供重要依据。通过分析不同岗位的工作内容和职责，将具有相似价值和工作性质的岗位归为同一部门，可以提高部门内部的工作协同性和效率。例如，如果工作评价发现某些岗位在业务流程中紧密相关，且价值较为接近，那么可以考虑将这些岗位整合到一个新的部门中，以实现资源的优化配置和工作流程的顺畅。同时，对于价值较低或工作内容相对独立的岗位，可以考虑进行合并或外包，以降低组织的运营成本。

3. 确定岗位编制。

在组织结构设计中，合理确定岗位编制是非常重要的。工作评价可以帮助企业根据岗位的价值和工作量来确定所需的人员数量。对于价值高、工作量大的岗位，可以适当增加编制，以确保工作的高效完成。而对于价值较低、工作量较小的岗位，可以减少编制或采用兼职、外包等方式来满足工作需求。例如，在一家生产企业中，通过工作评价发现生产线上的关键技术岗位价值高且工作量大，而一些辅助性岗位价值较低且工作量较小。那么，企业可以在关键技术岗位上增加人员编制，以提高生产效率和产品质量，同时对辅助性岗位进行精简或外包，以降低成本。

4. 支持岗位调整与晋升。

工作评价为岗位调整和晋升提供了客观的标准。当组织进行内部岗位调整或员工晋升时，可以参考工作评价结果，将员工安排到与其能力和价值相匹配的岗位上。这样既可以激励员工的工作积极性，又可以保证组织内部的人才流动和岗位配置的合理性。例如，一名员工在原岗位上表现出色，通过工作评价发现其具备更高价值岗位的能力要求，那么企业可以考虑将其晋升到相应的岗位上，以充分发挥其潜力。同时，对于在工作评价中表现不佳的岗位，可以进行调整或优化，以提高组织的整体绩效。

5. 促进组织变革与发展。

随着市场环境的变化和企业的发展，组织需要不断进行变革和调整。工作评价可以为组织变革提供有力的支持。在组织变革过程中，通过对岗位进行重新评价，可以及时发现哪些岗位需要调整、合并或撤销，哪些岗位需要新增或强化。根据工作评价结果，企业可以制定相应的变革策略，优化组织结构，以适应新的市场竞争环境和企业发展战略。例如，当企业进入新的业务领域或采用新的技术时，可能需要新增一些岗位来满足业务发展的需求。通过工作评价，可以确定这些新岗位的价值和职责，为组织结构的调整提供指导。

14.3.2　工作评价在工作分类中的应用

1. 确定工作等级。

工作评价可以通过对不同工作的职责、技能要求、工作复杂度等因素进行评估，确定各个工作在组织中的相对价值，进而划分出不同的工作等级。例如，在一家大型企业中，通过工作评价可以将工作分为高级管理岗位、中级专业岗位、基层操作岗位等不同等级。每个等级对应着不同的薪酬范围、晋升机会和职业发展路径，为员工提供了明确的职业发展方向。

2. 区分工作类别。

工作评价有助于区分不同类型的工作，以便进行更有针对性的管理。根据工作的性质和特点，可以将工作分为管理类、技术类、销售类、行政类等不同类别。对于不同类别的工作，在招聘、培训、绩效考核等方面可以采取不同的策略和方法。例如，管理类工作可能更注重领导能力和决策能力的培养，而技术类工作则更强调专业技能的提升。

3. 明确岗位定位。

在工作分类过程中，工作评价可以帮助明确各个岗位的定位。通过对岗位的工作内容、职责范围、所需技能等进行分析和评估，可以确定该岗位在组织中的位置和作用。例如，一个财务分析岗位，通过工作评价可以确定其主要职责是为企业提供财务分析报告，支持管理层的决策。这样的定位有助于员工更好地理解自己的工作价值，提高工作的积极性和主动性。

14.3.3　工作评价在薪酬体系设计中的应用

1. 确定薪酬等级。

工作评价能够对不同岗位的价值进行量化评估，根据评估结果将岗位划分为不同的薪酬等级。例如，一家企业通过工作评价，将岗位分为高、中、低三个等级，每个等级对应不同的薪酬范围。高价值岗位如高级管理人员、核心技术专家等被划分到高等级，享受较高的薪酬待遇；而低价值岗位如基层文员、操作工等则被划分到低等级，薪酬水平相对较低。这样可以确保薪酬体系的合理性和公平性，使员工的薪酬与其岗位价值相匹配。

2. 制定薪酬标准。

在确定了薪酬等级后，工作评价还可以为每个等级制定具体的薪酬标准。通过分析岗位的职责、技能要求、工作难度、工作环境等因素，确定每个等级的薪酬区间和薪酬结构。例如，对于高等级岗位，可能会给予较高的基本工资和绩效奖金，同时还可能提供股票期权等长期激励措施；而对于低等级岗位，基本工资可能相对较低，但可以通过增加加班补贴、岗位津贴等方式来提高员工的实际收入。这样可以使薪酬标准更加科学合理，既能够满足员工的生活需求，又能够激励员工努力工作，为企业创造更大的价值。

3. 调整薪酬水平。

随着企业的发展和市场环境的变化，薪酬水平也需要不断调整。工作评价可以为薪酬调整提供依据。通过定期对岗位进行重新评价，了解岗位价值的变化情况，从而对薪酬水平进行相应的调整。例如，如果某个岗位的职责和技能要求发生了重大变化，导致其岗位价值提高，那么就可以适当提高该岗位的薪酬水平；反之，如果某个岗位的价值降低，就可以考虑降低其薪酬水平。这样可以确保薪酬体系始终保持动态平衡，适应企业和市场的发展需求。

4. 解决薪酬内部公平性问题。

工作评价可以有效地解决薪酬内部公平性问题。在没有进行工作评价的情况下，企业可能会出现不同岗位之间薪酬差距不合理的情况，导致员工之间的不公平感和矛盾。通过工作评价，对每个岗位的价值进行客观评估，可以明确不同岗位之间的价值差异，从而合理确定薪酬差距。例如，两个岗位的工作评价结果显示，岗位 A 的价值是岗位 B 的两倍，那么岗位 A 的薪酬水平也应该是岗位 B 的两倍左右。这样可以使员工清楚地了解自己的薪酬是如何确定的，增强薪酬的内部公平性和透明度。

5. 支持薪酬外部竞争力分析。

工作评价可以为企业进行薪酬外部竞争力分析提供支持。通过将企业内部岗位的价值与外部市场上同类岗位的价值进行比较，可以了解企业的薪酬水平在市场上的竞争力情况。如果企业的薪酬水平低于市场平均水平，就可能会导致人才流失；如果企业的薪酬水平高于市场平均水平，就可能会增加企业的成本负担。因此，企业可以根据工作评价结果和外部市场情况，合理调整薪酬水平，以保持薪酬的外部竞争力。例如，一家企业通过工作评价发现，自己的技术研发岗位的薪酬水平低于市场平均水平，为了吸引和留住优秀的技术人才，企业决定提高该岗位的薪酬水平，使其与市场平均水平相当。

14.3.4 工作评价在招聘、培训与考评中的应用

1. 在招聘中的应用。

工作评价可以详细地分析各个岗位的职责、所需技能、工作复杂度等因素，从而为招聘提供明确的岗位要求。例如，对于一个高级工程师岗位，通过工作评价确定其需要具备深厚的专业知识、丰富的项目经验、较强的问题解决能力和团队领导能力等。

招聘人员可以根据这些具体要求制订招聘计划，筛选出最符合岗位需求的候选人，提高招聘的准确性和效率。工作评价的标准可以用来评估候选人与岗位的适配度。通过面试、测试等方式，考查候选人在知识、技能、能力等方面与岗位要求的匹配程度。对于一个需要具备良好沟通能力的岗位，在面试中可以重点考查候选人的沟通技巧和表达能力，看其是否符合工作评价中确定的标准。

2. 在培训中的应用。

工作评价可以揭示出各个岗位所需的知识、技能和能力，通过将员工现有的水

平与岗位要求进行对比，能够准确地识别出员工的培训需求。例如，对于一个销售岗位，工作评价可能发现员工在客户关系管理方面存在不足，那么就可以针对这个方面开展培训。

根据工作评价确定的培训需求，企业可以设计有针对性的培训课程。培训内容可以涵盖岗位所需的专业知识、技能训练、职业素养等方面。

工作评价的标准也可以用于评估培训的效果。在培训结束后，通过对员工在工作中的表现进行评估，看其是否在知识、技能、能力等方面有了明显的提升，是否能够更好地胜任岗位工作。例如，对于一个管理培训项目，可以通过评估员工在团队领导、决策制定、沟通协调等方面的表现来判断培训效果。

3. 在考评中的应用。

工作评价可以为岗位设定明确的绩效指标。这些指标可以基于岗位的职责、工作目标和关键任务来确定，反映员工在工作中的表现和贡献。例如，对于一个生产岗位，绩效指标可以包括产量、质量、安全生产等方面；对于一个管理岗位，绩效指标可以包括团队绩效、决策质量、员工发展等方面。

在考评过程中，依据工作评价确定的绩效指标对员工进行评估。评估可以采用定量和定性相结合的方法，确保评估结果客观、准确。例如，对于销售岗位的员工，可以根据其销售额、客户满意度等定量指标进行评估，同时也可以考虑其团队合作、客户关系维护等定性指标。

考评结果可以结合工作评价的内容为员工提供反馈和发展建议。员工可以了解自己在工作中的优势和不足，明确自己的发展方向。例如，如果员工在某个方面的绩效表现不佳，根据工作评价的结果，可以为其提供相应的培训或发展机会，帮助其提升工作能力，改进工作表现。

本 章 习 题

一、名词解释

工作评价　因素评分法

二、简答题

1. 工作评价的目的是什么？
2. 简述工作评价的主要方法有哪些？
3. 简述工作评价在培训中的应用。

三、论述题

论述工作评价在企业人力资源管理中的重要性及应用。

四、案例分析

某物流配送企业的工作评价

    某物流配送企业在业务扩张后，出现诸多管理难题。业务量大幅增长，仓库管理岗位和配送岗位工作强度剧增，员工抱怨加班频繁，但薪资却未相应调整。同时，新设立的数据分析岗位工作轻松，薪资却与高强度岗位相差无几，导致内部矛盾不断。在晋升方面，公司仅依据工作年限决定晋升，许多年轻有能力、业绩突出的员工难以获得晋升机会，工作积极性受挫，部分核心业务骨干甚至选择离职。公司为改善工作状况，决定开展工作评价。但在评价过程中，人力资源部门直接套用其他企业的工作评价问卷，未结合自身业务特点修改，问卷内容与实际岗位严重脱节。在岗位价值评估环节，邀请的评估小组成员大多来自管理部门，缺乏一线业务人员参与，评估结果严重偏离实际情况，引发员工强烈不满。

资料来源：陈悦. 物流企业人力资源管理困境及突破路径研究 [J]. 现代商业评论，2023，(7)：30 - 36。

思考：

1. 该企业工作评价出现问题的原因有哪些？
2. 若你是该企业人力资源经理，会采取什么措施让工作评价顺利进行？

参 考 文 献

［1］赵曙明．人力资源战略与规划（第五版）［M］．北京：中国人民大学出版社，2021.

［2］赵永乐．人力资源规划（第四版）［M］．北京：电子工业出版社，2023.

［3］文跃然．人力资源战略与规划（第二版）［M］．上海：复旦大学出版社，2017.

［4］侯光明．人力资源战略与规划［M］．北京：科学出版社，2009.

［5］张相林．人力资源规划［M］．北京：科学出版社，2016.

［6］孙泽厚．人力资源战略规划［M］．北京：科学出版社，2018.

［7］刘燕．人力资源战略与规划［M］．南京：南京大学出版社，2021.

［8］赵爽．人力资源战略规划实训教程［M］．北京：清华大学出版社，2023.

［9］刘丽敏．人力资源战略与规划研究［M］．北京：中国对外翻译出版公司，2023.

［10］葛玉辉．人力资源战略与规划［M］．北京：电子工业出版社，2021.

［11］李斌．现代人力资源战略与规划新探［M］．北京：中国书籍出版社，2024.

［12］萧鸣政．工作分析与评价（第六版）［M］．北京：中国人民大学出版社，2023.

［13］陈俊梁．工作分析理论与实务（第二版）［M］．北京：中国人民大学出版社，2022.

［14］萧鸣政．工作分析的方法与技术（第五版）［M］．北京：中国人民大学出版社，2018.

［15］付亚和．工作分析（第三版）［M］．上海：复旦大学出版社，2019.

［16］潘泰萍．工作分析：基本原理、方法与实践（第二版）［M］．上海：复旦大学出版社，2018.

［17］朱颖俊．组织设计与工作分析［M］．北京：北京大学出版社，2018.

［18］李培祥．工作分析与组织设计［M］．北京：清华大学出版社，2023.

［19］马国辉．工作分析与应用（第二版）［M］．上海：华东理工大学出版社，2012.

［20］龚尚猛．工作分析：理论、方法及运用（第四版）［M］．上海：上海财经大学出版社，2020.

［21］张岩松．组织设计与工作分析［M］．北京：清华大学出版社，2023.

［22］相飞．组织设计与工作分析［M］．北京：中国人民大学出版社，2021.